桂泽发 著

FU GUI LUN

 上海三联书店

图书在版编目(CIP)数据

富贵论：端正富贵态度，开启幸福人生 / 桂泽发著.
–上海：上海三联书店，2021.8
ISBN 978-7-5426-7503-3

Ⅰ.①富… Ⅱ.①桂… Ⅲ.①人生哲学–通俗读物
Ⅳ.①B821-49

中国版本图书馆CIP数据核字(2021)第151478号

富贵论

——端正富贵态度，开启幸福人生

著　　者：桂泽发
责任编辑：张静乔
装帧设计：崔　明
监　　制：姚　军
责任校对：张大伟
出版发行：上海三联书店
　　　　　(200030)上海市漕溪北路331号A座6楼
邮购电话：021–22895540
印　　刷：上海世纪嘉晋数字信息技术有限公司
开　　本：700×1000毫米　16开
印　　张：30.25
字　　数：385千字
版　　次：2021年8月第1版
印　　次：2021年8月第1次印刷
书　　号：ISBN 978-7-5426-7503-3
定　　价：68.00元

敬告读者，如发现本书有印装质量问题，请与印刷厂联系021–69214195

目　录

第一篇　富论

第二篇　贵论

第三篇　富贵之论

序 一

　　桂泽发博士的新作就要出版了。翻阅着他送来的书稿，我感到沉甸甸的份量和沁人心脾的温度。一个成天忙碌于银行财富管理一线的年轻干部，能在并不富裕的业余时间坚持学习和创作，这精神可喜可贺呀！通览全书，我有几个明显的感受，说与诸君分享。

　　该书创新性十分突出。千百年来，研究"富"以及研究财富管理的人很多，研究的视角和维度层出不穷，著作和论述枚不胜数；直接或间接探讨"贵"的人和著作也有一些。但是将"富"与"贵"二者放到一块进行系统研究，探寻富道、贵道以及富贵之道的人及其论述，十分罕见。像作者这样洋洋洒洒，以30余万字集中论述富贵关系以及富贵之道的，我还是第一次见到。该书的原创性十分突出，也十分难得。这需要相当的理论勇气、敢为人先的探索精神和孜孜以求的治学品质。

　　该书框架体系十分完整，包括三大理论：富论、贵论、富贵之论。"富论"着重阐述富能、富相、富道三者间的辩证统一关系，倡导人们：坚持科学的观富、谋富、创富、守富和用富之道，以此改善富相，优化富能。"贵论"着重阐述贵能、贵相、贵道三者间的关系，倡导人们：坚持科学的聚知、聚能、聚精、聚德和聚灵之道，以此改善贵相，优化贵能。从富论、贵论引伸出来的就是"富贵论"，着重阐述富贵相依、富贵相离、富贵相通、富贵相融、富贵相熵的客观规律和辩证关系。富而有慈谓之善，富而有德谓之贵，反之，富而不慈又缺德者则为霸，或者近乎霸。书中倡导人们：借助富贵相依的"向心力"，克服富贵相离的"离心力"，用好富贵相通的"凝聚力"，统筹富贵相融的"协同力"，培育富贵相熵的"生命力"，从而实现富贵平衡有序、人生和谐幸福。理论框架构思缜密，体系完整，逻辑自洽，自成一体。

　　该书理论与实际结合十分紧密。它沿着幸福人生富贵两线，倡导

"遵道、正相、赋能、协和、通融、熵律",追求美好生活,实现幸福人生。理论与实际结合得十分紧密,如在论述"富道"时,作者结合他20多年的银行实务经验,将全部财富管理之道提炼成"观、谋、创、守、用"五个字。从每个字出发,抽丝剥茧,衍生出十分具体细致的体系,提出明确的观点,有条不紊,从容展现。同样,在分析"贵道"时,也依此逻辑,总结出"知、能、精、德、灵"五个字,再层层演绎,娓娓道来。在此基础上,又总结出包含富贵相依、富贵相离、富贵相通、富贵相融、富贵相熵在内的"富贵之道"。理论结合实际,上接天线,下接地气,水到渠成,令人折服。如果没有20多年坚持不懈的理论探索与实践积累,要做到这一步,是难以想象的。

该书实操性十分明显。它在讨论三大理论、十二原理过程中,提炼和运用了一些分析框架和推演模型,如:"GERIM"模型、"FIFAS"模型、"简易配资"模型、"五性组合"模型、"元角分"模型、"富贵规划"模型、"富贵循环"模型等。模型是理论与实际契合的结晶,使论述深入浅出,落地生根。

有理由相信,该书的问世,将在一定程度上填补国内外有关富贵研究领域的空白,以富贵之道为指引,很多经济社会问题的解析平添了一个新鲜的视角、一套有用的方法。富贵之道的理论与实践价值将会随本书的问世,不断萌发,值得期待。

希望本书的出版,能给广大读者带来启迪和收获。我非常乐意将本书推荐给大家。

邓伟志
2021 年 1 月 18 日于上海

序 二

　　泽发是我带的博士生。求学期间,孜孜不倦,每堂课都如饥似渴,课后经常泡在图书馆、阅览室。他善于思考,勤于探索,对很多问题有自己独到的见解,给我留下深刻印象。他的博士毕业论文《银行再造研究》,既有严谨的理论思考,又与业务实践紧密结合,并对中国银行业再造战略提出了系统方案,得到了广泛的认可。毕业论文送全国五个单位盲审,取得五个 A 的评价。论文写作期间,他被交通银行总行选拔到上海工作,空间的隔阻没有影响我们师生间的交流,频繁的往来邮件记录了我们在论文写作与修改中的热烈讨论,也记载了我们师生间水乳交融的深厚情谊。时光荏苒,白驹过隙;但 20 年前那点点滴滴,仍历历在目,恍如昨日。这些年,泽发在努力工作之余一直没有放弃学习和创作,作为老师,目睹着他的持续努力和进步,我倍感欣慰和自豪。

　　泽发生长于安徽;青年时期求学工作于福建;后来又先后到上海和甘肃工作。他当过教师,有着银行总分行办公室、零售业务部、研究部、私人银行以及地方政府等多个部门和岗位工作经历,积累了丰富的理论知识和实务经验。

　　本书是他 30 年学习探索和工作经验的结晶,处处彰显着他丰富的人生阅历和心路历程。统览全书,我感到该书有很强的原创性。一直以来,人们都是将"富贵"二字联在一起说道和分析的,但富贵间是何种关系,该如何理解富道、贵道以及富贵之道?作者从富能出发,研究富相、富道以及三者关系,提出"富论";从贵能出发,研究贵相、贵道以及三者关系,提出"贵论";以此这基础,提出富贵相依、相离、相通、相融、相熵的"富贵论"。这样的研究方法和理论体系以前罕见,是作者的首创。本书的原创性一定程度上填补了富贵研究领域的空白,可喜可贺。

本书的体系化很强。每论述一个理论，都从概念出发，层层推演，步步为营，颇有点"扎硬寨、打呆仗"的味道，体现着愚公移山的精神。每一章节，几乎都做到了主线清晰、脉络明了，言之有物、言之成理。每个章节的研究分析都有头有尾，层层推进，逻辑自洽、自成一体。

本书有很强的实操性。比如，在论述"创富之道"时，作者列举了实业创富、理财创富、资本创富、固产创富、另类创富等五大创富形态，并着重研究分析各个创富形态的模式、机制、路径、方法等，非常务实，非常贴切，非常好用。

本书有很强的跨越性。比如，作者在论述"富贵相通"这一原理时，从富贵关系出发，打通了哲学、社会学、经济学、管理学、心理学、行为学、伦理学、法学、国学和宗教学共十门学科的界域。运用各学科的重要原理和法则，诠释富贵关系，明晰富贵之道。高度跨越式研究，增强了富贵论道的理论性、学术性和权威性，令人印象深刻。

本书有很强的针对性。经济加快发展，社会加速转型，我们面临很多新的命题。如慈善问题、仇官仇富问题、贫富分化问题、智能财富问题、逆全球化问题等等。从本书出发，按照富论、贵论、富贵之论这三论、十二法则的具体方法，全面思考我们面临的各类问题，找出症结、对症下药，有助于逐步开拓视野、化解问题。

我十分乐意将桂泽发博士这本著作推荐给大家，相信它的陪伴能给您带来启迪与喜悦。

严正
2021 年 1 月 16 日于福州

序　三

我与桂泽发博士结缘在甘肃。2012－2014年间，桂泽发受组织委派到我的家乡甘肃工作，任甘肃省庆阳市常委、副市长。他当时很年轻，又长期在东部沿海工作；庆阳是革命老区，交通不便、信息闭塞，不少人思想守旧，经济金融底子薄、欠账多，他人生地不熟，能否胜任？很多人都为他捏一把汗。桂市长到任不久，立即组织调研，亲自撰写报告，针对存在问题列出行动方案，并着手一个个落实。两年时间，庆阳的金融生态有了较大改观，金融创新、金融扶贫对当地经济建设和社会发展产生了积极作用。他离开庆阳那天，很多人闻讯自发赶到机场送行，场面壮观，令人感动。这些年，他在工作之余还勤于思考、笔耕不辍。我为他的这种积极向上、追求真理的宝贵精神感到高兴，也颇受鼓舞。

作者在几十年如一日的理论钻研、深入学习和长期金融实践过程中，积累了丰富的经验，有着独到的体会和感悟。作品系统研究了富贵关系，提出了富贵之道。作品中很多论述十分精彩，发人深思。如：他在讨论富贵特性时指出："富与贵：一个身外物，一个心内事；一个具体，一个抽象；一个显阴，一个呈阳；一个向内，一个朝外；一个熵增，一个熵减；一个有限，一个无穷；一个为己，一个利人；一个下坠，一个升腾；一个易得，一个难成"；他在讨论富贵转化时提出："有了'富能'和'贵能'这两个概念，富和贵两者间关系的研究论述就有了一个共同的可以交互的平台。思想和意念负荷着能量，在这富贵间来回穿梭，实现着能量替换、流动平衡、循环往复，从而实现富贵间各种关系形态的产生、发展与演化"；他在研究富贵宗教学时总结："各派宗教，尽管有着不同的教义体系，但对于财富的看法，对于财富管理的态度和诉求，却有着惊人的相同或相近之处。都主张：富能拥有一时、充其量不过一世，无法隔世传递；贵能穿越时空、转世通行，并能泽被子孙、惠及财运。财富要取之有道、用之有度；财富要利于他人、利于集体、利于社会、利于未来；要以贵驭富，富而不贵是可耻的、危害的……，富贵之道不仅没有时空隔阻、文化制囿、制度局限，甚至也突破了宗教的界域，富贵协调、平衡幸福，是人类共同的理想"；书后附录了作者创作的诗歌《富贵吟》，开头就是："熙熙攘攘，利来利往；富贵论道，源远流长；富从贵来，相由道生；贵阴富阳，和谐为上"……

如此种种，不一而足。言简意赅，金句频出，仰取俯拾，取精用弘。读来催人深省，感慨万千，回味无穷。

此外，富贵之道作为一套思想体系，能够独到地解析当前面临的问题。如：在财富面前，有人甘当守财奴、铁公鸡，自私独享、一毛不拔，有人则苛以对己、慈济待人，乐于施舍、专心慈善；扶贫救困中，有人一扶即起、趁势而上，而有人则百扶不灵、甘于受穷；有些家族互帮互助，基业长青，欣欣向荣，而有些则内耗不断、无法传承；等等。富贵之道，使这些问题的分析和解构多了一个好的通道和方法。

相信本书会受到广大读者喜爱，希望它能带给大家启发和帮助。

任法融

2021 年春 于甘肃

开探富贵学，发掘幸福源

自　序

"灯前目力虽非昔,犹课蝇头二万言"。历经艰难,我的"小五子"《富贵论》(我的著作中排行老五)就要问世了。

此刻的心情,酸甜苦辣、五味杂陈。既有些如释重负、骋怀游目,几年来的"魂不守舍"可以收一收了;又感到汲汲皇皇、心如悬旌,自己的"闭门造车"能否得到朋友们的理解和些许认同?

寄寓序言,想将本书体系框架交待一下。简单用数字表达,就是1－3－12－20－N,即:一个体系、三个理论、十二原理、二十模型以及穿插其间的各种思索、论述和无尽遐思。

一个体系

自然人有两大属性:一是物质性,二是精神性。物质性,求富;精神性,求贵。

富,由内而外,有富道与富相;贵,由内而外,有贵道与贵相。相由道生,富从贵来。富贵相依、相离、相通、相融、相熵。熙熙攘攘,富来贵往,错综演变,相生相长。富阳贵阴,熵增熵减,富贵平衡,幸福久长。

每个人生,只有一次,或长或短,或辉煌或平凡,或顺利或波折。但追求幸福,是每个人的基本权利,也是每个人生的终极责任。

幸福人生,富伴贵随。探寻富贵奥秘,倡导富贵之道,就是要找到一把打开幸福之门、过上幸福生活的钥匙。

《富贵论》是一个思考体系。它顺应幸福人生富贵两线,尊重富贵各自特色与成长规律及其相互间的相辅相成与生克转化,倡导"遵道、正相、赋能、协和、通融、熵律",追求美好生活,实现幸福人生。其中,"遵道"是遵守富道和贵道以及富贵之道;"正相"是端正优化富相(趋向贵富)和贵相(趋向尊贵);"赋能"是提升富能和贵能(量、质、品三角);"协和"是利用富贵相依、克服富贵相离,促进两者相辅相成;"通融"是理论上促进富贵相通、实践中助力富贵相融,促成富贵和谐共生;"熵律"是优化耗散结构、持续减熵做功,提升富贵人生质量和有序性。

富贵之道,博大精深。笔者才疏学浅,难承其重;但"你的任务就是发掘你的使命,然后全心全力投入它"(佛陀)。巨大的使命感,催促我放下包袱,愚公移山,砥砺前行。

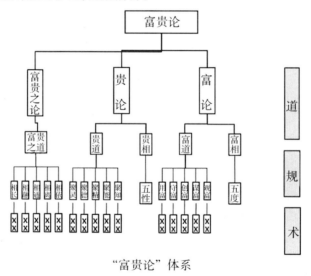

"富贵论"体系

三大理论

《富贵论》,包括三大理论:富论、贵论、富贵之论。

富论,着重阐述富能、富相、富道三者间的辩证统一关系。富能为本,富相为表,富道为里。本分表里,表随里定。富论倡导人们:坚持科学的观富、谋富、创富、守富和用富之道,以此改善富相,优化富能。

同样,贵论着重阐述贵能、贵相、贵道三者间的关系。贵能为本,贵相为表,贵道为里。贵论倡导人们:坚持科学的聚知、聚能、聚精、聚德和聚灵之道,以此改善贵相,优化贵能。

富论、贵论基础之上,就是富贵之论。着重阐述富贵相依、富贵相离、富贵相通、富贵相融、富贵相熵的客观规律和辩证关系。"富贵之论"倡导人们:借助富贵相依的"向心力",克服富贵相离的"离心力",用好富贵相通的"凝聚力",统筹富贵相融的"协同力",培育富贵相熵的"生命力",实现富贵平衡有序、人生和谐幸福。

十二原理

关于富能。富能包括三要素,分别是:富量、富质与富品。富量是财富的总量和规模概念。富质指财富的质地和性格,主要用成长性、风险性、稳定性、盈利性和流动性等"五性"来表示财富的内在结构。结构决定功能,富质最终决定富品和富相。借用"五度"来对财富品质进行称量和表述,"五度"包括:长度、宽度、深度、速度、温度。"五度"统筹,总体上反映财富品质与格调。富量与富质结合起来,能考量到财富的品位层次。反过来,根据财富品味,也能倒推出一定数量财富的质地和结构情况。明晰财富的量能、质能、品能三者间关系,进而提示富相与富道的关系。经过层层盘剥和剖析,最终探悉富相之魅与富道之谜。

关于富相。着重从财富来源谈财富成色。由恶向善,大致分为五个层次:毒富、贱富、荡富、巧富、贵富,越往后"善"和"贵"的份量越重。对于一个人的财富人生,要综合来看。"五富"加权,方将其"富相"底色一览无余。

关于富道。从富能出发,揭开富相,这是其表;由表及里,富道乃现。富道包括:观富之道、谋富之道、创富之道、守富之道、用富之道等五个方面,更能进一步分析富相的背后深层次原因和来源。不同富相,背后有着不同的富道。

关于贵能。与富能相似,贵能也包括三要素,分别是:贵量、贵质与贵品。贵量说的是程度,是能量级的意思,具体称量相对而言是比较困难的。用"五性"从结构性角度来衡量贵质,这"五性"包括成长性、风险性、稳定性、盈利性、流动性,主要是结构性解析,是一个总的结构性、功能性判断。贵量与贵质结合起来,可以进一步观察贵品了。贵品可以从"五合"上进行具体分析。"五合"包括:合法、合规、合理、合情、合众。开始是基本要求,越往后要求越高。

关于贵相。贵相包括权贵、亲贵、名贵、富贵和尊贵五个维度("尊贵"是最高境界)。其中:"权"包括政权、权威、权力、权利、威权;"亲"包括:血亲、嫡亲、亲人、亲属、亲近;"名"包括:名誉、名气、名位、名份、名声;"尊"包括:品尊、位尊、德尊、义尊、名尊;"富",分类就更多了。

关于贵道。贵相是表;贵道是里。贵道决定贵相;贵相是贵道的表征。同时,贵道与富道关系密切,贵道是富道的更深层次的内在因素,有什么样的贵道就能产生什么样的富道。或者说,贵道层次决定了富道层次。贵道要回答贵从何来,主要包括:聚知之道,贵在博习;聚能之道,贵在践实;聚精之道,贵在磨炼;聚德之道,贵在涵养;聚灵之道,贵在顿悟。

富贵相依。从富贵二道间相互依存的关系说起,包括两个层面:一是由富及贵,从寓贵于"观"、寓贵于"谋"、寓贵于"创"、寓贵于"守"、寓贵于"用"等方面诠释。二是由贵及富,从聚"知"益富、聚"能"益富、聚"精"益富、聚"德"益富、聚"灵"益富等方面进行诠释。

富贵相离。依据辩证法,有了富贵相依,必有富贵相离。解析富贵相离的种种情形,有八大类:先与后、多与少、显与潜、急与徐、长与短、新与旧、深与浅、难与易。这八大维度,又各自分出八种组合情形,合起来就共有 64 种细分形态。一般而言,我们每个人的富贵交集,都对应在上述"六四宫格"里,只是不同的人具体情形不同而已,相应的调整和改善之策也就因此不同了。

富贵相通。先后从管理学、经济学、社会学、心理学、行为学、伦理学、法学、哲学、国学、宗教学等十门学科,寻找阐述富贵关系的理论,说明富贵二者间相互通连、富贵之道在很多学科中是相通的。这对于理解富道、贵道以及富贵之道是大有助益的。

富贵相融。富贵场上有很多主体,如政府、组织、机构、家族和个人等,在当中发生作用、生发关系,交织着、影响着、纠缠着,共同决定富贵生态和走向。这当中,政府引领、组织协同、机构自律、家族互助和个人创造相辅相成、交相辉映。对于富贵管理和提升,这五大主体的角色扮演十分重要、不可或缺。

富贵相熵。熵论内涵十分丰富,本书试图将富贵之论放到熵论中进行简易剖析,以进一步探析富贵之道。熵增过程,富/贵能无序性增加,富/贵商下降;熵减过程,富/贵能有序性增加,富/贵商上升。讨论富/贵内部熵增/熵减过程中,有一个重要的因素就是富贵之道。它是一个重要的影响因子,参与到富/贵的熵增与熵减过程中。相对而言,追富的过程大体是熵增过程,求贵过程大体是熵减过程。富贵之道就是要引导更多的贵能注入富能当中,持续做功,以熵减对冲熵增,提升富贵人生的有序性。

富贵商论。这是对富贵之道的测评与量化过程。对富能、富相、富道量化测评形成富商;对贵能、贵相、贵道量化测评形成贵商;对富贵相依、相离、相通、相融、相熵等富贵之道等量化测评构成富贵商。三者统合起来,就构成富贵商值。

《富贵论》这"一个体系""三个理论""十二原理",都是建构在对五大基础理论(幸福论、文明论、贵族论、文通论、熵论)的理解和运用之上。从根本上说,富贵之道也是幸福之道、文明之道、熵律之道。

二十模型

《富贵论》是一个庞大的理论体系。在讨论三大理论、十二原理过程中,为阐述方便,笔者提炼和运用了一些分析框架和推演模型。这包括:

在论述经济形势时,运用了"GERIM"模型;在分析宏观政策时,运用了"FIFAS"模型;在讨论大类资产配置时,运用了"简易配资"模型;在讨论产品组合时,参考五行学说架构了"五性组合"模型;在进行多要素归因分析时,大量采用了"元角分"模型;在分析实业创富时,提出了"实创连线"模型;在分析富贵人生各阶段运行规律时,绘制了"富贵人生"星图模型和"富贵人生"折线图;分析富贵相离规律时绘制了"六四宫格";探讨财富谋划时,总结了"五W"法则、"四七"法则、"顺次博弈"法则等;在分析宏中微观结合原理时,绘制了"股市十看"框架和"五维财富"模型;在讨论富贵之道过程中,运用了"富贵相离"和"富贵论道"框架,以及"财富自划""富贵规划""富贵之熵""富贵太极"和"富贵循环"等模型。

期望模型的运用,能使论述深入浅出,简洁易明。

无尽遐思

富与贵。一个身外物,一个心内事;一个具体,一个抽象;一个显阴,一个呈阳;一个向内,一个朝外;一个熵增,一个熵减;一个有限,一个无穷;一个为已,一个利人;一个下坠,一个升腾;一个易得,一个难成;……

富我所欲也,贵亦我所欲也。贵轻富重? 抑或二者偕同?……

子曰:"不义而富且贵于我如浮云"(《论语》);子又曰:"仓廪实而知礼节"(《管子·牧民》)、"天赐可求也;虽执鞭之士,吾亦为之。如不可求,从吾所好"(《述而》)……

古语:"天下熙熙,皆为利来;天下攘攘,皆为利往"(《史记》);又古语:"诸君莫叹贫,富贵不由人"(南北朝·鲍照《拟行路难十八首》);……

诗云:"不戚戚于贫贱,不汲汲于富贵"(《王柳先生传》);又诗云:"遂使中人心,汲汲求富贵"(唐·白居易《读史五首》);……

谚语:"富贵本无根,尽从勤中来";又谚语:"成功细中取,富贵险中求";……

富贵本是矛盾体,错综复杂、波诡云谲,依时而别、因人而异。本书就是要将这些彼此联系、对立统一、动态发展、变迁演绎的富贵场上各路因子,排列组合、提炼归并、去粗取精、去伪存真,由此及彼、由表及里,整合提点、统筹兼顾,供人们参考借鉴。作为从事财富管理工作二十多年的金融人士,想就自己所学、所思、所悟,围绕富贵之道作些探索,有些不自量力;权当是:交一份卷子,立一块靶子,尽一份责任,圆一个梦想。

时间仓促,水平有限。书中欠妥、欠笃、欠周之处颇多,敬请各位专家、老师、朋友批评指正！

桂泽发
2020 岁末上海桂园

◈ 第一篇　富论

先来一段说文解字吧。幸福的"幸"字是一个"手烤",类似于今天的"幸运符";幸福的"福"字是左右结构,左边意指祈求,右边是个大酒缸,作为供品。酒在古文化中普遍代表财富。可见,"幸福"以"财富"为基础。

再看"财富"。"财"字左边是"贝",是财的代指。"富"字上面笔划代表"家",下面笔划代表"酒",又是财富的代指,家中有酒即为富。再看"贵",上面是"手",下面是"土",诚实劳动,土中生财,滋养众生。可见,无论是"幸福"还是"富贵",都与"手""财"有关。这表示,人们通过辛勤劳动、真诚付出,获取财富,养家糊口,繁衍生息,就是可贵的。这样的人生就是幸福的人生。

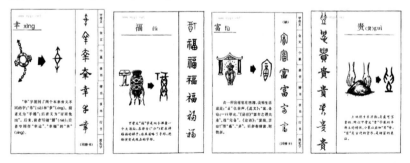

正常自然人有两大属性:一是物质性,求富;二是精神性,求贵。富,由内而外,有富道与富相;贵,由内而外,有贵道与贵相。相由道生,富从贵来。富贵相依、相离、相通、相融、相熵,熙熙攘攘,富来贵往,错综演变,相生相长。贵阴富阳,熵增熵减,富贵平衡,幸福久长。

亚里士多德认为,幸福是生命的意义和使命,是我们的最高目标和方向。幸福是我们生命的衡量标准,它对我们本身甚至整个社会都有极大的影响。当我们意识到并且将幸福作为至高财富时,我们才能享受到真正的安宁。

美国著名心理学家赛利格曼提出了一个幸福的公式:总幸福指数＝先天的遗传素质＋后天的环境＋你能主动控制的心理力量(H＝S＋C＋V)。总幸福指数是指一个人较为稳定的幸福感,不是暂时的快乐和幸福,而是对自身生存状态的全面肯定。不难看出,这当中既包括"富"的因素,也包含"贵"的因素。

保罗・萨缪尔森也曾经提出这样一个关于幸福的公式:幸福＝效用/欲望。效用是人消费某一种物品时得到的满足程度;而欲望是对某一物品效用的强烈需求。这个公式表明,幸福是效用和欲望的比较后的综合感受。在欲望一定的情况下,效用越大人们的幸福感就越强。一般来说,"富"的增加有助于效用的获得和增加;"贵"的增加则有助于欲望的控制和减少。这一加一减之间,共同推动幸福感的提升。可见,"富贵"是与"幸福"紧密相关的。

"仰看鸾鹄刺天飞,富贵功名老不思"(宋・苏轼《和晁同年九日见寄》)、"丹青不知老将至,富贵于我如浮云"(唐・杜甫《丹青引赠曹将军霸》)、"功名不垂世,富贵但堪伤"(南宋・陆游《秋兴》)、"为官的家业凋零,富贵的金银散尽"(清・曹雪芹《红楼梦十二曲——飞鸟各投林》)……

这些关于"富贵"的诗句,大抵都是将富贵联在一起说的。其实,富和贵是两个不同的事物,是可以而且应该分开来说道的。

本书共三篇。第一篇,富论,论述富能、富相与富道;第二篇,贵论,论述贵能、贵相与贵道;第三篇,富贵之论,论述富贵能、富贵相与富贵道。通过三篇论述,试图将富贵关系讲讲清楚。

本篇为富论,论述富能、富相与富道。富能,是矢;富相是表;富道是里。富相是果;富道是因。一般情况下,富道决定富相,富相反过来影响和映射富道。有什么样的富道,就会有什么样的富相,并最终呈现出相应的富能来。

第一章　概述

笔者以为,财富管理有"五维三阶"之说。这"五维"是指:财富的数量、质量、位置以及时间元素和管理者的意识元素。

这"三阶"呢?前三维即财富的数量、质量和位置构成了"资产配置"这一阶,类似于通常意义上的空间概念;加上时间维度,就进阶到"理财"概念了;再加上人的意识维度,那就进阶到了现在人们耳熟能详的"财富管理"这一阶段了。空间财富加上时间财富,再加上人的意识财富,便增添了财富管理的人性化色彩,构成了"五维财富"。

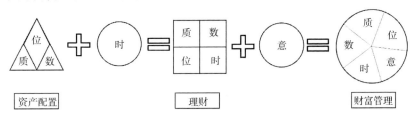

"以人为本"是财富管理的灵魂。从具象到抽象,从静态到动态,从物性到人性。讨论财富管理,有一个逐步递进的过程。

本章着重概述富能、富相、富道三者关系。从富能研究入手,进而研究富相和富道。

第一节　富能

一、构成

从古至今,财富都被视为人类繁衍生息和发展强盛的巨大力量和不竭源泉,是人类永恒的渴望和追求。在走过蛮荒时期,步入文明时代之际,人类开始摆脱物欲的束缚和控制,关注财富内在的价值。

有时候我们管理的财富是有形的,而有时则是无形的,但无论如何财富都是一种客观存在。它们有价值,可描述,可观察,可解析,可管理。为便十说理,笔者尝试构造"富能"这样一个概念,用以表示我们所管理的财富。富能包括三要素,分别是:富量、富质与富品。

(一)富量

富量,是财富的总量和规模概念。富量的衡量与财富形态和种类有关,有些财富是容易称量数量和规模的,而有些则不易称量;有些财富的体量是较稳定的,有些则易于变动。所以,不难理解,富量与时间、地点、种类等因素有关,抛开这些前提条件讨论富量是不科学的,也是无益的。比如,对比现时价值100万元的股票和同价的房产;一年后,它们的价值体量可能会发生很大的变化。

(二)富质

富质,指财富的质地和性格。主要用成长性、风险性、稳定性、盈利性和流动性等"五性"("五性"问题后面会展开讨论)来表示财富的内在结构性特征。结构决定功能,富质最终决定富品和富相。一般而言,"五性"总体平衡协调且指向较好,这样的财富结构大体就是好的,其发展会相对稳定,财富功能发挥也将是好的。同样数量的财富,由于"五性"加权不同,其实际功能是不同的,发展前景也存有差异。比如,同样价值100万元的股票组合,由于内在组合结构不同,其"五性"不同,一段时间以后其价值对比也会生发差异。这就是财富质地对数量的影响。

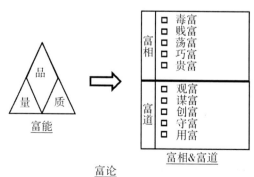

富论

（三）富品

要借用"五度"来对财富品质进行称量和表述。"五度"包括：

"长度"：财富管理和投资安排都是着眼长远、追求长期价值回报的，不挣快钱、不求一锤子买卖。一般而言，越是长线投资、持续经营，倾注情感和精力就越多，越是能展现经营者的人格和道德情操，越能彰显主人翁的真性情。

"宽度"：投资的范围和考虑的半径，往往能体现投资者的精神世界。投资过程中一心想着自己赢利、不惜牺牲别人和集体利益的往往眼光狭隘；更多考虑别人和集体利益的、甚至不惜牺牲自己个人和家庭利益的，更显得胸襟宽阔、目光高远。孰优孰劣，一目了然。

"深度"：静水深流，投资的目的是深刻的，投资的手段是质朴的，投资的理念是深沉的。这样的投资总体上就是有深度、令人尊敬的。

"速度"：人贵语迟，富快贵慢，欲速不达。从容不迫、不卑不亢中完成投资安排和财管动作，最能体现财富主人公的内心城府。一味追求快进快出、见好就收的人，很难相信他的动机有为别人考虑，他的"富相"也是令人质疑的。

"温度"：快则不温，投资讲温度，就是讲人性、重人情。这是衡量"富品"的温度计和晴雨表。

"五度"统筹，总体上反映财富品质与格调层次。

二、关系

一般而言，富量与富质结合起来，能考量到财富的量级与层次。反过来，根据后者，也能倒推出一定数量财富的总量与质地情况。

那些只有数量，质地不好、结构不良的财富，品性大抵也是不好的。

所以，我们评价富能，要结合量、质、品三个维度。公式表示为：

$$富能 = 富量 \times 富质系数 \times 富品系数$$

富能构成和内部关系，是我们研究富道开始就要交待的。后续篇幅里还会反复讨论到关于财富量、质、品三者间的关系，进而揭示富相与富道的关系。经过层层盘剥和剖析，逐步探悉富相之魅与富道之谜。

爱丁顿(Eddington)曾说:"我们总是认为物质是东西,但现在它不是东西了;现在,物质比起东西而言更像是念头。"物质是来自念头,是来自我们的思想。人所看到的一切都是来自思想,以及思想创造的结果。人的肉体、骨头与肌肉可被还原为百分之七十的水份以及没有多大价值的化学物质;然而人的思想却使其成为一个人。物质可以分解成分子和原子,但根据量子物理学,每一个原子的内部有百分之99.9999%是空的,以闪电般的速度穿梭在这些空间中的次原子,其实是一束束振动的能量。这些能量并不是随意振动,振动其实就是携带讯息,整个讯息场会把讯息传送到宇宙量子场创造物质世界我们所看到的实相。

我们的每个思想和意念都负荷着不可思议的能量,这些能量会透过各种形式实践自己。你的思想会创造出疾病,也能治好疾病;你的思想能让你陷入痛苦,也能让你离苦得乐。思想创造出善与恶、美与丑、贵与贱、富与贫……你生命经验的种种,通通都是你的思想所创造的。

所以,把通俗意义的"财富"上升到"能量"这个层级上看,任何一定的"富能"都包含了较为直观的"富量""富质"和内含其中的"富品",思想和意念在当中充当重要角色,发挥特殊作用。同样,第二篇将同样讨论到"贵能",它是"贵量""贵质""贵品"的混合物。有了"富能"和"贵能"这两个概念,富和贵两者间的关系的研究论述就有了一个共同的可以交互的平台。思想和意念负荷着能量,在这富贵间来回穿梭,实现着能量替换、流动平衡、循环往复,从而实现富贵间各种关系形态的产生、发展与演化。

第二节   富相与富道

一、富相

人们通常讲,某人有富贵相。这是将富贵连在一起说的,意指某人展示的一种富态和贵相,是给人感观上的总体印象。这里讲的富相,着

重是从财富来源来谈的财富成色。由恶向善,大致分为五个层次:

一是"毒富"。意指以毒狠手段聚财,如制毒售毒、拐卖人口、杀人越货等狠毒、违法犯罪手段获取财富。

二是"贱富"。意指以下作手段取财,如欺行盗市、以次充好、失德失信,违规背德获取财富。

三是"荡富"。意指在混乱中大发横财,火中取栗,屯货居奇,发不义之财。

四是"巧富"。通过投机钻营、巧走"捷径"而取得财富。

五是"贵富"。意指通过诚信、诚实、公正途径和手段取得属于自己的正当回报。所以,富相重在看财富结构和来源路径与性质。

富相"廿五宫格"

	长度	宽度	深度	速度	温度	…
毒富	―	―	―	―	―	―
贱富	▪	▪	▪	▪	▪	▪
荡富	▪	▪	▪	▪	▪	▪
巧富	■	▪	■	■	▪	■
贵富	■	■	■	■	■	■
…						

可见,从毒富、贱富、荡富、巧富到贵富,越往后善的份量越重。"贵富"表明,财富从正道而来,致富手段和渠道是大体干净的。所以,对于一个人或者一个组织而言,从总量和结构看,可以探究富的细分情形,这是很重要的,不能只是停留在富的总量上。人们追求的目标应该是朝贵的方向积累财富。这是正道。否则即便侥幸得到了财富,也会有隐患,可能会带来问题甚至灾祸。

很多人都看过电视剧《胡雪岩》。简单说来,胡雪岩身边的人财富获取就具有不同的特点:胡雪岩的拜把兄弟谭泽云在后半段内心膨胀,听信其夫人教唆,将胡雪岩的经营老底和盘托出卖给胡雪岩的对手,使胡步步陷于被动,为此获取的报酬显然具有"贱富"特征;胡雪岩在生意上的对手,因应政治斗争需要,在胡雪岩与洋人商场搏斗中落井下石,痛下杀手,以带血的筹码获取超额回报,具有典型的"毒富"特征;刑部尚书在胡雪岩商业风生水起时,搭顺风车获取超额"理财"回报,而在胡倒众人推时,巧取豪夺,一举拿下胡用心血浇灌的"胡庆余堂",属于典型的"巧富"行为;再看胡雪岩的那些个女人,尤其是二夫人,吃里爬外、卖义求财,在胡雪岩困难时背信弃义、送上致命一击而拿取钱财夺命而逃,非"贱富"莫属;胡雪岩一直保持联系的,顺境时不扰不娇、逆境时铤身而出、以命相救的女朋友瑞璟姑娘,则显出了与众不同的难能可贵的"贵富"相。可以说,一部《胡雪岩》就是"五富"众生戏,让五大"富相"展示无遗。看完《胡雪岩》,剧中大小人物的言行举止、故事情节演绎、高峰低潮,都不再重要,都会随时间而渐渐淡却;但剧中人物的总体"富相"会以标签形式长驻脑海。这就是"富相"的威力和魅力。

如果再聚焦到该剧的主人公胡雪岩身上,也不难看出其身上的五种富相兼容的情形。胡雪岩长时间与左宗棠过从甚密,受左大人扶持,操控部分军火生意而获取超额利润,此属"荡富"无疑;胡的一大财源是其金融产业——阜康钱庄,低进高出获取差价,此乃"巧富"行径;胡雪岩派人收银票放杠杆,胆大妄为,铤而走险,无所不用其极,所获"贱富"无数;挪用朝廷银票与洋人对峙,操控蚕丝市场,深陷其中,无力自拔,饮鸩止渴,所得不义之财实为"毒富";但胡雪岩在后期见平民生活困苦、缺医少药,慈心渐起,培育胡庆余堂,亲拟"真不二价""戒欺"等店训,彰显其"贵富"内涵。可见,胡雪岩一生中"五富"皆备,最终令其翻船的,还是那些乱七八糟的毒、贱、荡、巧诸富惹的祸根;而最后令其活命并唯一传承的仅仅是胡庆余堂这一"贵富"的荫佑。似有因果轮回,发人深省,令人喟叹。

所以,对于一个人的财富人生,要综合来看。"五富"加权,方将其"富相"底色一览无余。

二、富道

从富能出发,揭开富相,这是其表。由表及里,富道乃现。

以下第二至第六章,重点研究富道。包括观富之道、谋富之道、创富之道、守富之道、用富之道等五个方面,更能进一步分析富相的背后深层次原因和来源。不同类型的富相,背后往往有着不同的富道;再往后,又能看出不同的贵相和贵道。一层层挖掘下去,会越发清晰。

"富贵学"在论及此处时不禁感喟:熙熙攘攘,利来利往。富贵论道,源远流长。富从贵来,相由道生。贵阴富阳,幸福为上。

第二章　观富之道

望、闻、问、切,"望"为其首。富道深深,"观"字开头。观富之道重在"五观":宏中微观、近远观、主客观、悲乐观、财生三观。

第一节　宏中微观

一、宏观

简单来说,财富管理者看宏观,一看经济指标,二看调控政策。

如何看待这些经济指标?怎么解读?从中可以悟出哪些对于财管有用的信息?对于市场的判断,要从这些数据的发展动态开始,包括:指标意义、相互关系、背后逻辑及其反映的问题。

笔者的经验,就是要关注 GERIM,这包括五个大的方面共计 15 个指标。其余的参考着看。这对于我们做投资和财富管理的人来说,算是基本功吧。

(一)宏观指标(GERIM)

概括起来,就是要关注"3G""3E""3R""3I""3M"指标。这五组共15 个指标,是反映财富管理外在环境和发展趋势的综合指标,也是进行财富环境观察和判断的日常跟踪指标。

1. 要关注"3G"。这是一组总量指标,包括:GE(国际环境)、GDP(国民生产总值)、GR(总收入)。

(1)GE,即 Globle Environment,统指国际环境。怎么看待世界总的形势,这是一个众说纷坛的问题,见仁见智。以笔者经验,至少要跟踪关注五个重点,包括:

其一,着重观察"五极世界"。当前世界主要是美、中、欧、日、俄等主导的多极世界。怎么看呢？至少从经济（GDP）、军事、外交（影响）、金融、技术（活力）等方面进行关注。GDP 是一个基本的直观的观察指标，以此为基础，进一步关注其他指标。这些指标的变化能大体反映世界实力版图的此消彼长。一是通过比较，看出各经济体的经济增长态势、速度。二是通过比较，看出各自不同年份的波动情况，并进而分析波动的原因。三是从中可以看出财富管理和投资环境。往往 GDP 增长较快，经济处于上升周期的经济体，各方面都是比较顺的，投资环境往往也比较好，资产配置时可优先考量；如果波动较大、经济处于下行通道，那么投资环境是比较不好的，要尽量规避才行。当然 GDP 这个指标还是单一的，是总的大概的指标，与其他指标配合使用效果会更好。

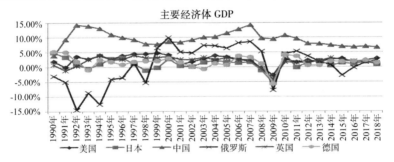

其二，着重观察"五海纷争"。五海指：东海、南海、地中海、里海、黑海。历史上这五海区域的军事斗争史，是值得研究和跟踪的。有客户朋友，热衷于投资伊朗、叙利亚等国家和地区，感到容易受到王室等高层接见，倍受重视，且易走捷径，这是中国人的习惯思维、官本位下的权力崇拜，觉得与上层走近了，一切都好说了。其实投资和资产配置一定要注意地区选择上的安全性，不能不加分析、盲目投资。

为什么要优先关注上述五海周边局势？200 年来世界上的主要战争很多都发生在上述地区，主要国家角逐于此。当前上述五大区域仍是国际争端最为集中和军事冲突最为频繁的区域。

20 世纪，人类社会发生了重大变革，科技飞速发展，社会生产力空前提高，民族独立运动和反霸斗争风起云涌……然而这一切，都伴随着战争的阵痛。可以说，战争是 20 世纪历史的一个重要特征。回顾 20

世纪,我们不能忽略这段历史所发生的重大战争:一是第一次世界大战,伤亡3750万人,直接费用1863亿美元;二是第二次世界大战,历时6年,5000多万人死于战争,直接军费11179亿美元,经济损失4万亿美元;三是中国人民解放战争,历时4年,全歼国民党807万人,解放大部分国土;四是抗美援朝战争;五是越南战争,以弱胜强;六是中东战争,共4次,背后是两个超级大国间的较量;七是英阿马岛战争,1982年发生,历时74天;八是两伊战争,打了8年,有着国际性、经济性、民族性、宗教性等特征;九是海湾战争,多国部队对伊拉克发生攻击;十是科索沃战争,空中打击成为有效方式。这些战争主要是在东海、南海、地中海、里海、黑海周边发生的,所以关注这些区域是很有价值的。这些地方仍然很是活跃,仍需要重点关注。通过这些地区,可以集中了解国际关系,规避投资的战争风险和政治风险。

其三,着重观察"五类冲突"。这包括:种族冲突、地缘冲突、宗教冲突、意识冲突、阶层冲突。我们在审视投资项目时,要考虑到该项目是否涉及到上述冲突,对于潜在的冲突风险保持高度敏感。

以巴以冲突为例吧。它是中东地区冲突的热点之一,为阿以冲突及中东战争的一部分。巴以冲突不能简单地概括为所有以色列犹太人与所有巴勒斯坦阿拉伯人之间的双边冲突。在争端双方的族群里,有些个人和团体呼吁完全消灭对方;现时国际的共识是支持两国方案;亦有些支持一国方案即建立一个包括现在的以色列、约旦河西岸、加沙地带和东耶路撒冷在内、种族及宗教地位平等的世俗国家。冲突的背后隐藏着历史根源,既有宗教的、文化的、民族的因素,更重要的是大国干预等外部因素,各种因素互相影响、激化,使得巴以冲突的复杂性非同一般。其中,两个民族对同一块土地提出了排他性的主权要求是根本原因。这些问题若不解决,巴以冲突就不会停止,中东也难以实现真正的和平。

我们在选择投资区域时要综合分析其背后的生态环境,进行综合评判,而不能只从某一个方面入手不顾及其余。多种冲突往往绞在一起,彼此牵连、环环相扣。要综合起来剖析,才能理出头绪,看得清晰。

其四,着重分析"五新机遇"。"五新"包括:新思想、新发现、新技术、新产业、新模式。投资是着重展望未来的,有未来才有投资价值。就以当下热门的区块链为例。

从思想层面来讲,人们在长期孜孜以求、刻苦研究中发现,区块链涉及数学、密码学、互联网和计算机编程等很多科学技术问题,是一个分布式的共享账本和数据库,具有去中心化、不可篡改、全程留痕、可以追溯、集体维护、公开透明等特点。这些特点保证了区块链的"诚实"与"透明",为区块链创造信任奠定基础。而区块链丰富的应用场景,基本上都基于它能够解决信息不对称问题,实现多个主体之间的协作信任与一致行动。研究表明,区块链包括公有区块链、行业区块链、私有区块链等细分领域。

从新发现层面讲,研究发现区块链具有一些鲜明特性。如:去中心化;开放性;独立性;安全性;匿名性。

从新技术层面讲:区块链分布式账本,指的是交易记账由分布在不同地方的多个节点共同完成,而且每一个节点记录的是完整的账目,因此它们都可以参与监督交易合法性,同时也可以共同为其作证;区块链非对称加密,存储在区块链上的交易信息是公开的,但是账户身份信息是高度加密的,只有在数据拥有者授权的情况下才能访问到,从而保证了数据的安全和个人的隐私;区块链提出了四种不同的共识机制,适用于不同的应用场景,在效率和安全性之间取得平衡;区块链智能合约,可以自动化的执行一些预先定义好的规则和条款。

从新模式、新产业讲:区块链由于其独特的技术优势,可以广泛应用到金融领域、物联网/物流领域、公共管理/能源交通领域、数字版权领域、保险领域、公益领域等。

以区块链为例,可以看出,从新发现、新思想,到新技术,再到新模式、新产业,是有一个过程的。我们在观察一个全新的投资对象时,也要从这"五新"入手,全流程研究其来龙去脉、发展前景和投资价值,而不是跟风尝鲜、盲目投资。

其五,着重分析"五新挑战"。这"五新"与上述新思想、新发现、新技术、新模式、新产业相同,是一块铜板的正反两面。要辩证地看待上述这些个带"新"的事物,不能头脑发热。新东西往往同时也自带风险,具有破坏性,是更须小心对待的,不能逢新就上。新思想、新发现、新技术在模式化、产业化过程中,由于条件尚不成熟、配套不够、技术不稳定等,往往易于生发风险。所以,"五新"既是机遇也是挑战。

还是以区块链为例。从实践进展来看,区块链技术在商业银行的应用大部分仍在构想和测试之中,距离在生活、生产中的运用还有很长的路要走,而要获得监管部门和市场的认可也面临不少困难。主要有:其一,受到现行思想观念、制度、法律等制约。区块链去中心化、自我管理、集体维护的特性颠覆了人们生产生活方式,淡化了国家、监管概念,冲击了现行法律安排。其二,在技术层面,区块链尚需突破性进展。区块链应用尚在实验室初创开发阶段,没有直观可用的成熟产品。其三,受竞争性技术挑战,区块链模式化、产业化难度很大。虽然有很多人看好区块链技术,但也要看到推动人类发展的技术有很多种,哪种技术更方便更高效,人们就会应用该技术。如,量子通信——利用量子纠缠效应进行信息传递——同样具有高效安全的特点,近年来更是取得了不小的进展,这对于区块链技术来说,就具有很强的竞争优势。

既看到"五新"的机遇,又看到"五新"的挑战,才是正确的引导投资决策的态度。

德莫克利特:"宇宙中存在的一切都是机遇与需求结出的果实。"不同的环境之下,我们会有不同的作为和收获。也正如巴菲特所言:"盖茨说,如果我出生在几百万年前,只能被那些野兽吃掉。我跑不快,又不会爬树,百无一用。他对我说,出生在当代是你的运气。我确实是幸运的。"做投资和财富管理,首先就要弄明白所处的时代背景、大的国际形势和经济环境。

(2)GDP,即国内生产总值(Gross Domestic Product)。是指在一定时期内(一个季度或一年),一个国家或地区的经济中所生产出的全部最终产品和劳务的价值,常被公认为衡量国家经济状况的最佳指标。它不但可反映一个国家的经济表现,还可以反映一国的国力与财富。国内生产总值 GDP 是核算体系中一个重要的综合性统计指标,也是中国新国民经济核算体系中的核心指标。它反映一国（或地区）的经济实力和市场规模。一个国家或地区的经济究竟处于增长抑或衰退阶段，从这个数字的变化便可以观察到。当 GDP 的增长数字处于正数时，即显示该地区经济处于扩张阶段；反之，如果处于负数，即表示该地区的经济进入衰退时期了。国内生产总值是指一定时间内所生产的商品与劳务的总量乘以"货币价格"或"市价"而得到的数字，即名义国内生产总值，而名义国内生产总值增长率等于实际国内生产总值增长率与通货膨胀率之和。一个季度 GDP 缩减指数的增加，便足以表明当季的通货膨胀状况。如果 GDP 缩减指数大幅度地增加，便会对经济产生负面影响，同时也是货币供给紧缩、利率上升、进而外汇汇率上升的先兆。

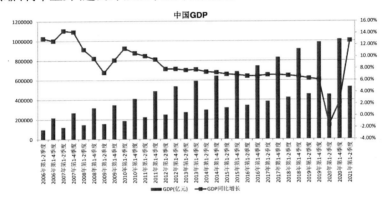

（3）GR（Government Revenue）。中国是政府主导型市场经济，所以总财政是重要指标，决定其总体调控能力。财政收入，是指政府为履行其职能、实施公共政策和提供公共物品与服务需要而筹集的一切资金的总和。财政收入表现为政府部门在一定时期内（一般为一个财政年度）所取得的货币收入。财政收入是衡量一国政府财力的重要指标，政府在社会经济活动中提供公共物品和服务的范围和数量，在很大程度上决定于财政收入的充裕状况。财政收入是财政支出的前提，是实现国家的职能的财力保证，是正确处理各方面物质利益关系的重要方式。国际上对财政收入的分类，通常按政府取得财政收入的形式进行。这种分类方法下，将财政收入分为税收收入、国有资产收益、国债收入和收费收入以及其他收入等。

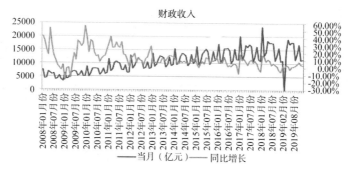

2. 要关注"3E"。惯称出口、投资、消费为国民经济"三驾马车"。

（4）EE（Efficient Export），即出口。是指运货出国，与进口相对应，是指将国内的货物或技术输出到国外的贸易行为。包括商品（如汽车）、服务（如运输）和贷款及投资的利息。进口正好是一种反方向的流动——商品和服务从别国流入本国。出口指向非居民提供它们所需的产品和服务，目的是扩大生产规模、延长产品的生命周期。

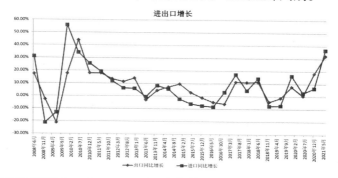

（5）EI（Efficient Investment），即投资。指的是特定经济主体为了在未来可预见的时期内获得收益或是资金增值，在一定时期内向一定领域投放足够数额的资金或实物的货币等价物的经济行为。可分为实物投资、资本投资和证券投资。前者是以货币投入企业，通过生产经营活动取得一定利润，后者是以货币购买企业发行的股票和公司债券，间接参与企业的利润分配。投资与经济增长的关系非常紧密。投资对技术进步有很大的影响。一方面，投资是技术进步的载体；另一方面，技术本身也是一种投资的结构，任何一项技术成果都是投入一定的人力资本和资源等的产物。

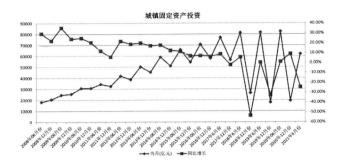

（6）EC（Efficient Cosume），即消费。它是社会再生产过程中的一个重要环节，也是最终环节，是指利用社会产品来满足人们各种需要的过程。消费又分为生产消费和个人消费。前者指物质资料生产过程中的生产资料和生活劳动的使用和消耗；后者是指人们把生产出来的物质资料和精神产品用于满足个人生活需要的行为和过程。购买消费品的支出，称为消费支出。从全社会看，一个人的支出，就是另一个人的收入，总支出等于总收入。在两部门经济中，社会总需求等于消费和投资之和，从总需求中去掉投资支出，就是消费支出。凯恩斯在分析了消费概念的基础上，又提出了平均消费倾向、边际消费倾向等概念，使消费理论增添了新的涵义。消费是宏观经济学中的一个基本变量。凯恩斯的绝对收入消费理论认为，消费取决于一个人的当前收入。莫迪利安尼的生命周期消费理论认为，一个人会在其一生中，综合考虑消费和收入问题，消费取决于一个人一生的收入和支出的综合衡量。杜森贝利的相对收入消费理论提出，一个人的消费取决于过去的消费和周围人群的消费。弗里德曼的持久收入消费理论提出，一个人的消费取决于他的长期的持久性的收入。

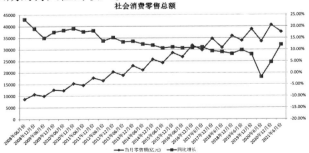

3. 要关注"3R"。包括:

(7) IR(Interest Rate),即利率。是指借款、存入或借入金额(称为本金总额)中每个期间到期的利息金额与票面价值的比率。借出或借入金额的总利息取决于本金总额、利率、复利频率、借出、存入或借入的时间长度。利率是借款人需向其所借金钱所支付的代价,亦是放款人延迟其消费,借给借款人所获得的回报。利率通常以一年期利息与本金的百分比计算。一般来说,利率根据计量的标准不同,表示方法有年利率、月利率、日利率。现代经济中,利率作为资金的价格,不仅受到经济社会中许多因素的制约,而且利率的变动对整个经济产生重大的影响,因此,现代经济学家在研究利率的决定问题时,特别重视各种变量的关系以及整个经济的平衡问题,利率决定理论也经历了古典利率理论、凯恩斯利率理论、可贷资金利率理论、IS-LM 利率分析以及当代动态的利率模型的演变、发展过程。利率受影响因素包括:资金供求状况、物价变动幅度、国际经济环境、政策因素等。

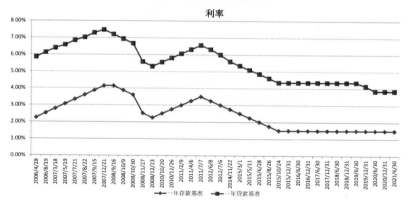

(8) ER(Exchange Rate),即汇率。是指外汇利率或外汇行市,是两种货币间的兑换比率。汇率变动对一国进出口贸易有着直接的调节作用。在一定条件下,通过使本国货币对外贬值,即让汇率下降,会起到促进出口、限制进口的作用;反之,本国货币对外升值,即汇率上升,则起到限制出口、增加进口的作用。按国际货币制度的演变划分为固定汇率和浮动汇率;按计算方法划分为基本汇率和套算汇率;按银行买卖外汇的角度划分汇和票汇;按银行外汇付汇方式划分为电汇、信汇和票汇;按交割期限划分为即期和远期;按对外汇管理宽严划分为官方和市场;按银行营业时间划分有开盘汇率和收盘汇率。汇率风险包括交易风险、折算风险、经济风险等。

（9）UR（Unemployment Rate），即失业率。指没有工作且在积极找工作的人占总工作的人的百分比。这是资本市场的重要指标,属滞后指标范畴。失业率增加是经济疲软的信号,可导致政府放松银根,刺激经济增长;相反失业率下降,将形成通货膨胀,使央行收紧银根,减少货币投放。失业包括:一是周期性失业,由于总需求不足而引起的周期失业,一般出现在经济周期的萧条阶段;二是自然失业,消灭了周期性失业时的就业状态就是充分就业,实现了充分就业时的失业率成为自然失业率;三是隐蔽性失业,表面上有工作,实际上对生产并没有做出贡献的人。

失业率数字的反面是就业数字（The Employment Data）,其中最有代表性的是非农业就业数据。非农业就业数字为失业数字中的一个项目,该项目主要统计从事农业生产以外的职位变化情形,它能反映出制造行业和服务行业的发展及其增长,数字减少便代表企业减低生产,经济步入萧条。当社会经济较快时,消费自然随之而增加,消费性以及服务性行业的职位也就增多。当非农业就业数字大幅增加时,理论上对汇率应当有利;反之则相反。因此,该数据是观察社会经济和金融发展程度/状况的一项重要指标。

4. 要关注"3I"。包括:

（10）CPI,即消费者物价指数（Consumer Price Index）。又名居民消费价格指数,是一个反映居民家庭一般所购买的消费品和服务项目价格水平变动情况的宏观经济指标。它是在特定时段内度量一组

代表性消费商品及服务项目的价格水平随时间而变动的相对数,是
用来反映居民家庭购买消费商品及服务的价格水平的变动情况,是
一个月内商品和服务零售价变动系数。居民消费价格统计调查的是
社会产品和服务项目的最终价格,一方面同人民群众的生活密切相
关,同时在整个国民经济价格体系中也具有重要地位。它是进行经
济分析和决策、价格总水平监测和调控及国民经济核算的重要指标。
其变动率在一定程度上反映了通货膨胀或紧缩的程度。一般来讲,
物价全面地、变化对比、持续地上涨就被认为发生了通货膨胀。CPI
是反映与居民生活有关的消费品及服务价格水平的变动情况的重要
宏观经济指标,也是宏观经济分析与决策以及国民经济核算的重要
指标。一般来说,CPI 的高低直接影响着国家的宏观经济调控措施
的出台与力度,如央行是否调息、是否调整存款准备金率等。同时,
CPI 的高低也间接影响资本市场的变化。消费者物价指数测量的是
随着时间的变化,包括 200 多种各式各样的商品和服务零售价格的
平均变化值。这 200 多种商品和服务被分为 8 个主要的类别。在计
算消费者物价指数时,每一个类别都有一个能显示其重要性的权数。
这些权数是通过向成千上万的家庭和个人,调查他们购买的产品和
服务而确定的。权数每两年修正一次。

（11）PPI,即生产价格指数（Producer Price Index）。它是衡量工业企
业产品出厂价格变动趋势和变动程度的指数,是反映某一时期生产领域
价格变动情况的重要经济指标,也是制定有关经济政策和国民经济核算
的重要依据。生产者物价指数与 CPI 不同,主要的目的是衡量企业购买
的一篮子物品和劳务的总费用。由于企业最终要把它们的费用以更高

的消费价格的形式转移给消费者,所以,通常认为生产物价指数的变动对预测消费物价指数的变动是有用的。生产者物价指数是测算价格变化的指标,该价格是制造商和批发商在生产的不同阶段为商品支付的价格。这里任何一点的通货膨胀都可能最终被传递到零售业。

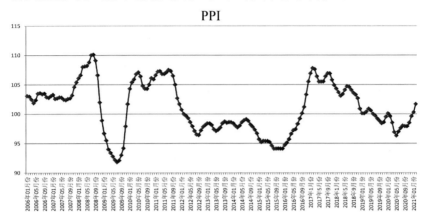

PPI

（12）PMI,即采购经理指数（Purchasing Manager's Index）。这是一个综合指数。按照国际上通用的做法,由五个扩散指数即新订单指数（简称订单）、生产指数（简称生产）、从业人员指数（简称雇员）、供应商配送时间指数（简称配送）、主要原材料库存指数（简称存货）加权而成。采购经理指数是以百分比来表示,常以50%作为经济强弱的分界点:即当指数高于50%时,被解释为经济扩张的讯号。当指数低于50%,尤其是非常接近40%时,则有经济萧条的忧虑。它是领先指标中一项非常重要的附属指针。PMI已成为世界经济运行活动的重要评价指标和世界经济变化的晴雨表,建立中国采购经理指数（CFLP-PMI）对于完善中国经济乃至世界经济监测体系具有积极的推动作用。基于对采购经理进行调查的PMI数据从理论上讲能够反映市场的变动情况,分析CFLP-PMI各个细分指数、与宏观经济统计数据进行对比、与行业统计数据进行对比,均显示一定的相互关联或者一致性,因此,CFLP-PMI可以作为决策参考,在制定国家经济政策方面、企业经营方面、金融投资活动方面体现很好的应用价值。

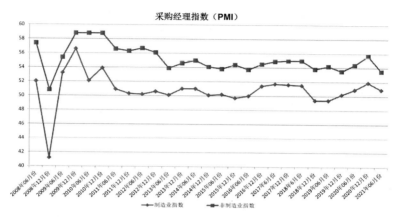

5. 要关注"3M"。包括：

（13）MM(Money Market)，是狭义货币（M1）加商业银行定期存款的总和。我国对货币层次的划分是：M0＝流通中现金；狭义货币（M1）＝M0＋银行活期存款；广义货币（M2）＝M1＋定期存款＋储蓄存款＋证券公司客户保证金；另外还有 M3＝M2＋金融债券＋商业票据＋大额可转让定期存单等。其中，M2 减 M1 是准货币，M3 是根据金融工具的不断创新而设置的。M1 反映着经济中的现实购买力；M2 不仅反映现实的购买力，还反映潜在的购买力。若 M1 增速较快，则消费和终端市场活跃；若 M2 增速较快，则投资和中间市场活跃。中央银行和各商业银行可以据此判定货币政策。M2 过高而 M1 过低，表明投资过热、需求不旺，有危机风险；M1 过高 M2 过低，表明需求强劲、投资不足，有涨价风险。

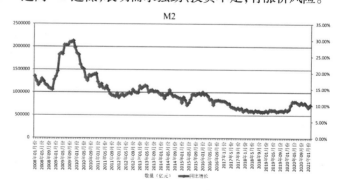

（14）LM(loan Market)。信贷市场的主要功能是调剂暂时性或长期的资金余缺，促进国民经济的发展；另外信贷市场也是中央银行进行信

贷总量宏观调控、贯彻货币政策意图的主要场所。信贷市场的基础功能是调剂暂时性或长期的资金余缺。在经济生活中,资金盈余单位有多余的资金,而它们又并不想在当前作进一步的开支;而赤字单位想作更多的开支,但又缺少资金,计划不能实现。信贷活动的实质就是储蓄资金从盈余单位向赤字单位有偿转移。以银行为代表的金融体系的介入形成了信贷市场机制,极大地推动了这个转移过程,对经济体系的顺利运转具有重要意义。信贷市场的发展推动了一国国民经济的发展。信贷市场促进了资本的再分配和利润的平均化。中央银行对货币和信用的宏观调控政策主要有两大类:一类货币政策是收缩或放松两个方向调整信贷市场上银行体系的准备金和货币乘数来影响货币信贷的总量;另一类是用各种方式干预信贷市场的资金配置,从而引起货币信贷结构变化。这两大类政策都主要发生于信贷市场,离不开信贷市场的支持。

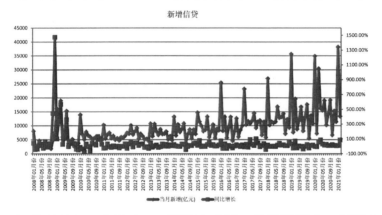

新增信贷

（15）CM（Capital Market）,即资本市场。是指期限在一年以上各种资金借贷和证券交易的场所。资本市场是政府、企业、个人筹措长期资金的市场,包括长期借贷市场和长期证券市场。在长期借贷中,一般是银行对个人提供的消费信贷;在长期证券市场中,主要是股票市场和长期债券市场。资本市场特点有:融资期限长、流动性相对较差、风险大收益高、资金借贷量大、价格变动幅度大。资本市场的功能:期限转换,受资人与投资人间的期限要求得到协调。批量转换,将许多小投资者的钱集中一起集合成一笔大的投资款。风险转换,未来不保障的收入转换成当前有保障的收入。成熟的多层次资本市场应当能够同时为大中小型企业提供融资和股份交易服务,在市场规模上则体现为金字塔结构。我国资本市场从 1990 年沪深两市开办至今,已经形成主板、中小板、创业板、三板、柜台产权交易市场、股权交易市场等多种交易平台,具备发展多层次资本市场的基础。资本市场构成有:国债市场、股票市场、企业中长期债券市场、中长期放款市场。

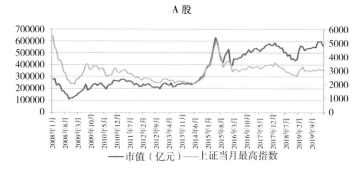

对于上述 5 类 15 个主要经济指标,我们要密切关注,跟踪了解。

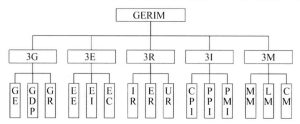

以上五类 15 个指标(3G、3E、3R、3I、3M)彼此关联、自成一体。"3G"是总量指标,衡量总的宏观形势;"3E"是"三驾马车",是对总量指标的进一步分解分析;"3R"是着重反映主要生产要素活跃情况的核心指标;"3I"集中反映主要价格动向和趋势;"3M"集中反映三大市场趋势和活跃度。这些指标要统筹兼顾、相互结合、彼此映证,才能对面临的经济金融形势有一个完整的判断。

上述 15 个指标整体上能分析经济形势,判断经济周期阶段。下图为宏观形势之"元角分"模型。这里运用的是"五元五角五分"法,对这五方面经济指标进行综合分析,得出宏观形势的一个总的判断(五大类指标围成的五边形,其内部面积越大,表明宏观经济形势越好),简

洁直观,为后续分析和决策奠定基础。这一模型,在本书中充分应用,
适合普通投资人和财富管理者参考。

（二）宏观政策(FIFAS)

1.财税政策(Finance and Taxation
Policy)。财税政策并不是一个很标准
的用语。从字面上可以拆分为财政政
策和税收政策,可是实际上税收政策是
财政政策的一部分,"财"和"税"并不属

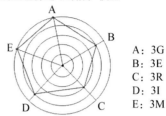

宏观经济之"元角分"模型

A: 3G
B: 3E
C: 3R
D: 3I
E: 3M

于一个层面的概念。财政政策包括:国民收入分配政策、财政投资政
策、财政补贴政策、税收政策、国债政策等多个方面。由于税收是财政
收入的主要组成部分,财政政策的执行依赖于税收的丰寡,因此税收政
策往往被提高到很高的级别来进行研究。

2.产业政策(Industry Policy)。产业政策是国家制定的,引导国家
产业发展方向、引导推动产业结构升级、协调国家产业结构、使国民经
济健康可持续发展的政策。产业政策主要通过制定国民经济计划(包
括指令性计划和指导性计划)、产业结构调整计划、产业扶持计划、财
政投融资、货币手段、项目审批来实现。产业政策是政府为了实现一定
的经济和社会目标而对产业的形成和发展进行干预的各种政策的总
和。产业政策的功能主要是弥补市场缺陷,有效配置资源;保护幼小民
族产业的成长;熨平经济震荡;发挥后发优势,增强适应能力。产业结
构政策、产业组织政策、产业区域布局政策表现为"集合"政策。每一
种具体政策都以市场机制的调节为依据,对市场起着直接调控、对企业
起着间接调控的宏观作用。

3.区域政策(Area Policy)。广义的区域政策,是以政府为主体,以
协调区域经济发展为对象,为弥补市场在空间范围配置资源失灵而采
取的相应对策的总称。从覆盖内容上看,包括区域经济政策、区域社会
政策、区域环境政策,区域政治政策、区域文化政策等。我们在研究经
济问题时所述的区域政策,是狭义的概念,即与经济发展相关的区域经
济政策。区域政策是根据区域差异而制定以协调区域间关系和区域宏

观运行机制的一系列政策之和,在宏观层次上影响着区域发展。其内容很多,主要是区域经济政策、结构政策、景观和自然保护政策等。

4. 金融政策(Financial Policy)。金融政策是政府或中央银行所采取的货币与信用政策的统称。就狭义的观点而言,中央银行所实行的金融政策与调节货币供给量的货币政策有重要的关系,这是因为中央银行是直接担任发行货币的金融机构,它向社会发行银行券,而在所有的货币中,其流通量最多的为存款货币,存款货币的多寡又决定于银行券发行额的多少。银行券在现金准备的条件下,其发行额依现金保留额的增减而自动伸缩,在保证准备下,其发行额往往由中央银行授信,在其发行的法定限度内自由调节。由于各国都实行纸币本位制,银行券的发行大多为保证准备,因此,中央银行的货币供给调节活动与金本位制度的条件下相比更为扩大。过去中央银行的金融政策在于以货币政策来调节货币供给量,稳定货币价值,以期调控国内的金融市场和外汇市场。金融政策除了上述目标之外,一般还必须考虑财政需要,以求创造有效需求,稳定物价,保持充分就业。

一般而言,一个国家的宏观金融政策主要包括:

其一,货币政策。它是中央银行调整货币总需求的方针策略。中央银行传统的货币政策工具包括法定准备金、贴现率、公开市场业务等,其政策一般是稳定货币供应和金融秩序,进而实现经济增长、物价稳定、充分就业和国际收支平衡。

其二,利率政策。它是中央银行调整社会资本流通的手段。合理的存款利率政策有利于经营,存贷业务的银行吸收储蓄存款,集聚社会资本;可以在一定程度上调节社会资本的流量和流向,从而导致产品结构、产业结构和整个经济结构的变化;可以用于刺激和约束企业的筹资行为,促进企业合理筹资,提高资本的使用效益。

其三,汇率政策。一个国家的汇率政策对于国际贸易和国际资本的流动具有重要影响。跨国公司、外商投资企业和经营进出口业务的其它企业在国际资融通活动中,必须掌握汇率政策并有效地加以利用。

其四,信贷政策。它是国家一定时期经济政策在信贷资金供应方面的体现。它由贷款供应政策和贷款利率政策两部分组成。贷款供应政策规定贷款的投向、规模、支持重点、限制对象,以及促进国民经济发展的总目标;贷款利率政策规定贷款利率的总水平和差别利率的原则。两者互相联系、互相补充,共同发挥作用。

其五,投资政策。它是一定时期内,一国为指导投资活动而制定和实施的具体规定和举措。它是整个经济政策和产业政策的重要组成部分,主要包括投资规模政策、投资结构政策、投资技术政策、投资管理政策等。投资规模政策旨在保持经济规模;投资结构政策的基点是合理分配投资比例及使用方向;投资技术政策着眼于生产设备现代化,加快企业技术进步,促进产业优化升级;投资管理政策旨在保证前述三种政策的顺利贯彻执行。

5. 监管政策(Supervion Policy)。金融监管是政府通过特定的机构,如中央银行、证券交易委员会等对金融交易行为主体作的某种限制或规定。本质上是一种具有特定内涵和特征的政府规制行为。金融监管可以分成金融监督与金融管理。金融监督指金融主管当局对金融机构实施的全面性、经常性的检查和督促,并以此促进金融机构依法稳健地经营和发展。金融管理指金融主管当局依法对金融机构及其经营活动实施的领导、组织、协调和控制等一系列活动。金融监管有狭义和广义之分。狭义的金融监管是指中央银行或其他金融监管当局依据国家法律规定对整个金融业(包括金融机构和金融业务)实施的监督管理。广义的金融监管在上述涵义之外,还包括了金融机构的内部控制和稽核、同业自律性组织的监管、社会中介组织的监管等内容。

我们在研究分析宏观政策时,要注意政策"悖论"问题。传统国际经济学理论认为国际金融市场上存在"三元悖论",即汇率稳定、资本自由流动和独立的货币政策不可兼得,只能取其二。该理论的原型,最早是蒙代尔在20世纪60年代研究固定汇率下货币政策有效性时提出。在资本流动和固定汇率下,一国政府无法通过货币政策来推动总需求增长,否则本国货币将面临贬值压力。该理论也被称为"蒙代尔不可能三角"或者"克鲁格曼不可能三角"。近年来随着全球金融市场一体化程度提升,各国(特别是小型开放经济体)的货币政策独立性日益下降。一些国家货币政策对美国货币政策的响应程度,甚至超过了对本国经济变化的响应程度。与此同时,一些经济学家甚至认为随着国际金融市场一体化程度提高,"三元悖论"正在被"二元悖论"所取代。所谓"二元悖论",简单说就是一国货币政策的独立性和金融市场开放不可兼得。要想获得货币政策的独立性,必须要实行资本管制。宏观审慎监管政策并不能确保下一场全球性金融危机不再爆发,也不能从根本上增强各国货币政策的独立性。稳定全球金融市场不能单靠每个国家的货币政策框架和金融监管体系转型。最根本的手段还是通过全球流动性供给机制的改革,从源头上降低发生全球金融危机的风险。

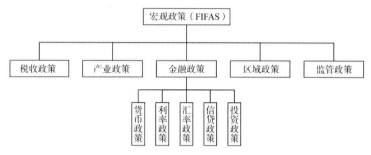

现在进行宏观政策"元角分"模型("五元五角五分"模型)分析,如下图所示。折线圈定的面积越大,表明宏观政策越有利于投资和财富管理;相反,如果内在面积较小,表明调控政策较为紧张,资产配置环境不宽松,财富管理就要更为谨慎,避免掉入流动性陷阱。

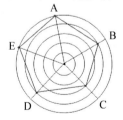

宏观政策之"元角分"模型

A：财税
B：行业
C：地区
D：金融
E：监管

最后,再将宏观形势与调控政策结合起来,进行"元角分"模型("二元四角五分"模型)分析,如下图所示。我们能一目了然地观察到宏观形势与调控政策的组合区间,是双松、双紧还是一松一紧? 这对于后续的分析和决策是十分重要的,尽管还较为简单粗浅。"手表定律"告诉我们,很多时候,分析的指标维度过多,反而让我们无所适从;适当简化指标,抓住主要矛盾,往往能聚焦到主要问题,洞察现象背后的本质。

我们在分析经济形势与宏观政策时,有一个十分重要的理论,就是经济周期理论,是始终绕不开的话题。经济周期也称商业周期、景气周期,它是指经济运行中,周期性出现的经济扩张与经济紧缩交替更

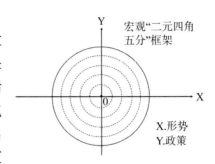

宏观"二元四角五分"框架

X.形势
Y.政策

迭、循环往复的一种现象,是国民总产出、总收入和总就业的波动,是国民收入或总体经济活动扩张与紧缩的交替或周期性波动变化。过去把它分为繁荣、衰退、萧条和复苏四个阶段,现在一般叫做衰退、谷底、扩张和顶峰四个阶段。自19世纪中叶以来,人们在探索经济周期的问题时,根据各自掌握的资料提出了不同长度和类型的经济周期。

一是基钦周期,即短周期。认为经济周期实际上有主要周期与次要周期两种,主要周期即中周期,次周期为3到4年一次的短周期,这种短周期就成为基钦周期。

二是朱格拉周期,即中周期。它是1860年法国经济学家朱格拉提出的一种为期9到10年的经济周期。该周期是以国民收入、失业率和大多数经济部门的生产、利润和价格的波动为标志加以划分的。

三是康德拉季耶夫周期,即长周期或长波。它是1926年俄国经济学家康德拉季耶夫提出的一种种为期50到60年的经济周期,该周期理论认为从18世纪末期以后,经历了三个长周期:第一个长周期从1789年到1849年,共60年;第二个长周期从1849年到1896年,共47年;第三个长周期为1896年起,上升部分为24年,1920年以后进入下降期。

四是库兹涅茨周期,是另一种长周期。它是1930年美国经济学家库涅茨提出的一种为期15到25年、平均长度为20年左右的经济周期。由于该周期主要是以建筑业的兴旺和衰落,这一周期性波动现象为标志加以划分的,所以也叫"建筑周期"。

五是熊彼特周期,是一种综合周期。熊彼特以"创新理论"为基

础,对各种周期理论进行了综合分析,提出:每一个长周期包括六个中周期,每一个中周期包括三个短周期。短周期为 40 个月,中周期为 9到 10 年,长周期为 48 到 60 年。他以重大的创新为标志,划分了三个长周期。在每个长周期中仍有中等创新所引起的波动,这就形成若干个中周期。每个中周期中还有小创新所引起的波动。

二、中观

(一)行业观察

要以产业发展理论为指导进行目标行业分析。产业发展理论着重研究产业发展过程中的发展规律、发展周期、影响因素、产业转移、资源配置、发展政策等问题。产业发展规律是指一个产业的诞生、成长、扩张、衰退淘汰的各个阶段需要具备的条件和环境,从而应该采取相应的政策措施。一个产业在各个不同发展阶段都会有不同的发展规律,同时,处于同一发展阶段的不同产业也会有不同的发展规律。所以,只有深入研究产业发展现律才能增强产业发展的竞争能力,才能更好地促进产业的发展,进而促进整个国民经济的发展。产业发展理论包括:产业结构演变理论、区域分工理论、比较优势理论、新贸易理论、产业集群理论、发展阶段理论等。

行业分析是介于宏观经济与微观经济分析之间的中观层次的分析,是发现和掌握行业运行规律的必经之路,是行业内企业发展的大脑,对指导行业内企业的经营规划和发展具有决定性的意义。

行业所处生命周期的位置制约、决定着企业的生存和发展。行业特征是直接决定公司投资价值的重要因素之一。行业分析旨在界定行业本身所处的发展阶段及其在国民经济中的地位,同时对不同的行业进行横向比较,为最终确定投资对象提供准确的行业背景。行业分析的目的是挖掘最具投资潜力的行业,进而选出最具投资价值的上市公司。只有进行行业分析,才能更加明确地知道某个行业的发展状况,以及它所处的行业生命周期的位置,并据此作出正确的投资决策。

首先,着重分析行业指标。一般包括:经济指标,如企业数、亏损企

业数、亏损企业亏损额、从业人员平均人数等;财务指标,如资产总计、负债合计、应收帐款净额、产成品资金占用、流动资产、固定资产净值、产品销售收入、产品销售成本、产品销售费用、产品销售税金及附加、管理费用、财务费用、利润总额、税金总额等;经济效益指标,如资本保值增值率、资产负债率、流动资产周转次数、成本费用利润率、资金利润率、产成品资金占用率、人均销售率等。

其次,注重行业分类。根据行业发展前景可分为朝阳产业和夕阳产业。根据行业分析技术的先进程度分为新兴产业和传统产业。根据行业分析要素集约度可分为资本密集型、技术密集型、劳动密集型、知识密集型、资源密集型行业。投资者在考虑新投资时,不能投资到那些快要没落和淘汰的"夕阳"行业。投资者在选择股票时,不能被眼前的景象所迷惑,而要分析和判断企业所属的行业是处于初创期、成长期,还是稳定期或是衰退期,谨慎购买那些属于衰退期的行业股票。

第三,把握行业分析内容。行业基本状况分析,包括行业概述、行业发展的历史回顾、行业发展的现状与格局分析、行业发展趋势分析、行业的市场容量、销售增长率现状及趋势预测,行业的毛利率,净资产收益率现状及发展趋势预测等。行业分析一般特征分析,包括完全竞争、垄断竞争、寡头垄断、完全垄断、行业的经济周期分析、增长型行业、周期型行业、防守型行业分析。

第四,熟悉行业周期模型。根据美国著名的战略管理学者迈克尔·波特(Michael E. Porter)的观点,在一个行业中,存在着五种基本的竞争力量,即潜在的加入者、替代品、购买者、供应者以及行业中现有竞争者间的抗衡。

第五,抓住行业分析要点。包括:行业未来成长性是否具有投资价值;行业龙头企业有哪些;行业内竞争取得超越竞争对手的关键因素是哪些;行业内的企业是否能够走向资本市场或存在并购的机会。

最后,进行目标行业"元角分"模型(具体为"二元四角五分"模型)分析。在前述分析基础上,进一步提炼,抓住行业分析的核心要点,着重就行业成长性、稳定性两个元素进行综合分析,找到两者组合区域,最后形成目标行业投资价值的总体判断。如果焦点落到第一象限,投资价值总体较高;落到第三象限则投资价值相对较低;第二象限的投资要注意成长性陷阱;第四象限则要提防稳定性危机。模型分析之后,还可以作进一步细化分析。

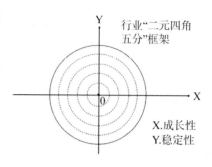

行业"二元四角五分"框架

X.成长性
Y.稳定性

(二)区域观察

以区位理论为指导进行区域分析。区位理论包括"现代区位理论"、"现代集聚理论"等。其核心论点主要包括:一是规模经济。现代区位理论重点描述产业集聚现象,指出"规模经济"是其最大的竞争力来源。由于数量可观的企业集聚在一起形成了产业链条,造成了很大的规模经济,形成相关产业的核心竞争优势。二是外部性。先来的企业会给后到的企业创造了基础设施、劳动力市场、中间产品、原材料的供应渠道、专业知识的扩散等等正面的外部效益。三是向心力或离心力。企业过密、过多,就会使投资环境恶化,产生诸如交通、污染、噪音等问题,使产业集群的规模经济效益下降,于是吸引力变成了离心力、分散力,使相关企业向产业集聚地点的外围边缘扩散,直到两种力量相对平衡为止。四是区位竞争。现代区位理论还在延伸产业的支撑作用、自然资源、运输成本、跨国公司投资、社会文化及政策因素(企业家精神、历史文化传统、体制架构、政府政策)对区位的影响方面也开拓出相当丰富的研究成果。

区域分析根据国民经济发展的长期规划或远景设想,对一定地区范围内以工业为主的经济建设的总体布置进行自然、技术、经济的分析和评价。主要内容包括:资源的综合开发和利用,区域的发展方向,工业企业的合理组合和布点,区域性的交通、动力、水利、农林、环境保护等各项工程设施和建筑基地的综合安排,居民点体系的规划等。

首先,要进行区域发展条件分析。区域发展的自然条件及社会经济背景条件主要指区域自然条件和自然资源、人口与劳动力、科学技术条件、基础设施条件及政策、管理、法制等社会因素。对这些条件的分析主要目的是明确区域发展的基础,摸清家底,评估潜力,为选择区域发展的方向、调整区域产业结构和空间结构提供依据。

其次,要进行区域经济分析。区域经济分析主要是从经济发展的角度对区域经济发展的水平及所处的发展阶段、区域产业结构和空间结构进行分析。它是在区域自然条件分析基础上,进一步对区域经济发展的现状作一个全面的考察、评估,为下一步区域发展分析打好基础。

第三,要进行区域发展分析。由于区域发展是一个综合性的问题,它不仅涉及到经济发展,而且还涉及到社会发展和生态保护,因此,区域发展的分析也应包括经济、社会和生态环境三个方面,并以三者综合效益作为区域发展分析中判断是非的标准。

第四,要关注地区 5P 表现。包括:地区规划(area planning)、地区政策(area policy)、地区热点(area points)、地区典型(area prototyple)、地区发展预测(area prediction)。

最后,进行目标地区的"元角分"模型(具体为"二元四角五分"模型)分析。可以着重选取净金流和净人流两个要素进行分析。如果焦点落在第一象限,表明"二流"为正,投资价值一般较高;焦点落在第三象限,表明投资价值较低;而焦点落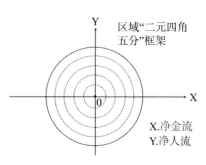在第二、四象限,则提示投资价值具有不足之处,要注意资金流或人流的不足对投资造成的困扰。

三、微观

这里的微观分析,着重从分析目标企业和投资项目着手。

(一)企业考察

遵循企业理论进行目标企业分析。企业理论研究企业在按一定的价格投入生产要素来提供产品的过程中的行为。19 世纪后 25 年中,生产函数概念的产生,使古诺的利润最大化假设得到了很大发展,形成了一套研究投入需求与产出供给的丰富理论,即企业理论。企业理论的开创者是 1991 年诺贝尔经济学奖得主罗纳德 - 科斯教授,后继者主要包括奥利弗 - 威廉姆森等人。与企业理论有关的理论包括交易费用经济学(创立者为威廉姆森)、企业的产权理论、企业的激励理论以及其他非主流的企业理论。

企业分析着重于企业能力分析,是指对企业的关键能力进行识别并进行有效性、竞争性表现上的分析。企业能力分析的目的是帮助企业决策者确定企业战略;如果企业战略已经落实,再进行企业能力分析的目的是重新衡量战略的落实可能性,并判断是否需要进行修订,或用以决策是否企业需要通过能力改进手段进行能力完善。

首先,按照企业平衡记分卡,企业能力可以分成四个维度:财务能力、关系及客户资源能力、经营能力、人员与基础设施能力。企业能力之间在相当程度上可以互相转化。企业在进行环境分析的基础上,应认真做好能力分析,预知企业现有能力与将来环境的适应程度,明确企业的优势和劣势,做到"知己知彼",从而使企业的发展战略和新业务计划建立在切实可靠的基础上。否则企业会丧失竞争能力,而使新业务的开展也归于失败。

其次,企业能力分析的基点是将现有企业能力与新业务活动必需的能力相对比。找出两者的差距,并制订提高企业能力的战略计划,使企业新业务计划得以顺利实现。要系统掌握企业的能力状况,通过对企业能力评价,发现企业现有能力存在的问题,明确企业的优势和劣势。

第三,企业能力分析要把握重点。企业获取资源的能力,直接决定着企业战略的制定和实施。企业资源供应能力包括从外部获取资源的能力和从内部积蓄资源的能力。企业从外部获取资源的能力取决于:企业所处的地理位置、企业与资源供应者的契约和信誉关系、资源供应者与企业讨价还价的能力、资源供应者前向一体化趋势、企业供应部门人员素质和效率。

第四,企业内部资源蓄积能力分析方法。包括:投入产出比率分析(包括各经营领域)、净现金流量分析、规模增长分析、企业后向一体化的能力和必要性、商标/专利/商誉分析、职工的忠诚感分析。

第五,企业生产能力分析。生产是企业进行资源转换的中心环节,它必须在数量、质量、成本和时间等方面符合要求的条件下形成有竞争性的生产能力。

第六,企业营销能力分析。包括:市场定位能力;营销组合有效性;管理能力。市场定位能力直接表现为企业生产定位的准确性。它又取决于企业的市场调查和研究能力、把握市场细分标准的能力、评价和确定目标市场的能力、占据和保持市场位置的能力。此外,还要分析企业的科研开发、组织效能和企业文化。

最后,进行目标企业的"元角分"模型分析。着重从目标企业的成长性、安全性两个维度进行综合分析。"二元四角五分"分析情形与上述相似,不再重复。一般来说,在可选条件下,要优先挑选处于第一象限的企业(成长性与安全性兼备)

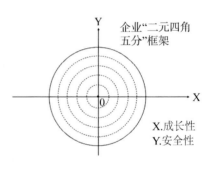

作为重点投资对象,当然具体决策还要结合其他分析一并进行。

(二)项目考察

首先,要明晰项目尽职调查的框架,落实两大"发现"。一是风险发现。就是开展以股权为脉络的历史沿革调查,发现股权瑕疵;以业务流程为主线的资产调查,发现资产完整性;以竞争力为核心的竞品与市场调查,发现经营风险;以真实性和流动性为主的银行债务和经营债务调查,发现偿债能力;以担保和诉讼为主的法律风险调查,发现或有债务和法律诉讼。二是价值发现。以资产价值和盈利能力为衡量标准的双重价值评判,发现现实价值;以未来发展前景调查等为抓手,发现未来可能价值。

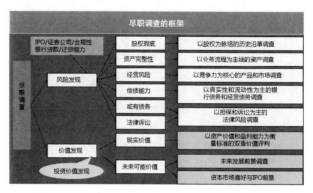

其次,抓住尽调七大"要点"。包括:税务要点(税收优惠政策、征税方式、个人所得税、税务成本)、预算要点(未来销售趋势、未来业态调整)、财务核算(收入成本核算原则与方法、财务核算软件、采供销单据)、报表科目(预付帐款、存货、无形资产、资本公积等)、业务情况(产品或服务、供应商、销售模式、竞争对手等)、关联交易与往来(关联交易、往来交易等)。

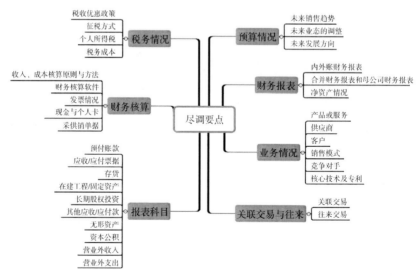

第三,抓牢关键要素。包括:项目方(创始人背景、过往历史等)、技术背景(核心技术特征、技术安全性、排他性)、项目分析(项目基本背景、日常运营机制、竞品项目分析、项目外部评价等)、项目过程(项目管理机制、项目运营细节)。

最后,进行投资项目的"元角分"模型分析。着重从项目的盈利性和安全性两个维度进行分析,处于第一象限的项目通常成为投资者亲睐的对象。项目"二元四角五分"模型分析过程和方法此处简略。

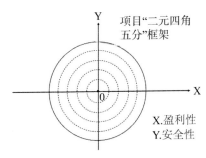

四、见微知著

(一)见微知著是科研基本功

中医倡导的整体医治和治未病等,就是见微识著的具体表现。有的病人,局部器官似乎功能欠佳、需要医治;但从整体身体状况看,又是基本协调、循环良好的,如果局部医治,反而破坏了这种平衡和稳定,可能对健康不利。所以只有从微、中、宏三观结合视角,进行整体判断,才能拿出一套整体调理和干预的方案来,对病人的护理才是最为科学有效的。反过来,如果一个人看上去很强壮,面色红润、精神抖擞,就判断他是健康无恙、毫无隐忧,也是轻率而不科学的,此时他身体局部某个器官,哪怕只是很初期微小的病害,如果不去排查和医治,将来发展下去也可能蔓延影响到整体健康甚至威胁生命,马虎不得的。

两军对峙,判断敌情,既要从整个战场布局来分析判断;也要从中观层面(一个行业或者一个局部)进行剖析,例如单从重机械部队移动情况就能推测整体上对方的规模和作战意图;还要从微观上推测,例如,过去战场上有人单从其后勤方面,挖的灶台多少、现场帐蓬和人马活动的痕迹,估算敌方大约有多少人。宏中微观综合起来,判断才会更加准确。

经济分析往往借助指数方法。有些指数很有意思,例如"裙摆指数"。它显示:女性裙摆越长,股市就越低迷;相反,女性的裙子越短,资本市场则越出现昂扬的牛市趋势。美国人埃拉·考伯雷在长期观察中发现,道·琼斯综合指数的升降经常与妇女裙摆的长度有关联,妇女的裙摆短,恰恰是指数上升时,反之,则指数一定趋于下降。因为银行家及投资者的事业是可以从女性的情绪中得到反应的。当股市萧条时,投资者自然就无兴致亲近女性;而股市一旦好转,女性的服饰自然也会随着男人的态度而更富性感。

经济学有宏观经济学与微观经济学之别。股市分析,有多种流派,有的倾向于宏观研究,有的倾向于微观入手,两者结合起来才更加科学。巴菲特的投资是看重大势的,他倡导价值投资理念,同时也十分重视对微观的研究,特别潜心钻研目标企业的报表、内部管理细节、关键人物的举动、关联各方的动向,一旦发现异常情况,他就能及时判断,果断出手。宏观分析利于保持定力和投资的稳定性,微观观察利于从细节处洞察风险与机会。两者结合,才是立于不败的法宝。正如巴菲特所说:"评估一定企业的价值,部分是科学,部分是艺术。""投资就像打棒球,要想让记分牌不断翻滚,你就必须盯着球场而不是记分牌。"

(二)见微知著惯用文学创作中

欣赏一下《隆中对》吧:

　　……。亮答曰:"自董卓已来,豪杰并起,跨州连郡者不可胜数。曹操比于袁绍,则名微而众寡,然操遂能克绍,以弱为强者,非惟天时,抑亦人谋也。今操已拥百万之众,挟天子而令诸侯,此诚不可与争锋。孙权据有江东,已历三世,国险而民附,贤能为之用,此可以为援而不可图也。荆州北据汉、沔,利尽南海,东连吴会,西通巴、蜀,此用武之国,而其主不能守,此殆天所以资将军,将军岂有意乎? 益州险塞,沃野千里,天府之土,高祖因之以成帝业。刘璋暗弱,张鲁在北,民殷国富而不知存恤,智能之士思得明君。将军既帝室之胄,信义著于四海,总揽英雄,思贤如渴,若跨有荆、益,保其岩阻,西和诸戎,南抚夷越,外结好孙权,内修政理;天下有变,则命一上将将荆州之军以向宛、洛,将军身率益州之众出于秦川,百姓孰敢不箪食壶浆以迎将军者乎? 诚如是,则霸业可成,汉室可兴矣。"

全文不长,稍看一下可作如下切分。"自董卓已来,豪杰并起,跨州连郡者不可胜数",这句是从宏观上交待当时的政治生态和斗争格局。紧接其后,再分别议到曹操"挟天子而令诸侯,此诚不可与争锋";孙权"据有江东……此可以为援而不可图也";荆州"此殆天所以资将军"、益州"险塞……高祖因之以成帝业";刘璋暗弱、张鲁在北……这些都是从地区格局和主要政治对手实力和战略特征上进行细分,属中观考察范畴。有了宏观、中观的铺垫,最后是落到微观上刘备的斗争战略上来,这也是最为重要的:"将军既帝室之胄,信义著于四海,总揽英雄,思贤如渴,若跨有荆、益,保其岩阻,西和诸戎,南抚夷越,外结好孙权,内修政理;天下有变,则命一上将将荆州之军以向宛、洛,将军身率益州之众出于秦川,百姓孰敢不箪食壶浆以迎将军者乎? 诚如是,则霸业可成,汉室可兴矣。"

《隆中对》一下就打动了刘备,后者接受其建议,按此战略步步实施,取得了后续的不俗业绩。

(三)见微知著助力投资决策

现在分析投资尤其是股票投资主要有五大流派。其一,技术派,他们K线不离口,趋势全都有,炒短线、见效快;其二,宏观派,分析宏观经济,判断未来经济整体走势;其三,有效市场派,认为市场永远有效,通过购买几十、几百只股票分散管理风险;四是成长投资派,敏锐的直觉和洞察,擅长发现有前景的公司,投资成功率低;五是价值投资派,通过研究公司的财务信息、经营策略、行业形势等,估出公司价值,在价格低于价值时买入,长期持有,等待价格回归价值时卖出,从而获得利润。比较而言,价值投资是入门简单、且能达到的投资回报上限非常高的一个流派。价值投资是适合新手入门的股票投资策略。价值投资流派最著名的有三位:本杰明·格雷厄姆、彼得·林奇、沃伦·巴菲特。这五大流派对于宏中微观观察和分析各有侧重,因而也风格各异、各见所长。

一个人视野的高度,决定了他眼中看到的世界的样貌,也决定了取舍的魄力。

全观的视野,同样意味着思想要缜密周全,尤其要有海阔天空的广博思想,所谓"站得高,看得远"。面对困境和问题时,容易当局者迷,所以我们需要跳出平面,置身事外,再加入一个思考维度,用立体思维看待投资局面。

现实中我们分析市场情况,除了从宏观、中观上尽量查找资料进行面上分析外,还可以结合我们自身的条件,通过微观细节上的观察来进行判断。如我们看到股市已经无人问津、成交量十分低迷、券商门可罗雀时,就大抵能判断股市已到底部区域了;反过来,人人言必论股、个个眉飞色舞、券商门庭若市、成交居高不下、杠杆越加越长时,往往离顶点不远、危险将至了。所以,宏中微观要结合起来看才是较为准确和安全的。

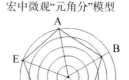

宏中微观"元角分"模型

A:宏观
B:政策
C:行业
D:地区
E:企业/项目

具体而言,就是要将宏观、政策、行业、地区、企业/项目,这五个方面汇集到"元角分"模型中进行分析。看总体情况,大致能看出我们投资人对于当下宏观基本面的判断。而前面的分析为总的判断奠定了基础。

第二节　近远观

宏中微观是第一观。接下来是第二观:近观与远观。这也是投资人日常要格外关注的,要处理好近期与远期的关系,远近结合地分析问题、判断决策。

一、近观远观

(一)近远观切换是各门专业基本功

在山水画创作中,"远取其势"与"近取其质"关系密切。"势"与"质"是一种共生关系,"势"的体现是通过虚实布置、空间的设计以及笔法运用完成的,而这些又是通过点线面的具体体现,具体到笔笔看、局部看,每笔都生动,每笔都精彩,笔笔都相互照应,共同生发。以"势"带"质",以"质"促"势",再现近观与远观的统一。

军事上也需要远近结合。战场上,用放大镜近观地图,用望远镜远观敌情。毛泽东《论持久战》,从近观与远观两方面分析,结论是可以打持久战,速胜是不可能的,近期败退,中期相持,远期反攻,国际形势也会越来越有利于我们,因为得道多助失道寡助,因而要与国民党联合起来组成统一战线,统一抗日,最终取得成功。我们看军事题材的影视剧,都有熟悉的镜头:军事将领们往往一手拿着放大镜,在地图前指指点点、圈圈画画;另一手接过望远镜,朝远方的敌军或攻击地眺望。这种空间转换,思维跳跃,纵横捭阖,往往重要的决策就此生成。

文学上近远观切换是一种十分重要的常见的创作方式。如著名的李白的《静夜思》:"床前明月光,疑是地上霜。举头望明月,低头思故乡"。远近结合:远在天边,近在床前;远在故乡,近在当下。远近切换,虚实交融。天上地下,远虚近实,融为一体,交相辉映,情真意切、感人至深。

俗话说,凡事要想得长远一点。当我们分析思考问题的时候,可以拉长时间的维度来看待这个问题。每个人当前经历的所有"大事",都只是生命长河中的一个涟漪,如果放至更长的时间维度之上,也许连一丝痕迹都不会留下。

日本企业家、软银集团创始人孙正义曾说,他在决策的时候从来都是思考未来,他用未来对现在进行决策,所以帮助他少走了很多弯路,也让他更为睿智与敏锐。

(二)近远观切换是经济管理重要支撑

宏中微观,都有一个近观与远观的视角差。

制订政策时,远观侧重于大的、着眼于未来发展的较长期限有效的政策;近观则侧重于针对当下任务和面临的突出问题,制订针对性强的能够解决实际问题的具体政策。

确立目标时,远观侧重于中长期目标,通常是大的主要指标和奋斗目标;近观侧重于本周、本月、本季的业务指标和工作任务。

制订方案时,远观侧重于系统性、全局性的方案,强调统筹兼顾和综合平衡;近观则更强调方案的个性化、针对性和时效性。

选择模型时,远观侧重于选择开放性、延展性强的模型,助力于对未来发展方向和趋势的科学判断;近观则更突出具体化、即时感,模型运用能助力解决具体问题。

落实举措时,远观侧重于能一以贯之的战略性举措;近观则侧重于即时性好、执行性强、见效快的举措。

远观与近观彼此相依、相辅相成。着眼于长期的目标愿景、政策、方案、模型和举措,指引着一个个近期的选择和落实;一个个具体的着力于当下的计划、政策、方案、模型和举措,指向未来,夯实基础,奔赴目标。

（三）克服短视行为,坚持长期投资

短视理论认为问题的所在是市场参与者,特别是机构投资者强调短期的经营成果,其结果将导致有长期投资方案的公司价值被低估。当公司价值被低估时,他们就成为对其他有大量可从自由支配资源的公司或个人投资者（进攻者）而言有吸引力的目标。管理层短视理论认为,为了避免股东遭受这种潜在的财富损失,公司经理人不得不减少市场不能准确估价的长期投资,竭力增加公司的当前盈利。当经理人把长期投资转向更容易被估价的短期项目时,虽然公司价值被低估的情况减少了,但同时公司有利可图的长期投资也牺牲了。

同样,市场短视理论也认为,由金融市场所驱使的又很活跃的公司控制权市场,很容易出现短期绩效被高估,有风险的长期投资被低估的现象。在这样一个以短期盈利为中心的市场,如果经理人从事长期战略投资,就会让自己面临很大的就业风险。因此,收购威胁会助长价值被低估的公司经理人的短视行为。

长期投资是指不准备随时变现,持有时间超过1年的企业对外投资。长期投资之所以区别于短期投资,不但是投资期限的长短,更在于投资目的的不同。企业管理层取得长期投资的目的在于持有而不在于出售,这是与短期投资的一个重要区别。它的特征包括:其一,投资的主体是企业。其二,投资的对象是经营性资产。其三,投资的目的是获取经营活动所需的实物资源。

二、远近同谋

巴菲特最伟大的发现就在于:从短期角度看,股市是非常有效率的,但是从长远考虑来说,股市的效率却很低。由此他开发了一种新的投资策略——选择性反向投资策略,即利用目光短浅的低效率的股市所产生的长期价格失误为自己创造财富。

资产配置往往强于静态时点上的考量而弱于动态上的预案,投资规划往往重于有限时间内直接收益的获取而轻于更大时间维度上权益的规划等。同样的财富,如果在时间维度上赋予其"长线"或"短线"的不同的属性之后,从某种角度上看,这就是两笔截然不同的财富了。所有的财富管理都应有一个前提,即这是一个长期规划还是一个短期的计划。

传统经济学和行为经济学并不矛盾,它们是短期和长期的关系。传统经济学讲的是长期价格最终应该如何,行为经济学讲的是在短期的不确定性中经常出现什么偏差和错误,人们可以利用这些偏差和错误进行反向操作盈利,但这种反向操作又会引导价格向理性方向收敛。

我们要重新审视短期理财计划和长期财富规划之间的关系,要通过专业财管机构进行很好的财富规划和计划,来帮助解决面临的问题。我们不能偏颇于财富规划或理财计划,长期和短期的搭配是非常重要的。

如前所述,财富规划从人生轨迹来讲,有五个阶段:"只出不进"阶段、"多出少进"阶段、"进出平衡"阶段、"少出多进"阶段、"只进不出"阶段。不同阶段的财富比例关系要规划好,不同阶段要有不同的财富规划策略和策划要求。你在人生什么阶段,是在青年时代还是中老年时代,都有财富规划一说。另外,财富规划要兼顾到财富需求,是强调财富创造、财富增长,还是强调财富保护、转移、传承,所以不同需求侧重点之下,财富规划侧重点也是不同的。

理财计划是要着重考虑好人生各阶段的大的安排,教育、保险、投资创业、税务、养老等都要做好理财计划。从另一个角度看就是要做好日常的支出计划,包括:消费支出、储蓄支出、投资支出、应酬支出、保障支出等。

所以我们强调长远的财富规划和近期的短期理财计划之间要匹配好,长短搭配。要克服"首因效应""近因效应"的干扰,借助"元角分"模型,对远近观两方面进行"二元四角五分"框架分析。如前所述,可以从目标、政策、计划、方案、模型、举措等方面分析。近观与远观两个维度焦点落在第一象限,表明整体形势是好的;焦点落在第三象限,表明整体形势是不好的;而落在二、三象限,则表明近远分析下来,投资环境和形势是不尽完善的,要当心风险或未来危机。

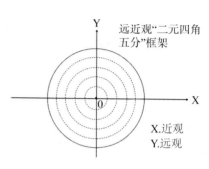

第三节　主客观

客观规律和客观情况是基础,但主观能动性很重要。两者相互作用,不可或缺。主观能力可以弥补客观之不足,两者若有偏差都是不尽理想的。

一、主观客观

主观指人的意识、精神;客观指独立于意识之外,或指认识的一切对象。辩证唯物主义认为主观和客观是对立的统一,客观是不依赖于主观而独立存在的,主观能动地反映客观,物质是抽离于万事万物的客观实在,主观对客观事物的发展起促进或阻碍作用。所谓"主观"是观察者为"主",参与到被观察事物当中。此时,被观察事物的性质和规律随观察者的意愿不同而不同。

所有客观的事物都是可以被"测量",不可以被"评估";所有主观的事物都不可以被测量,可以被"评估"。所谓"测量",一定是根据事物某种固有的属性进行;所谓"评估",一定是根据某种先验的价值观进行。

经济学和一切社会科学,既是主观的,又是客观的;既要研究主观,更要研究客观。

黄山迎客松,静静地生长在山上,无论风雨,不舍昼夜,它是一种客观的存在。但观赏它的人会有不同的感受和体验。木匠看它不值一文,朽木不可雕也;诗人看它可能会意味盎然、诗兴大发;园丁看它可纳入盆中栽培裁剪;药师看它有几分药用价值可以提取;学生看它想的更多的是记叙、说明、议论文种该如何区别表达、书写文章……

2013年诺贝尔经济学奖获得者罗伯特·希勒在《非理性繁荣》一书中曾讲了这样一个道理:最容易驱动市场的往往是"情绪",而非价值。因为大众是非理性的,制造情绪在大众中相互传染,会使市场迅速走向繁荣。

市场下行,股市大跌,这是一种客观形势。但人们对此有不同的表现:有人认为危机来了,赶快逃命;有人认为是机会,抓紧进场;有人则认为,需要观望、观望、再观望。这正是:有人星夜赶考场,有人辞官归故里。无他,不同主观判断和价值取向使然。正如卡夫曼教授和特沃斯基教授提出的"前景理论"所揭示的那样,人们的决策不是按照期望效用最大化来决策的,而是通过对所掌握信息的"编辑"和"判断"两个阶段来完成的。人们做出的选择也未必是最优的,但却会是当事人在心理上感到最满意的。在这样的决策过程中,人们在"编辑"阶段按照一定的决策程序对信息进行编辑,这里就会存在所谓的各类"偏差",同时在"判断"阶段依靠相应的"偏好"来决策。

客观形势往往影响到人们主观上的态度和行为选择;反过来,各种基于主观判断的行为选择叠加起来,共同影响客观形势的走向和速度。

二、主客一体

(一)主客一体在投资决策中异常重要

"主客一体"成就量化投资策略。量化投资技术几乎覆盖了投资的全过程,包括量化选股、量化择时、股指期货套利、商品期货套利、统计套利、算法交易,资产配置,风险控制等。

量化选股就是采用数量方法判断某个公司是否值得买入的行为,方法很多,如公司估值法、趋势法和资金法等。

众多的研究发现我国股市的指数收益中,存在经典线性相关之外的非线性相关,从而拒绝了随机游走的假设,指出股价的波动不是完全随机的,它貌似随机、杂乱,但在其复杂表面的背后,却隐藏着确定性的机制,因此存在可预测成分,使量化择时具有实际价值。

股指期货套利是指利用股指期货市场存在的不合理价格,同时参与股指期货与股票现货市场交易,或者同时进行不同期限,不同(但相近)类别股票指数合约交易,以赚取差价的行为,股指期货套利主要分为期现套利和跨期套利两种。

商品期货套利盈利的逻辑原理是基于:相关商品在不同地点、不同时间对应都有一个合理的价格差价;由于价格的波动性,价格差价经常出现不合理;不合理必然要回到合理;不合理回到合理的这部分价格区间就是盈利区间。

统计套利是利用证券价格的历史统计规律进行套利,其风险在于这种历史统计规律在未来一段时间内是否继续存在。统计套利在方法上可以分为两类,一类是利用股票的收益率序列建模;另一类是利用股票的价格序列的协整关系建模。

期权套利交易是指同时买进卖出同一相关期货但不同敲定价格或不同到期月份的看涨或看跌期权合约,希望在日后对冲交易部位或履约时获利的交易。期权套利的交易策略和方式多种多样,是多种相关期权交易的组合。

算法交易,指的是通过使用计算机程序来发出交易指令。在交易中,程序可以决定的范围包括交易时间的选择、交易的价格、甚至可以包括最后需要成交的证券数量。

资产配置是指资产类别选择。量化投资管理将传统投资组合理论与量化分析技术相结合,丰富了资产配置的内涵,形成了现代资产配置理论的基本框架。它突破了传统积极型投资和指数型投资的局限,将投资方法建立在对各种资产类股票公开数据的统计分析上,通过比较不同资产类的统计特征,建立数学模型,进而确定组合资产的配置目标和分配比例。

一部经典谍战剧里有个特工说过一句话:"在我们这个行当里,怀疑,是最好的品质。"那么,在投资和财富管理这个行当里,最好的品质又是什么呢? 笔者倾向于:理性与感性的结合。理性让世界有序,感性让世界多彩。理性让我们区别于动物,感性让人区别于机器。理性催生了科学,感性孕育了艺术。理性可以培养和训练,感性多是自然的萌发。失去理性很难美好的生活,失去感性很难拥有真正的生命。显然,这里的理性源于客观分析,而感性则源于主观能动性。

(二)主客观"元角分"模型分析

我们要克服"蔡戈尼效应"(得不到的是最好的)、"登门槛效应""羊群效应"和"孕妇现象"(选择性注意,经常见到与已同类的)、"晕轮效应"(以偏概全)影响,认真做好主客观之"元角分"模型分析。

这里主要运用"二元四角五分"分析框架。第一象限,表示无论主观分析还是客观实际,都是比较好的,是可以加大投资的;第三象限则相反,应该谨慎、减少甚至退出的;第二象限,表明客观形势尚可,但主观上,我们是不看好的,

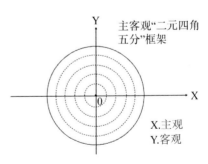

主客观"二元四角五分"框架

X.主观
Y.客观

也许客观指标有滞后效应,此时当更加谨慎起来;第四象限,人们主观上比较看好,但客观指标已经显示较多负面讯息,需要认真分析、冷静对待了。

第四节　悲乐观

一、悲观乐观

（一）乐观归因理论

塞利格曼的乐观归因理论将乐观分解为三个维度："稳定—不稳定""内部—外部""特定—普遍"。塞格利曼认为,将事物原因归于外部的、不稳定的和特定的因素时,就是乐观的;相反,归于内部的、稳定的和普遍的就是悲观的。

从"稳定—不稳定"维度分析。如果你认为导致你失败的原因是稳定的,那么,这种悲观的归因会持续地影响你;而倘若你认为失败是不稳定的,只是偶尔发生,那么你对未来就肯定有更多的乐观期待,这次的失败不会影响你很长时间,你的挫折感会很快过去。

从"普遍—特点"维度分析。如果你认为这种失败是普遍存在的,那么你对自己各个领域的事情都不会有很好的期待,你觉得失败会随时出现在所有地方;当你认为它只是出现在特定领域时,你就缩小了这次失败给自己带来的负面影响,能够更快地调整自己的状态,进入下一次尝试中。

从"内部—外部"维度分析。如果是内部的原因,不难想象,你很容易对自己的能力产生怀疑,降低了自我效能感和自尊;倘若只是外部的原因,则是相反的情形。

乐观主义者和悲观主义者,无论遇到好事还是坏事,他们的归因方法几乎完全不同。乐观主义者在遇到好事的时候,通常采用内部、稳定、普遍的归因,提高自我效能感;遇到不好的事情时,往往作出的是外部、不稳定、特定的归因,保护了自己的自我评价。而悲观主义者却刚好相反。

乐观者从理论上讲,更有利于对目标的坚持,他们在经受应激、挫折后有较少的抑郁症状或躯体症状,能够较为准确地预测出身心健康状况。乐观者和悲观者之间的差异并不在于目标本身,而在于他们在目标实现之道上的差异。越是乐观者,越是积极地期待着实现日常生活中的那些单个目标。

（二）悲乐观关系紧密

乐观是一种向阳的人生态度;悲观与乐观相对。

传统的管理宝典往往鼓励人们成为乐观主义者,但很容易忽略悲观情绪的意义。实际上,悲观情绪色彩可能比乐观主义更具有生存适应性。因为悲观者对外界环境压力和危机更敏感,因而常常会提前做一些准备,未雨绸缪。比起乐观者,悲观者更能够将事情的细节纳入考虑的范围,因为他们会担心每一点的失败,比起乐观者,悲观者更容易有持久的耐力。而这种对现实的接受心态,也使得他们能够将精力更多放在对事情的解决上,而不是无味的挣扎和抱怨。当然受负性思维的影响,悲观者常会无端放大很多负性事件,从而让自己陷入恐惧和不安中;但是如果具备了将担忧具体化的能力,悲观者则会挣脱恐惧的束缚,学会与自己对话,尽力解决问题。

二、悲喜交加

（一）要克服人性弱点:贪婪与恐惧

恐惧和贪婪是一对孪生兄弟,藏在每个人的内心深处。一个人有多么恐惧,他就有多么贪婪,反之亦然。难怪弗洛伊德强调:"如果我们把歇斯底里的痛苦转化为寻常的不愉快,收获就相当可观了。"我们要想方设法从过度悲观中走出来,因为:如果错过太阳时你流了泪,那么你也要错过群星(泰戈尔)。我们心中的恐惧,永远比真正的危险巨大的多。

财富管理领域有一种常见的"幸存者偏差",即只看到一部分被筛选过后的结果,而自觉不自觉地忽略了更多更全面的信息。当我们大量地忽略了那些投资失败的案例的时候,我们对财富或资产配置的真实成功率也就被成十倍甚至更大比例地放大了,随之而来的大概率将会是现实与预期间的差距与悖论了。

投资是需要对抗人性的,人性总是驱使人们做看起来更安全的选择,从众、随大流,就是这种追逐安全感的体现。"行情总是在绝望中启动,在犹豫中爆发,在疯狂中死亡",背后体现的也都是对抗人性的艰难。

繁荣总是静悄悄的发生,而灾难总是在大吵大闹中降临。市场时刻都热点繁多,新闻每天都有惊悚头条,做投资的真要有点儿清太祖那"任尔几路来我只一路去"的劲头。与真实的价值为伍,站在概率和赔率的有利面,透彻理解并执行复利法则。

2020年初的那场疫情,人性的弱点充分展现在股市面前。春节后那个超级大缺口,三千只个股跌停,那一刻人性是如此的恐惧! 但一转眼,"疫情坑"被填平了,于是有人下车了;可是更多的人却争相挤着上车。因为后知后觉的人实在太多了,前面的恐惧在此刻已化为贪婪。连续三日成交额突破万亿,首发基金单日募集1200亿,A股开户数突破1.6亿,有人高呼牛市来了,有人说主升浪须满仓……

雪崩的时候,没有一片雪花是无辜的。

科学巨人牛顿在当年投资失败、血本无归后感叹:"我能计算出天体运行的轨迹,却难以预料到人们的疯狂。"投资就是要克服"韦奇定律"(容易受人左右)、"非理性定律"影响,要悲喜交加、悲乐咸淡,尽力克服贪婪与恐惧,保持相对平和的心态,冷静理智地对待市场变化,沉着应对、从容决策。

雷纳·齐特尔曼在《富豪的心理》中指出:研究显示,企业家更愿意利用偏好和启发式的方法,这就可能导致他们在特定情况下对风险不敏感。和管理层相比,企业家也更过度乐观。

人一生下来就会哭,笑是后来才学会的。所以忧伤是一种低级的本能,而快乐是一种更高级的能力。笑对人生,能穿透迷雾;笑对人生,能坚持到底;笑对人生,能化解危机;笑对人生,能照亮黑暗。活在昨天的人失去过去,活在明天的人失去未来,活在今天的人拥有过去和未来。任何时候我们都要抱最大的希望,作最大的努力,做最坏的打算。

（二）做好悲乐观"元角分"模型分析

主要运用"二元四角五分"框架进行分析。

第一象限，表明持悲观和持乐观态度的人都是很多的，市场上两种对立的情绪交织在一起，两种声音、两种态度、两种情绪并列着，气氛相当热烈，各执一端、莫衷一是，反应到市场上，就是交投活跃、过手频繁、大进大出，有时表现在不同板块轮动，有时表现在不同市场上，有时表现在内外资上，有时表现在散户与庄家上，对立明显。

第二象限，则表明，悲观明显，乐观的人少，此时市场交投萎靡，细心的人能从中寻找到投资机会。

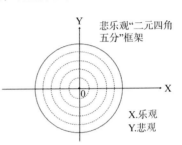

第三象限，悲乐观都不明显，人们态度是一般的，或者模糊的，相对而言也是混乱的市场，很难判断。

第四象限，乐观的压倒多数，悲观的观点较少出现，也算是一边倒了。此时是需要更冷静的思考了。

这四象限之间的轮动，往往是股市变化的轨迹。观察投资机会与风险，此不失为一有用之角。

第五节　财生三观

一、人生观/价值观/财富观

（一）人生观

人生观是人们在实践中形成的对于人生目的和意义的根本看法，它决定着人们实践活动的目标、人生道路的方向，也决定着人们行为选择的价值取向和对待生活的态度。

人生观是世界观的一个重要组成部分，受到世界观的制约。人生观主要是通过人生目的、人生态度和人生价值三个方面体现出来的。

每个人的人生观在不同时期会发生变化,这种变化的外因是日益疯狂的世界,导致很多人的直觉和感受发生变化,产生人生观错位等,也许这是人类世界发展所带来的不可避免的问题。

在人类历史上曾出现过以下几种有代表性的人生观,包括:享乐主义人生观,追求感官快乐,最大限度地满足物质生活享受是人生的唯一目的;厌世主义人生观,认为人生是苦难的深渊,充满各种烦恼与痛苦,唯有脱俗灭欲,才能真正解脱;禁欲主义人生观,将人的欲望特别是肉体的欲望看作一切罪恶的根源,主张灭绝人欲,实行苦行主义;幸福主义人生观,强调幸福是人生的最高目的和价值;乐观主义人生观,认为人生的目的在于追求社会的文明和进步,在于追求真理;共产主义人生观,把人的生命活动历程看作是认识和改造客观世界的过程,人生的价值和意义在于对社会所尽的责任和所作的贡献。

在笔者看来,人生观分为五个层次。由低到高划分为:一是"他我"阶段,无自我认知,生命处于本能状态,一般在年幼时期。二是"自我"阶段,亦即"小我"状态,奉行相对自私的人生观。三是"大我"阶段,很多时候考虑的是别人,能为别人或者多数人的利益牺牲自己的个人利益。四是"忘我"阶段,更进一层,更少考虑自己和家族的利益,一心为公。五是"无我"阶段,人与自然融为一体,天人合一,进入一种类宗教状态,基本没有自己的私人利益和个人世俗追求,集体的、众人的利益高过一切。人生观的进阶既有年龄增长因素,也有后天的教育、经历、积累因素。进到最后阶段,是少数人的体验,多数人达不到的一种灵性、顿悟状态。从"无我"到另一个"无我",一个螺旋上升的循环过程。

(二)价值观

价值观是基于人的一定的思维感官之上而作出的认知、理解、判断或抉择,也就是人认定事物、辨别是非的一种思维或取向,从而体现出人、事、物一定的价值或作用;在阶级社会中,不同阶级有不同的价值观念。价值观具有稳定性和持久性、历史性与选择性、主观性的特点。价值观对动机有导向的作用,同时反映人们的认知和需求状况。巴菲特说:"经济上的繁荣一向起起伏伏,唯有人的价值观是最稳健的货币,它为我们赚得自尊,赢得心灵的安宁,带来最丰厚的回报"。

价值观有理论的(重经验、理性)、政治的(重权力和影响)、经济的(重实用、功利)、审美的(重形式、和谐)、社会的(重利他和情爱)及宗教的(重宇宙奥秘)等分类。每个人都或多或少地具有这六种价值观,只是核心价值观因人而异。行为科学家格雷夫斯把价值观概括为七个等级,分别是:反应型,照着自己基本的生理需要做出反应,而不顾其他任何条件;部落型,依赖成性强,服从于传统习惯和权势;自我中心型,信仰冷酷的个人主义,自私和爱挑衅,主要服从于权力;坚持己见型,对模棱两可的意见不能容忍,难于接受不同的价值观,希望别人接受他们的价值观;玩弄权术型,通过摆弄别人,篡改事实,以达到个人目的,非常现实,积极争取地位和社会影响;社交中心型,受现实主义、权力主义和坚持己见者的排斥;存在主义型,能高度容忍模糊不清的意见和不同的观点,对制度和方针的僵化、空挂的职位、权力的强制使用,敢于直言。

在此基础上,笔者将价值观划分为五个进阶:一是"有形"价值观,类似于拜物教,价值体现在看得见、摸得着的实物上面,如房子、车子、吃的、用的、金银等等。受长期短缺经济影响,有形价值观在很多老一辈人身上较为普遍。他们缺乏安全感,总是习惯于将一些物件收藏起来,对抗危机,传承下去,觉得这些东西才是有价值的,其他的都难说。二是"有用"价值观。顾名思义,就是价值取向在于"有用",范畴较"有形"大很多,既包括有形,也包括无形但有用的东西。金融资产是其中重要组成部分。三是"有价"价值观。其范畴更进一步扩大,既无形、又无用,但是别人有需求或者未来有需求、有市场的东西,经过一番经营,可以交换回货币或等值商品。四是"有情"价值观。范畴再一步扩大,内涵进一步深化,与情字有关的东西也进来了,比如爱,比如慈悲,比如友情,比如感恩等,金钱不能衡量,超越于一般实物和货币价值。五是"有义"价值观。比情更超越的是义。义更是一种超越,是信仰,是道德,是追求,是精神境界。有形-有用-有价-有情-有义,亦是价值观五个层次,拾级而上、层层递升。

在电视剧《胡雪岩》中,胡雪岩的结拜兄弟潭泽云,十分势利,奉行的是"有用价值观";胡雪岩另一位结拜兄弟陈强则是"有价价值观",生意人,老老实实地按市场规则办事,一是一、二是二地认真仔细地摆弄生意;剧中很多工人、下人、伙计们拼命干活,为的是挣得一日三餐和看得见摸得着的银两,养家糊口,他们端谁饭碗、为谁干活,基本属于"有形价值观"了。胡雪岩从坏人手上解救出来的五太太,重情感,奉行"有情价值观",关键时候能挺身而出,冒死替胡雪岩找左宗棠求情,胡雪岩对她有恩,她在胡雪岩落难时不离不弃挺身而出,重情分、懂感恩、知回报;胡雪岩的江湖女友瑞媄姑娘,则是大义凛然,与胡雪岩一直是精神上的交往,几十年,深情厚义、义薄云天,每次在胡遇困难时都有她的身影悄悄出现,一旦化解,她则隐身而退、归隐江湖。到最后关头,还是她变卖所有家当,为胡雪岩赎命。这是一种自我超越的大爱、大义,超越人间的情爱、亲爱,义薄云天、令人动容,当属"有义价值观"。《胡雪岩》主题歌《情怨》,情真意切、感人肺腑,将这种超越物质、情爱的情义诠释得淋漓尽致、荡气回肠。

(三)财富观

财富观是指人们对财富价值的认识观,财富观亦是价值观的重要组成部分。财富的财字从贝,贝也就是钱的原始形态,因此财富首先着眼的就是金钱的积累。其实,将财富与金钱划等号,只是货币高度发达时代的产物,在人类文明历史初期,作为财富最主要形态还是实物。随着生产力的日益发展,社会生产的复杂化,货币关系成为重要的社会关系之后,财富的货币积累风潮才开始流行的。继而,财富的积累带来了资本的膨胀,直接推动了整个社会的变革与进步。

财富观要回答:财富是啥? 财富为谁? 财富如何创造、守卫和使用等? 不展开来说了,后面会一一道来。

如果是"他我"人生观阶段,依附于人的,多半奉行"有形"和"有用"价值观,他对于财富是啥、为啥,往往是直白和简单的,财管策略也是简单和低效的。人生观、价值观上升层次后,财富观念一般也会上升到更高层次。

二、三观合一

(一)财生三观"元角分"模型分析

往往,有什么样的人生观就有什么样的价值观和财富观,但有时也会有差异和错位。有的人人生观和价值观都挺好,但财富观落后了,不合时宜了。从下图可见,第一象限表明,人生观、价值观与财富观契合,都是正面

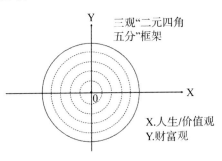

的、积极向上的;第三象限,是三观都偏负面、消极的;第二、四象限,表明三观悖离,此时需要反思如何调整好三观关系,使三观朝着平衡协调的方向演进。

所以,培养健康财富观,需要健全人生观和价值观。这是根本。有些人仅就财富观谈财富观,不从根本上纠正人生观和价值观,不从根子上找原因,最终不能从根本上健全财富观。要持续加强人生观、价值观的修练和提升,这是贯穿一生的工作,松懈不得。

(二)健康财富观势在必建

1. 中国传统财富观。

中国古代以传统"义利观"为价值基础的财富观。中国传统以来奉行"义利观",孔子强调"义"的方面,提出"贵义贱利论"。但是,孔子也重视财富,主张富国、富民,他强调致富必须遵循正当途径,即"以其道得之""不义而富且贵,于我于浮云"。经济和文化的发展进步,对财富的认识和理解渐渐发生变化,司马迁甚至提出:"天下熙熙,皆为利来;天下攘攘,皆为利往。"这样,以传统"义利观"为价值基础的古代财富观就逐渐形成了独特的发展史。"义"和"利"这两个字一直牵动着中国人的神经,左右着中国人的思想和行动。几千年来人们就在两者之间矛盾着、纠缠着、融合着、前进着。一方面,人们追求着"道义"至上的美好理想;另一方面,人们又实实在在地在"利益"面前,扎扎实

实地奋斗着、追逐着。在中国传统道德规范中,对于"不义之财"的谴责和声讨声从未停息。人们非常重视这个"义","人穷志不穷",穷也要穷得有骨气。强调"义"字当头,强调正当发财,正当致富。在这样的道德背景下,那些"不小心"致富的人们,那些靠发横财、靠不义之财致富的人们,总是内心惶惶,不得心安。

以"农本商末"为特征的财富生产观。这一观念以"农本商末"为其重要特征。商鞅变法是重农抑商的经典案例。中国古代在财富创造过程中,对农业劳动十分重视,农业是主要"实体经济",人们认为发展农业是致富之正道;商业被认为是"不劳而获"、"投机取巧",靠商业获取财富因此被认为是歪门斜道。中国古代"农本商末"财富生产观有利于农业发展、社会稳定,但限制了商业发展、商品意识和市场培育,大大推迟了中国社会市场经济的到来。

以"节用崇敛"为主题的中国传统财富消费观。"节用"是先秦诸子普遍提出的观点之一,先秦各学派大多数都是节用论者。节用论十分典型地体现着墨子的经济哲学思想,它是其经济思想的主要内容。荀子在论述财富问题时也主张节用论,开源节流论与节用裕民论是他经济和财政思想中的两个基本理论。"旧三年,新三年,缝缝补补又三年",都体现了人们朴素的节俭思想和艰苦克制的优良传统。

2. 西方国家财富观。

财富概念在经济学中具有重要的意义,正是因为把财富作为研究对象,经济学才独立成为一门科学。政治经济学体系的形成伴随着对财富含义的理解。法国萨伊、英国的詹姆斯·穆勒提出了经济学三分法和四分法,他们的理论建立在对财富生产、消费、交换、分配的划分体系上。尽管如此,自古希腊的色诺芬以来,经济学家对财富的认识一直缺乏非常标准化的答案。随着社会的发展,人类认识不断深入,财富的内涵与外延都在发生变化。从农耕时代到工业时代,从工业时代到知识经济时代,人类的财富思想已历经好几次划时代的转变。

"实物形态"的财富观在早期的财富思想中占居主导地位。色诺芬在人类第一本经济学著作《经济论》中明确提出:"财富就是具有使用价值的东西"。亚里士多德也认为:"真正的财富就是生活上的必需品"。在封建社会,人们多将财富看作是物质形态的。后来贵金属金银虽成了财富的一般代表,但社会大众一般将土地视为富庶的标志,"土地是财富之父",而金钱仅仅是获得这些物质财富的中介。在欧洲随着海外贸易的发展,重商主义兴起,在他们看来,财富就是贵金属货币,主张以贸易换取越来越多的贵金属货币。贵金属货币成了个人和国家共同追求的对象。

与重商主义相对立,在法国兴起了重农学派,他们认为工业品和贵金属货币都不是真正的财富,只有农业才是生产性的,只有农产品才是真正的财富。重农学派的先驱者皮埃尔·布阿吉贝尔认为"只有衣食等物品,才应当称为财富"。

中国封建社会"重农抑末"思想的长期盛行也就是基于对财富的这种认识。

在亚当·斯密看来,国民财富就是由一国所有部门劳动所生产出来的商品总和。在《国富论》中他将农产品的财富内涵扩大到了一切工业品及相关服务上。在后来的福利经济学的发展中,财富的内涵则不但包括个人福利,还扩展到了社会福利。发展到现在,财富已经由物质形态向非物质形态转化,而非物质形态部分所占比例在逐渐上升,虚拟财富正成为社会和学界关注的热点。至此,西方的财富观经历了几次重大的转向,物质财富、货币财富、虚拟财富这些新旧财富观错综交织在一起,呈现多元化并存的格局。西方经济学家围绕什么是财富、财富的来源和构成等一系列问题进行了广泛的研究,对于财富含义相近的概念如资本、资产、福利、收入等也进行深入探讨。科学技术和人类需求的发展决定着人类的生活方式,而人类的生活方式决定着财富存在的形态。非物质财富、自然资源、货币、虚拟资产等是不是财富?这些都成为人们对于财富概念的争论焦点。而每一次争论,都引领人们对于财富深刻内涵的进一步认识和理解。

3. 马克思主义财富观。

马克思独特的财富观是马克思理论研究的一个基本前提。马克思

认为财富是一个内容丰富的综合概念,包含着物质性、社会性和主体性三个层面:

首先,财富具有物质性。马克思认为,"物质财富就是由使用价值构成的","不论财富的社会的形式如何,使用价值总是构成财富的物质的内容"。马克思的这些言论充分反映了财富的物质属性。

其次,财富具有社会性。马克思认为,财富作为一种使用价值的同时,也是一种社会关系的物化形式。他强调要从社会形式属性上对财富的内涵进行把握,而政治经济学恰恰就是对"财富的特殊社会形式"或"财富生产的特殊的社会形式"的研究。

第三,财富具有主体性。马克思认为,"财富的本质就在于财富的主体存在","真正的财富就是所有个人的发达的生产力",以此阐明了财富对于个人的存在及本质的"主体性发挥"的意义。

与古典经济学相比,马克思把财富与价值区别开来,在他看来,财富有其物质内容和社会形式。在商品社会,商品就是财富的基本存在方式。其物质内容是其能够满足人们各种需要的具体物理形态,其社会形式就是其价值形态。在此基础上解决了什么样的劳动创造了财富,什么样的劳动创造了价值。由此可见,马克思的财富思想揭示了人的发展以及人的发展目的的社会发展深刻内涵。

近年来,国内关于财富的讨论有所发展,人们从不同的研究角度、出于不同的研究目的,给财富以不同的定义。例如,有人认为财富是物质,是因稀缺而需要通过劳动生产的对人类有用的产品;有人主张财富不但有物质形式,还有非物质形式如知识、信息、科技、能力、劳务等,此外还有精神财富如自由感、公平感、幸福感等;有人从人的角度来定义财富,把人的发展作为尺度,认为财富"不仅仅指物质财富,同时也包括精神财富、文化财富、人力财富";等等。

无论是东方还是西方,财富的内涵已发生重大改变。财富正从一个经济范畴向政治、文化等各个层面渗透,成为一种支配性力量。

4.和谐健康财富观势在必建。

几千年的社会演变,尤其是改革开放和市场经济加快建设,推动社会转型和多元文化建设深入进行。在此过程中,人们形成了一些偏离主流文化的财富观念,有些还十分危害。

一些人结合自身的生活经验,过分夸大财富在人生中的作用。受市场经济影响,社会生活日益显示出经济利益的优先性,人们不自觉地具有了对金钱的强烈需求,什么"有钱能使鬼推磨",什么"没有钱寸步难行"等等,这些有失偏颇的想法,如不加以引导,必然形成拜金主义风气,将个人拥有财富的多少作为衡量人生成功、幸福与否的唯一标准。

一些人缺乏必要的财富意识。他们认为,"金钱是粪土""生不带来,死不带去""今日有酒今朝醉",从未为未来打算,从未考虑过规划财富,打理财富,实现财富与人生同步规划、同步推进。

一些人对待财富急功近利,甚至不择手段。这些人往往将"义"字抛到一边,甚至铤而走险,最后是"财迷心窍"、惨淡下场。

还有些人不能理性地支配财富,不顾身份和承受能力,严重超出正常的消费水平。尤其是一些年轻人甘当"伸手派""啃老族""月光族",不顾条件限制,赶超前消费的时髦,甚至因此破坏了家庭和社会的和谐,断送人生的幸福。

和谐健康财富观的培育是一个长期的系统工程,需要人们从多个角度多个层面上共同努力。当前尤其要做到:

首先,要着力转变财富认知。面对新的时代和新的发展,财富所包含的内容在不断扩展,在知识经济时代,知识成为了财富排行榜上的新宠儿。因此可以借助时代给予的各种有利条件,扩展人们传统的物质财富观,从而引导其实现各种财富形式的科学发展。

其次,要着力更新致富思路,加强对无形资产的积累。在知识经济与全球化时代,人们必须改变观念,在发展上占据主动权,促进财富全面协调和可持续发展。

第三,要着力树立尊重劳动的基本观念。要培养实干精神、实业精神,要让尊重劳动和尊重知识成为全社会的重要价值准则,推动社会财富的科学增长。

第四,要着力树立良好的财富心态,承担应有的财富责任。一个人拥有的财富越多,对社会的责任就越大。财富与社会责任充分结合起来,才能促使社会更加稳定、文明和健康地发展。

最后,要着力于学习创新,努力增加致富才干。只有不断学习,持续创新,才能不断拓宽我们的视野,增加我们的见识,提高我们分析问题、解决问题、战胜困难的能力,我们的劳动手段、劳动技能、劳动环境就会不断改进,工作效率就会不断提高,创造财富的能力和效果就会与日俱增,为人类社会所作的贡献就会持续增加。

本章小结:观富之道,贵在明势

观富之道的"元角分"模型分析示意图。图上折线围定的五角形面积越大,表明观富之道整体商值水平越高。这对于后续财富之道的意义是无庸置疑的。

观富之"元角分"模型

A:宏中微观
B:近远观
C:主客观
D:悲乐观
E:人价财观

叔本华说:人生过程的景观一直在变化,向前跨进,就看到与初始不同的景观 ,再上前,又是另一番新的气候。

观富是富道第一道,这一道把的好不好,观的准不准,直接影响到后续工作。观富是不易的,重点在于通过观富厘清大势、把握方向。

宏中微观,是空间上的"形势"。宏、中、微,上下通透,是对形势面上的掌握。知易行难,但不掌握全局形势,是没有整体概念的,后面的判断和决策都是难言科学的。宏中微观,是一个空间的概念,是倡导点线面结合、立体看问题的。我们很多时候的争执,是因为大家看问题的角度不同,是着重于微观上看,还是着重于从中观或宏观上看问题,有着很大的差异。侧重于宏观分析的,着重于经济指标、宏观政策研究;侧重于中观研究的,则主要是立足于目标行业分析和地区分析这样两个维度进行;侧重于微观分析的,则着重于从企业、项目、资产等维度。

不同侧重点,分析研究的方法、体系、工具等也就不尽相同。

近远观,是时间上的"时势"。近远观,是立足当下,着眼未来的观察策略。时间差所带来的变化是观察的重点,这当中可以看出形势变化在时间轴上的动感。投资人要十分敏感于时间变化,要关注财富管理过程中的时间价值。

主客观、悲乐观、财生三观,都是基于人性而言的"心势"。投资过程也是人的心理活动过程,分析人的主客观、悲乐观和财生三观平衡协调关系,是判断和确立投资准确位置的必要过程。

所以,五观之道,讲究的是天时、地利、人和。三者兼备,才是真正到位了。

中国传统文化很重视五观合一的思维方式,这一点仅从"塞翁失马"的寓言故事中就能管窥一二。《塞翁失马》出自《淮南鸿烈集解》,原文是:近塞上之人有善术者,马无故亡而入胡。人皆吊之,其父曰:"此何遽不为福乎?"居数月,其马将胡骏马而归。人皆贺之,其父曰:"此何遽不能为祸乎?"家富良马,其子好)骑,堕而折其髀。人皆吊之,其父曰:"此何遽不为福乎?"居一年,胡人大入塞,丁壮者引弦而战。近塞之人,死者十九。此独以跛之故,父子相保。故福之为祸,祸之为福,化不可极深不可测也。故事虽短,但曲折变化中折射了五观合一的道理:塞上之人丢马,看来是坏事一件,但后面因祸得福又因福得祸,几经反转,提示人们判断事物要"远近结合",动态分析;面对"丢马""归马""堕马"等事件,人们的态度不一,警示人们要客观冷静、悲乐咸淡;同时,对于系列事件的评判角度的转换直接决定了评价的结果,主人公以家庭为利益视角,形成的看法,显然与以国家为利益视角有很大的不同甚至恰好相反,这背后又涉及到人生观、价值观、财富观等深层次问题,表明判断事物要做到自上而下,见微知著,诸观合一。

将财富五观综合起来看,有助于我们对于市场投资有一个综合辩证的判断。笔者在讨论股市分析方法时,据此提出了"股市十看"观点,倡导人们从十个角度来观察分析面临的股票市场。这包括:

其一,从外往内看。一方面,中国股市经常受到外围市场的影响,因此在判断国内资本市场时,要具有国际视野,跳出 A 股看 A 股;另一方面,高净值人群境外投资需求日盛,可以在一定前提下进行全球化资产配置。

其二,从东往西看。具有中国特色的行业梯度分布和行业转移产生了很多红利,具有很多投资机会。

其三,从城往乡看。城乡二元结构过去是问题,现在更多是机会。城镇化建设持续释放红利,相关的企业值得跟踪观察。

其四,从上往下看。行业层面是中观,企业层面是微观,政策因素是宏观。判断一个企业是否值得投资,需要自上而下、宏中微观综合考量,优选"三观合一"的企业进行投资。

其五,从头到尾看。要关注行业龙头以及上中下游各细分领域。

其六,从旧往新看。不能喜新厌旧,也要关注旧行业的机会。旧的行业不代表不好,有些抗周期能力更强;有些新兴产业不确定性强、风险不小,投资选择时都要作具体分析。

其七,从短往长看。要更多培养长期投资观念,进行长期价值投资。既照顾眼前苟且,又观照诗和远方。

其八,从虚往实看。例如:房市和股市的剪刀差是中国经济最大的危险因素之一,会导致金融减效。此情况不可延续,将来会逐步缩小。畸形房价要慢慢下来,股市会渐渐上去,只有"房股归真",中国经济才能平稳运行。

其九,从面往点看。要在基本面之下,寻找结构性机会。

其十,是从表往里看。要把中国股市看成政治、经济、社会浓缩的综合体,由表及里,全面观察,最终形成理性判断。

从上往下看		
从外向内看	从城往乡看	从东往西看
从旧往新看	从头往尾看	从虚往实看
从短往长看	从面往点看	从表往里看

股市十看

"富贵学"在论及此处时感喟:观富之道,贵在明势。见微知著,近判远瞻。主客一体,悲喜交加。五观契领,纲举目张。

第三章　谋富之道

富道之三,谋富之道。包括:谋略、谋划、谋市、谋配、谋品。依次从策略、规划、市场、资产和产品等维度探寻财富管理之策。

第一节　谋略

谋略,一般是指:可以实现目标的方案集合;根据形势发展而制定的行动方针和斗争方法;有斗争艺术,能注意方式方法。谋略就是为了实现某一个目标,首先预先根据可能出现的问题制定的若干对应的方案,并且在实现目标的过程中,根据形势发展、变化来制定新的方案,最终达成目标。

曾国藩告诫说:处事贵熟思缓处,熟思则得其情,缓处则得其当。俗语云:"人无远虑,必有近忧。"彼得·林奇:"不进行研究的投资,就像打扑克从不看牌一样,必然失败。"这些都是在强调"谋略"的重要性。

投资工作其实就是三件事:学习、思考、做决定。除了学习研究是较容易看到的,更重要的"思考"和"做决定"完全可以一点儿外在表现都没有,但其实它们才是最重要的可积累无形资产。

关于财富管理的谋略问题,文章和著述甚丰,枚不胜数。这里着重结合笔者实践中的经验谈五个方面,包括:顺势适度;扬长补短;简便易行;分合相宜;攻守有度。财管谋略问题,见仁见智,我的体会和建议乃一家之言,谨供参考。

一、顺势适度

(一)顺势借力

顺势借力,顾名思义就是顺应形势,借力发力,力图事半功倍。人们常提及的借势法,指借鸡下蛋、顺路搭车、借花献佛、别人搭台我唱戏,等等,不一而足。

马克思说,他的《资本论》借鉴了亚当·斯密和大卫·李嘉图的古典经济学,哲学则借鉴了黑格尔的辩证法和费尔巴哈的唯物主义。牛顿说,他的成功是因为"站在前人的肩膀上"。比尔·盖茨说,他并没有发明什么电脑软件,这些东西都是前人的成果,他开发的产品只不过是软盘和软盘中所包含的知识,他有幸成为世界首富,正是由于他利用了前人发明的电脑和软件,他只是在这个发明成果的基础上向前走了一步,使他领先于同行,执电脑业之牛耳而名誉全球。巴菲特说:"我的投资策略是:85%的格雷厄姆和15%的菲利普。""要想游得快,借助潮汐的力量要比用手划水效果更好。"

顺势借力的案例不胜枚举。火烧赤壁,借的是风势;乘胜追击,借的是盛势;左侧交易,借的是升势;中医治未病,借的是趋势;顺周期投资,借的是大势。

借势法的原则:一是关联性,所借之势,必须目标和活动有着紧密的内在联系。二是有效性,所借之势必须对自身有较大的影响力、辐射力,能够达到提升效果的目的。三是经济性,借势之举本为少花钱多办事,花小钱办大事,"以小搏大"。四是趋向性,所借之势的发展趋势,发展走向要仔细考察。如果随着趋势的演进,所借之势可能会朝着反方向发展,朝着不利于自身的方向发展,那么借势是很危险的。正如巴菲特所说:"如果你在错误的路上,奔跑也没有用。"

借势法的具体方法很多。如:借"行业演进"之势,顺应行业成长与发展趋势、技术创新等形势;借政策倾向之势,符合国家政策的经营将赢得更大的成功,要敏锐地观察政策在不同时期的变化;借名人影响之势,借名人之势,是快速提升知名度的办法;借舆论导向之势,尤其是特定的关注焦点、热点、倾向和走向;还有,借事件之势;等等。

(二)适当适度

这里有两个关键词:一是适当;一是适度。"适当"是指,金融中介机构所提供的金融产品或服务与客户的财务状况、投资目标、风险承受水平、财务需求、知识和经验之间的契合程度。"适度"是指,两个极端或矛盾双方之间的那个最佳的平衡点,既不是太过,又不是不及。正如《北齐书·杜弼传》所云:"奚取於适衷,何贵乎得一"。

恰如"刺猬法则""折中效应"揭示的那样,一般情况下,当我们认识和处理矛盾的时候,总是要尽量防止走极端,总是要在矛盾双方之间找到一个最佳的平衡点。《易经》的"时中"思想,儒家的"中庸"之道,老子之"守中",佛教之"中道",黑格尔的"正、反、合",以及马克思主义经典著作中的"中介"概念与"同一观"和毛泽东分析问题时所主张的"一分为二"的观点,无不包含要防止两个极端、保持一个不偏不倚的"适中"态度的意思。近年来哲学界流行的一分为三、三分法、三点论、三元论、一二三论、三位一体等观点,也都极力主张要在"一"和"二"之间寻求这样一个平衡的"适中"点。

做事,不偏不倚叫着中,保持平常叫中庸。行中,这是天下的正道;用中道,这是天下的公理。中庸的基本要义,就是不偏不倚,恰到好处,这样才能名实相符。世界充满复杂性,大部分的人和事,并不是非黑即白,而是具有不同的"灰度"。现实中的很多事,往往不是非黑即白,把握好"度"远比纠结对错要重要的多。

(三)精心谋划

财富管理和投资布局,也要顺势借力。美林时钟揭示的就这个道理。不同经济周期,各类资产会有不同表现,因此要顺应周期变化,进行合理资产配置,分享周期轮动带来的机会,规避相应的风险。

这里趁机兜售一下笔者研究发现的"四七"法则,它对于我们做投资决策很有用。简单来说,一项投资,其范围下到 0、上到 100,当跌到 40 左右时,通常风险差不多释放了,此时进入或者追加投资的风险机率较小、收益机率较大;当收益回到 70 左右时,边际收益下降、边际风险递增,此时控制并逐步减少投资较为稳妥。一般情况下,让投资份额活动在 40 和 70 之间

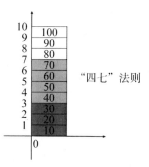

"四七"法则

的区域较为理性和稳妥。通过减少呆在两端区域的时间来控制风险、提升收益,也是投资过程中的中庸之道。"四七"法则以简单的方式巧用"适度"原理于具体实操当中。当然,实际情形要具体、复杂得多,要作细化分析,不能机械照搬。也正如巴菲特所言:不必等到企业降至谷底再去购买它的股票;不要对结果的判断过于肯定,无论是进场还是离场,都不要满打满算,只要具备七成的把握就值得去做……

　　笔者在实际工作中总结提炼出一个"五问五性"法则。简单来说就是,我们在做投资选择时,经常要问到自己投资标的是啥?关键人是谁?时间和地点是否合适?投资的理由?投资的方式、渠道、机制如何?这些问题,不能凭空发出,都要结合成长性、风险性、稳定性、盈利性、流动性等维度进行细化落实。一个个问题都弄明白、有着落了,投资决策也就靠谱了。

"五问五性"法则

	成长性	风险性	稳定性	盈利性	流动性	——
What						
who						
when-ere						
Why						
How						
——						

二、扬长避短

　　扬长避短,意思是发扬长处,回避短处。这包括:发挥自己的长处,回避自己的短处;宣扬别人的长处,回避别人的短处;善于学习使自己擅长的技能更长,避开自己的短处。这包含了应用、交流和学习的道理。每个人都有自己的特质和特长,就算你的长项不够顶尖,不够权威,你总会有胜过竞争对手的地方,只要你善于利用,就能形成制胜的优势。为此,一要正视自己的不足,不让那些弱点影响你的成功;二是认识和定位好自己,把握和信任自己的特长,扬长避短,形成优势。纵古观今,扬长避短成就人生的人和事比比皆是。春秋时期,田忌通过用下等马对上等马、中等马对下等马、上等马对中等马的方式来弥补自身马匹的不足,从而赢得胜利。"田忌赛马"流传千古,成为经典故事。

全球投资大师丹尼斯认为,资金管理比预测重要,情商比智商重要,投资理念比技巧重要。巴菲特也说:很多事情做起来都会有利可图,但是你必须坚持只做那些自己能力范围内的事情,我们没有任何办法击倒泰森。

这里要说到著名的"木桶"原理。木桶原理是由美国管理学家彼得提出的。说的是由多块木板构成的木桶,其价值在于其盛水量的多少,但决定木桶盛水量多少的关键因素不是其最长的板块,而是其最短的板块。

这就是说,任何一个组织或者个人,可能面临的一个共同问题,即构成组织/个人的各个部分往往是优劣不齐的,而劣势部分往往决定整个组织/个体的水平。在扬长避短中,把你的业绩建立在自己的优势资源上更合理一些。按照德鲁克(Drucker)的话说,就是"Build your performance on strength, not weakness"。

顺便推介一下笔者受"保龄球效应"(成功始于定位)启发,在实践中研究出的"顺次博弈"法。罗伯特·弗罗笑称:林中有两条路,你永远只能走一条,怀念着另一条。很多时候,我们犯难的是,如何在两个各有千秋、难分伯仲的选项中做出最后的决择。A、B两项选择骑虎难下时,在其他方法使用以后,若仍下不了决心,此时可以考虑使用"顺次博弈"法。简而言之,就是列出五条(一般尽量不要超过五条)考虑因素,以"就近"原则分别归入A、B两个选项(多个选项同样可行)。五大因素,可以设定依次得分5、4、3、2、1,它们分别归入A/B选项后,分别计算两选项的得分,总分高者优先考虑。例如,现手上余有100万元闲钱,想集中投资一只股票,挑来选去,最后在A、B两只里定夺,两只都是可行的,但究竟定在哪一只? 还要最后一锤定音。此时通过"顺次博弈"法,分别将行业机会(5分)、市盈率(4分)、规模(3分)、企业基本面(2分)、庄家情况(1分)等五个因素(或者你认为最重要的其他因素），按就近原则分别放入 A、B 两只股票中。结果 A 票赢了行业机会和企业基本面，得 7 分；B 票赢了市盈率、规模、庄家情况，得 8 分。天平稍稍偏向 B 票。如果是两种以上多种选项，这种方法也是可行的。再结合其他考量，最后的决策也就此形成了。

顺次博弈法

甲	A	B	C	D	E	乙
	X	X	X	X	X	
	X	X	X	X	XX	
	X	X	X	X	X	
	X	X	X	X	X	
	X	X	X	X	X	
合计	5	4	3	2	1	合计

三、简便易行

要善用 KISS 法则。"KISS"是英文 Keep it Simple and Stupid 首字母的缩写，意思是"保持简单和愚蠢"。其中"愚蠢"不是"傻"，它还有"迟钝""不敏感""乏味""无价值"等含义。KISS 原则在产品设计中，是指产品的设计越简单越好，任何没有必要的复杂都是需要避免的。其最完美的案例是傻瓜相机，傻瓜相机操作简单，似乎连傻瓜都能利用它拍摄出曝光准确、影像清晰的照片来。

KISS 原则可以用在很多方面，越是复杂的事情越容易导致效能低下和资源浪费。人们进行设计时，总是遵循一个最基本的 KISS 原则。当然这个原则还有好听的解释，就是在设计当中以简约、简单为标准，因为简约、简单，才易于开发，易于维护，更易于操作，因而销售更会多，市场占有率更大。

最简单的方法往往最有效。懂得删繁就简，就能用最少的时间、最少的资源、最少的人力，做最有效率的工作，收获事半功倍。为此要善用"减法思维"。化繁从简，把更多的心力和时间花在重要的事情上，有了更强的目标感，人生也就有了方向。

巴菲特说："商学院非常重视复杂的模型，却忽视了简单的模式。

但是简单的模式往往更有效。""价值投资的思想如此简单与平常,看来就像一个废物进入大学并得到一个经济学博士学位,也有点像当年你在神学院花费八年时间后,发现只要懂得十诫就够了。"

巴菲特本人的投资理念的确极其简单,有人概括为"5－12－8－2"法则:5项投资逻辑(追求消费垄断型企业等)、12项投资要点(利用市场的愚蠢进行有规律的投资等)、8项投资标准(产品简单易了解等)、2项投资策略(卡片打洞终身持有等)。够简单吧,但越是简单的法则,越难以恪守,因为股市中充满了各种变数。

要善用"减除"法则。比如股票投资,对于一个50岁的中年男子来说,用我国男性的平均寿命76岁减去50岁,得出26。那么该男子就可拿出26%的资产投资高风险的股票,其风险是他这个年龄段可以承受的。(寿命-年龄)/100 = 高风险投资比例。这方法很粗浅,但简单、易懂、好用。

要善用"七二"法则。对于理财者来说,"七二"法则十分适用,据此可以算出经过多少年收益才能翻倍。拿比较保守的国债投资者来说,年收益水平为4%。那么,用72除以4得18,就可推算出投资国债要经过18年收益才能翻番。等等。

财富管理中有很多简便易行的方法,我们要善于学习和使用,使我们的投资变得更简便,更有趣,更科学,更轻松。

四、分合相宜

《孙子·军争》有云:"故兵以诈立,以利动,以分合为变者也。"

明·袁可立《甲子仲夏登署中楼观海市》有云:"高下时翻覆,分合瞬息中。"

《三国演义》第一回:"话说天下大势,分久必合,合久必分。周末七国分争,并入于秦。及秦灭之后,楚、汉分争,又并入于汉。汉朝自高祖斩白蛇而起义,一统天下,后来光武中兴,传至献帝,遂分为三国。""分久必合,合久必分"就出此处。此段背后的哲学思想是否定之否定原理,揭示了事物发展的螺旋上升的规律。我们进行投资决策时,一定要因地制宜,宜合则合、宜分则分,不要疆化刻板,要与时俱进、相机行事。

　　要处理好资产集中与财富分散的关系。大家熟悉的一句话是:财富不能太集中,"鸡蛋不能放在一个篮子里",放一个篮子里打碎了全都碎了。加上另外半句话:"放鸡蛋的篮子要尽量放到一两个屋子里",不能篮子到处放,根本管不了看不住,太分散了。就是说,大类资产配置要相对集中,财富管理方式要适度分散。大类资产种类并不多,银行理财产品、房地产、权益投资、外汇等,大类资产是有限的,所以不能盲目扩大大类资产种类。有一些人根本不具备跨境投资,根本不具备期货期权投资,没有这样的经验、经历,没有这样的专业支撑,他觉得我的资产要扩大,其实没必要、也不能够,投资要做你熟悉的事情。而财富管理方式和手段,都有很多种,财富管理上要适度分散,避免风险集中,这是大类资产配置和产品组合之间的关系。产品组合要多种多样,与时俱进、动态调整。

五、攻守有节

　　汉贾谊的《过秦论上》有云:"仁心不施,而攻守之势异也。"原典:不可胜者,守也;可胜者,攻也。守则不足,攻则有余。善守者藏于九地之下,善攻者动于九天之上,故能自保而全胜也。

　　《资治通鉴》有云:"进退赢缩,与时变化,圣人之道也。"面对变化无常的世界,我们也该进退自如。恰如作家萧伯纳说过:"明智的人使自己适应世界,不明智的人只会坚持让世界适应自己。"常思危患,未雨绸缪,困难就少了;及时思退,峰回路转,自然柳暗花明;谨慎思变,审时度势,攻守转化,方能应势而动!

　　战争中,军事力量的强弱是有一个对比的。强者一般采取"进攻"的作战形态;而弱者则一般是"防御"。进攻和防御是作战的两种基本形态,对自身条件的掌握和分析后,将军便会根据情况再二者之间作一个作战形态选择。这样的作战形态对于战斗的双方都是一个目的——保护自己,战胜敌人。把握这个战术的关键是将领能够对战略战术灵活应用,能做到扬长避短,趋利避害。客观条件是胜利的根本,一切战略战术都是基于战争的客观条件而制定的。因此,战争是稳中求胜,而不是侥幸取胜。

商战中,高明的竞争者懂得把握"进退"的尺度,掌握"进退"的时间,他们不会一味地只追求"攻城掠地"式的商战模式,而是先巩固自己,在实力足够强大的时候伺机发起进攻,这种时候往往比一味地进攻能收获更多,发展的速度会更快。有些时候,"一次良好的撤退,应和一次伟大的胜利一样受到奖赏"。

2020 年年初开始的新冠肺炎疫情发展迅猛,影响持续扩大,经济发展、社会稳定、人民生命安全都受到破坏和威胁。很多高净值客户都在困惑,到底是实施财富外拓? 还是进行财富内守? 一些人有一个趋向:财富向外,外向型管理。财富转移、对外投资、移民、子女境外读书等等,成为潮流,觉得不这么做就有一些些落后。在疫情过程中我们也得重新考虑,你是否适合移民? 是否适合境外资产配置? 是否适合境外投资? 步伐是不是太快了? 是不是准备好了? 过去考虑因素都是投资获利、资产分散、财富传承等等;最近疫情影响,公共安全体系以及背后政治、文化、价值观都会成为一些重要考量因素,来加入到你的综合考虑中。原来不考虑现在要考虑了,这些是一个新问题。富有家庭将会在外向投资、资产配置、移民等问题的态度上进一步分化,会有更多人从外向转向国内,最近很多学生回国,这是新时期的变化。多年前已经在境外投资创业的机构和家庭,有一些也会在疫情之后选择回国,选择新的战场。未来几年国内民间投资的生态、环境,会有一些间接的变化。可见,不同环境之下,人们的攻守方略也会随之调整,以更好适应环境。

"韦奇定理"提醒我们,即使你很有主见,但随着反对你的人渐次增多,也会动摇你的看法、剥夺你的定力。如何在攻守之间、分合之际保持定力、坚定信念,这始终是我们做财富管理策略过程中一个不容忽视的问题。投资大师巴菲特很多领域是坚决不碰的,他说:"这不是我的游戏。世界是不断变化的,我正在落伍。也许它们中有的值得被估值大价钱,但是我不知道是哪些。"坚持不易,但有时放弃更难。放弃该放弃的是无奈,放弃不该放弃的是无能,不放弃该放弃的是无知,不放弃不该放弃的是执着。

第二节 谋划

"谋划"即以财富管理视角进行人生规划。人生规划,跟随人生需求而来,人生需求,是周期性变化的。一般人都具有下述五类需求。

一、五段论

一般人的财富人生分为五个阶段,分别是:"只出不进"阶段;"多出少进"阶段;"进出平衡"阶段;"少出多进"阶段;"只进不出"阶段。在不同阶段要作出不同的规划。

第一阶段,"只进不出",学生时代,只有消耗、没有收入,要注意克制消费、勤俭节约,杜绝超前消费,莫当"月光族",要以学习为重,增加本领,积累知识和能量。

第二阶段,"多出少进",毕业刚进社会,收入不高、支出刚性,仍要注意缩减开支,尽量做到收支平衡,少借外债。

第三阶段,"进出平衡",此时入职多年,有一定积蓄,但成家立业、各种应酬和责任,开支也在加大,人生进入财富创造关键期,要注意财富管理策略的科学应用,努力扩大财富积累成绩,为今后奠定基础。

第四阶段,"多进少出",人到中年,是财富创造和增长的黄金期,家庭和事业各方面日益稳定。此时,稳重压倒一切,风险控制十分重要,要尽量延长"多进少出"阶段时长,扩大战果。

第五阶段,"只进不出",这当然是相对而言的。进入退休阶段,开支很少了,但先前打下的财富基础,仍然能带来很好的回报,可以安享晚年了。

财富人生,错位之美。财富管理是一场代际接力赛,是一场马拉松。不在于一时输赢,而在于长期稳定发展、基业长青。

二、五需论

从需求角度,一般人的财管需求亦有五大类,即:财富创造、财富增长、财富守护、财富转移、财富传承。

财富创造重在从无到有，打造第一桶金。如何赢在起跑线，意义非凡。这第一步往往是人生的分水岭。不同的财富人生，往往都有着不同的第一步。财富创造这一步走的好不好、稳不稳，是很关键的。

财富增长是由少到多的积累过程，难度逐步增多，挑战逐步加大。由少到多、由弱变强的过程是不会一帆风顺的，多数人止步于斯。

财富守护重在一个"守"字。就是在创富过程中防范、化解风险，迎接各种挑战。创富难，守富更难。

财富转移重在动态地看待和管理财富，将财富管理在不同行业、地区、模式中进行调整和布局。财富转移的过程既是机遇，也是挑战。

财富传承重在跨越代际的财富布局，涉及面更广。跨越不同代际，困难更多，挑战更大。

不同家族在不同阶段，其五大财管需求的侧重点是不同的。我们要明白自己和家庭处于哪个阶段？主要需求点在哪？要通过财富管理着重解决什么问题？等等。这些都将在后文中一一道来。

三、五支论

从支出角度看，一般分为：消费支出、储蓄支出、投资支出、应酬支出、保障支出。这是一个时间点上的财富支出分布，人们熟悉的"标准普尔四帐户"，也是这个意思，就是要确保平稳协调，财富为人所用，助推生活事业等方面健康发展，追求财富价值最大化。

标准普尔"家庭资产象限图"把家庭资产分为四个账户，它们作用不同，资金投资渠道也不同，只有拥有这四个账户并且按固定合理的比例分配才能保证家庭资产长期稳定的增长。

第一个帐户是日常开销帐户，一般占家庭资产的10%，为家庭3－6个月的生活费，一般放在活期储蓄的银行卡中，这个帐户保障家庭的短期开销。我们最容易出现的问题是占比过高。很多时候也正是因为这个帐户花销过多，而没有钱准备其他帐户。

第二个帐户就是杠杆帐户，一般占家庭资产的20%，为的是以小博

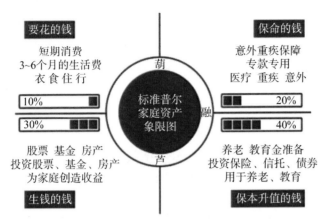

大。专门解决突发的大额开支,这个帐户突发的大额开销,一定要专款专用,保障在家庭成员出现意外事故、重大疾病时,有足够的钱来保命。

第三个帐户是投资收益帐户,一般占家庭资产的 30% ,为家庭创造收益,用有风险的投资创造高回报,这个帐户是为家庭赚钱。这个帐户关键在于合理的占比。

第四个帐户就是长期收益帐户,一般占家庭资产的 40% 。为了保障家庭成员的养老金、子女教育金、留给子女的钱等。一定要保证本金不能有任何损失,并要抵御通货膨胀的侵蚀。收益不一定高,但长期稳定的。这个帐户最重要的是专属,要和企业资产相隔离。

无论是"五分法"还是"四帐户",都告诉我们,要注意安排好硬支出与软支出、即期支出与远期支出、消费支出与投资支出,努力做到平衡协调、统筹兼顾。协调、平衡、对称,是财富之美,也是财管之道。

四、五划论

理财规划一般分为:教育规划、保险规划、养老规划、税务规划和其他规划(产业、遗产、慈善等)。

要做好教育规划。教育规划是指为实现预期教育目标所需要的费用而进行的一系列资金管理活动。根据教育对象不同,教育规划可分为个人教育规划和对子女教育费用的财务规划两种。个人教育是指个人接受政治、经济、科学、技术等方面的继续教育、培养教育和社会文化生活教育,是个人自我完善和终身学习的重要形式,是提高个人素质、提高劳动生产率、提高个人生活质量的重要途径。子女教育又可分为基础教育和大学教育,无论是何种教育消费,其使用的规划技术都十分相似。大学教育费用普遍很高,对其进行理财规划的需求也最大。个人教育规划在消费的时间、金额等方面的不确定性较大,子女教育规划通常是个人家庭理财规划的核心。

要做好养老规划。养老规划是个人理财规划的重要组成部分。一个科学合理的退休养老规划的制定和执行,将会为人们幸福的晚年生活保驾护航。具体的规划内容:一是确定合适的退休年龄/退休养老规划。为了平衡退休前后两段时期的不同生活,人们需要结合自身的财务、身体等状况,为自己确定一个理想的退休年龄。二是合理安排退休生活/退休养老规划。依据自身经济状况,在综合考虑家庭收入和支出的情况下,人们应该对自己退休后的生活方式和生活质量进行恰当的评估和合理的安排。三是明确退休后所需要的生活费用/退休养老规划。在制定个人退休计划时,对退休生活的期望应尽可能详细,并根据各个条目列出大概所需的费用,据此来估算个人退休后的生活成本,在对自己退休以后想过的生活有了清晰的认识之后,再考虑自身已经准备了多少养老金,这些退休金能否满足自己设想的退休生活。四是了解养老金来源渠道/退休养老规划。投资理财方式越来越多元化,可供养老的资金渠道也日益增多。在养老规划的工具选择上面,每个人根据资金使用情况和风险承受能力的不同会有多种资产配置组合。可以按照一定的比例进行合理的搭配,并获得一定的收益。

做好保险规划。不同年龄段的人有不同的保险需要,没有一个保障方案适用于所有的人和家庭,但是家庭中若没有制定保险方案绝对是理财大忌。尽管有些家庭会有一定的经济基础保障,但这些保障可能来自家庭收入,也可能来自社会保障,很多时候都不足以抵御风险,这就需要商业保险进行补充。从个人理财的角度来看,我们不仅追求投资收益,我们同时注重风险控制,尤其小心谨慎地控制恶性风险。我们在拟定任何一个理财方案时,控制恶性风险是我们的首要任务。一个家庭投保的合理比例在于不会因为该家庭的主要收入来源者被保险人的意外变故,致使家庭的生活目标、未来的现金流动和财产产生不利的影响。提高风险意识,制定保险规划很有必要。对单身期、家庭形成期、家庭成长期、退休期分别进行针对性的规划。人生各阶段的生活重心、家庭情况不同,财务保障的需求也会有所不同,对保险的选择也会不同。

做好"税收筹划"。税收筹划又称"合理避税"。税收筹划有广义和狭义之分。广义的税收筹划,是指纳税人在不违背税法的前提下,运用一定的技巧和手段,对自己的生产经营活动进行科学、合理和周密的安排,以达到少缴税款目的的一种财务管理活动。它包括采用合法手段进行的节税筹划、采用非违法手段进行的避税筹划、采用经济手段、特别是价格手段进行的税负转嫁筹划。狭义的税收筹划,是指纳税人在税法允许的范围内以适应政府税收政策导向为前提,采用税法所赋予的税收优惠或选择机会,对自身经营、投资和分配等财务活动进行科学、合理的事先规划与安排,以达到节税目的的一种财务管理活动。这个定义强调,税收筹划的目的是为了节税,但节税是在税收法律允许的范围内,以适应政府税收政策导向为前提的。

做好其他规划。如:遗产计划,它是考虑到你自己或你关心的人会发生不幸,而按照自己的愿望,提前做出合法、有效、全面的计划。遗产计划主要是有关财产的安排,也会包括医疗护理意愿、葬礼计划和对未成年孩子指定监护人等。遗产计划不仅可以实现自己的愿望,通常还会减少可能的税务、费用和时间耽搁,以及为资产提供保护。

又如慈善规划。慈善事业是人们在没有外在压力的情况下自愿地奉献爱心与援助的行为和从事扶弱济贫的一种社会事业。慈善事业的活动对象、范围、标准和项目,由施善者确定。世界史述写着从希腊、罗马时代起社会助人为乐的传统;美国史述说着这种传统随移民带到美洲的史实。美国的慈善事业于独立战争后空前兴盛,如组织美国反奴协会,提供纽约劳工受教育的机会,创立儿童救助协会,成立全美收容所、医院、文化组织等;二战后,个人捐赠免税入法,富豪纷纷热心于慈善事业。中国的慈善事业,同样有着自己悠久的传统。汉唐寺院济贫、赈灾、医疗、戒残杀的长盛不衰;宋代养老扶幼事业的勃兴;元医疗救助的兴起;明清民间慈善群体在中国慈善史上首屈一指。更有当今国门开放以来,涌现出一批批社会贤达、名流、企业家、离退休干部为水灾、为贫困大中小学生、为艾滋病、白内障的贫困患者,默默从事的慈善救助。统计表明,至少一半的富豪要求对其捐款事实及数额"保密"。

而这些规划,都要通过投资规划去落实。

五、五点论

财管五点指:着眼点、风险点、支撑点、平衡点、控制点。以下列"天宝"牌人民币理财产品为例进行分析:

××银行"天宝"人民币理财产品说明书

……

一、产品概述

产品名称	××银行"天宝"人民币理财产品
产品类型	非保本浮动收益型
投资及收益币种	人民币
产品期限	7天、半个月、1个月、3个月、6个月、1年、其它
内部风险评级	××银行理财产品风险评级,本产品属于【□基本无风险、■低风险、□较低风险、□中等风险、□较高风险、□高风险】理财产品
适合客户类型	经××银行风险评估,本产品适合【□安逸型、■保守型、■稳健型、■平衡型、■成长型、■进取型】的个人客户
提前终止权	客户无权提前终止该产品。出现本理财产品说明书中的第三条提前终止情形,××银行有权提前终止本产品。
申购/赎回	本产品为封闭式理财产品,除本说明书特别约定外,产品成立后不开放申购与赎回。
募集期（认购期）	即客户可以购买本产品的时间段。客户在募集期内认购本理财产品后,理财资金将在成立日开始进行理财投资。具体的认购时间详见《产品要素表》。

成立日	在正常情况下,产品的理财成立日为募集期结束后的第一个工作日,具体时间详见《产品要素表》。但在以下两种情形除外:(1)若在募集期届满之前募集资金已经达到产品募集上限,××银行有权提前结束募集并提前成立该理财产品,产品提前成立时银行将调整成立日期;(2)若在募集期届满之日未达到产品募集上限,则本产品可将募集期顺延,最长7个工作日,成立日相应顺延;若募集期顺延后仍未达到产品募集上限,××银行有权选择本产品不能成立,理财本金将在募集期结束后3个工作日内返还投资人。
到期日及兑付日	详见《产品要素表》(实际产品到期日、理财运作期限受制于银行提前终止条款)。
银行管理费率(年)	理财产品费用包含销售管理费、产品托管费以及投资管理费等相关费用。 销售管理费:根据理财本金,按日计算,在产品到期兑付时一次性收取。收费标准详见《产品要素表》。 产品托管费:根据理财本金,按日计算,在产品到期兑付时一次性收取。本理财产品托管人为××银行,托管费年化费率为0.03%。理财产品的投资管理人(××银行)有权获取投资管理费。本理财计划投资运作超出客户参考年化净收益及销售管理费、产品托管费等规定费率后的剩余部分为投资管理费。若理财产品实际收益等于或小于客户参考年化净收益、托管费及销售管理费之和,××银行不收取投资管理费。
理财产品参考年化净收益率	××银行将在产品的募集期开始前至少一个工作日公布本理财产品的客户参考年化净收益率及收益率浮动方式(若有)。客户参考年化净收益率,根据产品所投资组合资产的总收益率测算得出,该收益率为本理财产品拟投资的投资标的年化收益率,扣除销售管理费率、产品托管费率以及投资管理费率后取得的收益率。本产品参考年化净收益率及测算依据详见《产品要素表》。 　本产品的参考收益仅为银行根据假设、或历史数据或以往投资结果进行的预测,不代表投资者获得的实际收益,亦不构成银行对该理财产品任何收益的承诺。投资者所能获得的最终收益以××银行根据理财产品说明书有关条款支付给客户的实际金额为准。
认购起点金额	不低于5万元(以《产品要素表》公布信息为准)。
资金计息	募集期内资金按照活期存款利息计息,募集期内的利息不计入认购本金份额。 到期日(或提前终止日)至到账(兑付)日之间客户资金不计收益。
收益支付频率	到期时或提前终止时一次性支付
工作日	国家法定工作日

收益计算方法	理财产品期末收益 = 投资本金 × 理财产品到期年化净收益率/365 × 实际理财天数 如 × × 银行未提前终止本理财产品,则实际理财天数为自本理财产品成立日(含)至到期日(不含)期间的天数。 如 × × 银行提前终止本理财产品,则实际理财天数为自本理财产品成立日(含)至提前终止日(不含)期间的天数。
对账单	本理财产品不提供对账单。投资人同意通过 × × 银行网站或相关营业网点及时了解相关信息公告。
税款	本理财收益的应纳税款由投资者自行申报及缴纳。
其他规定	本理财产品认购后不得撤单。 本理财可以通过营业网点、网上银行和手机银行等渠道购买,具体购买方式详见《产品要素表》。

二、投资范围

1.本系列理财产品主要投资范围包括但不限于:(1)同业拆借、债券回购等货币市场工具,银行存款及其它银行间资金融通工具;(2)国债、政策性金融债、央行票据、短期融资券、中期票据、企业债、公司债等银行间、交易所市场债券及债务融资工具,其它固定收益类短期投资工具;(3)符合监管机构规定的信托计划(受益权)等其它金融资产及其组合。

2.各投资资产种类的投资比例

资产种类	货币市场工具、银行存款等	债券及债务融资工具	信托计划、信托受益权等其他资产
投资比例	20% – 80%	10% – 100%	0% – 70%

上述资产或资产组合信用级别较高,流动性较好,且符合 × × 银行授权授信要求。若产品所配置的信托计划(受益权)等其它金融资产的存续期限与理财期限不一致(该等资产期限长于理财期限),则存在期限错配的低流动性资产配置比例不高于70%。

3.特别提示: × × 银行将本着诚实信用、谨慎勤勉的原则,在规定的范围内运用理财资金进行投资,本产品如因市场变化、未达到或超过计划募集额等因素,投资比例可在不影响客户预期收益、产品风险评级的前提下合理浮动。理财产品起始日的具体投资资产种类及比例将在产品成立公告中进行披露。

三、提前终止

在理财产品投资运作期间内,客户无权要求提前终止该理财产品;当相关政策出现重大调整、市场出现剧烈波动、投资标的提前到期或发生其他××银行认为需要提前终止本理财产品等情况,银行有权部分或全部提前终止该款该期理财产品。当银行决定提前终止本产品时,将在提前终止日前两个工作日通过营业网点或银行网站进行公示。提前终止日后将客户理财资金及理财收益(如有)划入客户理财账户,划付信息以网银公告或网点公布为准。提前终止日(含当日)至资金实际到账日之间,客户资金不计息。

四、信息披露

1. 本理财产品的公开信息披露××银行将通过网上银行或银行认为适当的其他方式、地点进行。××银行将在产品发售期公告发行产品的基本要素信息;产品成立后发布成立公告,披露产品具体投资资产种类及具体比例(区间)信息;产品到期后披露到期收益、产品兑付等相关信息。如客户对本理财计划的运作状况有任何疑问,可到银行营业网点进行咨询。

2. ××银行将在国家有关法律法规允许、理财协议约定的范围内进行投资运作。本产品如因市场变化、未达到或超过计划募集额等因素,投资比例可在不影响客户预期收益、产品风险评级的前提下合理浮动,若投资比例超出产品合理的浮动区间,××银行将根据有关规定予以披露;若客户不接受我行调整后的投资比例,可选择赎回本产品。

3. 若发生理财产品不成立、变更募集期、提前终止、收益信息变动等情况,××银行将按照法律法规及监管规范的要求在××银行网站或相关营业网点及时进行信息披露。该等披露,视为银行已向客户完全履行信息披露义务。客户承诺将及时接收、浏览和阅读该等信息。

4. 在本期理财产品存续期内,当市场发生重大变化导致理财产品投资比例暂时超出浮动区间(如有约定)且可能对客户参考收益产生重大影响的,××银行将及时向客户进行信息披露。

5.在本产品存续期内,如因国家法律法规、监管规定发生变化,或是出于维护本产品正常运营的需要,在不损害客户利益的前提下,××银行有权单方对本产品说明书进行修订,并提前3个工作日在××银行网站或相关营业网点进行信息披露。

五、风险提示

根据中国银行业监督管理委员会相关监管规定对理财产品《风险揭示书》内容的要求,本理财产品是非保本浮动收益理财产品,××银行对本理财产品的理财本金和收益不提供保证承诺,在发生最不利的情况下(可能但不一定发生),投资者可能无法取得理财收益,并可能面临损失理财本金的风险。您应充分认识投资风险,谨慎投资。客户投资本产品可能面临的风险主要包括(但不限于):

1.信用风险:理财产品投资运作过程中,理财产品管理人将根据《产品说明书》的约定投资于相关金融工具或资产,如果相关投资的债务人、交易对手等发生违约,信用状况恶化等,客户将面临投资的本金和收益损失的风险。

2.利率风险:理财产品存续期内,如果市场利率发生变化,并导致本理财产品所投资产的收益率大幅下跌,则可能造成客户本金及收益遭受损失;如果物价指数上升,理财产品的收益率低于通货膨胀率,造成客户投资理财产品获得的实际收益率为负的风险。

3.流动性风险:理财期限内,投资本理财产品的客户不能提前终止或赎回,在产品存续期内如果投资者有流动性需求,客户不能够使用理财产品的资金,也因此丧失了投资其它更高收益的理财产品或资本市场产品的机会。理财产品配置的组合资产平均余期晚于本理财产品到期日时,理财产品到期后,组合中的未到期资产将按市场公允价值变现,实现对本期理财产品的本息兑付。

4.法律与政策风险:国家监管政策、货币政策、财政税收政策、产业政策、宏观政策及相关法律、法规的调整与变化将会影响本理财产品的设立、投资及管理等的正常运行,甚至导致本理财产品本金和收益发生损失。

5. 延期支付风险:指因市场内部和外部的原因导致理财基础资产不能及时变现而造成理财产品不能按时兑付,理财期限将相应延长,从而导致本理财产品部分本金及收益的延期支付。

6. 早偿风险:如遇国家金融政策重大调整影响产品正常运作时、本理财产品的投资资产等不能成立或者提前终止、或者司法机关要求、或发生其他××银行认为需要提前终止本理财产品等情况,××银行有权部分或全部提前终止本理财产品,投资者可能无法实现期初预期的全部收益,并将面临再投资机会风险。

7. 信息传递风险:××银行按照有关信息披露条款的约定,发布理财产品的信息与公告。客户应根据信息披露条款的约定主动、及时登陆××银行网站(www.cib.com.cn)或相关营业网点获取相关信息。如果客户未及时查询,或由于通讯故障、系统故障以及其他不可抗力等因素的影响使得客户无法及时了解产品信息,由此而产生的责任和风险由客户自行承担。如投资者预留的有效联系方式变更但未及时告知××银行的,致使在需要联系投资者时无法及时联系并可能会由此影响投资者的投资决策,由此而产生的责任和风险由客户自行承担。

8. 不可抗力及意外事件风险:因战争、自然灾害、重大政治事件等不可抗力以及其他不可预见的意外事件可能致使理财产品面临损失的任何风险。

9. 管理人风险:理财产品管理人或理财投资资产相关服务机构受经验、技能等因素的限制,或者上述主体处理事务不当等,可能导致客户收益遭受损失。

10. 理财产品不成立风险:如自本理财计划开始募集至募集期结束,理财产品认购总金额未达到产品最小成立规模(如有约定),或因市场发生剧烈波动或因不可抗力等原因,经××银行谨慎合理判断难以按照理财产品销售文件有关规定向投资人提供本理财产品,××银行有权宣布本理财计划不成立,投资人将承担投资本理财计划不成立的风险。

……

对照上述产品说明与风险提示的内容,不难看到本投资的五个"点",其中:

"着眼点":在产品要素表里的"产品类型""投资及收益币种""产品期限""适合客户类型"等处作了说明,表明本投资的基本性质、服务的主要对象,算是本产品的基本定位。这一点就将本投资与其他投资进行了基本的区分。

"风险点":在要素表里的"内部风险评级"处作了标注,并在第五部分提示了 10 大风险点。

"支撑点":在第二部分专门强调了"投资范围"和"投资比例",以及"特别提示"。这些在本产品投资中对可能出现的风险问题将起到防御和支撑作用。

"平衡点":本品要素表中分别提示"银行管理费率(年)""理财产品参考年化净收益率""认购起点金额""资金计息收益支付频率""税款"等有关收益和风险两大阵营指标,进行匹配和平衡,让人从中寻找风险考量后的投资价值。

"控制点":本品在第三部分专门提示"提前终止"这一策略安排,它是风险到一定程度后的最后一道保护。有些投资品还以"预警""止损"等方式进行风险控制,确保投资者的最大利益不被损害。

透过以上这五"点",我们能真正看懂理财产品的核心要素,真正能识别风险、把握机会,为财富管理奠定基础。

第三节　谋市

"谋市"是预谋市场的简称,意指通过分析资本市场、债券市场、外汇市场、理财市场、另类市场等各类市场的发展走向、投资机会与潜在风险,结合自身实际,挑选拟投资的主攻市场。这个过程就是市场预谋即"谋市"过程。

现代金融市场理论主要包括相辅相成的四大理论体系,即资本资产定价理论、有效市场理论、资本结构理论以及方兴未艾的行为金融理论。

资本资产定价理论是 20 世纪 50 年代发展起来的一套完整的理论体系,研究的是风险资产的均衡市场价格问题。该理论认为,投资者只能通过改变风险偏好来影响风险溢价。

有效市场理论主要研究信息对证券价格的影响,其影响路径包括信息量大小和信息传播速度两方面得到内容。如果资本市场是竞争性的和有效率的,则投资的预期收益应等于资本的机会成本。如果在一个证券市场中,证券价格完全反应了所有可能获得或利用的信息,每一种证券的价格永远等于其投资价值,那么就称这样的市场为有效市场。

资本结构理论研究的是企业最优负债比率问题,即企业所有权资本和债权资本的最优比例,以使公司价值最大化。从理论演进的历史来看,经济学家研究资本结构的视角是从交易成本、企业契约关系和信息经济学来依次展开的。该理论包括资本机构的交易成本理论、资本结构的契约理论。

资本结构理论是财务理论的核心之一,是一个独立的研究领域。不仅与其他财务理论存在密切的联系,而且与所有权理论、企业理论等经济理论也存在密切的联系。

行为金融市场学是应用心理学、行为学的理论和方法分析、研究金融行为及其现象的一门新兴交叉学科。其研究的主题主要有两个:其一,市场并非是有效的,主要探讨金融市场噪音理论以及行为金融市场理论意义上的资产组合和定价问题,即行为资产定价模型(BAPM)。其二,投资者是非理性的,主要探讨现实世界中的投资者会发生各种各样的认知和行为偏差。

以下主要简介五大市场。投资者要认真选择拟投资市场,优先介入自己能驾驭、较熟悉的市场。

一、资本市场

资本市场又称长期资金市场,是金融市场的重要组成部分。作为与货币市场相对应的理论概念,资本市场通常是指进行中长期(一年以上)资金(或资产)借贷融通活动的市场。由于在长期金融活动中,涉及资金期限长、风险大,具有长期较稳定收入,类似于资本投入,故称之为资本市场。

资本市场上主要有两类人:寻找资本的人,以及提供资本的人。寻找资本的人通常是工商企业和政府;提供资本的人则是希望通过借出或者购买资产进而牟利的人。

证券市场是股票、债券、投资基金等有价证券发行和交易的场所,是资本市场的主要部分和典型形态。

资本市场的资金供应者为各金融机构,如商业银行、储蓄银行、人寿保险公司、投资公司、信托公司等。资金的需求者主要为国际金融机构、各国政府机构、工商企业、房地产经营商以及向耐用消费零售商买进分期付款合同的销售金融公司等。

资本市场上资本出让的合同期一般在一年以上,这是资本市场与短期的货币市场和衍生市场的区别。资本市场可以分一级市场和二级市场:在一级市场上新的吸收资本的证券发行并被投资者需求。在二级市场上已经发行的证券易手。假如一个市场符合证券交易所的要求,则这个市场是一个有组织的资本市场。一般来说通过时间和地点的集中这样有组织的市场可以提高市场流通性、降低交易成本,以此提高资本市场的效应。

资本市场特点主要有:融资期限长、流动性相对较差、风险大而收益较高、资金借贷量大、价格变动幅度大。

我国具有典型代表意义的资本市场包括:国债市场、股票市场、企业中长期债券市场、中长期放款市场。我国的资本市场从1990年沪、深两市开办至今,已经形成了主板、中小板、创业板、三板(含新三板)市场、产权交易市场、股权交易市场等多种股份交易平台,具备了发展多层次资本市场的雏形。

二、债券市场

债券市场是发行和买卖债券的场所,是金融市场的重要组成部分。债券市场是一国金融体系中不可或缺的部分。一个统一、成熟的债券市场可以为全社会的投资者和筹资者提供低风险的投融资工具;债券的收益率曲线是社会经济中一切金融商品收益水平的基准,因此债券市场也是传导中央银行货币政策的重要载体。可以说,统一、成熟的债券市场构成了一个国家金融市场的基础。债券市场功能包括:融资功能、资金流动导向功能、宏观调控功能。

根据债券的运行过程和市场的基本功能,可将债券市场分为发行市场和流通市场;根据市场组织形式,债券流通市场可进一步分为场内交易市场和场外交易市场;根据债券发行地点的不同,可划分为国内债券市场和国际债券市场。

债券市场"大小年"明显。中国债券已经成为世界大国,投资者风险能力在不断强化。全球债券市场分化现象明显。

三、外汇市场

外汇市场是指在国际间从事外汇买卖、调剂外汇供求的交易场所。它的职能是经营货币商品即不同国家的货币。

国际上因贸易、投资、旅游等经济往来,总不免产生货币收支关系。但各国货币制度不同,要想在国外支付,必须先以本国货币购买外币;另一方面,从国外收到外币支付凭证也必须兑换成本国货币才能在国内流通。这样就发生了本国货币与外国货币的兑换问题。两国货币的比价称汇价或汇率。西方国家和我国的中央银行为执行外汇政策,影响外汇汇率,经常买卖外汇的机构。所有买卖外汇的商业银行、专营外汇业务的银行、外汇经纪人、进出口商,以及其外汇市场供求者都经营各种现汇交易及期汇交易。这一切外汇业务组成一国的外汇市场。

按外汇所受管制程度进行分类,外汇市场可以分为自由外汇市场、外汇黑市和官方市场。按外汇买卖的范围进行分类,外汇市场可以分为外汇批发市场和外汇零售市场。按外汇市场的外部形态进行分类,外汇市场可以分为无形外汇市场和有形外汇市场。按外汇所受管制程度进行分类,外汇市场可以分为自由外汇市场、外汇黑市和官方市场。按外汇买卖的范围进行分类,外汇市场可以分为外汇批发市场和外汇零售市场。

外汇,看似与普通大众很遥远,但却与全世界每个人息息相关。外汇交易也是很多人投资或理财的一种重要形式。

四、理财市场

《易·系辞下》有云:"理财正辞,禁民为非曰义。"孔颖达疏:"言圣人治理其财,用之有节。"王符《潜夫论·叙录》:"先王理财,禁民为非。"曾巩《再议经费》:"陛下谓臣所言,以节用为理财之要,世之言理财者,未有及此也"……

理财是一种财务管理技巧,同时又是使投资收益达到最大化所采取的方法和手段,是一种生财之道。随着中国股票债券市场的扩容,商业银行、零售业务的日趋丰富和市民总体收入的逐年上升,"理财"概念逐渐走俏。个人理财品种大致可以分为个人资产品种和个人负债品种,共同基金、股票、债券、存款、人寿保险、黄金、网贷等属于个人资产品种;而个人住房抵押贷款、个人消费信贷则属于个人负债品种。

目前国内能够为客户提供理财服务的机构主要有银行、证券公司、投资公司、经济管理公司等。一是银行理财。目前我国商业银行提供的理财产品分为保本固定收益产品、保本浮动收益产品与非保本浮动收益产品三类。二是证券公司理财。证券理财一般包括股票、基金、商品期货、股指期货、外汇期货等,个人或机构投资者可以按照其不同需求及投资偏好选择不同理财工具。三是投资公司理财。投资公司理财一般包括信托基金、黄金投资,玉石,珠宝,钻石等,需要的起步资金较高,适合高端理财人士。四是 APP 理财。目前手机上出现了很多一系列 APP 理财方式,零起步资金,适合大众所有人群。

作为信用等级最高、最擅长经营风险的金融机构,银行所发行的理财产品,必然会成为保证资产配置的安全性与稳健性的"底仓"品种。在过往的"刚性兑付"背景下,大众对银行理财的理解是遥远而模糊的。但同样是银行理财,不同时期不同阶段的理财产品的底层资产和运行逻辑是不一样的,银行理财与宏观经济周期的波动密切相关。理财产品的格局变化在一定程度上是对当期宏观经济热点的反应,是对经济周期的前瞻反应。同时,银行理财又与金融监管、金融市场变化密切相关,每当某些金融制度出现空缺或变化时,便会有理财产品帮助客户去追逐无风险的收益率,并随着市场的变化去把握低风险的获利机会。

目前,到银行、证券公司理财需开立相应理财账户。一般而言,通过银行开立的理财账户可以办理储蓄类产品和银行理财产品以及基金类产品,大型银行还可通过银行系统购买国债。由于银行网点分布较广,通过银行渠道开立的投资理财账户可到银行柜台办理。证券公司开立的理财账户可用于股票(包括A股、B股、H股等)、债券(包括国债、企业债、公司债等)、期货(包括金融期货如股指期货、外汇期货等,商品期货如黄金期货、农产品期货等)等一系列的投资理财工具的投资。证券账户的开立可到各证券公司营业部办理,需要在交易日内办理。投资公司的手续比较方便,一般只需要提供自己的身份证和银行卡复印件。

要想理财成功还必须掌握正确有效的理财步骤和方法。一是要了解和清点自己的资产和负债。只有在理性分析过自己的资产状况之后,才能作出符合客观实际的理财计划。二是制定合理的个人理财目标。弄清楚自己最终希望达成的目标是什么,然后将这些目标列成一个清单,再对目标按其重要性进行分类,最后将主要精力放在最重要目标的实现中去。三是通过储蓄、保险等理财手段先打牢地基。在理财的最初,尤其是对初学理财的年轻人,应以稳健为主。四是安全投资,规避风险。千万不要急功近利,高收益意味着高风险。五是要不断地学习和发现新事物,不断修正改进自己的理财计划,使其日益完善。

随着电子商务的普及,大型网络平台在潜在客户方面拥有先天的优势。不过,与银行、直销等渠道相比,其服务的专业性存在先天的不足。而网络理财也在潜移默化中改变着国人的投资方式。反客为主的网络理财模式无疑给金融业带来机会、改变甚至冲击。

五、股权市场

股权投资(Equity Investment),是指企业(或者个人)购买的其他企业(准备上市、未上市公司)的股票或以货币资金、无形资产和其他实物资产直接投资于其他单位,最终目的是为了获得较大的经济利益,这种经济利益可以通过分得利润或股利获取,也可以通过其他方式取得。

股权投资通常是为长期(至少在一年以上)持有一个公司的股票或长期的投资一个公司,以期达到控制被投资单位,或对被投资单位施加重大影响,或为了与被投资单位建立密切关系,以分散经营风险的目的。

股权投资分为以下四种类型:一是控制,是指有权决定一个企业的财务和经营政策,并能据以从该企业的经营活动中获取利益。二是共同控制,是指按合同约定对某项经济活动所共有的控制。三是重大影响,是指对一个企业的财务和经营政策有参与决策的权力,但并不决定这些政策。四是无控制,无共同控制且无重大影响。

股权投资是作为股东,有参与决策投票的权利,按照企业实现的利润享有红利;债权投资,是债主,相当于借钱给对方,没有投票权,只是按照债权的约定定期收取利息,并且这个利息一般是固定的,并且跟企业的经营情况没有直接关系。

股权众筹融资主要是指通过互联网形式进行公开小额股权融资的活动。由于其具有"公开、小额、大众"的特征,涉及社会公众利益和国家金融安全,必须依法监管。未经国务院证券监督管理机构批准,任何单位和个人不得开展股权众筹融资活动。

私募股权是指通过私募形式对私有企业,即非上市企业进行的权益性投资,在交易实施过程中附带考虑了将来的退出机制,即通过上市、并购或管理层回购等方式,出售持股获利。在结构设计上,PE一般涉及两层实体:一层是作为管理人的基金管理公司;一层则是基金本身。有限合伙制是国际最为常见的PE组织形式。一般情况下,基金投资者作为有限合伙人不参与管理、承担有限责任;基金管理公司作为普通合伙人投入少量资金,掌握管理和投资等各项决策,承担无限责任。

市场选择是财富管理谋划过程中的一件大事。我们要牢记"弗洛斯特法则"(筑墙前想好将什么圈进来、什么圈出去)启示,结合自身实际,做好市场分析与遴选,形成最佳市场进入组合方案。在进行一番研究分析后,运用"元角分"模型(具体为"五元五角五分"模型,如下图所

示）加以细化比对是有帮助的。在
此基础上作出进一步的决策判断。
具体入市选择过程中，要坚持循序
渐进、统筹兼顾、因地制宜、量力而
行、适当适度的原则，把握主攻方
向和投资节奏，亦步亦趋、步步
为营。

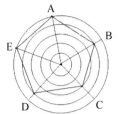

投资市场之"元角分"模型

A：资本市场
B：债券市场
C：外汇市场
D：理财市场
E：股权市场

第四节　谋配

　　"谋配"是谋求大类资产配置的简称。资产配置是财富管理的中
枢环节，至关重要，或缺不可。

　　资产配置（Asset Allocation）是指根据投资需求将投资资金在不同
资产类别之间进行分配，通常是将资产在低风险、低收益证券与高风
险、高收益证券之间进行分配。

　　资产配置在不同层面有不同含义。从范围上看，可分为全球资产
配置、股票债券资产配置和行业风格资产配置；从时间跨度和风格类别
上看，可分为战略性资产配置、战术性资产配置和资产混合配置；从资
产管理人的特征与投资者的性质上，可分为买入并持有策略、恒定混合
策略、投资组合保险策略和战术性资产配置策略。

　　资产配置是投资过程中最重要的环节之一，也是决定投资组合相
对业绩的主要因素。据有关研究显示，资产配置对投资组合业绩的贡
献率达到90%以上。一方面，在半强势有效市场环境下，投资目标的
信息、盈利状况、规模，投资品种的特征以及特殊的时间变动因素对投
资收益都有影响，因此资产配置可以起到降低风险、提高收益的作用。
另一方面，随着投资领域从单一资产扩展到多资产类型、从国内市场扩
展到国际市场，其中既包括在国内与国际资产之间的配置，也包括对货
币风险的处理等多方面内容，单一资产投资方案难以满足投资需求，资
产配置的重要意义与作用逐渐凸显出来，可以帮助投资者降低单一资

产的非系统性风险。

资产配置考虑要素:一是影响投资者风险承受能力和收益需求的各项因素,包括投资者的年龄或投资周期,资产负债状况、财务变动状况与趋势、财富净值、风险偏好等因素。二是影响各类资产的风险收益状况以及相关关系的资本市场环境因素,包括国际经济形势、国内经济状况与发展动向、通货膨胀、利率变化、经济周期波动、监管等。三是资产的流动性特征与投资者的流动性要求相匹配的问题。四是投资期限。投资者在有不同到期日的资产之间进行选择时,需要考虑投资期限的安排问题。五是税收考虑。税收结果对投资决策意义重大,因为任何一个投资策略的业绩都是由其税后收益的多少来进行评价的。

资产配置的决策因素不仅包括专业精准的理性人假设还包括行为经济学要素的影响等等。资产配置是一个框架性的概念,财富哲学是它的骨架和底蕴,财富技术是它的外在和呈现。

对于资产之选择,除了五层安排以外,还应呼应第一章的形势分析、行业分析、地区分析、企业分析等,真正落到具体资产上去,尽量找到熟悉的行业、有把握的地区、了解的企业,这样的资产配置才是最可靠的。所以宏观上,五层资产设计,微观上具体资产落定。这样理解下去,资产之谋划才务实可行。

资产配置离不开对于资产的划分。笔者将资产划分为五大类15个小类。五大类分别是御层资产、持层资产、攻层资产、抢层资产、搏层资产。排列规则是:越往后,风险机率越大、收益空间越高。当然,这只是粗略的划分。

一、御层资产

第一层,叫御层资产,主要有房产、保险、银行产品(存汇理贷等)等。特点是:风险较小,收益较稳定,属大众标配资产。

(一)房地产投资

房地产投资,是以房地产为对象,为获得预期效益而对土地和房地产开发、房地产经营以及购置房地产等进行的投资。广义上说,房地产投资的预期效益因投资主体不同而有所不同,政府投资注重宏观的经济效益、社会效益和环境效益;企业投资注重利润指标;购置自用的房地产,则注重它的使用功能的发挥。追求的效益虽然有所不同,但各种效益是相互交叉、相互影响的。从狭义上说,房地产投资主要是指企业以获取利润为目的的投资。房地产投资是固定资产投资的重要组成部分,一般占全社会固定资产投资60%以上。它需要动员大量的社会资源,才可能使投资效益得到实现。

房地产投资形式多种多样,房地产开发是人们最熟悉的一种类型;为了出租经营而购买住宅或办公楼也是相当普遍的房地产投资类型;将资金委托给信托投资公司用以购买或开发房地产也是房地产投资;企业建造工厂、学校建设校舍、政府修建水库等等,都属于房地产投资。房地产投资决策中,估算总成本和利润的同时还应考虑时间因素。只有在比较项目收益和支出的总量与时间的基础上,并考虑预测的置信水平时,才有可能作出合理的投资决策。

同一般投资相比,房地产投资具有以下特征:房地产投资对象的固定性和不可移动性;房地产投资的高投资量和高成本性;房地产投资的回收期长和长周期性;高风险性;环境约束;低流动性(变现性差);合作性强;回报率高。

房地产开发有两个途径:基本建设途径和房地产开发途径。与之相应,房地产投资四种方式:基本建设途径中的基本建设式;房地产开发途径中的楼宇购买式、合作开发式和股权购买式。

房地产投资过程中,投资风险种类繁多并且复杂:市场竞争风险;购买力风险;流动性和变现性风险;利率风险;经营性风险;财务风险;社会风险;自然风险。房地产投资风险的防范与处理是针对不同类型、不同概率和不同规模的风险,采取相应的措施和方法,避免房地产投资风险或使房地产投资过程中的风险减到最低程度。如:投资分散策略,包括投资区域分散、投资时间分散和共同投资等方式;投资组合以及保险,房地产保险业务主要有房屋保险、产权保险、房屋抵押保险和房地产委托保险,房地产投资组合的关键是如何科学确定投入不同类型房地产合理的资金比例。

（二）保险

保险属于经济范畴，它所揭示的是保险的属性，是保险的本质性的东西。从法律意义上说，保险是一种合同行为，即通过签订保险合同，明确双方当事人的权利与义务，被保险人以缴纳保费获取保险合同规定范围内的赔偿，保险人则有收受保费的权利和提供赔偿的义务。

无论是在日常生活中还是经济活动或财富管理中，风险都是无处不在的，配置的一个核心诉求就是控制风险，而无论是风险规避、损失控制，还是风险隔离、风险对冲，保险都是最重要的风险管理工具之一。同时，在相应的规则体系之下，保险产品还可以通过合同关系和法律关系的架构，实现一些特定的财富管理目标。整体上，在资产配置中，保险具有诸多独特、必备而又无法被其他金融产品所替代的作用。一个没有保险维度的资产配置方案，可以说是一个一完整的方案。

保险投资要注意：一是合理利用犹豫期。一年期以上的人身保险产品设有犹豫期。若对所投保的险种或者所选择的保险公司等不满意，可以在犹豫期内向保险公司提出解除合同。二是配合接受回访。如果保险公司进行电话、信函、上门等方式的回访，请回答保险公司的问题，同时可以就保险合同的相关问题要求保险公司答疑解惑。三是及时续缴保险费。如果购买的是分期缴费的保险，一定要记得及时缴费，以避免保险合同效力中止。四是纠纷解决渠道。如被保险人与保险公司之间发生保险合同争议，可采取协商、调解、仲裁、诉讼等方式予以解决。发生纠纷时，首先双方应当进行友好协商，争取达成一致意见。

投资保险时有一个"双十"原则，意思是说在购买保险时，保险额要达到年收入的 10 倍为宜，保险收入应在年收入的 10% 为宜。当然针对大多数人群而言，可以采用相对平衡一些的方法，比如终身型和分期型保险进行搭配，消费型和储蓄型进行搭配，达到保费支出合理、保障充分的组合配置。

（三）理财产品

由商业银行和正规金融机构自行设计并发行的产品,将募集到的资金根据产品合同约定投入相关金融市场及购买相关金融产品,获取投资收益后,根据合同约定分配给投资人的一类理财产品。

银行人民币理财产品大致可分为债券型、信托型、挂钩型及 QDII 型。一是债券型。投资于货币市场中,投资的产品一般为央行票据与企业短期融资券。因为央行票据与企业短期融资券个人无法直接投资,这类人民币理财产品实际上为客户提供了分享货币市场投资收益的机会。二是信托型。投资于有商业银行或其他信用等级较高的金融机构担保或回购的信托产品,也有投资于商业银行优良信贷资产受益权信托的产品。三是挂钩型。产品最终收益率与相关市场或产品的表现挂钩,如与汇率挂钩、与利率挂钩、与国际黄金价格挂钩、与国际原油价格挂钩、与道·琼斯指数及与港股挂钩等。四是 QDII 型。所谓 QDII,即合格的境内投资机构代客境外理财,客户将手中的人民币资金委托给合格商业银行,由合格商业银行将人民币资金兑换成美元,直接在境外投资,到期后将美元收益及本金结汇成人民币后分配给客户的理财产品。五是电子现货,是新型的投资理财产品。

理财产品一般通过商业银行或非银行金融机构可以购买。传统渠道包括:银行、保险公司、证券公司、期货公司、基金公司。新兴渠道包括:第三方理财机构、综合理财服务机构。

理财产品根据币种分类主要是人民币理财产品、外币理财产品以及双币理财产品;根据收益方式分类主要是保证收益理财产品和非保证收益理财产品。根据银行和投资人二者之间的法律关系不同,主要分为固定收益类理财产品、非保本浮动收益理财产品、商业银行承销的理财产品。人民币理财产品,即由商业银行自行设计并发行,将募集到的资金根据产品合同约定投入相关金融市场及购买相关金融产品,获取投资收益后,根据合同约定分配给投资人的一类理财产品。

二、持层资产

持层资产包括票据、债券、信托等,风险相对可控。

(四)票据

票据的概念有广义和狭义之分。广义上的票据包括各种有价证券和凭证,如股票、企业债券、发票、提单等;狭义上的票据,即我国《票法》中规定的"票据",包括汇票、银行本票和支票,是指由出票人签发的、约定自己或者委托付款人在见票时或指定的日期向收款人或持票人无条件支付一定金额的有价。票据具有支付、汇兑、信用、结算、融资、流通等功能和作用。

票据具有其独特的法律属性:票据是设权证券,证券权利因作成证券而创设;同时,票据还是债权证券、金钱证券、流通证券、无因证券、文义证券、要式证券、占有证券、提示证券、返还证券。

票据按出票人不同,可分为银行汇票、商业汇票;按承兑人不同,可分为商业承兑汇票、银行承兑汇票;按付款时间不同,可分为即期汇票、远期汇票。

(五)债券

债券是一种金融契约、有价证券。由于债券的利息通常是事先确定的,所以债券是固定利息证券(定息证券)的一种。在金融市场发达的国家和地区,债券可以上市流通。在中国,比较典型的政府债券是国库券。

债券按发行主体可分为政府债券、金融债券、公司(企业)债券;按财产担保可分为抵押债券、信用债券;按债券形态可分为实物债券(无记名债券)、凭证式债券、记账式债券;按是否可转换可分为可转换债券、不可转换债券;按付息方式可分为零息债券、定息债券;按是否能够提前偿还可分为可赎回债券和不可赎回债券;偿还方式不同划分为一次到期债券、分期到期债券;按计息方式分为单利债券、复利债券、累进利率债券;按是否记名分为记名债券和无记名债券;按是否参加公司盈余分配分为参加公司债券和不参加公司债券;按募集方式分为公募债券和私募债券;按能否上市,分为上市债券和非上市债券。

债券优点有:资本成本低;具有财务杠杆作用债券的利息是固定的费用,债券持有人除获取利息外,不能参与公司净利润的分配,因而具有财务杠杆作用,在息税前利润增加的情况下会使股东的收益以更快的速度增加;所筹集资金属于长期资金;债券筹资的范围广、金额大。其缺点有:财务风险大;限制性条款多,资金使用缺乏灵活性;债权人没有参与企业管理的权利,为了保障债权人债权的安全,通常会在债券合同中包括各种限制性条款。这些限制性条款会影响企业资金使用的灵活性。

在标准化资产的配置地位越来越重要的大进程中,债券的地位无人可以替代,也是未来很长一段时间里客户低风险配置的主流品种。和股市一样,债券投资也有涨跌,也有风险。随着市场发展的逐步完善,国债期货、远期互换等品种的应用,以及各家机构对利率走势将从产品同涨同跌逐步进入到比拼主动管理能力的时代。

面对着债券投资过程中可能会遇到的各种风险,投资者应认真加以对待,利用各种方法和手段去了解风险、识别风险,寻找风险产生的原因,然后制定风险管理的原则和策略,运用各种技巧和手段去规避风险、转嫁风险,减少风险损失,力求获取最大收益。一是认真进行投资前的风险论证。在投资之前,应通过各种途径,充分了解和掌握各种信息,从宏观和微观两方面去分析投资对象可能带来的各种风险。二是制定各种能够规避风险的投资策略。包括:债券投资期限梯型化;债券投资种类分散化;债券投资期限短期化。三是运用各种有效的投资方法和技巧:利用国债期货交易进行套期保值;在适当的时候对两笔交易进行对冲,用期货交易的盈亏抵补或部分抵补相关期限内现货买卖的盈亏,从而达到规避或减少国债投资利率风险的目的。

(六)信托

信托就是信用委托。信托业务是一种以信用为基础的法律行为,一般涉及到三方面当事人,即投入信用的委托人,受信于人的受托人,以及受益于人的受益人。信托业务是由委托人依照契约或遗嘱的规定,为自己或第三者(即受益人)的利益,将财产上的权利转给受托人(自然人或法人),受托人按规定条件和范围,占有、管理、使用信托财产,并处理其收益。

以信托关系成立的方式为标准,信托业务基本可以分为任意信托和法定信托。以信托财产的性质为标准,信托业务分为金钱信托、动产信托、不动产信托、有价证券信托和金钱债权信托。以信托目的为标准,信托可以划分为担保信托、管理信托、处理信托、管理和处理信托。以信托事项的法律立场为标准,信托可以分为民事信托和商事信托。按照委托人的不同,信托可以分为个人信托和法人信托,及个人法人通用的信托。以受托人承办信托业务的目的为标准,信托可以分为营业信托与非营业信托。从受益人的角度对信托进行划分,可以将信托分为四类:自益信托、他益信托、私益信托、公益信托。以信托涉及的地理区域为依据,信托可以分为国内信托和国际信托。以业务范围为标准,可以将信托分为广义和狭义两种。

信托以其独特的、有别于其他金融机构的智能、牢固的优势,在现代各国金融机构体系中占有重要的一席之地,并以其功能的丰富而被称为"金融百货公司"。信托作为一种新型的投资工具,众多投资者资金汇集起来进行组合投资,由专家来管理和运作,经营稳定,收益可观,可以专门为投资者设计间接投资工具,投资领域可以涵盖资本市场、货币市场和实业投资领域,大大拓宽了投资者的投资渠道。信托之所以在许多国家受到投资者的欢迎,发展如此迅速,都与信托作为一种投资工具所具有的独特优势有关。

在经历了近几年的爆发式增长之后,信托业的发展也存在多个隐忧。信托业发展目前面临的首要问题是已经取得的发展和成绩能否持续、稳固。随着市场环境和政策导向的变化,信托机构如何发挥自身的资产管理能力和制度优势,适时改变信托经营管理策略,充分发挥功能优势、丰富信托新产品、提高在经济结构调整中投融资创新服务水平,将成为当下信托机构必须面对的现实。

三、攻层资产

第三层,叫攻层资产,包括股票、基金、外汇等,往往收益与风险都较大。

(七)股票

股票是股份制企业(上市和非上市)所有者(即股东)拥有公司资产和权益的凭证。上市的股票称流通股,可在股票交易所(即二级市场)自由买卖。非上市的股票没有进入股票交易所,因此不能自由买卖,称非上市流通股。

主要特点:一是不返还性,股票一旦发售,持有者不能把股票退回给公司,只能通过证券市场上出售而收回本金。股票发行公司不仅可以回购甚至全部回购已发行的股票,从股票交易所退出,而且可以重新回到非上市企业。二是风险性,购买股票是一种风险投资。三是流通性。股票作为一种资本证券,是一种灵活有效的集资工具和有价证券,可以在证券市场上通过自由买卖、自由转让进行流通。四是收益性。五是参与权。股票有普通股、优先股、后配股、垃圾股、绩优股、蓝筹股、其他股。

股票市场有:一级市场,也称为发行市场,它是指公司直接或通过中介机构向投资者出售新发行的股票的市场。二级市场,也称股票交易市场,是投资者之间买卖已发行股票的场所。这一市场为股票创造流动性,即能够迅速脱手换取现值。第三市场是指原来在证交所上市的股票移到以场外进行交易而形成的市场。第四市场指大机构(和富有的个人)绕开通常的经纪人,彼此之间利用电子通信网络直接进行的证券交易。场外交易是相对于证券交易所交易而言的,凡是在证券交易所之外的股票交易活动都可称作场外交易。

二板市场的规范名称为“第二交易系统”,亦称创业板,主要是一些小型高科技公司的上市场所,是与现有主板相对应的一个概念。二板市场的特征:前瞻性市场;上市标准低;市场监管更加严格;推行造市商制度;实行电子化交易。

股市是一个长期收益非常丰厚,但短期波动也十分巨大的市场。股市的长期收益丰厚,是因为股市是经济的晴雨表,它一定会反应出企业的盈利增长和经济的长期增长,但可以肯定的是,这种成长带来的收益一定是比较缓慢的,是与 GDP 的增速等因素相关的;但股市的收益远不止于此,还有一块来源于他对优质企业的价值发现,进而产生估值的收益。

股票市场的分析方法主要有如下三种:基本分析、技术分析、演化分析,其中基本分析主要应用于投资标的物的选择上,技术分析和演化分析则主要应用于具体投资操作的时间和空间判断上,作为提高投资分析有效性和可靠性的重要补充。一是基本分析。通过对决定股票内在价值和影响股票价格的宏观经济形势、行业状况、公司经营状况等进行分析,评估股票的投资价值和合理价值,与股票市场价进行比较,相应形成买卖的建议。二是技术分析。以预测市场价格变化的未来趋势为目的,通过分析历史图表对市场价格的运动进行分析的一种方法。技术分析是证券投资市场中普遍应用的一种分析方法,如道氏理论、波浪理论、江恩理论等。三是演化分析。以演化证券学理论为基础,将股市波动的生命运动特性作为主要研究对象,从股市的代谢性、趋利性、适应性、可塑性、应激性、变异性和节律性等方面入手,对市场波动方向与空间进行动态跟踪研究,为股票交易决策提供机会和风险评估的方法总和。

(八)基金

基金,广义是指为了某种目的而设立的具有一定数量的资金。主要包括信托投资基金、公积金、保险基金、退休基金,各种基金会的基金。从会计角度透析,基金是一个狭义的概念,意指具有特定目的和用途的资金。我们现在提到的基金主要是指证券投资基金。

基金包括:一是封闭式基金,属于信托基金,是指基金规模在发行前已确定、在发行完毕后的规定期限内固定不变并在证券市场上交易的投资基金。二是开放式基金,是世界各国基金运作的基本形式之一。三是对冲基金,利用期货、期权等金融衍生产品对相关联的不同股票进行实买空卖、风险对冲操作技巧一定程度上可规避和化解投资风险。四是 QDII 基金，它是在一国境内设立，经该国有关部门批准从事境外证券市场的股票、债券等有价证券业务的证券投资基金。五是 ETF 基金，又称交易所交易基金。六是认股权证基金，主要投资于认股权证，基于认股权证有高杠杆、高风险的产品特性，此类型基金的波动幅度亦较股票型基金为大。七是契约型基金，称为单位信托基金，指专门的投资机构（银行和企业）共同出资组建一家基金管理公司，基金管理公司作为委托人通过与受托人签定"信托契约"的形式发行受益凭证——"基金单位持有证"来募集社会上的闲散资金。八是平衡型基金，是指以既要获得当期收入，又追求基金资产长期增值为投资目标，把资金分散投资于股票和债券，以保证资金的安全性和盈利性的基金。九是公司型基金，又叫做共同基金，指基金本身为一家股份有限公司，公司通过发行股票或受益凭证的方式来筹集资金。十是保险基金，指为了补偿意外灾害事故造成的经济损失，或因人身伤亡、丧失工作能力等引起的经济需要而建立的专用基金。

基金操作，要注意：一是先观后市再操作。基金投资的收益来自未来，比如要赎回股票型基金，就可先看一下股票市场未来发展是牛市还是熊市，再决定是否赎回。二是转换成其他产品。把高风险的基金产品转换成低风险的基金产品，也是一种赎回，比如：把股票型基金转换成货币基金。三是定期定额赎回。与定期投资一样，定期定额赎回，可以做了日常的现金管理，又可以平抑市场的波动。定期定额赎回是配合定期定额投资的一种赎回方法。

要关注基金投资风险：一要注意根据自己的风险承受能力和投资目的安排基金品种的比例。挑选最适合自己的基金，购买偏股型基金要设置投资上限。二要注意别买错"基金"。基金火爆引得一些伪劣产品"浑水摸鱼"，要注意鉴别。三要注意对自己的账户进行后期养护。要经常关注基金网站新公告，以便更加全面及时地了解自己持有的基金。四要注意买基金别太在乎基金净值。其实基金的收益高低只与净值增长率有关。只要基金净值增长率保持领先，其收益就自然会高。五要注意不要"喜新厌旧",不要盲目追捧新基金,新基金虽有价格优惠等先天优势,但老基金有长期运作的经验和较为合理的仓位,更值得关注与投资。六要注意不要片面追买分红基金。基金分红是对投资者前期收益的返还,尽量把分红方式改成"红利再投"更为合理。七要注意不以短期涨跌论英雄。以短期涨跌判断基金优劣显然不科学,对基金还是要多方面综合评估长期考察。八要注意灵活选择稳定省心的定投和实惠简便的红利转投等投资策略。

(九)外汇

外汇是货币行政当局以银行存款、财政部库券、长短期政府证券等形式保有的在国际收支逆差时可以使用的债权。包括外国货币、外币存款、外币有价证券、外币支付凭证。

按照管制,外汇包括:一是现汇,中国《外汇管理暂行条例》所称的四种外汇均属现汇,是可以立即作为国际结算的支付手段。二是购汇,国家批准的可以使用的外汇指标。如果想把指标换成现汇,必须按照国家外汇管理局公布的汇率牌价,用人民币在指标限额内向指定银行买进现汇,专业说法叫购汇,必须按规定用途使用购汇功能。

按照性质,外汇包括:一是贸易外汇,来源于出口和支付进口的货款以及与进出口贸易有关的从属费用,如运费、保险费、样品、宣传、推销费用等所用的外汇。二是非贸易外汇,进出口贸易以外收支的外汇,如侨汇、旅游、港口、民航、保险、银行、对外承包工程等外汇收入和支出。

外汇投资优势明显:成交量大,市场透明度高;杠杆灵活,交易成本轻;双向交易,获利不受市况所限;T+0交易,24小时市场 全球7x24小时不间断的外汇市场;风险可控,可预设止损和限价点,通过设置止损和限价点,可以帮助交易者及时控制亏损或锁定获利;交易迅速,即时成交无需等待 在通常的市况下,所有订单都可以在指定的价位或者指定的范围内即时成交。当然要格外注意外汇投资风险。

四、抢层资产

第四层,叫抢层资产,包括:贵金属、期权期货、非标股权。

（十）黄金

黄金长久以来一直是一种投资工具。它价值高,并且是一种独立的资源,不受限于任何国家或贸易市场,它与公司或政府也没有牵连。因此,投资黄金通常可以帮助投资者避免经济环境中可能会发生的问题,而且,黄金投资是世界上税务负担最轻的投资项目。黄金投资意味着投资于金条、金币、甚至金饰品,投资市场中存在着众多不同种类的黄金帐户。黄金包括:投资金条;投资金币;纸黄金;管理账户;黄金凭证;黄金期货;黄金期权;黄金股票;黄金基金;国际现货;天通金;黄金债券;黄金 T＋D。

黄金投资相比于其他投资品种,具有以下几大优势。一是公开透明。黄金市场基本上是属于全球性的投资市场,现实中还没有哪一个财团的实力大到可以操纵金市。二是成本低。在进行黄金交易的过程中,投资者基本上只需缴纳黄金进口时的报关费用即可,所以黄金是世界上所占税项负担最轻的投资项目,最大程度的保障了投资者的投资收益。三是无时间限制,黄金的世界性公开市场不设停板和停市,令黄金市场投资起来更有保障,根本不用担心在非常时期不入市平仓止损。四是对抗通胀。黄金投资是对抗通胀最佳方法。随着物价的上涨,通胀预期逐渐增加,纸币不断缩水,但是黄金却会随着通胀的上涨而增值,所以黄金就成为了抵抗通货膨胀的最佳投资品种。五是流通性强。黄金的流通性强,产权转移便利,在黄金市场开放的国家里,任何都可以以公开的场合够得黄金,还可以自由转让,没有任何类似于登记制度的阻碍。

要把握好投资程序:一是制定详细的投资计划。二是选择好的金商,通过全面了解、认真比较、谨慎选择,找到值得信赖、工作认真负责、操作规范、合理合法、服务优良的金商是黄金投资取得成功的重要一步。三是投资前的准备工作。在正式开始黄金投资之前,投资者应该努力学习黄金投资方面的有关知识,认真阅读有关书籍和文章,了解黄金市场的运动变化规律,掌握交易规则,准备足才可百战不殆。

(十一)期货期权

期货期权是对期货合约买卖权的交易,包括商品期货期权和金融期货期权。一般所说的期权通常是指现货期权,而期货期权则是指"期货合约的期权",期货期权合约表示在期权到期日或之前,以协议价格购买或卖出一定数量的特定商品或资产的期货合同。期货期权的基础是商品期货合同,期货期权合同实施时要求交易的不是期货合同所代表的商品,而是期货合同本身。如果执行的是一份期货看涨期权,持有者将获得该期货合约的多头头寸外加一笔数额等于当前期货结算价格减去执行价格的现金。

期货期权投资的优点:一是资金使用效益高。由于交易商品是期货,因此在建立头寸时,是以差额支付保证金,在清算时是以差额结帐,期货期权可以较少的资金完成交易,因而也就提高了资金的使用效益。二是交易方便。由于期货期权的交易商品已经标准化、统一化,具有较高的流动性,因此便于进行交易。三是信用风险小。由于期货期权交易通常是在交易所进行的,交易的对方是交易所清算机构,因而信用风险小。但与现货期权相比,期货期权也有明显的缺点,其最大缺点是由于在交易所进行交易,上市的商品种类有限,因而协议价格、期限等方面的交易条件不能自由决定。

期货期权投资的影响因素包括:标的物执行价格及执行价格;标的物价格波动率;距到期日前的剩余时间;无风险利率。相应的,其投资组合条件包括:一是价格;二是期限;三是数量;四是期权费;五是交易目的。

进行期货交易,首先要了解期货交易过程,它的全过程包括开仓、持仓、平仓或实物交割。开仓是指交易者新买入或者新卖出的一定数量的期货合约;开仓后没有平仓的合约叫持仓,持仓需要投资人有一定的技巧。其次是期货的对冲,交易者开仓后选择两种方式了结期货合约:或者是选择时机平仓,或者是保留到最后交易日进行实物交割。投资期货要确保风险处于自己可控的范围之内,同时要保持平和的心态。

（十二）VC/PE

投资者的四种阶段,按照投资额度从小到大排序,他们分别是天使投资(Angel),风险投资(Venture Capital, VC),私募基金(Private Equity, PE),以及投资银行(Investment Banking, IB)。

大多数时候,天使投资选择的企业都会是一些非常早期的企业,他们甚至没有一个完整的产品,或者仅仅只有一个概念。天使投资的投资额度往往也不会很大,一般都是在5 – 100万这个范围之内,换取的股份则是从10% – 30%不等。大多数时候,这些企业都需要至少5年以上的时间才有可能上市。此外,部分天使投资会给企业提供一些指导和帮助,甚至会给予一定人脉上的支持。

当企业发展到一定阶段,风险投资成了他们最佳的选择。一般而言,风险投资的投资额度都会在1000万元以内。少数重磅投资会达到数千万。但平均而言,大几百万元是个合理的数字,换取股份一般则是从10%左右。能获得风险投资青睐的企业一般都会在3 – 5年内有较大希望上市。

私募基金选择投资的企业大多数已经到了比较后期的地步,企业形成了一个较大的规模,产业规范了,为了迅速占领市场,获取更多的资源,他们需要大批量的资金,那么,这时候私募基金就出场了。大多数时候,5000万 – 数亿的资金都是私募基金经常投资的数额。换取股份大多数时候不会超过20%。一般而言,这些被选择的公司,在未来2 – 3年内都会有极大的希望上市成功。

投行帮助企业上市,从上市融资后获得的金钱中收取手续费。一般被投行选定的企业,只要不发生什么意外,都是可以在未来一年内进行上市的。有些时候投行或许会投入一笔资金进去,但大多数时候主要还是以上市业务作为基础。

五、搏层资产

第五层,叫搏层资产,包括:藏品(艺术品、奢侈品、珍品、古董、另类)、经营权\承包权\代理权(矿、山、林、地、水)、无形资产(知识产权、秘方)等。这类资产往往牵涉面大,风险大,若经营得好,收益非常可观。

(十三)收藏

中国自古以来就有"盛世收藏,乱世黄金"的说法,中国人对收藏品的偏爱,数千年来从未间断。在中国历史上,曾出现过三次收藏热:分别是北宋末年,康乾盛世,清末民初。中国历史上每一次全国性的"收藏热",无不是伴随着太平盛世而来。自上而下,逐层普及,将国人对文化的继承和崇拜体现在主流物质生活的追求当中。从宋徽宗"天下一人"的宫廷审美传遍九州,到晚明士大夫阶层引领的文人风尚,再到乾隆皇帝空前绝后的囤积珍奇,无不显示出人民对收藏品的热爱。

由于现在人们收入普遍提高,收藏品不再是有钱人才能玩的东西,并且网络与旅游业的快速发展也将促进收藏品市场持续繁荣,收藏品市场前景非常广阔。可以预见,在未来一段时间内将会持续高速发展。

收藏投资主要分为:大众收藏投资、个性化收藏投资与产业化收藏投资三大板块,主要针对的收藏投资品种集中在人民币、邮票、贵金属、陶瓷、字画、古籍、观赏石等品类。

收藏投资涉及范围广阔,行业内缺少科学分类,依据我国及世界收藏实际情况,比较趋同的收藏品分类大致可为自然历史、艺术历史、人文历史和科普历史四大类和文物类、书画、玉器、陶瓷、珠宝、钱币、邮票、文献票券、模型、徽章、商标、标本十三类。

影响收藏品的投资风险有:一是品相风险,好的品相价格往往会高好几倍。二是保管风险。藏品的保护需要投入大量钱财和心思,注意避免防潮,防蛀,放腐蚀等。三是市场赝品多,真假混杂。四是变现困难,很多收藏品,往往都是有价无市,有价格但没有买家愿意成交。

影响收藏品增值的因素包括:一是发行量。发行得越少,增值就会越大,物以稀为贵,越稀有就越值钱。二是存世量,世间少有的稀有品种。三是需求量,往往市场需求量越高藏品就越值钱。四是藏品的历史背景,藏品的诞生往往会牵扯车一段历史或事件。五是藏品的设计、品相等。

投资收藏品的好处和优点很多。一是增值率高,易于变卖,具有保值性。二是藏品能提高一个人的个人修养和素质,陶冶情操。三是能改善企业知名度和形象,间接促进其经济效益。四是具备国际行情的收藏品也称为"软黄金",其价值全球公认,无主客观或地域差异。

(十四)知识产权

知识产权是智力劳动产生的成果所有权,它是依照各国法律赋予符合条件的著作者以及发明者或成果拥有者在一定期限内享有的独占权利。它有两大类:一类是著作权(也称为版权、文学产权);另一类是工业产权(也称为产业产权)。著作权又称版权,是指自然人、法人或者其他组织对文学、艺术和科学作品依法享有的财产权利和精神权利的总称。主要包括著作权及与著作权有关的邻接权;通常我们说的知识产权主要是指计算机软件著作权和作品登记。

知识产权投资意义非凡。一是为智力成果完成人的权益提供了法律保障,调动了人们从事科学技术研究和文学艺术作品创作的积极性和创造性。二是为智力成果的推广应用和传播提供了法律机制,为智力成果转化为生产力,运用到生产建设上去,产生了巨大的经济效益和社会效益。三是为国际经济技术贸易和文化艺术的交流提供了法律准则,促进人类文明进步和经济发展。四是知识产权法律制度作为现代民商法的重要组成部分,对完善中国法律体系,建设法治国家具有重大意义。

知识产权是一种无形财产,具备专有性、时间性、地域性特点。大部分知识产权的获得需要法定的程序,比如,商标权的获得需要经过登记注册。

(十五)经营权

所谓经营权是指企业的经营者掌握对企业法人财产的占有、使用和依法处置的权利。企业的经营只有拥有了企业法人财产的经营权之后,才能根据市场的需要独立做出企业的经营决策;自主的开展生产经营活动,及时适应市场的变化的所有权的一种权能。与所有权相比,经营权少了一个收益的权利。不变更生产资料的所有制性质,依法占有、支配和使用所有者的生产资料和商品的权利。

经营权在通常情况下,属于所有者本人,但也可根据法律、行政命令和依照所有者的意志转移给他人,这种转移是合法的,应受到国家法律的保护。

经营权可分为法定经营权和约定经营权,其中法定经营权作为物权法定主义的必然结果,是企业依法律规定而直接取得的经营权;约定经营权是指由两个以上出资人共同约定创设新的法人所衍生的经营权。

投资经营权是一个相当复杂的课题,这里囿于篇幅所限,不展开讨论了。在后续关于实业创富、家族企业经营等环节里还会陆续涉及。

五大类资产讨论到此结束。综合分析,依然要用到"元角分"模型。下图就是资产配置之"五元五角五分"分析框架。从中可以一目了然地明了哪类资产是投资重点,哪类不是,哪类没有介入。如果着重于分析投资效果,也同样是可

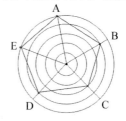

资产配置之"元角分"模型

A:御
B:持
C:攻
D:抢
E:博

行的,五条折线围成的面积大约就是大类资产的综合效益了。

民间流传一个故事:一个智慧老人有五个儿子,一个朴实,一个聪明,一个跛腿,一个驼背,一个瞎眼。够悲催的了,但老人并未消沉,而是因材施教、才尽其用。他让朴实的儿子种田,聪明的儿子经商,跛腿的儿子编筐,盲目的儿子算卦,驼背的儿子纺线。结果,本是一个堪忧的家庭,生活过着井然有序、衣食无忧。把一手烂牌打好,这是老人的智慧;能否把一推乱乱的资产盘活增值,这是对财富管理者的重大考验。

借着这样的话题,笔者进一步分享一下个人实践中总结的"简易配资"(SAAS)模型。

五大类资产,从上到下排列,各层级资产比重是不同的,总的是100%,这样因人因时而异,就会有多种形态。笔者认为,经典的有五种,分别是:金字塔形(正/反)、长方形、哑铃形、椭圆形、梯形(正/反)。不同时期结合美林时钟进行转换。

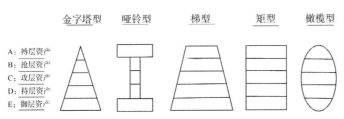

"金字塔型配资":可以是5%、15%、20%、25%、35%,也可以有其他的配比。主要是,风险越大的资产配置越少,风险越小的资产配置越多,这是一种相对保守的配资方法。倒过来,则是相反的情形,进攻和拼搏型的资产占据更大比重。

"哑铃型配资":强调两头大,高风险与低风险都占大头,中风险的适当配比。这种配置的指导思想是,两头风险对冲,中间保持稳定,这也是一种有效的风险平衡战略。

"梯形配资":如金字塔的类似,只是区分相对和缓,比例比较接近。这也是一种稳妥的配资方式。倒过来,则是相反的情形,进攻和拼搏型的资产占据较大比重。

"椭圆形配资":是中间重配,两头逐渐收缩,这也是一种常见的资配方法。近可攻退可守,占中守正、进退自如。

"矩形配资":是一种简单的近似等距的平均分配方式,以不变应万变,相对简单。从长周期来看,也不失为一种方式,只要跟着大市走,也能有收益、抗风险。因为,五层资产之间在不同市场上本身就有一个此消彼长的关系,以丰补欠也是可行的,针对不同市场只须将投资总量进行调整即可,投资额占到总可投资额的比重,取决于对市场的判断和风险偏好等综合考量。

"简易配资"过程中要注意"心理帐户"的影响和干扰。消费者会把现实中客观等价的支出与收益在心理上划分到不同的帐户,这是因为人们对于各类资产与产品有着不同的感情前置,所以在摆布上是不一样的,甚至是非理性的。

"简易配资"模型要结合"美林时钟"使用。美林时钟是一种将"资产""行业轮动""债券收益率曲线"以及"经济周期"联系起来的方法,是一个非常实用的指导投资周期的工具,能帮助投资者识别经济周期转折点。"美林时钟"的分析框架,可以帮助投资者识别经济周期的重要转折点,投资者可以通过转换资产以实现获利。

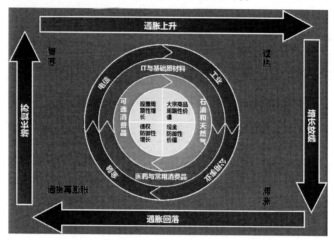

美林投资时钟理论按照经济增长与通胀的不同搭配,将经济周期划分为四个阶段:一是"经济上行,通胀下行"构成复苏阶段。此阶段由于股票对经济的弹性更大,其相对债券和现金具备明显超额收益。二是"经济上行,通胀上行"构成过热阶段。在此阶段,通胀上升增加了持有现金的机会成本,可能出台的加息政策降低了债券的吸引力,股票的配置价值相对较强,而商品则将明显走牛。三是"经济下行,通胀上行"构成滞胀阶段。在滞胀阶段,现金收益率提高,持有现金最明智,经济下行对企业盈利的冲击将对股票构成负面影响,债券相对股票的收益率提高。四是"经济下行,通胀下行"构成衰退阶段。在衰退阶段,通胀压力下降,货币政策趋松,债券表现最突出,随着经济即将见底的预期逐步形成,股票的吸引力逐步增强。

在衰退期,债券、现金、股票、大宗商品往往收益能力呈递减趋势。在复苏期,股票、大宗商品、债券、现金往往收益能力呈递减趋势。在过热阶段,大宗、商品、股票、现金、债券往往收益能力递减。在滞胀阶段,往往现金、大宗商品、债券、股票盈利机会递减。

所以,就投资周期而言,当经济增长加快(北),股票和大宗商品表现好。周期性行业,如:高科技股或钢铁股表现超过大市。当经济增长放缓(南),债券、现金及防守性投资组合表现超过大市。就投资久期而言,当通胀率下降(西),折现率下降,金融资产表现好。投资者购买久期长的成长型股票。当通胀率上升(东),实体资产,如:大宗商品和现金表现好。估值波动小而且久期短的价值型股票表现超出大市。就利率敏感性而言,银行和可选消费股属于利率敏感型,在一个周期中最早有反应。在中央银行放松银根,增长开始复苏时的衰退和复苏阶段,它们的表现最好。就标的资产相关性而言,一些行业的表现与标的资产的价格走势相关联。保险类股票和投资银行类股票往往对债券或股权价格敏感,在衰退或复苏阶段中表现得好。矿业股对金属价格敏感,在过热阶段中表现得好。石油与天然气股对石油价格敏感,在滞胀阶段中表现超过大市。

第五节 谋合

"谋合",是指谋划产品组合。"谋合",是谋富之道的最后一站。谋富从明确财富策略、做好人生规划,到谋划市场、谋配资产,再到最后产品组合,从大到小、由虚向实,一线串联、逻辑自恰,步步为营、落地生根。

一、五行学说

五行系指古人把宇宙万物划分为五种性质的事物,亦即分成木、火、土、金、水五大类,并叫它们为"五行"。早见《尚书·洪范》记载:"五行:一曰水,二曰火,三曰木,四曰金,五曰土。水曰润下,火曰炎上,木曰曲直(弯曲,舒张),金曰从革(成分致密,善分割),土爱稼穑(意指播种收获)。润下作咸,炎上作苦,曲直作酸,从革作辛,稼穑作甘"。这里不但将宇宙万物进行了分类,而且对每类的性质与特征都做了界定。

五行是中国自古以来道学的一种系统观,广泛地用于中医学、堪舆、命理、相术和占卜等方面。中国古代哲学家用五行理论来说明世界万物的形成及其相互关系。它强调整体概念,旨在描述事物的运动形式以及转化关系。阴阳是古代的对立统一学说,五行是原始的普通系统论。五行学说最早出现在黄老、道家学说中,旨在描述事物的运动形式以及转化关系。五行学说是我国古代的物质组成学说,与西方古代的地、水、火、风四元素学说类似,是集哲学、占卜算命、历法、中医学、社会学等诸多学于一身的理论。

后人根据对五行的认识,又创造了五行相生相克理论,这个理论主要体现在"五行生克"定律上面。相生,是指两类属性不同的事物之间存在相互帮助、相互促进的关系,具体是:木生火,火生土,土生金,金生水,水生木。相克,则与相生相反,是指两类不同属五行性事物间之关系是相互克制的,具体是:木克土,土克水,水克火、火克金、金克木。

二、五性组合

(一)学习国学精髓,坚持"五性投资"

汲取传统文化精髓,提升财富管理水平。我国理财业务大约从2005年开始,到今天才15年光景,高端财富管理和互联网金融时间就更短,积累的经验不多。人们平时学习参考的财富管理和投资教材大多是从欧美发达国家翻译引进过来的,其中有不少理论、模型、工具和方法枯燥晦涩。而随着财富积累和市场变化日益加快,人们对于财管和投资需求日益旺盛,多数人尤其是中老年人没有机会接受系统而正规的专业学习和训练,加上认知和思维习惯差异,对于投资理论与操作方法往往是一知半解。解决这一问题需做的事很多,学习中国传统文化从中汲取养分,是其中重要一环。此举有助于构建财富认知体系,领会投资精髓,提升财管品质。

传统文化是中国文化的精髓,经历了几千年的历史沉淀和岁月洗礼。我们做财富管理,切不能"抛却自家无尽藏,沿门托钵效贫儿"。只有认真学习传统文化经典,将东西方文化结合起来,相互融合、相辅相成,才能从容应对、事半功倍。

学习传统文化经典,有助于树立科学财富观。美国人马斯洛率先提出需求层次论,认为人们通常要依次满足生理、安全、社交、尊重、自我实现等五层需求,极少数人甚至还有超越自我需求。以此为指导,西方财富管理理论认为,一般情况下,人们对于财富管理的需求也依次包括创造、增长、保护、转移、传承等五个层次,极少数人还有财富分享需求。以此为基础,构建了西方财富管理观。其实,中国传统文化宝库中就有朴素的财富观,包括:以传统"义利观"为价值基础的财富观、以"农本商末"为特征的财富生产观和以"节用崇敛"为主题的中国传统财富消费观。它们在今天仍极具价值。东西方文化结合有助于我们建构以"人财合一、以人为本"、"德财兼备、以德为先"为核心的科学财富观。

学习传统经典文化,有助于加深理解财管中的辩证思维。现代财管理论认为,财富管理过程就是一个对立统一的辩证发展过程,提出要统筹好统与分、新与旧、虚与实、危与机、远与近、取与舍、攻与守等若干辩证关系。关于这一点,不能不提到阴阳学说,它是中国古典哲学的核心,是古代朴素的唯物哲学。阴阳,指世界上一切事物中都具有的两种既互相对立又互相联系的力量;阴阳可以互相转化,同时二者又是相互依存的。以阴阳学说为指引,有利于我们在纷繁复杂的市场变化中克服人生弱点,保持理性与客观,进行科学决策。

学习传统经典文化,有助于深入理解经济周期与财富管理的关系以及利用周期趋势进行财富管理的极端重要性。投资周期理论有很多,广为熟知的要数美林"投资时钟"理论。它是一种将"资产""行业轮动""债券收益率曲线"以及"经济周期四个阶段"联系起来的方法,可以帮助投资者识别经济周期的重要转折点,通过转换资产实现获利。关于周期思想,中国古代思想也有不少涉及,最早最有影响的估计还是《易经》。《易经》认为"无极生有极,有极是太极,太极生两仪(阴阳),两仪生四象(少阳、太阳、少阴、太阴),四象演八卦,八八六十四卦"。四象循环,永无止境,构成万物发展深化的规律。四象循环将周期规律描绘得更加生动形象,富有哲理。

学习传统经典文化,有助于加深理解资产配置的深刻内涵。资产配置十分重要,有研究认为90%以上的投资收益来自于正确的资产配置。资产配置在不同层面有不同含义,演绎着许多理论流派,最有影响的要数现代资产组合理论。它认为最佳投资组合应当是具有风险厌恶特征的投资者的无差异曲线和资产的有效边界线的交点。投资者在追求收益和厌恶风险的驱动下,会根据组合风险收益的变化调整资产组合的构成,进而会影响到市场均衡价格的形成。关于资产配置和投资组合问题,我们尽可到五行学说里去探寻答案。以五行学说为指引,我们可以进行简便的资产配置。如果我有一笔钱要去投资,一般而言,要分成五个部分:一是现金或存款类。流动性好,满足日常支付所需,"水"性明显。二是股票、基金类。生发性强,长期投资能带来财富增长,"木"性突出。三是保险、固定资产类。承载、受纳、稳定性好,具有"土"性。四是银行综合理财产品类。肃降、收敛性突出,能平衡收益与风险,具有"金"性。五是风投与另类资产类。升腾性、爆发性强,往往高风险高收益,"火"性明显。五类资产各有特点,相生相克,相辅相成。组合起来,既能取长补短、稳获收益,又能分散投资、降解风险。以五行学说的博大精深来观照财管中的资产配置,既深入浅出,又生动有趣,别开生面,令人印象深刻。

五行学说指引下的五性投资策略,一方面要深刻理解成长性、风险性、稳定性、盈利性和流动性对应的木、火、土、金、水这五行之间的生克关系;另一方面,要着重跟踪政策、行业、企业、项目和模式等五大对标物,根据它们的实际表现确认五性投资的实际情形,并最终得出总的结论。

五性投资"廿五宫格"

	政策	行业	企业	项目	模式	——
成长性						
风险性						
稳定性						
盈利性						
流动性						
——						

(二)沿袭五性投资,落实"五品一体"

在明确产品组合之后,还要追求产品的五个属性间的平衡协调:一是"品质",指的是产品的质地、底层资产属性等;二是"品价",指的是产品价格回报等各类收益约定、预期收益回报等;三是"品味",指产品制作内在专业层次、主题、卖点和亮点等;四是"品相",指产品外在要素,包括外在包装、风格、格调、形象等,如简洁或复杂、传统或现代、人工或智能、东风或西化等;五是"品行",指产品运行态势与德性轨迹、未来趋势等。

选择产品要统合"五品一体",全面综合判断其价值回报和发展潜力。这过程当中要注意克服"禀赋效应"(拥有一个东西会改变我们对他的价值的认知,对他难以割舍放手,并让我们为此付出更高的代价)的影响,力争更理性、更客观地对待面前的资产和产品。

"五位一体"框架

关于产品组合的综合评价,还是要用到产品组合之"元角分"模型。分别观察该组合的成长性、风险性、稳定性、盈利性和流动性特征,并进而从总体上判断该组合的总体效力。简而言之,五边形内面积越大,组合效力越强。

当然,这里就不可避免地谈到了金融产品组合问题。

产品组合是由多条产品线组成,每条产品线又由许多产品项目构成,在现代营销中,大多数金融企业都是多产品或多品种经营者,都必须根据

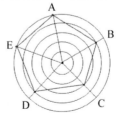

产品组合之"元角分"模型

A:成长性
B:风险性
C:稳定性
D:盈利性
E:流动性

市场供需的变化和自身的经营目标确定产品的结合方式和经营范围。例如商业银行在混业经营情况下其产品组合通常包括证券类产品、票据类产品和信贷类产品等。

金融产品组合具有两个方面的含义:一方面与金融工程有关,是指将基本金融产品组合成为具有特定属性的新的金融产品;另一方面是

指金融机构所提供的所有金融产品和服务的组合方式。金融产品组合是金融业不断创新、提高自身效率的必然结果,金融产品组合的应用范围来自于金融实践,并应用于金融实践。金融产品组合主要应用于三大领域:一是新型金融工具的设计与开发;二是新型金融手段和设施的开发,其目的是为了降低交易成本,提高运作效率,挖掘盈利潜力和规避金融管制;三是为了解决某些金融问题,或实现特定的经营目标而制定出创造性的解决方案。金融产品组合的构件是各种现有的金融工具和金融手段。不同的结构组合形成造型不同的高楼大厦,丰富了金融机构的业务品种,增强了竞争能力。

金融产品组合形式多种多样。主要有:其一,横向组合,基本产品上附加其他关联产品,使其流动性、安全性或收益性等方面得到改善,以更好地适应市场需求,达到扩大市场占有率、增加收益的目的。其二,纵向组合,金融机构根据目标市场变化和市场竞争态势,可以对自身的各种金融产品实施有效组合,以实现充分利用金融资源、提高经济效益的目的。其三,销售组合,在销售中把与主导产品有直接关系或间接关系的产品组合在一起销售,以方便购买、促进销售。其四,生产组合,金融电子化的发展,为商业银行、证券公司、保险公司等金融机构运用先进科技创新金融产品和服务提供了有利条件。

本章小结:谋富之要,贵在厚道

"凡事预则立,不预则废"。《易传》有云:"无思也,无为也。"大意是善于思考,是人的处事之本。人生在世,风雨难免,挫折时常,有人能安然无恙,有人却风吹雨淋;有人能化解危机,有人却身陷困境。那些屡过难关的人,不是幸运,而是懂得多思。顺境时多思,能防患于未然;逆境时多思,能峰回路转。

谋富在整个富道体系里是十分重要的一环,起到承上启下的作用,十分关键。观的再清,但想的不明,也是没法进行后面操作的。

谋富也是一个体系,包括谋略、谋划、谋市、谋配和谋合。

"谋略"显然是最首要的,它是投资哲学,是事关全局的投资战略,是总体方法论。包括五句话:顺势适度、扬长避短、简便易行、分合相宜、攻守有节。当然这是一个见仁见智的问题,不同的人看法是不同的。"谋略"须"厚",没有一定的理论功底和认知能力,难以完全理解上述财富策略的深厚内涵,并将它们内化于心、外化于行,转化到实实在在的财富管理行动中去。

"谋划"说的是进一步的事,也是五方面,概括起来就是要坚持五段论、五需论、五支论、五划论、五点论。其一,"五段论"。强调要具体划分财富人生五个阶段("只出不进"阶段;"多出少进"阶段;"进出平衡"阶段;"少出多进"阶段;"只进不出"阶段),在不同阶段要作出不同的规划。财富人生是一场马拉松,不在于一时输赢,而在于长期稳定发展、基业长青。其二,"五需论"。将财管需求分为五大类,即:财富创造、财富增长、财富守护、财富转移、财富传承。不同家族在不同阶段,其五大财管需求的侧重点是不同的。我们要明白自己和家庭处于哪个阶段? 主要需求点在哪? 要通过财富管理着重解决什么问题? 其三,"五支论"。从支出角度看,一般分为:消费支出、储蓄支出、投资支出、应酬支出、保障支出。这是一个时间点上的财富支出分布,告诉人们要注意安排好硬支出与软支出、即期支出与远期支出、消费支出与投资支出,做到平衡协调、统筹兼顾。其四,"五划论"。理财规划一般分为:教育规划、保险规划、养老规划、税务规划和其他规划(产业、遗产、慈善等)。要做好这些规划,前提是做好投资规划。其五,"五点论",是指着眼点、风险点、支撑点、平衡点、控制点。这五大谋划,知易行难,最能体现投资者的经验和悟性。

"谋市",显然是针对市场而言的。前面大的方向想清楚了,就要转移到市场里说事了。投资是要针对市场而言的,否则都是空的。五大类市场,包括资本市场、债券市场、外汇市场、理财市场、股权市场,我们如何分析判断,如何确定介入方式和节奏? 这是很重要的。这些市场,各有特点,各有难点,变化莫测,相互影响,认识它们、理解它们,结合自身情况,选择恰当的入市时机和通道,这是投资决策中十分重要的环节和必修课题。

"谋配",说的是资产配置的事。市场是很笼统的、庞大的,要具体到大类资产层面来分析。五个层次的资产,我们可以结合本人的实际情况,结合前面的市场分析,确定在不同层次的大类资产里进行比例划分和具体的资产选择。五大类资产配比,因人因时而异有多种形态。笔者推荐使用"简易配资"模型,分别是金字塔形(正/反)、长方形、哑铃形、椭圆形、梯形(正/反)。不同时期结合美林时钟进行转换。

"谋合",说的是产品组合的事。强调在五行学说指引下制定"五性投资"策略。一方面要深刻理解成长性、风险性、稳定性、盈利性和流动性对应的木、火、土、金、水这五行之间的生克关系;另一方面,要着重跟踪政策、行业、企业、项目和模式等五大对标物,根据它们的实际表现确认,五性投资的实际情形,并最终得出总的结论。可见,产品组合,要中西结合,既要借鉴西方组合投资理论模型,又要吸收国学智慧,将投资组合的定量分析与五行学说的定性分析结合起来,真正悟出"五性投资"的深刻内涵。

《道德经》:"大丈夫处其厚,不处其薄;居其实,不居其华。"整个谋富过程也是磨人的过程,是心智的综合考验,也是我们投资人投资哲学的检验。需要层层剖析,层层穿透,才能直指根本。所以这个过程最能反映我们投资者的道力是否深厚、定力是否足够。

谋富之道"五位一体"框架

"富贵学"在论及此处时感喟:谋富之要,贵在厚道。渊谋远虑,毕生规算。资产配置,产品组盘。瞄准市场,见风使帆。

第四章　创富之道

财富之道第四道为创富之道,包括:实业创富、理财创富、资本创富、固产创富、另类创富。

第一节　实业创富

这里将实业创富作为创富第一道,因为毕竟古今中外,实业还是主要的创富来源,是推动社会进步的主要方式。财富的生产力比之财富本身,不晓得要重要多少倍(李斯特)。实业创富着重分析五大模式,包括:治理模式、盈利模式、营销模式、融资模式和风控模式。这是创业基本功。

一、治理模式

按照企业生命周期,可将企业分为初创、成长、成熟、衰退等不同阶段,不同阶段适合不同的创业模式。

（一）初创期模式

初创期企业特点:一是规模小, 实力弱, 资金缺乏;二是运行灵活, 多是凭借技术或单一产品打开市场, 风险大;三是员工受创业理念的激励, 极具开拓进取精神;四是消费需求的变化、行业技术的发展、替代品的出现及竞争对手的存在等都有可能对原有产品或服务构成威胁;五是企业还不能承担团队合作方式, 靠创业者个人能力领导企业。

初创期企业一般采取的战略有:资源战略、依附战略、局部市场战略。资源战略指以中小企业所在地的特定资源为基础,为社会提供主要由这种资源构成的产品或服务,从而确定企业生产经营战略。中小企业实施地区资源战略,要注意处理好以下三个关系:其一,眼前利益与长远利益的关系;其二,资源开发利用与环境保护的关系;其三,不能因为企业拥有一定的技术优势或资源优势,就忽视了产品质量和技术的改进。

依附战略是根据中小企业规模较小、产品单一的特点而制定的一种依附于大企业的经营战略。大企业为了获得规模经济效益,必然要摆脱"大而全"生产体制的束缚,求助于社会分工与协作。这在客观上增加了大企业对中小企业的依赖性。中小企业实施依附战略,要注意两点:一是在与大企业的协作中要尽量保持自主地位;二是注意在合作中壮大自己的实力,尤其要形成自己的研发与创新能力。

局部市场战略是指中小企业根据所在地的市场特点,向局部市场提供产品或服务的战略。破除地方保护主义束缚,随着需求层次提高,不断改进生产技术和产品质量,以抵御其他企业的入侵,并要采用特色经营战略。

(二)成长期模式

成长期企业主要实行成长型战略和竞争型战略。

创业期的发展使中小企业核心产品的市场占有率得到提高,有了一定的资金积累,企业之间纷纷通过并购迅速打开市场,企业规模急剧膨胀,经营管理人员不断增加,管理和组织结构开始复杂化。由于企业各项管理制度尚未建立和完善,如果仅仅靠企业家个人能力来维护企业的高速运转,他所拥有的经营管理等方面的专业知识就可能显得不足,各种矛盾冲突就更容易发生。

其中成长型战略又包括:市场渗透战略、市场发展战略、产品开发战略。市场渗透战略是指企业利用其现有产品取得更大的市场占有率的战略。其主要措施包括改进产品的款式或包装、灵活定价、加强广告促销、增设销售网点、改善产品陈列方式等。市场发展战略是指企业利用其现有产品去开发新市场的战略。其主要措施是认真对新市场进行调研,了解新顾客的数量、需求水平和购买方式,确定现有产品对新市场的需求能否满足,然后进入新市场。产品开发战略是指企业为现有顾客提供新的产品或服务的战略,在实施相关多角化或非相关多角化的企业中最常采用。这要求企业有强大的研发能力。

竞争型战略又包括：低成本战略、产品差异化战略、聚焦战略。低成本战略是指中小企业较长时期内保持着全行业范围内的低成本地位。中小企业难以通过规模经济来降低成本，但劳动力成本和管理成本一般具有明显的优势，这是其实施低成本战略的关键。产品差异化战略是指中小企业提供的产品与服务在行业中具有独特性，可以表现为产品设计、技术特性、产品形象、服务方式等方面。聚焦战略是指中小企业通过满足特定消费者群体的特殊需要，其突出特征是对某一类型的顾客或某一地区性市场实行密集型的经营策略。

(三)成熟期模式

成熟期企业的特点是：发展比较充分，经营情况稳定；管理更为完善，有稳定的市场占有率；产品差异逐渐缩小，市场趋于饱和，利润空间骤减；培养战略管理能力，形成新利润增长点变得尤为重要。

成熟期企业的战略有：名牌战略、多角化战略及国际化经营战略。

名牌战略是指：企业为了使其品牌具有高知名度、高信誉度、高市场占有率和高经济效益而进行的总体策划。具体策略包括：树立名牌意识，创名牌、保名牌和延伸名牌。

多角化战略是指，一个企业同时生产经营两种以上用途基本不同的产品的战略。类型包括：相关多角化战略、纵向多角化战略、集成型多角化战略。市场相关多角化战略是指企业从事的各项业务可以使用共同的销售渠道和促销手段，因而节约了销售费用。纵向多角化(一体化)战略是指企业从事的各项业务是生产过程的前向或后向产品，这种多角化战略可以节约交易费用，但却增加了管理成本。集成型多角化战略是指企业从事的各项业务之间在技术、市场及生产过程上都存在复杂的联系，对企业管理人员素质要求非常高。对于中小企业来讲，应更多地考虑采用相关多角化战略较为合适。

国际化经营战略着重是指，突破国家界限，向国外发展业务，参与国际分工和交换，实现产品交换国际化的一种战略。其具体策略是根据实际情况，找到适合本企业发展的有效策略或策略组合。

(四)衰退期模式

衰退期企业的特点是:核心竞争力退为一般能力;官僚主义盛行,企业文化趋于保守、落后,阻碍创新;主要目标是追求再发展,改变企业生存方式,使企业跨入另一个生命周期;需要进行管理、组织、文化等转型,实现产品、技术和市场策略等的创新。

衰退期企业实施的战略包括:发展壮大为一个大型企业或企业集团,选择多角化、联合及国际化战略;选择稳定型战略;选择紧缩型战略。

由于外部环境变化,以往的核心竞争能力现在只能算作一般能力。同时,企业内部官僚主义盛行,企业文化趋于保守、落后,严重阻碍了企业的发展创新和变革。中小企业衰退阶段的主要目标是追求再发展,革命性地改变企业的生存方式,使企业跨入另一个生命周期。此时,企业需要进行管理体系和组织文化等的转型,实现产品、技术和市场策略等的创新。因此战略选择主要有三种方向:一是继续发展壮大为一个大型企业或企业集团,具体可选择多角化战略、联合战略及国际化战略;二是选择稳定型战略;三是选择紧缩型战略。

稳定型战略是指:针对存在的问题,在尽量不增加生产要素投入的条件下,通过挖潜,保持现有的产销规模和市场占有率,巩固现有市场竞争地位的战略。因为:中小企业实力较弱,企业满足于以往经营业绩;外部环境恶化,一时又找不到进一步发展的机会;对于领导者来说,对企业的外部环境及内部条件仍然不够了解,主张按现行战略执行。

紧缩型战略是指,在导致中小企业生产经营活动衰退原因一个或多个已经出现并得到确认的情况下对企业生产经营活动的局部或整体做出必要调整而采用的一种战略。因为:产品处于衰退期,企业走到危难的边缘;宏观经济衰退或者通货膨胀严重,政府紧缩银根;企业决策出现重大失误,或新产品开发失败,财务上遇到严重困难。具体策略包括:改进战略,即通过改进现行战略,努力提高销售收入,降低成本等方法来使企业扭亏为盈,转危为安;退出战略,即企业要变卖某些没有用的设备以便使企业渡过难关;清算战略即企业为清偿债务,停止全部经营业务,出售或转让企业全部资产,结束企业的生命。

二、融资模式

企业在发展过程中离不开融资支持,共有五大类32式。分别是:

(一)债权融资7式

包括:国内银行贷款、国外银行贷款、发行债券融资、民间借贷融资、信用担保融资、金融租赁融资、小额信贷融资。

国内银行贷款是指,银行将一定额度的资金及以一定的利率贷放给资金需求者,并约定期限付利还本的一种经济行为。该业务手续较为简单、融资速度较快、融资成本较底、贷款利息进入企业成本、按期付利、到期还本。该业务核心是坚持"6C"原则:其一,品质(character)。贷款人不仅要有偿还债务的意愿,还要具备承担各种义务的责任感。主要考察借款人的背景、年龄、经验、学历、有无不良行为的记录、借款人的性格作风等。其二,能力(capacity)。借款人运用借入资金获取利润并偿还贷款的能力。一是反映企业经营效益的指标,如生产成本、产品质量、销售收入、生产竞争能力等;二是考察企业经营者的经验和能力,特别是决策能力、组织能力、用人能力、协调能力和创新能力。其三,现金(cash)。直接用于偿还贷款的,只有充足的现金流才能保证银行贷款的及时偿还。其四,抵押(collateral)。重点考察企业提供的担保品的整体性、变现性、价格稳定性、保险、贷款保证人的担保资格、经济实力和信用状况等。其五,环境(conditions)。借款人自身的经营状况和外部环境。其六,控制(control),涉及法律的改变、监管当局的要求和贷款是否符合银行的质量标准等。

国外银行贷款是指,为进行某一项目筹集资金,借款人在国际金融市场上向外国银行贷款的一种融资模式。该业务特点是:国外商业银行是非限制性贷款不限贷款用途;不限贷款金额;不限贷款币种。国外商业银行贷款利率较高按国际金融市场平均利率计算;硬通货币利率低;软通货币利率高。国外商业银行贷款看重贷款人的信誉手续较为简单,融资速度较快,成本较低,利息进入企业成本,按期付利、到期还本。

发行债券融资是指,企业按照法定的程序,直接向社会发行债券融资的一种融资模式。该业务特点是:短期企业债券(期限1年以内)、中期企业债券(期限1至5年)、长期企业债券(期限5年以上)、企业债券具有流通性、收益性、偿还性、安全性的特点。该业务有利于:降低企业融资成本;保证企业股权稳定;具有合法的"税盾"优势;具有财务杠杆作用。

民间借贷融资是指,不通过金融机构而私下进行的资金借贷活动,是一种原始的直接信贷形式。其中个人委托贷款业务是由个人委托人提供资金,银行作为受委托人,根据委托人确定的贷款对象、用途、金额、期限、利率等代为发放、监督使用并协助收回贷款。

信用担保融资是介于商业银行与企业之间以信誉证明和资产责任保证结合在一起的融资模式。该业务特点是:使原借、贷两者关系变为借、贷、保三者关系;信用担保分散银行贷款风险;信用担保分解企业融资困难;信用担保收取一定比例的担保费用;成功的信用担保将实现企业、银行、担保机构"三赢"。

金融租赁融资是指,以商品形式表现借贷资本运动的一种融资模式。该业务特点是:由承租人指定承租物件,使用、维修、保养由承租人负责,出租人只提供金融服务;金融租赁以承租人占用出租人融资金额的时间计算租金;租赁物件所有权只是出租人为了控制承租人偿还租金的风险而采取的一种形式所有权,到合同结束时,根据合同协定可以转移给承租人;金融租赁最少需要承租方、出租方、供物方三方当事人。该业务优势有:程序简单;延长资金融通期限,加大企业现金流量;企业能进行更快捷、简便的设备更新和技术改造;使企业避免通货膨胀的不利影响,防范汇率、利率的风险;租赁融资属于企业表外融资。该业务种类有:简单租赁融资;融资转租赁;返还式租赁;杠杆融资租赁;委托租赁融资;项目租赁融资。

小额贷款融资是指,以中小企业和个人经营为对象的经营类贷款,其主要的服务对象为中小企业、个体工商户、三农、小作坊、小业主。贷款的金额原则上在 50 万元以下。小额信贷的贷款期限一般在一年之内,最长不超过三年,通常采用整贷零还的方式,即客户每隔固定的时间如一个月就要分期还贷。当然也可以采取整贷整还,按期付息的方式。该业务特点是:小额贷款公司是由自然人、企业法人与其他社会组织投资设立,不吸收公众存款,以经营小额贷款业务的有限责任公司或股份有限公司。与银行的区别:一是不能吸收存款;二是对象是急于用钱或达不到银行贷款门槛的企业,主要服务"三农";三是门槛较低,审批较快,担保灵活;四是利率较高,上限不超过基准 4 倍;五是期限一般在 1 年以内,适合短期资金周转。

(二)股权融资 12 式

股权融资包括:股权出让融资、增资扩股融资、产权交易融资、杠杆收购融资、风险投资融资、投资银行融资、国内上市融资、境外上市融资、买壳上市融资、资产证券融资、私募股权融资、信托计划融资。

股权出让融资是指,企业出让企业的部分股权,以融到企业发展所需要的资金。服务对象包括:股权出让大型企业、股权出让境外商企、股权出让产业基金、股权出让风险投资、股权出让个人投资。

增资扩股融资是指,企业根据发展的需要,扩大股本融资的一种模式。有利于:通过扩大股本,直接融进资金;通过扩大股本,把企业加快做大;根据经营收益状况,向投资者支付回报。

产权交易融资是指,企业的资产以商品的形式作价交易的一种融资模式。按产权的归属主体不同可分为:政府产权、法人产权、私有产权;按产权历史发展的形态不同可分为:物权、债权、股权;按产权客体形态的不同可分为:有形资产产权和无形资产产权;按产权运动形态的不同可分为:固定资产和流动资产;按产权具体实现形式的不同可分为:所有权、占有权和处置权。

杠杆收购融资是指,以被收购企业的资产或股权作为抵押筹资,来增加收购企业的财务杠杆的力度,去进行收购兼并的一种融资模式。范围包括:资本规模相当的两个企业之间;大企业收购小企业;小企业收购大企业;个人资本收购法人企业(包括 MBO)。

引进风险投资是一种投资于高科技、高增长、高风险企业的权益资本投资。其特点是:高风险、高回报、专业性、组合性、权益性、中长期。

投资银行融资是指,投资银行将符合法规可动用的资金以股本及其它形式投入于企业的投资。投资银行是主营资本市场业务的金融机构,现实中的证券公司、基金管理公司、投资管理公司、风险投资公司、投资顾问公司等都是投资银行机构。其特点有:投资银行是资本市场的核心机构;投资银行除了自身的可用资金还有多种融资渠道;投资银行投资原则上参股不控股;知名投资银行投资的企业,实际上已为进入资本市场奠定了基础。

国内上市融资是指,企业根据国家《公司法》及《证券法》要求的条件,经过中国证监会批准上市发行股票的一种融资模式。企业在国内上交所主板上市融资的条件:股票经国务院证券监督管理机构核准已公开发行;公司股本总额不少于人民币三千万元;公开发行的股份达到公司股份总数的百分之二十五以上;公司股本总额超过人民币四亿元的,公开发行股份的比例为百分之十以上;公司最近三年无重大违法行为,财务会计报告无虚假记载。

境外上市融资是指,企业根据国家有关法律政策规定及境外资本市场的法律法规及《上市规则》,在境外资本市场上市融资的一种融资模式。国家鼓励境外上市:1999 年 7 月 14 日,证监会《关于企业申请境外上市的有关问题的通知》。1999 年 12 月,证监会《境内企业申请到香港创业板上市审批与监管指引》。2005 年 10 月 21 日,国家外汇管理局发布关于境内居民通过特殊目的公司融资及返程投资外汇管理有关问题的通知》。国内企业到境外资本市场上市融资,是我国对外招商引资的新发展。

买壳上市融资是指,非上市公司在境内外资本市场通过收购控股上市公司来取得合法的上市地位,然后进行资产和业务重组进行发行配股的一种融资模式。壳公司往往经营业绩差、行业前景不佳、产品市场萎缩、股价长期低迷、企业债务过重、自身无回天之力。

资产证券融资是指,将企业资产负债表内流动性较低的存量金融资产,通过信用增级(CREDIT ENHANCEMENT)转变成为可以在资本市场上销售和流通的资产支持证券(ASSET-BACKED SECURITIES/ABS);即通过金融工程技术,将可以预见的现金流组合成为不同支付次序、不同信用级别和不同档次收益率的收益证券,以提供给各类投资者相应风险、评级、支付期限以及收益率的固定收益类证券或票据。

私募股权融资是指,投资交易一般通过协商完成、投资标的通常是上市前或上市后股票、被投资企业潜能需要进一步发挥、投资者往往通过提供增值服务获取超额利润的一种融资模式。其实施策略包括:一是扩张收益,即投资一个小企业,并把它培育大。二是边际提升,即提高效率、降低成本、产品优化——提高利润。三是多重收益/战略再定位:5倍买入,10倍卖出;剥离非核心资产,优化/做强主营业务,使其IPO或者成为抢手并购目标,从而市场得以重估,行业得到重新定位。四是家族企业专业化:合适的人在合适的岗位;形成关于商贸、财务、战略方面的决策机制,规范公司治理和财务报告制度;新兴市场集权严重,专业化会使其成为战略买家心仪对象。五是透明度,公司治理/管理:透明度和治理结构对基金本身和被投资企业同等重要;弱治理结构会降低市场和战略买家信心,价值降低20—30%(麦肯锡报告);鉴于IPO和出售给战略买家成为最佳退出渠道,基金管理人无论如何都要尽力改善被投资企业治理结构。六是财务重组:利用杠杆手段重组被投资企业财务结构,并以较低价格进入;但面临重组失败的风险,重组常发生在企业危机阶段。七是杠杆:合理价位债务融资,PE行业3—5倍杠杆系数(Blackstone数据);新兴市场发展不健全,杠杆融资难度大。

信托计划融资是指,信托财产的名义持有人为信托公司,受益人由委托人指定;信托公司以自己的名义为委托人管理受托财产,从而隔离了委托人和委托;财产的关系,可以有效隐藏委托人的身份和意图,降低谈判难度;弹性的受益权制度。受益人可以为委托人,也可以为第三方;受益权可以进行优先和次级进行划分;风险配置功能信托公司可以根据风险和收益匹配的原则将受益权划分为不同的等级,满足不同投资者的需求;信托财产独立性特征,信托财产独立于委托人、受托人和受益人,不受委托人、受托人和受益人破产的影响,具有"破产隔离"的特性。已成立的信托,不因受托人的欠缺而影响其成立,不因受托人的更迭而影响其存续。信托财产独立性特征,信托关系一经建立,信托财产便独立于委托人、受托人和受益人,不因委托人、受托人和受益人的政策变更、破产清算等而受到影响。

(三)内部/贸易融资 7 式

这包括:留存盈余融资、资产管理融资、票据贴现融资、资产典当融资、商业信用融资、国际贸易融资、补偿贸易融资。

留存盈余融资是指,企业收益缴纳所得税后形成的、其所有权属于股东的未分派利润,又投入于本企业的一种内部融资模式。其特点是:手续简便、财务成本低、增强企业凝聚力、企业没有债务及股权分散的风险。

资产管理融资是指,企业通过对资产进行科学有效的管理,节省企业在资产上的资金占用,增强资金流转率的一种变相融资模式。包括应收帐款抵押贷款、存货质押担保贷款。

票据贴现融资是指,票据持有人在需要资金时,将商业票据转让给银行,银行按票面金额扣除贴现利息后将余额支付给票据持有人的一项银行业务。在我国商业票据主要是指银承兑汇票和商业承兑汇票。

资产典当融资是指,资产所有者,将其资产抵押给典当行而取得当金,然后按约定的期限支付当金利息、偿还当金、赎回当物的融资行为。我国 2001 年 8 月正式实施《典当行管理办法》。优势在于:当物、当期、当费灵活;典当手续简便快捷;典当融资限制条件较少。

商业信用融资是指,在商品交易中,交易双方通过延期付款或延期交货形成的一种商业信用筹措资金的形式。该业务特点是:最原始的商品交易资金周转的信用方式;商业信用能为交易双方提供方便;商业信用可以巩固经济合同、加强经济责任;商业信用融资的关键是交易双方都要诚守信用。

国际贸易融资是指,各国政府为支持本国企业进行进口贸易而由政府机构、银行等金融机构或进出口商之间提供资金。主要形式有国际贸易短期筹资和国际贸易中长期融资。

补偿贸易融资是指,国外向国内公司提供机器设备、技术、培训人员等相关服务等作为投资,待该项目生产经营后,国内公司以该项目的产品或以商定的方法予以偿还的一种融资模式。补偿贸易是投资与贸易相结合的活动;补偿贸易是商品贸易、技术贸易和国际信托相结合的活动;买方所购进设备款和利息不以现汇偿还,而以其所购进设备生产的产品偿还。

(四)项目融资4式

项目融资包括:项目包装融资;高新技术融资;BOT项目融资;IFC国际融资。

项目包装融资是指,对要融资的项目,根据市场运行规律,经过周密的构思和策划进行包装和运作的一种融资模式。其特点是:创意性、独特性、包装性、科学性、可行性。

高新技术融资是指,用高新技术成果进行产业化的的一种融资模式。资金来源包括:国家科技型中小企业技术创新基金、国内民间资本、国际机构资本。

BOT项目融资,经政府特许具有相关资格的中小企业一种特许项目的融资模式。BOT是英文的缩写,其含义是:投资建设—经营管理—到期移交。其特点是:政府主导与参与、按市场机制运作、由BOT项目公司具体执行;项目主要是市政、道路、交通、电力、通讯、环保等资本与技术密集的大型项目。

IFC国际投资。国际金融公司的简称(英文缩写)IFC是世界银行集团成员之一。它即是世界银行的附属机构,又是独立的国际金融机构。IFC投资的重点是发展中国家中小型企业的新建、改建和扩建项目。其特点是:主要向发展中国家私人控股中小企业贷款;贷款额度在200—400万美元之间,最高不超过3000万美元;贷款期限7—15年;贷款利息不统一,视投资对象的风险和预期收益而定;IFC经常采取贷款投资与股本投资相结合的投资方式。

（五）政策融资 2 式

政策融资包括：专项资金融资和产业政策融资。

专项资金融资是指，国家专门投资于中小企业专项用途的资金。国家财政部、原国家经贸部颁发《出口信用保险扶持发展资金管理办法》各省市相继出台扶持中小企业发展的专项资金。

产业政策融资是指，政府为了优化产业结构，促进高新技术成果产业化而提供的政策性支持投资。特点有：财政补贴；贴息贷款；优惠贷款；税收优惠；政府采购。

实业创富融资要坚持以下原则：

一是注重融资模式组合：银行贷款 ＋ 补偿贸易；高新技术 ＋ 增资扩股 ＋ 金融租赁；留存结余 ＋ 风险投资 ＋ 上市融资；……

二是坚持融资适应性导向。传统产业、高科技产业、重工业、轻工业、服务业等，不同产业不同融资模式。创办阶段、发展阶段、扩张阶段、成熟阶段、衰退阶段等，不同阶段不同融资模式。

三是加强融资策略谋划。包括：收益与风险相匹配；融资规模量力而行；融资成本可控最优；资本结构动态合理；融资期限符合战略；企业保持操控自如；融资方式总体最佳；融资机会恰到好处。

四是注重融资过程控制。包括：需求分析与评估；渠道与方法选择；融资数量与期限；融资种类与结构；资料准备与包装；融资沟通与谈判；融资组织与管理；风险防范与控制。

五是克服融资认识误区。包括：重外部融资，轻企业信用；重临时突击，轻长远规划；重信贷融资，轻其他途径；重规模扩张，轻规范管理；重资金来源，轻综合服务；重融资难度，轻渠道开辟；重融资经验，轻模式创新。

三、盈利模式

企业盈利模式包括品牌盈利、代工盈利、技术参与盈利、连锁经营盈利、集团化经营盈利等。具体而言：

(一)品牌盈利

品牌经营(Brand Operation),是指将品牌视为独立的资源和资本,并以此为主导,来关联、带动、组合其他资源和资本,从而取得最大经济效益和社会效益的一种经营活动和经营行为。它包括两个递进的过程:品牌创造和品牌运作。

品牌经营的标准对于不同企业是不同的。中小企业的标准就是盈利,而大企业经营品牌的标准则是创造新的市场空间,为了获得更多赢利空间而进行的一场接一场的商业竞争。

品牌经营,往往是把社会效益放在第一位,经济效益放在第二位,甚至还有的干脆以品牌命名,搞一些公益性活动等。无论哪一种品牌经营,其最终肯定还会落脚到经济效益上来,区别仅仅是取一时之利,还是取源源不断之利,是把钱放在第一位,还是把市场放在第一位,实际上这恰恰是一个企业是否成熟的尺度。品牌经营得好,可以起到以一当十的作用;品牌经营得不好,会落个赔了夫人又折兵的残局。拥有著名品牌的企业,无一不是耗费巨大心血来扩张经营的。

品牌战略类型:单一品牌经营与多品牌经营。一般来说,多品牌经营战略模式可以选择独立产品品牌组合、分类品牌组合和母子品牌组合三种不同的操作方式。

传统营销理论认为,单一品牌战略便于企业形象的统一,能够实现资金、技术的集中,减少营销成本,易于被顾客接受。而多品牌经营战略的风险很大。此外,品牌繁多也增加了品牌管理的复杂程度。有鉴于此,经营多个品牌的企业要有相应的实力。

(二)代工收益

代工,即代为生产。也就是初始设备制造商,或称定牌加工,即OEM来生产,而再贴上其他公司的品牌来销售。代工现象,在中国比较普遍,代工可以理解是国际大分工环境下,生产与销售分开的大潮流。但是相对而言,代工方虽然免却了对销售的诸多环节的注意力分散,可以专注订单下的生产,但是不能分享到品牌的价值。从而在国际分工中委托方还是处于从属地位,利润率较低。比如富士康劳工门事件,即可理解为代工,被动利润较低,实际上是牺牲了最底层的大多数工人的权益。

OEM 和 ODM 的不同点,核心就在于产品究竟是谁享有知识产权,如果是委托方享有产品的知识产权,那就是 OEM,也就是俗称的"代工";而如果是生产者所进行的整体设计,那就是 ODM,俗称"贴牌"。

定牌加工是指委托方提供商标样式或商标标识,并提出产品规格、质量要求,由承揽方按要求加工产品的行为。随着工业生产分工专业化及对外贸易的发展,定牌加工业务日益活跃,随之而来的商标侵权行为也逐渐增加。

(三)技术参与

技术入股是以技术人员的知识或知识产权、技术诀窍、设备、工厂厂房等作为资本股份,投入合资经营或联营企业,从而取得该企业的股份权的一种行为。技术入股和资本入股一样享有按股份比例对企业所有权和按股分红的权利。对企业的经营管理权,一般不是根据股份比例的大小承担,而是由各方协商确定。

《中华人民共和国公司法》(以下简称《公司法》),和国家科委《关于以高新技术成果出资入股若干问题的规定》(以下简称《若干问题规定》)等法律、政策的出台,客观上已经为技术成果的价值化提供了良好的前提,其有利于提高技术出资人的入股积极性,并且能够有效调动技术出资人积极实现成果的转化。但是,技术成果的出资入股不同于货币、实物的出资,因为技术成果并不是一个客观存在的实物,要发现其绝对真实价值相当困难,而且对其过高过低的评价,均会损害出资方的利益,引起了各种纠纷。

技术成果作为非货币形式的出资,最重要的在于价值的确定,科学、合理、真实、公平地确定技术的价值,有利于技术成为企业的真实资本和合理股份。在实践中,技术成果出资入股的作价方式主要有三种:评估作价、协商作价以及两种作价方式的结合。技术评估作价是指专业的评估机构对出资人的技术成果的价值进行确定的作价方式,即将技术价值进行量化的过程。协商作价方式是出资人不经评估,自行商定入股技术的作价金额的一种方法,这种作价方式是出资各方在诚信的基础上,通过协商来确定出资技术的价值。

(四)连锁经营

连锁经营是指经营同类商品或服务的若干个企业,以一定的形式组成一个联合体,在整体规划下进行专业化分工,并在分工基础上实施集中化管理,把独立的经营活动组合成整体的规模经营,从而实现规模效益,是一种经营模式。

连锁经营具有与众不同的特征:一是连锁经营是一种授权人与被授权人之间的合同关系,也就是说授权人与被授权人的关系是依赖于双方合同而存在和维系的。二是连锁经营中授权人与被授权人之间不存在有形资产关系,而是相互独立的法律主体,由各自独立承担对外的法律责任。三是授权人对双方合同涉及的授权事项拥有所有权及(或)专用权,而被授权人通过合同获得使用权(或利用权)及基于该使用权的收益权。四是连锁经营中的授权是指包括知识产权在内的无形资产使用权(或利用),而非有形资产或其使用权。五是被授权人有根据双方合同向授权人交纳费用的义务。六是被授权人应维护授权人在合同中所要求的统一性。

连锁经营具备独特的优势:一是连锁经营把分散的经营主体组织起来,具有规模优势。二是连锁经营都要建立统一的配送中心,与生产企业或副食品生产基地直接挂钩。三是连锁经营容易产生定向消费信任或依赖。四是消费者在商品质量上可以得到保证,统一管理,统一进货渠道,直接定向供应。

(五)集团经营

所谓集团化是以母公司为基础,以产权关系为纽带,通过合资、合作或股权投资等方式把三个及三个以上的独立企业法人联系在一起就形成了集团。

集团化经营的理论基础:一是企业边界理论。企业都有边界,企业与企业以外的主体进行交易就形成了市场交易,同时产生交易费用和税收。而企业内部的交易则费用最低,因为它避免了税收和交易成本,集团化运作的实质是扩大了企业的边界。二是规模效益理论。比如统一采购、结算、制造、营销等。三是协同效益理论。企业集团都是由若干相互联系、相互作用的子公司组成的复杂系统,在这个大系统内各要素间的互动和协同,使系统产生了创新和发展的推动力量,即协同效应,也就是 $1+1>2$。

1. 企业集团化动因。一是资源剩余。当企业拥有的资源超过原经营业务的需要,便可能向市场前景好的其他产业进行投资。二是分散风险。近年来,宏观经济环境严重影响我国传统外向型经济发展。大批企业对受累于宏观经济的主营业务进行了削弱,并大力开展多元化战略以期分散风险降低盈利波动。三是政策激励。国家对一些处于弱势地位但又具有战略意义的产业进行政策扶持,在财税、补贴等方面予以倾斜,常常是企业进行多元化布局的重要考量因素。四是技术革新。重要的技术革新往往能改变一个行业的商业模式并迫使关联企业进行相关多元化转变。同时,新技术的出现也会降低行业壁垒,吸引行业外的企业进入该行业进行非相关多元化扩张。

2. 企业集团化经营特点。在企业多元化战略实施过程中,面临着如何多元化、选择什么行业进入以及选择相关或非相关多元化等问题。

一是主业突出性问题。在影响多元化企业经济绩效的众多因素中,主业一直是理论界和企业界关注的焦点。由于不同的产品市场具有不同的特点,要求企业具有相应的市场开发和营销技能,多元化经营企业的产品相对集中在某一专业化市场,企业经营将会取得更好的绩效。但从国外企业的实践看,主业突出与不突出两种模式都有不少成功的案例。由于历史原因,我国大多数企业无论在规模、实力、资金及技术等方面与国外大中企业都有明显差距。在企业规模和实力较小的时候,如果分散企业的有限资源、均衡发展每项业务,其结果很可能导致哪项业务都不能获得充足的资源支持,不但主业从此萎缩,不再能够为企业发展积累剩余资源,多元化业务也很难在激烈竞争中有效成长起来。而当企业发展相对成熟,主营业务的相关产品处于生命周期中的成熟期时,稳定的现金流给予企业更大的空间均衡发展企业各项业务,发挥规模经济和范围经济的优势,迅速成长壮大。因此,在此阶段主业突出与否对企业经济绩效的影响度将相对下降。

二是主动性问题。根据最早由 Dean(1950)和 Levirt(1965)提出的产业生命周期理论,产业成长一般要经过初始期、成长期、成熟期和衰退期。当企业主营产业进入衰退期,难以给企业带来业绩增长甚至导致亏损时,企业必须寻找并进入新的产业,这种面临主营产业衰退的多元化战略即为被动多元化。而反过来,在企业主营业务经营状况稳定且保持增长态势情况下主动把握市场机会,找寻新行业作为企业新的利润增长点,以配置企业当前和未来的资源,这种多元化战略称为主动多元化。

三是杠杆问题。一般来说,企业不拥有或少量拥有剩余经营资源时,应优先考虑专业化战略;当剩余经营资源达到相当程度时,企业则可考虑多元化经营。经营资源剩余是企业多元化的前提和必要条件。多元化企业往往在其原有行业有相当深厚的资本积累,其所采取的多元化战略通常也都是低杠杆经营的,涉足新行业新产品的资本大多为自有资金。与之相反的是利用银行贷款融资的高杠杆多元化战略,此类多元化战略往往伴随着较大风险,当企业的主营业务出现问题时,往往会带来债务危机。

四是相关性问题。成功实行多元化战略的企业往往走的是一条从紧密相关多元化—相关多元化—低相关多元化—不相关多元化的逐步扩张、稳步发展的道路。也有一些企业走的是非相关多元化路线,当然相对而言,风险较大。

五是控制方式问题。一般来说,在拥有了资金和设备等硬件条件后,企业实施自营多元化的软件条件是拥有匹配的专业团队与管理制度等,因此自营多元化多出现于企业已有一定原始积累的相关行业多元化战略中,而股权投资多元化多出现于非相关多元化战略。其次,实行相关多元化战略的企业往往对准备进入的相关行业较有把握或期望通过布局产业链达到降低成本等相关产业间的协同效应,因此采取自营方式的驱动力较大。而实行非相关多元化战略的企业由于对进入行业的了解相对较浅,因此更愿意投资部分股权以把控风险。

六是管理模式问题。绝大多数被调研企业的多元化战略都牢牢地掌握在企业"一把手"手中,形成了独特的"领袖"多元化模式,这种现象的出现可能和我国公司治理结构规范程度不高有关。

3. 企业多元化经营过程中伴生的风险。企业多元化经营给企业带来加速发展机会的同时,也伴生着一定的风险。包括:

一是高杠杆多元化带来的债务风险。不论企业选择相关多元化或非相关多元化,实施多元化战略都需要有大量的资金支持。尽管从理论上来说,高杠杆多元化将带来更好的净资产回报率,不可否认的是现实中也确实有利用高杠杆多元化大获成功的典型企业,但其背后隐藏的风险往往是企业"不能承受之重"。

二是被动多元化带来的选择性风险。被动多元化的企业在选择新行业进行多元化战略时往往面临着时间紧迫、破釜沉舟的窘境,因此在选择新行业时往往无法做到深入细致的研究与规划,仅考虑短期利益,相较主动多元化而言,面临更大的选择性风险。在主营业务表现不佳的情况下,选择性风险也使得很多企业踏入所谓"多元化陷阱",加速了企业经营状况的恶化。

三是非相关多元化削弱主业的风险。不论企业规模大小,其资源总是有限的。多元化经营会导致企业将有限的资源分散于每个发展的产业领域,导致在每一个产业都无法达到业务发展所要求的最小有效规模,以至于每一个产业都产生了规模不经济。最终会导致企业在原有主导产品或主营业务竞争中失去市场和优势,不利于企业的长远发展。

四是多元化经营的"软件"滞后风险。如果说项目、设备、资金是企业启动多元化战略的"硬件",那么人才团队以及企业内部的管理制度就是实施多元化战略所必需的"软件"。在企业历经万难找寻了好项目、购买了先进设备、融到了足够资金后,真正的挑战就来自于"软件"的匹配。而在企业多元化的实践中,倒在"软件"滞后上的企业也不计其数。因此,"软件"滞后带来的经营风险也不容忽视。

五是企业多元化经营带来的其他风险。除了上述四种因多元化战略实施时机选择不当、进入行业选择错误以及"软件"滞后带来的风险,多元化经营的企业在实际融资过程中往往还存在着使用关联交易、关联担保等手段粉饰数据,内部子公司间资金管理不规范等问题,面临较大风险。一是集团内部采取关联交易,放大需融资业务的销售额,粉饰财务数据,取得高于需求的融资额度。二是与相关企业进行关联担保及互保,以此降低融资成本。三是部分多元化经营企业内部资金管理模式不规范,内部子公司之间未建立资金监管的防火墙,存在资金被挪用的风险。

四、营销模式

企业营销模式包括:推销、直销、分销、传销和电销等模式。具体而言:

(一)推销

广义上讲,推销是由信息发出者运用一定的方法与技巧,通过沟通、说服、诱导与帮助等手段,使信息接收者接受发出者的建议、观点、愿望、形象等的活动总称。狭义上讲,推销是指企业营销组合策略中的人员推销,即企业推销人员通过传递信息、说服等技巧与手段,确认、激活顾客需求,并用适宜的产品满足顾客需求,以实现双方利益交换的过程。

推销的特点:针对性;灵活性;双向性;互利性;说服性;高成本性。

企业对产品的推销在社会已形成活动形态。从发展的角度来看,它已不是一种简单的卖方向买方提供信息和宣传的劝说行为,还应包括企业向社会公众及消费者提供了解企业的方针,加强企业与公众的关系,争取公众的理解与认识,吸引潜在的消费群,树立良好的企业形象。其表现形式通过公关活动来体现,例如参加展销会、举行新闻发布会等。通过有计划、有组织宣传公关活动,使企业既可让客户了解旧产品,同时又可推出新产品,既维持巩固与老客户的关系又增加开拓潜在客户的能力。从高层次看,公关推销逐步成为一种非常重要的形式。

人员推销主要依靠推销员发挥主观能动作用,运用各种说服技巧达到销售目的。人员推销比其它的推销有着更重要的意义,这是因为人员推销的效果往往高于其它形式的推销。而人员推销在中小型企业初期发展尤显特别重要。事实上,随着通讯业的高速发展,在某些先进的国家,有些企业运用电话、传真、电视商品预订节目、电脑网络就可把产品销售出去。

(二)直销

直销(Direct Selling),按世界直销联盟的定义,直销指厂家直接销售商品和服务,直销者绕过传统批发商或零售通路,直接从顾客接收订单。直销是指直销企业招募直销员,由直销员在固定营业场所之外直接向最终消费者(以下简称消费者)推销产品的经销方式。

直销包括以生产商文化的形式直销和以经销商文化的形式直销。直销要着重考虑受众消费意识、一对一关系建立、现场展示与焦点促销等环节。

由于直销直接面对客户,减少了仓储面积并杜绝了呆帐,没有经销商和相应的库存带来的额外成本,因而可以保障公司及客户利益,加快成长步伐。直销业相比传统零售业的优势:一是服务个性化。由于直销产品比较特殊化、个性很强,需直销人员讲解、演示、试用,所以要求直销人员 根据产品和消费者的要求提供个性化服务。二是就业简易化。直销人员的就业门坎较低,它需要付出的是少量的金钱和时间,而且不需要进行工商登记,省略了很多成本。具有推销能力都有机会成为一名直销员,这在一定程度上可缓解我国日益严重的就业压力。三是销售主动性。由于直销更多需用直销人员的主动推荐、演示、讲解,销售能力越强,销售额就越大。四是服务便利性。由直销人员提供的送货上门服务,提供了另一种给消费者便利的高品质产品的销售渠道。

直销业相比传统零售业的劣势:一是产品局限性。每个直销企业都有自己的核心产品,但一般品牌单一。二是直销是销售的分支结构,直销模式给消费者带来了便捷服务。

(三)代销

代销是指某些提供网上批发服务的网站或者能提供批发货源的销

售商与想做网店代销的人达成协议,为其提供商品图片等数据,而不是实物,并以代销价格提供给网店代销人销售。一般来说,网店代销人将批发网站所提供的商品图片等数据放在自己的网店上进行销售,销售出商品后通知批发网站为其代发货。销售商品只从批发网站发出到网店代销人的买家处,网店代销人在该过程中看不见所售商品。网店代销的售后服务也由批发网站行使。

网店代销可以免费为网店提供货源,方便了一些想开店但没有资金的初级卖家,这是它的最大好处。但越来越多的代销网站只注重销量,不怎么注重管理渠道,导致代销容易造成各个代销客户之间恶意竞争,影响正规卖家的利润,同时容易对产品品牌造成不利影响。当前在代销的基础上,国内已经有一些网站开始发展分销渠道,分销作为销售渠道的重要一环,有别于代销,它将对整个销售渠道及过程进行严格控制和管理。

代销特点很明显。其一,不承担进货风险,零成本,零库存。网店代销人不用囤货,所售商品属于批发网站。其二,看不见实物。一般只提供图片等数据资料,供代销者放在自己网店上销售。其三,代发货。网店代销销售出商品后,联系批发网站,由批发网站代其发货。其四,一件起批。一般在批发网站进货,必须达到一定数量才可以享受批发价,而网店代销单件也是批发价。其五,单笔交易支付,货到付款。一般情况下,网店代销不用提前付款给批发网站,而是销售出商品后,通知批发网站发货,使用支付宝等方式交易付款。

选择代销方式要注意:一是不能盲目地发展代销。要审核他们的资质,看符不符合规定的要求。二是要确立规范的代理运作体系。如果没有一个正式的代理制度,不仅会增加供货商的工作量,也容易出现纠纷,从而影响双方的合作诚意。三是要规范市场价格。代销商大量涌入后,如果不规范价格,势必导致原有的价格体系变得混乱。

(四)传销

传销是指组织者发展人员,通过对被发展人员以其直接或者间接发展的人员数量或者业绩为依据计算和给付报酬,或者要求被发展人员以交纳一定费用为条件取得加入资格等方式获得财富的违法行为。传销的本质是"庞氏骗局",即以后来者的钱发前面人的收益。

传销产生于二战后期的美国,成型于战后的日本,发展于中国。传销培训教材不仅极富煽动性和欺骗性,而且具有很多心理学的要素,极易诱人上当。在国外传销和直销是一个意思,也就是说国外只有传销这一个概念,国外传销的主要概念是:以顾客使用产品产生的口碑作为动力,让顾客来帮助经销商来宣传产品后分享一部分利润,也就是客户传播式销售。这跟国内的传销是两个概念。

新型传销,不限制人身自由,不收身份证手机,不集体上大课,而是以资本运作为旗号拉人骗钱,利用开豪车,穿金戴银等,用金钱吸引,让你亲朋好友加入,最后让你达到血本无归的地步。要注意辨别非法传销,防止他们对我们的侵害。

(五)电销

电子商务是以信息网络技术为手段,以商品交换为中心的商务活动;也可理解为在互联网(Internet)、企业内部网(Intranet)和增值网(VAN,Value Added Network)上以电子交易方式进行交易活动和相关服务的活动,是传统商业活动各环节的电子化、网络化、信息化。

电子商务通常是指在全球各地广泛的商业贸易活动中,在因特网开放的网络环境下,买卖双方不谋面地进行各种商贸活动,实现消费者的网上购物、商户之间的网上交易和在线电子支付以及各种商务活动、交易活动、金融活动和相关的综合服务活动的一种新型的商业运营模式。电子商务是利用微电脑技术和网络通讯技术进行的商务活动。各国政府、学者、企业界人士根据自己所处的地位和对电子商务参与的角度和程度的不同,给出了许多不同的定义。电子商务分为:ABC、B2B、B2C、C2C、B2M、M2C、B2A(即B2G)、C2A(即C2G)、O2O电子商务模式等等。

电子商务具有如下基本特征:一是开拓性。作为一种新型的交易方式,将生产企业、流通企业以及消费者和政府带入了一个网络经济、数字化生存的新天地。二是方便性。人们不再受地域的限制,客户能以非常简捷的方式完成过去较为繁杂的商务活动。三是整体性。规范事务处理的工作流程,将人工操作和电子信息处理集成为一个不可分割的整体,提高人力和物力的利用率,同时提高系统运行的严密性。四是安全性。要求网络能提供一种端到端的安全解决方案。五是协调性。需要客户与公司内部、生产商、批发商、零售商间的协调,在电子商务环境中,它更要求银行、配送中心、通讯部门、技术服务等多个部门的通力协作,电子商务的全过程往往是一气呵成的。六是集成性。电子商务以计算机网络为主线,对商务活动的各种功能进行了高度的集成,同时也对参加商务活动的商务主体各方进行了高度的集成。

电子商务可提供网上交易和管理等全过程的服务,因此它具有广告宣传、咨询洽谈、网上订购、网上支付、电子帐户、服务传递、意见征询、交易管理等各项功能。

电子模式多种多样,包括:综合商城;专一整合型;百货商店;垂直商店;复合品牌店;轻型品牌店;衔接通道型;服务型网店;导购引擎型;网购导航型;SNS-EC(社交电子商务);电子商务 ABC 模式;团购模式;线上订购、线下消费模式;等等。要注意区分和选择。

五、风控模式

在实现理想的中途中,必须排除一切干扰,特别是要看清那些美丽的诱惑。实业投资着重要针对五大风险(市场风险、操作风险、声誉风险、信用风险、法律风险),谋划好风控模式。如:

(一)安全垫、护城河策略

安全垫是风险资产投资可承受的最高损失限额,是固定比例投资组合保险策略中,计算投资组合现时净值超过价值底线的数额。安全垫的类型很多,如:

其一,安全垫是风险资产投资可承受的最高损失限额,是固定比例投资组合保险策略中,计算投资组合现时净值超过价值底线的数额。较高的安全垫在提高基金运作灵活性的同时也有助于增强基金到期保本的安全性。因此,必须确定合理水平的安全垫,使之既能够增加基金运作的灵活性又能够增强基金到期保本的安全性。

其二,定向增发具有一定折价的"安全垫",如果能在目前弱市中寻找到未来具有良好成长空间的公司,基金依然会积极参与定向增发。不过,考虑到定向增发股有较长锁定期,这也在一定程度上考验了基金的估值能力。

其三,员工持股购买计划的持股成本往往代表了公司内部人对股价的可接受程度,对二级市场投资者来说,容易产生股价"安全垫"的感觉。

巴菲特很重视安全垫、护城河策略的应用。他提醒人们:"有的企业有深广的护城河,里面还有凶猛的鳄鱼、海盗和鲨鱼守护着,这才是你应该投资的企业。"

(二)分散策略

所罗门王《传道书》:"把你手中的财富分为七份或八份,因为你无法预知未来将发生多大的不幸",说的是分散投资策略的重要性。

分散投资是指同时投资在不同的资产类型或不同的证券上。分散投资引入了对风险和收益对等原则的一个重要的改变,分散投资相对单一证券投资的一个重要的好处就是,分散投资可以在不降低收益的同时降低风险。这也意味着通过分散投资我们可以改善风险—收益比率。证券分散投资包括四个方面:对象分散法;时机分散法;地域分散法;期限分散法。在实际操作上可以根据不同情况采取多种方法,但唯一的目的和作用就是降低投资风险。

分散投资包括:对象分散法、时机分散法、地域分散法、期限分散法。对象分散法就是商业银行在证券投资时,应将其投资的资金广泛分布于各种不同种类的投资对象上。在行业对象上,应避免将资金集中投放在一个行业上,而应分散投资在各种行业上。时机分散法是指由于证券市场瞬息万变,人们很难准确把握证券行市的变化,有时甚至会出现失误,为此在投资时机上可以分散进行。地域分散法是指不仅仅持有某一地区的证券,而应购买国内各个地区乃至于国际金融市场上发行的各国证券。期限分散法是由于不同时期市场利率的变化方向和变动幅度不同,从而导致不同期限的证券市场的变动方向和变动幅度也大不一样。实行期限分散化,购买不同期限的证券,就可以减少利率变动的影响,降低利率风险。

分散投资操作方法:首先,进行不同资产类型的投资,主要是在股票型、债券型和货币市场型投资里面进行一个组合。不同类型的资产在投资组合中所占的比例要根据不同投资者的具体情况来确定。其次,可以在相同类型资产里面的不同行业中进行分散投资。不同的行业对经济周期阶段的不同阶段有着不同的表现,它们的股价也会发生相应的变化。第三,可以在相同行业的不同公司之间进行投资。因为即使是一个行业也不是大家都做的一样。也会有的这个公司时候表现的好一些,有的公司在另一个时候发展的快一些。第四,可以在不同的投资管理风格之间进行分散。第五,可以通过全球化的投资来分散风险。全球化投资的一个重要好处就是我们可以通过在全球范围的分散投资来进一步提高我们投资收益的稳定性。

(三)预警止损策略

止损也叫"割肉",是指当某一投资出现的亏损达到预定数额时,及时斩仓出局,以避免形成更大的亏损。其目的就在于投资失误时把损失限定在较小的范围内。

关于止损的重要性,可用鳄鱼法则来说明。鳄鱼法则的原意是:假定一只鳄鱼咬住你的脚,如果你用手去试图挣脱你的脚,鳄鱼便会同时咬住你的脚与手。你越挣扎,就被咬住得越多。所以,万一鳄鱼咬住你的脚,你唯一的机会就是牺牲一只脚。在股市里,鳄鱼法则就是:当你发现自己的交易背离了市场的方向,必须立即止损,不得有任何延误,不得存有任何侥幸。

需要止损的原因有两个方面:一是主观的决策错误。进入股市的每一位投资者都必须承认自己随时可能会犯错误,这是一条十分重要的理念。二是客观的情况变化,例如公司或行业的基本面发生意料之外的突发利好或利空,宏观政策重大变动,战争、政变或恐怖事件,地震、洪水等自然灾害,做庄机构资金链断裂或操盘手被抓,等等。

巴菲特很重视止损策略的应用。他强调:要迅速止损,缓慢获利;设立止损点就必须执行,尤其是在刚买进就被套的情况下。

止损是个技术活,它包括:一是组合止损,投资者将止损的关注点不再停留在单只基金产品上,而是构建激进型、稳健型及保守型基金产品组合风格的转换上。二是操作模式止损,通过对绩优基金产品补仓,或者通过优化基金产品组合结构,避免集中投资基金产品的风险。三是机制止损,将家庭资产在银行存款、保险及资本市场之间进行重新分配。四是理念止损,坚持长期投资、价值投资、分散投资和理性投资。通过改变频繁操作基金习惯,坚持正确的持基理念而止损。

(四)顺周期策略

顺周期性是指在经济周期中金融变量围绕某一趋势值波动的倾向。因此,顺周期性增强就是意味着波动的幅度增大。但这种简单描述很难准确概括现实生活中金融体系的变化。更有可能出现的情况是,在发生了一次冲击之后,资产价格的变化路径和金融变量的变化方式会呈现出各种不同或极端异常的波动,而且几乎都是非线性和不连续的。这些都是复杂金融体系的典型特征。一旦金融体系出现不稳定性,则其变化就会偏离线性趋势和出现非线性特点,如路径依赖、持续震荡和制度性转变等现象。

金融系统是基于多种因素和许多交易对手方的相互依存。变量通过各种网络进行传导,而由于金融创新及监管套利行为,网络结构和制度框架会不断地变化。金融体系的变化受到人类对周围冲击反应方式的影响。很早以前大家就知道"羊群行为"是金融市场的一个重要特征。更准确地讲,由于相互间的影响,因此个人根据其理性判断所形成的反应会产生非常强的放大效果。

通常,我们说顺周期、逆周期,主要指一个行业、企业在经济周期不同阶段的表现。当经济环境较好时,该类行业、企业的表现跟着就好,那就是顺周期行业或企业;反之,则反是。还有一些行业、企业在经济周期的不同阶段,表现差异不大,就叫无周期,或者抗周期。意思是,经济不好的时候,也能做到不受损失,可以抵御经济周期变化带来的挑战。

投资者选择顺周期策略,就是要清楚所处的经济发展阶段和运行周期,提前遴选好与该周期相吻合的行业和企业,分享这一轮周期带来的发展红利；等到下一个周期到来时，又提前进行行业切换和企业腾挪。顺周期策略是保证收益、抵御风险的有效策略之一，但实际操作中技术要求和操作难度都不容小视。

（五）专业经营策略

专业化经营又称单一化经营，是指企业仅仅在一个产品领域进行设计、生产或者销售，企业的业务范围比较单一。这类经营模式的风险在于众多的竞争者可能会认识到专一经营战略的有效性，并模仿这种模式。

实施专业化经营方式的优势在于便于集中所有人力、物力和财力发展一种产品，所需的资金量相对较少，资金使用效率较高，同时比较容易提高企业声誉，获取更高利润，而实施这种经营方式的企业能更认真的研究自身行业的发展前景，从而制定合适的发展战略，实现更大效益。

然而专业化经营也有其局限性，不利于企业迅速扩大规模，同时如果选择的专业本身市场前景狭窄，实施专业化经营的企业如果核心竞争力不够，不能在本专业内树立自身的权威，也会严重影响企业的发展。

到此，我们可以将实业创富五大模式进行统一考量。人们在投资过程中要选择好相应的治理模式、盈利模式、融资模式、营销模式和风控模式。每个细项都要仔细推敲，它们之间相互关联、相互作用（如下图"创富模式折线图"所示），共同支撑起实业投资创富体系。

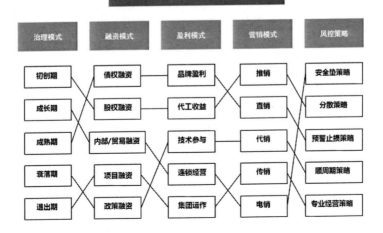

创富模式折线图

　　一套实业创富模式选择之后，实际运行效果如何，需要进行检验。这里还是要推荐使用"元角分"模型，当然是"五元五角五分"分析框架。五边形内嵌面积越大，表明该套创富模式总体价值回报越大；反之则越小。

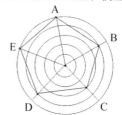

实业创富之"元角分"模型

A：治理模式
B：融资模式
C：盈利模式
D：营销模式
E：风控模式

第二节　理财创富

　　理财创富也是重要创富手段，有五种形态：经纪型、咨询型、信托型、私行型、投行型。具体而言：

一、经纪型

　　《宋书·谢弘微传》："弘微经纪生业，事若在公，一钱尺帛出入，皆有文簿"。经纪，意思是做生意，出自《管子·版法》。就是对物资的管理；是对人们生产、使用、处理、分配一切物资这一整体动态现象的总称。这一概念微观的指一个家庭的家务管理，宏观的指一个国家的经国济民。在这一动态整体中，包括着人类的生产、储蓄、交换、分配的各项活动；生产是这一动态的基础，分配是这一动态的终点。

　　经纪商模式是北美、亚太地区财管机构的主导业务模式。该模式主要为客户进行证券买卖，通过频繁交易收取佣金来获取利润，即采用手续费型的赢利模式。在这种业务模式下，没有对客户关系进行整体管理的人员，而是直接由为客户下单的投资顾问接触和服务客户，并在了解客户需求后，或自行为客户挑选产品，或代表客户提出需求，由专家团队提供解决方案，再由投资顾问传达至客户。在服务过程中，投资顾问既对客户关系进行维护，又帮助客户做投资决策，比较容易与客户建立较为密切的关系。因此，相较于顾问咨询模式下客户更忠于机构，在经纪商模式下，客户则更忠于投资顾问；在投资顾问跳槽时，也更趋于转向。

作为投资人,要选择好的适合自己的经纪商,例如券商、基金公司等,帮助自己打理财富。经纪商选对了,事半功倍。

二、投行型

投资银行(Investment Banks)是与商业银行相对应的一类金融机构。主要从事证券发行、承销、交易、企业重组、兼并与收购、投资分析、风险投资、项目融资等业务的非银行金融机构,是资本市场上的主要金融中介。投资银行的组织形态主要有四种:一是独立型的专业性投资银行,这种类型的机构比较多,遍布世界各地,他们有各自擅长的业务方向,比如中国的中信证券、中金公司,美国的高盛、摩根士丹利;二是商业银行拥有的投资银行,主要是商业银行通过兼并收购其他投资银行,参股或建立附属公司从事投资银行业务,这种形式在英德等国非常典型,比如汇丰集团、瑞银集团;三是全能型银行直接经营投资银行业务,这种形式主要出现在欧洲,银行在从事投资银行业务的同时也从事商业银行业务。投资银行主要有投资业务。四是跨国财务公司。

投资银行是与商业银行相对应的一个概念,是现代金融业适应现代经济发展形成的一个新兴行业。它区别于其他相关行业的显著特点是,其一,它属于金融服务业,这是区别一般性咨询、中介服务业的标志;其二,它主要服务于资本市场,这是区别商业银行的标志;其三,它是智力密集型行业,这是区别其他专业性金融服务机构的标志。

投资银行典型业务主要包括:股票和债券的发行、承销(一级市场);发行完成后的交易经纪(二级市场);企业重组、兼并与收购的财务顾问以及融资安排;项目融资、资产证券化;对冲工具和衍生品的发行等不断创新的金融服务。

投资银行面临风险:其一,市场风险,指因市场的价格、利率、汇率等因素的不利波动而使得投资银行某一头寸或组合发生损失或不能获得预期收益的可能性。其二,信用风险,指合同的一方不履行义务的可能性,包括贷款、掉期、期权及在结算过程中的交易对手违约带来损失的风险。其三,流动性风险,指投资银行流动比率过低,其财务结构缺乏流动性,由于金融产品不能变现和头寸紧张,使投资银行无力偿还债务形成的风险。其四,操作风险,指因交易或管理系统操作不当引致财务损失的风险,包括因公司内部失控而产生的风险。其五,法律风险,来自交易一方不能对另一方履行合约的可能性。引起法律风险,可能是因为合约根本无法执行,或是合约一方超越法律权限做出的行为。法律风险包括潜在的非法性以及对手无权签订合同的可能性。其六,体系风险,是指因单个公司倒闭、单个市场或结算系统混乱而在整个金融市场产生"多米诺效应"导致金融机构相继倒闭的情形;引发整个市场周转困难的投资者"信用危机"。体系风险包括单个公司或市场的崩溃触发连片或整个市场崩溃的风险。

个人投资者要选对合适的投行为自己的投资和财富管理提供专业服务。

三、顾问型

顾问咨询模式盛行于欧洲和拉美,主要为客户提供咨询服务和资产管理服务,强调全权委托资产组合管理以及全面规划,利润的主要来源是资产管理收入,即管理费型的赢利模式。顾问咨询模式除了突出作为投资顾问的专业角色外,其内涵是客户经理+综合投资顾问的形式。过去通常由一位客户经理与客户进行沟通,了解客户需求,并协调各领域投资专家分别为客户服务。现在越来越多的机构采取新的方式,由一名投资方面的全才负责协调各领域专家,与客有一起,为客户提供量身定制的财富管理方案。

投资者要为自己和企业选择好的顾问型机构,作为自己在财富管理和投资过程中的专业顾问,进行一站式咨询服务和综合化金融支持。可以是大型的全能型银行集团,可以是某一专业化的金融机构如保险、证券、基金、信托公司等,也可以是第三方财富公司、咨询公司、服务公司等。这些类型的机构各有特色,也各有优缺点,要善于用其所长、避其所短。

四、信托型

信托就是信用委托。信托业务是由委托人依照契约或遗嘱的规定，为自己或第三者（即受益人）的利益，将财产上的权利转给受托人（自然人或法人），受托人按规定条件和范围，占有、管理、使用信托财产，并处理其收益。

由于信托是一种法律行为，因此在采用不同法系的国家，其定义有较大的差别。历史上出现过多种不同的信托定义。但时至今日，人们也没有对信托的定义达成完全的共识。

全国信托公司 68 家，它们规模、经验、模式、风格、体制都不尽相同，投资者要善于对比，从中选择适合自身的信托公司进行合作，借助信托灵活投资融资机制，为自己和家族的财富提供灵活多样的管理服务。具体情形前已述及，不再重复。

五、私行型

私人银行（Private Banking），是面向高净值人群，为其提供财产投资与管理（不限于个人）等服务的金融机构。私人银行与私人银行服务不是同一范畴。

私人银行服务最主要的是资产管理，规划投资，根据客户需要提供特殊服务，也可通过设立离岸公司、家族信托基金等方式为顾客节省税务和金融交易成本。

私人银行类型：一是离岸基金（Offshore Fund），也称海外基金，是指基金资本来源于国外，并投资于国外证券市场的投资基金。它的主要作用是规避国内单一市场的风险，帮助客户进行全球化的资产配置。二是环球财富保障，在海外免税国家与地区成立离岸私人公司是其中的一项重要方案，有助于税务和遗产规划。其主要功能是持有外币存款、证券投资、黄金、物业和土地等资产。三是家族信托基金，也是私人银行保障客户财富的有效方式。信托基金是委托人（客户）将其财产所有权转移至受托人（银行）的法律关系，让受托人按照信托契约条文为受益人的利益持有并管理委托人的资产(信托基金)。

私人银行目标客户是具有富裕的资产或很高收入的私人顾客。私人银行的门槛很高,其服务对象不是一般大众客户,而是社会上的富裕人士,或称为高净资产客户(HNw-HighNetworth)。私人银行客户的金融资产一般在100万美元以上,远远高于外资银行的贵宾理财业务的门槛银行针对细分客户提供相应的服务,而私人银行则服务处于金字塔顶端的客户。

私人银行服务的内容非常广泛,资产管理服务、保险服务、信托服务、税务咨询和规划、遗产咨询和规划、房地产咨询等。每位客户都有专门的财富管理团队,包括会计师、律师、理财和保险顾问等。一般来说,私人银行为客户配备一对一的专职客户经理,每个客户经理身后都有一个投资团队做服务支持;通过一个客户经理,客户可以打理分布在货币市场、资本市场、保险市场、基金市场、房地产、大宗商品和私人股本等各类金融资产。

私人银行特点鲜明,私密性、专属性、长期性、家族性、综合性堪称是私人银行与身俱来的"基因",是其横跨五大洲、穿越四世纪,植根融合、生生不息,与时俱进、枝繁叶茂,保持顽强的生命力和非凡适应性的"法宝"。

私人银行咨询流程包括:一是需求分析,了解客户的真实和详细的需求,以便量身定制个性化的财富管理方案;二是财务及风险分析,对客户财务状况及风险偏好进行全面评估;三是建立财富管理策略,根据客户的需求及财务状况,风险偏好,制定适合的财富管理策略,制定投资组合的总体目标;四是制订计划资产负债方案,从策略出发,用多元化的产品、投资工具、服务来安排具体的资产负债执行方案;五是方案实施,包括方案实施的流程、控制、时间等;六是绩效分析,定期进行绩效分析,将成果反馈客户,并对上述五步骤作相应的调整。

高净值人士,如果具备了私行资产标准,可以认真选择一家恰当的私人银行。分享与众不同的专属服务,帮助自己实现多重财富目标,助力实现财富永续、基业长青。

第三节　资本创富

实业创富、理财创富之后,资本创富也是重要创富手段。

股票市场指的是把具有某些相关特性的所有公司股票归为一类,并以这个相关特性命名该板块的名称,不同的特征分类具有不同的名称。例如按上市标准分类分为:主板市场、中小板市场、创业板市场、科创板市场和新三板市场等。按照行业分类分为农业板块、电力板块等等。按照上市的时间长短分为新股、次新股等等。其中按照公司上市标准分类分为主要分为以下几类,其主要特征如下:

一、主板市场

一般而言,主板是以传统产业为主的股票交易市场,主办的上市公司包括一些大型成熟企业,资本规模较大,盈利能力比较强而且稳定的上市公司。股票代码:沪市 600、601 或 603 开头,深市 000、001 开头。在上市条件方面,一般规定近 3 年营业收入累计超过 3 亿元,或者近 3 年经营现金流量净额累计超过 5000 万。连续 3 年盈利,累计净利润超过 3000 万。上市的交易所包括上海证券交易所、深圳证券交易所。交易条件相对较低,一般开通股票账户即可交易。

制度	全国股转系统	主板、中小板&创业板
大股东交易限制	在挂牌前持有的股票分三批解禁,每批解禁数量为其挂牌前所持股票的三分之一,解禁的时间分别为挂牌之日挂牌期满一年和两年。主办券商为开展做市业务取得的做市初始库存股票除外。	发行人公开发行股票前已发行的股份,自发行人股票上市之日起一年内不得转让。控股股东和实际控制人应当承诺自发行人股票上市之日起三十六个月内不转让。
交易方式	可以采取协议方式,做市方式、竞价方式或其他中国证监会批准的转让方式。	证券采用竞价交易方式,大宗交易采用协议大宗交易和盘后定价大宗交易方式。
交易时间	每周一至周五上午9:30至11:30,下午13:00至15:00。	每周一至周五上午9:30至11:30,下午13:00至15:00。
涨跌幅限制	股票转让不设涨跌幅限制。	涨跌幅限制比例为0%,ST和*ST等被实施特别处理的股票价格涨跌幅限制比例为5%。
数量限制	申报数量应当为1000股或其整数倍。	通过竞价交易买入股票的,申报数量应当为100股或其整数倍。

二、中小板市场

中小板是相对于主板市场而言的,中国的主板市场包括深交所和上交所。有些企业的条件达不到主板市场的要求,所以只能在中小板市场上市。股票代码:002 开头。一般而言中小板的上市条件与主板一样,由于近年来中小板上市公司规模较大市值甚至超过 1000 亿原,因此,中小板有时也被归为主板市场,是深交所主板的独立板块。中小板上市公司特点:上市公司规模比主板企业稍小,但企业发展处于成熟期,盈利能力比较强。所属交易所为深圳证券交易所,开通股票账户即可交易。

	主板、中小板	创业板	全国股转系统
连续亏损	两年	两年,在披露其后首个半年报时。	
净资产为负	一年	一年	一年
营收低于1000万	一年		
审计报告为否定或无法表示意见	一年	一年,在披露其后首个半年报时。	一年
未改正财务报告中重大差错	未按时改正,且公司股票已停牌两个月。	未按时改正,规定期限满后次一交易日。	
未按时发布年报和半年报的	未按时改正,且公司股票已停牌两个月。	未按时改正,规定期限满后次一交易日。	
股权分布不符合上市条件	连续20交易日不符合上市条件,提出解决方案获交易所同意,恢复交易当天。	连续10交易日不具备上市条件的,在其后首个交易日。	
股本总额变化,不具备上市条件	一旦发生,即暂停上市(不再风险警示)	知悉股本总额发生变化不再具备上市条件时。	
宣告破产	披露相关破产受理公告后的次一交易日。		
公司解散	披露可能被解散公告后次一交易日。		

三、创业板市场

创业板一般指创新型小盘股、科技型企业或上市时增长较快企业。深圳证券交易所(代码 300 开头)的股票都属于创业板股票。创业板与主板市场相比,上市要求往往更加宽松,主要体现在成立时间,资本规模,中长期业绩等的要求上。创业板市场最大的特点就是低门槛进入,严要求运作,有助于有潜力的创业公司获得融资机会。在创业板市场上市的公司具有较高的成长性,但往往成立时间较短规模较小,业绩也不突出,但有很大的成长空间。可以说,创业板是一个门槛低、风险大、监管严格的股票市场,也是一个孵化创业型、成长型企业的摇篮。实行注册制后创业板涨跌幅限制:股票涨跌幅限制由 10% 调整为 20%,新股上市前五个交易日不设涨跌幅。注册制新股上市后所有的创业板股票的涨跌幅都将调整为 20% 。相对而言,创业板股票的交易风险较大。

市场制度	全国股转系统	创业板	主板&中小板
上市主体资格	证监会核准的非上市公众公司	股票以公开发行	股票以公开发行
股东数要求	可超过200人	不少于200人	不少于200人
存续时间	存续满两年	存续满三年	存续满三年
盈利指标要求	具有持续盈利能力	近两年连续盈利,净利润累计不少于一千万;或近一年净利不少于五百万,营收不少于五千万,近两年营收增长率不低于百分之三十。	近三个会计年净利润为正,累计超三千万,净利润以扣除非经常性损失前后较低者为计算依据。
现金流要求	无	无	近三个会计年现金流累计超五千万;或近三个会计年营收超三亿。
净资产要求	无	最近一期末净资产不少于两千万元,且不存在未弥补亏损。	最近一期末无形资产占净资产比例不高于20%。
股本总额	无	公司股本总额不少于三千万元	公司股本总额不少于伍千万元。
其他条件	主券商推荐并持续督导	持续督导期为上市当年剩余时间及其后三个会计年。	持续督导期为上市当年剩余时间及其后两个会计年。

四、科创板市场

科创板是 2019 年 6 月 13 日正式开板,7 月 22 日科创板首批公司上市。设立科创板是落实创新驱动和科技强国战略、推动高质量发展、支持上海国际金融中心和科技创新中心建设的重大改革举措,是完善资本市场基础制度、激发市场活力和保护投资者合法权益的重要安排。从市场功能看,科创板是实现资本市场和科技创新更加深度的融合的手段。一般而言,科技创新具有投入大、周期长、风险高等特点。

有别于当前 A 股二级市场的主流投资思路,科创板上市公司由于其高科技属性所蕴含的高成长预期,历史业绩的明显差异化以及当前的市值规模,采用"淡化过去、着重未来、精心布局"的投资思路更为适合科创板投资。

一是淡化过去。相较于主板众多已经处于成熟期的上市公司而言,科创板挂牌企业基本上都还处于初创期,经验业绩容易出现较大幅度的波动,因此当前二级市场最为常见的净资产收益率(ROE)以及复合净利润增长率等财务指标,在公司挂牌上市后均有可能出现较大幅度的变动,自然也无法为当下判定科创板投资机会提供太大的帮助。

二是着重未来。要关注技术优势。目前市场资金对于具备国际领先的科学技术以及坚持科技研发投入的优质科技类企业,很有可能愿意给予更好的市场估值溢价水平。要关注股东实力。从创业板的历史走势来看,企业能否顺利由初创期发展进入成熟期,除了公司的核心管理团队之外,其背后的股东是否具备充足的资源储备同样至关重要。

三是精心布局。要关注流动性因素。科创板初期可选择投资标的数量相对较为有限,同时流动性又出现过剩局面的情况下,预计在初期公司股价立即出现分化走势的概率并不大,但是随着上市企业数量的持续增加,投资单只或少数标的所造成的非系统性风险将逐步显现。

建议投资者摒弃重仓持有的交易思路,而是以分散投资的方式,通过构筑股票组合,或者通过购买专业投资机构发行的科创板主题投资基金等方式,在尽可能控制科创板投资风险的同时,把握住这一次资本市场深化改革所带来的投资机会。

五、新三板市场

新三板也被称为全国中小企业股份转让系统(以下简称全国股份转让系统)是经国务院批准,依据证券法设立的全国性证券交易场所,2012年9月正式注册成立,是继上海证券交易所、深圳证券交易所之后第三家全国性证券交易场所。在场所性质和法律定位上,全国股份转让系统与证券交易所是相同的,都是多层次资本市场体系的重要组成部分。新三板的企业不是上市股份有限公司但是可以在新三板买卖交易公司企业股份的板块系统,通常是中小微企业。举例:新三板交易所地点在北京,(代码8开头)股票属于新三板股票。新三板由于交易不活跃,投资风险巨大。

	主板、中小板&创业板	全国股转系统
投资主体	自然人、法人、基金	机构投资者、信托基金等理财机构、自然人
资金限制		注册500万以上的法人机构，实缴500万以上的合伙企业；个人名下证券资产市值500万以上的。
经验限制		个人需具备两年以上证券投资经验，或者会计、金融、财经等相关专业背景或培训。

第四节　固产创富

　　房地产经济学是多学科的交汇，所以涉及的理论不仅多且复杂：大体可分为相互关联、相互依从的三个层面：一是核心理论如地租理论、房价理论、区位理论等；二是直接支配房地产运行的一般理论或内层理论，如房地产投资、房地产开发建设、房地产市场等理论；三是间接影响房地产经济运行的外延交叉理论，如外部性理论、宏观经济周期理论、泡沫经济理论、产业经济学理论、制度经济学理论等。这种分类不一定严密科学合理，其目的在于凸显不同理论在支配和影响房地产经济运行时其地位和作用的不同，在揭示和反映房地产经济运行的特点和规律时也会有差异。

　　房地产经济学是一个多层次的理论结构体系，并且是多学科交叉，学习应用时要从多角度多层面来把握，立体地分析房地产经济运行实际，规避风险，作出科学合理的判断和决策，这样可以避免或少出失误。

　　房地产经济学除了具有经济学的一般原理特征外，还有自己明显的特点。如房地产发展倒U曲线理论，即经济起飞国家初始阶段房地产发展建设，随着国际经济的进一步发展，房地产发展速度，逐渐与国民经济发展同速，甚至低于国民经济发展速度，其发展运行轨迹呈倒U型。又如住宅市场发展三个阶段的理论，即以生存需求为主，改善需求为辅的初级阶段；生存需求和改善需求并重的第二阶段或中级阶段；以改善需求为主，生存需求为辅的成熟阶段；还有房和地产权耦合的特点等。

一、住宅房产投资

房地产投资风险的防范与处理是针对不同类型、不同概率和不同规模的风险,采取相应的措施和方法,避免房地产投资风险或使房地产投资过程中的风险减到最低程度。

一是投资分散策略。一般包括投资区域分散、投资时间分散和共同投资等方式。房地产投资区域分散是将房地产投资分散到不同区域,从而避免某一特定地区经济不景气投资的影响,达到降低风险的目的。而房地产投资时间分散则是要确定一个合理的投资时间间隔,从而避免因市场变化而带来的损失。共同投资开发要求合作者共同对房地产开发基础上进行投资,利益共享,风险同担,发挥各自优势避免风险。

二是投资组合以及保险策略。保险对于减轻或弥补房地产投资者的损失,实现资金循环运动,保证房地产投资者的利润等方面具有十分重要的意义。房地产保险业务主要有房屋保险、产权保险、房屋抵押保险和房地产委托保险。房地产投资者在购买保险时应当分考虑房地产投资者所需要的保险险种,确定适当的保险金额,合理划分风险单位和厘定费率以及选择信誉良好的保险公司等几方面的因素。房地产投资组合策略是投资者依据房地产投资的风险程度和年获利能力,按照一定的原则搭配投资各种不同类型的房地产,以降低投资风险的房地产投资策略。房地产投资组合的关键是如何科学确定投入不同类型房地产资金比例。

二、商业房产投资

商业类房地产是指能够出租经营、为投资者带来经常性收入现金流的房地产,又称经营性物业、收益性物业或投资性物业,包括酒店、写字楼、零售商业用房、出租商住楼等。商业类房地产市场的繁荣不仅与当地整体社会经济状况相关,还与工商贸易、金融保险、顾问咨询、旅游等行业的发展密切相关。该类房地产的使用者多用其提供的空间进行商业经营,并用部分经营所得支付物业租金。位置对于这类房地产有着特殊的重要性。商业地产是以全面融合地产业与商业为特色的地产形式,正悄然成为房地产市场的新宠。

在房地产的黄金时期,商业地产开发商因看好物业前景,惯常采用自己开发和持有运营的"重资产"模式。在万达为代表的一些专业商业地产企业引导下,商业地产行业的"轻资产"模式悄然兴起。将地产投资与商业运营分离其实是国际商业地产界的主流做法,这一模式在中国的出现是行业洗牌的开始,也是行业走向专业化、走向成熟的必由之路。

中国商业地产已进入风险期。主要表现为总量接近饱和,结构多方失衡,泡沫凸现,空置率上升,造成商业地产结构失衡,租购需求减少,闲置率不断上升。零售商业过分集中于对购物中心的开发,有条件的大干快上,不具备条件的也一拥而上,致使全国许多城市购物中心遍地开花。

商业用房与居民住房不同,购买商业用房的投资性较强、经营风险较高,因而商业银行在发放商业用房贷款时就承担了较大的风险。

三、工业房产投资

工业类房地产是指为人类生产活动提供空间的房地产,包括工业厂房、仓储用房、高新技术产业用房、研究与发展用房等,工业类房地产既有出售的市场,也有出租的市场。

重工业厂房由于其建筑物的设计需要符合特定工艺流程的要求和设备安装的需要,通常只适合特定用户使用,因此不容易转手交易。高新技术产业用房和研究与发展用房则有较强的适应性。轻工业厂房介于上述两者之间。随着物流行业的发展,传统的以自用为主的仓储用房也越来越多地用于出租经营,成了工业类房地产的重要组成部分。

在产业转移、中国产业技术的升级、国家推动重点工业园区建设以及住宅地产受到宏观政策调控等诸多因素的影响下,工业地产需求稳步上升,投资价值逐步显现,工业物业的租售价格稳步上扬。未来工业地产的投资主体必将多元化。包括:重工业房地产、轻工业房地产、仓储房地产(物流地产)、自由贸易区房地产(指带有特殊政策的贸易加工型通用型工业地产)。

工业地产商模式包括:主体企业引导模式;综合运作模式;私人业主开发模式;工业地产盈利模式;通过与工业企业联合,按需订制地产开发模式;等等。投资者要根据实际情况,选择相应的开发模式。

四、自然地产投资

这里着重以山林地投资为例。山林地投资是指以转包、转让、入股等方式流转农村林地或四荒地,用作经济林、用材林、生态庄园、休闲旅游等开发,或采用低买高卖等方式赚取增值收益的投资方式。林地,是指成片的天然林、次生林和人工林覆盖的土地,现全国集体林地已确权到户。农村四荒地是指属于农村集体经济组织所有的荒山、荒沟、荒丘、荒滩,四荒地可通过招标、拍卖和公开协商等方式取得占用、使用、收益的权限。

投资山林地的优势突出。一是产权明晰,交易投资有保证。集体林地确权到户任务基本完成,其进展快于土地承包经营权的确权。二是林地承包期长,适于长期投资。一般耕地的承包期为30年,而林地承包期可长至70年,农民承包的耕地和宜林荒山荒地造林以后,承包期进而延长到50年,允许依法继承、转让,到期后可按有关法律和法规继续承包。三是林权可抵押担保,融资变现。四是林地具生态功能,属价值洼地。山地、林地远离城市污染,生态环境好,不仅可做种植经济林、花卉苗木,还可用于旅游度假、生态养生开发。五是地方政策性优惠,林地可做建设开发。为了促进林区、林地的发展,有些地方政府合理放开林地开发权限,支持建设农家乐、林家乐、生产管理用房等配套设施。

林地投资形式多样。投资者要因地制宜,结合实际情况,选择适合自己的投资模式和运作方式。

五、机器设备投资

设备投资是基本建设中用于设备、工具、器具购置的投资,是基本建设投资的重要组成部分。它在基本建设投资总额中的比重一般占40%左右。随着国民经济各部门生产技术装备水平的提高,设备投资在生产性建设项目投资中的比重,还将继续上升。设备投资可分为需要安装设备、不需要安装设备和工具器具三类投资。

设备投资的目的有:一是扩大生产能力,是指为制造新产品或增加产量而需要增添新设备。二是维持和提高质量水平,如增加精度更高和更先进的设备等。三是降低成本,是指为了降低消耗,提高原材料利用率而增加一些精度和效率较高的新设备。四是提高效率,是指为了降低劳动强度,增加自动化程度较高的设备。五是维持生产能力,是指为了保证原有生产能力而对设备进行的更新改造等。六是其它,指涉及到企业各个方面的设备投资,如科研设备、防治公害、保护环境等。

投资时要关注设备投资核算,设备投资科目的借方反映完成基本建设投资额的设备,贷方反映交付使用的设备,余额反映已构成投资完成额,但尚未交付使用设备的实际成本。

要关注设备融资租赁。它是指出租人根据承租人对租赁物件的特定要求和对供货人的选择,出资向供货人购买租赁物件,并租给承租人使用,承租人则分期向出租人支付租金,在租赁期内租赁物件的所有权属于出租人所有,承租人拥有租赁物件的使用权。融资租赁是集融资与融物、贸易与技术更新于一体的新型金融产业。由于其融资与融物相结合的特点,出现问题时租赁公司可以回收、处理租赁物,因而在办理融资时对企业资信和担保的要求不高,所以非常适合中小企业融资。

第五节　其他创富

另类市场指投资于传统的股票、债券和现金之外的金融和实物资产,如证券化资产、对冲基金、私人股本基金、大宗商品、艺术品等。其中证券化资产就包括了次级房贷为基础的债券以及这些债券的衍生金融产品。

另类投资运作的一个根本理念是:市场未必一定有效率,许多企业、项目的价格没有体现其内在价值,因而离公共交易平台越远,价格与价值之间的偏差可能越高。另类投资的重点便放在没有上市、但具有包装潜力的企业和项目上,通过购买、重组、包装、套现,将收购的企业或项目的价值体现出来。

由于不在公共交易平台上运作,另类投资的一个重大特点便是缺少流动性。一个项目从购入到套现通常需要几年的时间,于是另类投资基金一般设有5、10年的锁定期,中途赎回很困难。

另类投资早已存在,但过去一直是有钱人小圈子内的游戏,风险高、透明度低。但是另类投资基金在过去30年平均年回报率达到24%,远高过共同基金的11%和对冲基金的14%(对冲基金数据仅为过去15年)。高回报和改善中的透明度,吸引了大量退休基金、大学基金和慈善基金的加入,使另类投资在过去十年中获得了空前的发展,总规模暴涨50倍,达到8000亿美元(不包括杠杆借贷部分),而且开始由欧美向亚洲渗透。在中国最活跃的当属私人股权投资。新桥收购深发展、凯雷收购徐工,都曾在国内引发震荡。海外土地基金横扫国内写字楼、商场,也是媒体津津乐道的话题。

另类投资崛起的另一个契机是全球泛滥的流动性以及投资者降低的风险意识。过多的资金追逐有限的资产,将债市、股市估值拉高,公共交易平台上的便宜货越来越难发现,资金于是寻求另类的机会。

另类投资为人诟病的是极高的门槛。进入另类投资基金,过去最少需要100万美元,部分基金甚至要求500万美元。这不仅将中小投资者摒于门外,也不是所有有钱人都愿意投资如此多的资金于一处的。不过入场门槛已明显下降,而且形式变得多样。

另类投资今后肯定是国际金融市场的一股重要力量。杠杆性加大了它的杀伤力。另类投资的重组意识,往往对其涉足的企业、行业、市场带来冲击,甚至革命。同时,另类投资增高的透明度以及上市活动,在某种程度上将私下交易平台推向公众视野、大众投资,甚至进入公共交易平台。私与公的界限变得模糊,减少了暗箱操作的风险,也为大众参与创造提供条件。不过,从任何意义上看,另类投资仍属高风险、高回报类投资,只宜为证券投资之外的补充。

一、文艺作品投资

这里以书画投资为例。

书画投资是指具有升值前景的书画创作,有古代的,也有现代的,在合适的价位买入艺术品,升值以后卖出就是一种投资。其中古代书画以其自身的质与量的优势,越来越呈现出艺术市场硬通货的属性。历来量少价高的古代书画在书画市场中更显坚挺。古代书画的独有价值属性让这一板块获得更多市场关注。

书画投资的关键是要"独具慧眼",即有鉴别、欣赏、判断书画作品潜在价值的能力。

要注重书画投资方法。一是辨别真伪。书画市场纷杂,莫大于真伪难辨。二是感悟艺术。收藏的目的在于陶冶情操,而感悟其作品的艺术是审美的过程,中国古代文化博大精深,中国书画凝聚了几千年古代文化的结晶,如何从主题、景象、气韵、笔墨、手法、构图上审美、欣赏,是学习永无止境的课题,在专家的指导下可以缩短学习、领悟的过程。三是投资黑马。并不是所有的真迹都具有保值增值作用,还必须找到具有投资发展空间和价值上升速度的画家及作品,一方面,作品必须有鲜明而独特的风格;另一方面,作品必须有高难度的技巧;此外,投资画作须有精品意识,尽量投资于画家创作高峰期之精品。

要注重书画投资市场分析。中国当代书画作品正处在稳步发展的阶段,拍卖会的估价和成交价之间呈现出较高的升幅,这样的攀升速度估计还要持续,考虑到和上游作品相比存在着明显的价差,这也不排除市场价格上冲的可能。因此,一般艺术品收藏与投资者应首先根据资金量、专业知识及个人兴趣来确定收藏品种,过于火暴的品种都不是最佳的选择,中国近现代书画板块由于作品拍量少,投资者众多,精品需求旺盛,最能规避风险。

古代书画的价格潜力还远未发掘出来。一是独特的历史价值。艺术品的价格是经济价值的具体体现,而经济价值是由其历史价值、艺术价值、科技价值和欣赏价值所决定的。二是丰富的文化内涵。三是深厚的笔墨功力。四是稀缺的存世数量。五是与国内同时代"工艺品"的价格比较。六是与国外同时代绘画作品的价格比较。七是古代书画的伪赝问题不足为虑。八是古代书画无个人炒作之忧。当艺术品像股票、房地产一样,被作为一种投资的时候,资本就会大量投入。

书画投资要遵循"进场要对,东西要对,价钱要对"的原则。书画投资限制条件多,挑战性较大,但是乐趣也多。因为书画投资需要藏家对艺术品有敏锐的感知能力,藏家从艺术品投资中获得的不仅是经济利益,更重要的是对其艺术品位的肯定,对于许多藏家而言,这才是艺术品投资最有魅力的地方。

二、珍稀藏品投资

这里以古董收藏投资为例。

中国古玩历史悠久,博大精深,有着很深奥的学问,越来越多的人为其非凡魅力所折服。但是古玩收藏中的真真假假,古玩市场上的虚虚实实,让许多投资者心存疑虑,畏葸不前。

投资者要注意掌握占董古玩的投资技巧:不能超出经济能力;假的仿古劣品不要买;不能短线进出;不要操之过急;不要贪小便宜;投资要尽量简易;不要一味追求冷门;不要赶时髦;购买顺序应愈买愈精;重质莫重量。

三、贵重耗品投资

贵重耗品很多,这里以红酒为例。

红酒投资,是指以红酒为投资对象,投资者当期投入一定数额的资金而期望在未来获得回报,是将货币零风险的转化为丰厚资本的过程。红酒已经成为继股票、房产和艺术品之后的第四大投资金地。

投资红酒需要具备两个条件:一定的储备资金和一定的关系人脉。只要有经营能力,便可以获得长足的发展和稳定的利润,并不是酒水圈的人才能卖红酒。葡萄酒投资是个专业领域,常见的投资手段如期酒投资,无论对酒的品质、全球市场知名度和市场需求都有严格的要求。满足这些条件的葡萄酒数量并不多,目前主要以法国波尔多和勃艮第的名庄为主,还有一些美国和澳洲的膜拜酒。

投资红酒要着重关注:品牌知名度;葡萄酒年份;历史和故事;葡萄酒的前任主人;购买方式;酒的品相;包装形象;等等。

四、高贵尚品投资

高贵尚品也不少,这里仅谈红木投资。

红木跑赢了其他的投资品,成为当下的热门。红木除了是在 100 年的周期内是不可再生的资源、供需矛盾决定其投资价值之外,红木家具兼有实用性、投资性、观赏性、装饰性、稀缺性的特质,同时又具有不易碎、不易被盗、越用越有韵味的诸多优点。瓷器、玉器、字画、工艺品等等没有一种其它投资品或普通商品具有红木家具的上述全部优点。同时与瓷器、玉器、字画比,其投资门槛低、风险相对小;而且人们对家具小的磨损和破损都是可以接受的,不像对待瓷器和珠宝玉器等,人们总是追求完美;同时红木家具的受众远比其它小众收藏品多很多,可以说红木家具拥有最大的收藏群体。

与房产相比,红木家具产权是永久的(寿命三五百年很正常),不受 70 年产权及多变的政策限制、没有过户费、遗产税、折旧费;与奢侈品比(其实红木家具本身就是奢侈品),红木工艺品种类繁多,不仅有古玩,还有许多的新品,对于古玩,绝大数人都已意识到它的价值,但这些新品也有收藏投资价值?这是很多消费者的疑惑。对于红木工艺品来说,收藏看的是手艺和木材,对于新旧一般影响不大,旧工艺品,太过的破旧,没有工艺型,也是没有价值可言。

如果从使用的角度看,国标五属八类三十三种红木都是非常好的选择,但要从投资的角度看(升值潜力)则要兼顾以下四点:木材属性、稀缺性、认知程度、性价比。历史上的三大供木中:黄花梨、小叶紫檀、前三点都很好,第四项稍弱;大红酸枝(交趾黄檀)稀缺性虽没有像前两种那样一木难求,但价格同样也已经很高了。从长期投资看,黄黑红绝对是最佳选择。

红木实行议价挂牌撮合交易制度。与原油和白银不一样,原油和白银是做市商模式,存在对赌的嫌疑。而红木是议价挂牌撮合交易,在继承了现货市场上的优势后,议价挂牌撮合交易在国内属于天然合法交易。从成交量和活跃性看,由于价格波动大,参与人数多,成交连续性比较大。

目前市场上,红木投资的价值被严重低估,近几年红木市场比较萎靡,从红木行业历史价格走势看,现阶段红木价格处于历史最高价的30%,上涨空间大。由于行业整合度渐高,规范性渐强。且目前国内,奢侈品投资风气正盛,而红木尊贵、高雅、耐久,文化底蕴深厚,受到越来越多的投资者青睐。

红木爱好者可以避免市场过热时的急躁心态,更理性地去购买,更有时间以鉴赏的眼光挑选家具,从中找到最适合自己、最具升值潜力的精品。

五、小众奢品投资

这里以个人游艇投资为例。

私人定制游艇是指以个人名义与游艇公司定制的符合个人品味需求的游艇,游艇用途多为个人及其随行人员自用或商用的出行提供方便,也是艇主身份的体现。

私人订制游艇历史悠久。1660 年,英国查尔斯二世继承王位时,英国有了世界上第一艘做工精细,具游艇意义的皇家狩猎渔船。贵族和富豪竞相以改帆船来夸耀。1807 年,美国人罗伯特·富尔顿建造了世界上第一艘蒸汽机动力的轮船。第一次工业革命后,英国人把蒸汽机和螺旋桨安装在游艇上。20 世纪初期由于玻璃钢这种材质在游艇建造技术上的发展和生产成本的下降,玻璃钢游艇开始进入市场,所有现代工业的新式动力机器都用在了游艇上,甚至利用风力的古老帆船也要配备小功率的马达和自动导航的驾驶仪器。20 世纪中期,第二次世界大战之后,西方发达国家在第三产业中衍生出游艇俱乐部,在解决游艇的停泊难题后,游艇产业得到了更为蓬勃的发展。

游艇是活力、休闲、冒险、惬意、优雅、气派的象征。以游艇代表的水上运动,是一种时尚的社交和休闲方式,必将成为继高尔夫后的热点。

定制游艇需要办理船舶登记入户手续,需要海事、船级社、交通局批准方可办理。定制人需前往海事部门登记,申请符合规定的船名,再向船厂订购。与专业机构进行深入沟通,定制人对游艇的各项要求包括游艇性能、游艇装饰、游艇外观等等,游艇定制属于高端定制服务,专业的定制机构能保证定制人具体需求得到实现并保证游艇的极佳的体验感。

游艇是一种非常个性化的特殊产品,而游艇与快艇、游船最大的区别在于游艇的私密性。所以大部分人购买游艇的目的就是为了满足个人私密性的需求。大部分人选购游艇的目的是举行朋友、家庭和商务等小型私密的聚会;还有一些海钓发烧友,希望可以拥有自己的游艇到离岸的地方海钓等等;还有一些可以想要出海开船潜水的等等。

参与游艇俱乐部,既满足自身使用需要,又能免去奢侈品存续维护之苦,还能有投资回报。一石三鸟,好!

本章小结:创富之道,贵在简术

总结一下,创富模式,贵在一个"简"字。无论是实业创富、资本创富、理财创富、固产创富,还是另类创富,都需要简化模式、简化流程、简化思路。要十分清晰地明了如何创富,选择哪些创富方式,所有的投资如何在这五大类创富领域进行合理摆布? 每一领域里面又该如何选择具体的创富模式? 选择在自己胜任的有前景的细分领域遴选投资对象?

创富之道"五位一体"框架

"简"在模式选择上,要力求简明。实业创富是一个庞大的系统工程,涉及到太多内容,但对于投资者而言,要掌握创富模式,最最要紧的是治理模式、盈利模式、营销模式、融资模式和风控模式。这五大模式是实业投资的基本功课,是创业的前提。

"简"在路径选择上,要力求简便。理财创富也是重要创富手段,有五种形态:经纪型、咨询型、信托型、私行型、投行型。投资者掌握这五类理财型式是十分重要的,以便于寻找适合自己的第三方机构,以合适的方式进行合作。有效借助第三方专业力量帮助自己进行财富管理,是理财创富最为要紧的条件,是打开其他服务通道的钥匙。

"简"在策略安排上,要力求简洁。资本创富,包括主板市场、中小板市场、创业板市场、科创板市场和新三板市场,这些不同的资本市场有着不同的投资原则和策略要求;固定资产投资主要包括住宅房产、商业地产、工业地产、农业用地、机器设备等,不同的资产有着不同的运作特征和风险特点,因而也需要不同的投资策略;另类投资包括文艺作品、珍稀藏品、贵重耗品、高贵尚品、小众奢品。每个领域都有特殊的市场、特殊的游戏规则和投资要求,投资者都要十分清晰明了地掌握这些特殊另类市场的投资策略。

说到这,还想引伸开来多讲几句,就是日常大家都熟悉的一句话,叫做:凡大气的都是简明的,只有简明的才可能大气。在创富模式和策略选择上,这一规律十分突出。很多人都知道清代末期的胡雪岩,他被人们尊为"商圣",他的创富模式,100多年来总被人们研究学习。那胡雪岩的创富模式是什么呢?其实说起来,也是极其简单的,就是四个字:虚实结合。这里的"实"指的是他的实业投资,以胡庆余堂的中医药为代表;"虚"以他的阜康钱庄为代表。

阜康钱庄就是当时的金融产业,进行资金融通,低进高出,赚差价,周转过程中产生在大量的头寸,可以用作药店进货的廉价资金,而药店销售所得在支出之前的空档期,又可以融入钱庄,用以放贷,这样资金不出门户,就在胡雪岩的家族经营中"自由穿梭",带来回报,像滚雪球一样越滚越大。金融与实体的结合,天然对接,天衣无缝,这一创富模式,给胡雪岩带来了极大的成功,财富迅速积累,屡创新高。当然,这只是简单地比划,实际上,胡雪岩的家族经营,比这要复杂得多,但"金融

+实体"的虚实结合的创富模式是最核心的顶层设计。

再看今天的企业家们,实业做到一定程度,总是想着以各种方式进入金融;而金融投资大佬们,也在一定阶段想直接到实体经营中去体验一番。这就是模式的魅力。当然,要用好用活这一模式也并非易事,胡雪岩连同他的财富帝国,最终不是倒塌了吗?投资杠杆放的太长,支撑不了了,先是钱庄挤兑倒闭,后是药店跟着遭殃。许许多多的人成于"虚实结合"的产业模式,也最终败给运转失灵的"虚实结合"。

历史如此,现实又在重演。

"富贵学"在论及此处时感喟到:创富之道,贵在简术。实投委理,资本固产。新生业态,辟壤开疆。扬长避短,尽显非凡。

第五章 守富之道

令人沮丧的财富悖论:当你拥有的金钱越多,你失去金钱的机会就越多。于是,守富便成为格外重要的工作。

财富之道,最后一道是守富之道。包括:守成之道、守险之道、守规之道、守信之道、守拙之道。

第一节 守成之道

一、模式守成

唐·吴兢《贞观政要·君道》:"太宗谓侍臣曰:'帝王之业,草创与守成孰难?'"

守成,意思是保持前人创下的成就和业绩。只要萧规曹随,稳定压倒一切,只要这样,守成就是一件简单的事情。

聂云台先生所著《保富法》一书,开篇写到:发财不难,保财最难。我住在上海五十余年,看见发财的人很多;发财以后,有不到五年、十年就败的,有二、三十年即败的,有四、五十年败完的。我记得与先父往来的多数有钱人,有的作官,有的从商,都是炫赫一时的,现在多数凋零,家事没落了。有的是因为子孙嫖赌不务正业而挥霍一空;有的是连子孙都无影无踪了。大约算来,四、五十年前的有钱人,现在家务没有全败的,子孙能读书、务正业、上进的,百家之中,实在是难得一、两家了。

金刚组是一间日本建筑公司,创办于公元578年,现存世上最古老的家族企业,1955年转以有限公司方式经营,2006年1月,新金刚组放弃地产建设的业务,转回老本行,建设寺庙。

公元578年,日本敏达天皇6年,圣德太子为庆祝灭掉6纪时期的废佛派官员物部守屋,祈求法神四天王,庇佑佛法及信众,从韩国百济招请匠人柳重光,兴建四天王寺。该寺被视为飞鸟时代的代表建筑,期间经历七次破坏,屡被修补,一直保存至今。金刚组在往后历史中亦以建造佛寺为主,公元607年,金刚家族建造法隆寺,达到日本木造建筑的高峰。法隆寺与四天王寺是代表日本建筑的两大历史遗产,它们的构筑施工方法至今还脉脉相传地存活于金刚组《施工方法汇编》里。

柳氏的子孙亦因兴建该寺而备受重视,由他们组成的金刚组,"堂主"至今已传至第40代。金刚组的企业架构分成多个小组,约5至8人为一组,各组保持其独立性,互为竞争。小组会集中改良固有技术,接单时总部会评估各组的能力,藉以决定哪一组承办工作。

金刚家族第40代堂主金刚正和曾说:"我们公司能生存这么久其实没有什么秘密。正如我常说的,坚持最最基本的业务对公司来说非常重要。"金刚正和认为,无论是经济繁荣还是衰退,专一于自己的核心业务永远是生存之道。

金刚组时空穿越、基业长青,极其简明地诠释了"模式守成"这四个字的内涵,也极其有力地彰显了"模式守成"这四个字的份量。

模式守成,看似笨拙,实则体现了一种无如伦比的道路自信,一份始终如一的坚守深耕,一种追求卓越的工匠精神。

二、财富守成

不同类型财富,有些便于守,有些不便于守;有些便于长守,有些便于短守。

(一)家训乃财富守成利器

《颜氏家训》是中华民族历史上第一部内容丰富、体系宏大的家训,也是一部学术著作。作者颜之推,是南北朝时期著名的文学家、教育家。该书成书于隋文帝灭陈国以后,隋炀帝即位之前,是颜之推记述个人经历、思想、学识以告诫子孙的著作。共有七卷,二十篇。《颜氏家训》开了后世家训的先河,被后世学者誉为"古今家训之祖"推崇备至,认为是家训展开家庭教育的典范。

《曾国藩家训》是根据曾国藩的家训、家书等史料剪辑加工的一部著作,内容涉及为人处世、从政治军、家风家教、修身养性等方面,主张刚柔相济、用人勤教、修身修行。曾国藩曾留下十六字齐家箴言:"家俭则兴,人勤则健;能勤能俭,永不贫贱""不为圣贤,便为禽兽;莫问收获,但问耕耘"。这是曾国藩一生谨遵的座右铭。

笔者所在桂氏家族,也十分重视家风传承。《桂氏家风》包括:"桂氏族人,厚德为本;勤劳治家,不违宪禁;矜怜鳏寡,和族睦邻;一家有事,众亲帮扶,族中分岐,曲直公论;族牒起名,世代相认;作人从业,孝冠百行;事亲孝先,至微至精;侍奉父母,养必至乐;居必致敬,病必至忧;丧必至恸,祭必至严;耄耋失忆,倍加体恤;心无欺计,物无遁匿;严父教子,教于罚先;子嗣待父,菽水承欢;侄敬叔伯,兄弟友善;姊妹和谐,妯娌互勉;眷顾公婆,端正孝贤;孝进学堂,苦读寒窗;戎马军防,报国贤良;廉洁从政,公平经商;农田农活,汗水浇淌;金兰之交,肝胆相照;无义之友,不设醴酒;邪说异绵,勿信勿传;崇尚科学,摒弃愚顽;人格风范,终生锤炼;子孝孙贤,恩泽悠远;恪守家训,世代相传"。桂氏家风字字珠玑、字字箴言,团结族人、立志向上。

(二)财富守成路径种种

遗嘱、保险、信托,这三种在财富管理和传承中经常被提及的主要工具,到底有哪些不同?

从可安排处理的财产类型看:遗嘱可以对全部类型的财产都进行安排;保险则只能通过现金的方式来安排;如果选择信托,境外信托全部类型的财产都可以纳入到信托里来进行传承安排,境内信托目前基本都是以现金为主,而房产、股权的信托由于手续繁琐并要涉及到更名过户等原因所以没什么人会选择。

从可被安排的继承人或受益人看:遗嘱的继承人可以是本人以外的任何个人或机构;保险的收益人则只能限于本人、父母、配偶、子女、孙子女、外孙子女等近亲属;信托的收益人则可以包括本人在内的任何个人或机构。

从财产的增值保值功效看:通过遗嘱的方式来进行传承,财产的形态基本不会发生变化,但如果发生需要缴纳遗产税的情形,则这些财产的价值将会发生损耗后才能移交到指定的继承对象手里;选择保险的方式来传承,一般这类保单都是大额的人寿保单,是以被保险人的死亡为给付条件的人身保险,具有一定的杠杆功能;信托的设立由于涉及到不同的目的,所以对信托财产的管理也会有不同的形式,当你选择将信托财产完全交给信托机构管理时,则信托管理机构会通过他们的专业来保障其所管理财产的保值增值得以实现。

从财富传承的功效看:通过遗嘱可以传递财富,但是不能避免后辈在拿到财产后胡乱挥霍的情况发生;保险则可以通过选择生存金红利分期给付受益人的方式,避免财富继承人挥霍,在一定程度上达到传承财富的功效;信托中,由于在设立信托时就可以根据信托目的的灵活确定受益人和信托利益的分配时机、方式、类型和数额等内容,并通过受托人实现长期的权益分配。相比一次性给付的遗嘱继承和仅限于资金的人寿保险,信托安排的财富传承功效无疑更佳。

从风险隔离功能看:遗嘱中,继承人、受赠人在取得遗产后就转为了个人财产或夫妻共同财产,如果发生了债务风险或婚姻问题,这些财产将会面临被追索或分割的风险,遗嘱设立人如果生前负有债务,则遗嘱内的财产也会面临被追索的风险;保险中,投保人可以通过保单架构的设置来达到一定的债务隔离功能,法律规定了人寿保险金归受益人所有,不属于被保险人的遗产,受益人也无须清偿被保险人生前所欠的税款和债务;由于信托财产具有独立性,能更为全面有效地规避财产混同、债权人追索和姻亲夺产等原因造成的各种财产风险。

从税收成本看:通过遗嘱来安排财产的传承,如果财产与继承人都在国内,由于目前没有开征遗产税,继承房产免征营业税、所得税、土地增值税和契税,但遗赠要交所得税和契税,如果财产在国外或者继承人是国外居民,则要根据该所在国的规定看是否需要缴纳税费;保险里的保险赔付款无须纳税,红利则是在交付受益人之前就已由保险公司纳税了;信托则要看是境内信托还是境外信托,一般境内信托在转移财产时都需要纳税,海外信托则根据各国法律的规定各有不同。

从融资功能看:通过遗嘱方式取得的财产,继承取得后可以进行抵押融资;保险,目前各个保险公司都可以在保单现金价值内融资;信托,我国法律目前没有明确规定,在海外信托中,依据信托管理方式的不同,有些银行会对其管理的信托产品委托人提供融资服务。

从保密性看:遗嘱一般可以保密,但在办理继承时就需要公开;保险公司对保险合同内容保密,受益人在领取保险金时也无须告知其他人;在信托里,信托文件是高度保密的,信托机构无须对外披露信托的内容及受益人的安排。但是,在 CRS 和 FATCA 的国际大形势之下,信托的保密效果也在受到政府监管机构的一些挑战。

通过以上对比,我们可以看出信托作为一种财富传承工具在事先的统筹安排上无疑会更为全面,保险则在对被保险人的保护和现金管理上能起到不可替代的作用;而遗嘱这项传承工具跟信托与保险比就显得不确定性的风险会更高。

此外,再说说保险金信托这一工具。所谓保险信托,是一项结合保险与信托的金融服务产品,以保险金给付为信托财产,由保险投保人和信托机构签订保险信托合同书,当被保险人身故发生理赔或满期保险金给付时,由保险公司将保险金交付受托人(即信托机构),由受托人依信托合同的约定管理、运用,并按信托合同约定方式,将信托财产分配给受益人,并于信托终止或到期时,交付剩余资产给信托受益人。

保险金信托功能:一是透过专业的财产管理服务,可减轻自行管理运用的负担;尤其是各种投资工具有专业性,而且市场瞬息万变,税务法令错综复杂,如果未具有专业知识和能力,将无法掌握充分信息,及提高投资效益,而达到有效利得财富管理资产的目标。二是预先安排独立的财产,以保障日后之需;由于信托财产具有独立性,与受托人的财产分离,故具有保护受益人的效果。三是透过信托网,还可以实现要保人及委托人的特定目的;由于要保人在购买保险时,其目的乃是为保险受益人(委托人)的利益,如果不是透过信托方式作有效管理,就会担心保险受益人(委托人)在取得保险金时,无法有效管理运用或处置失当,而造成资产的浪费,减低财产规划的效果。因此,透过信托计划,受益人才能获得实质的利益。

保险金信托大体上可分为四种:保险金信托被动信托、保险金信托不代付保费信托、保险金信托代付保费信托、保险金信托累积保险信托。保险金信托好处:免除保险单失效的顾虑;增加委托人的产业;为委托人支配身后的费用;处置赔款以适应特种需要,如清理欠款、建造房屋,创立事业,捐助慈善事业等;为各受益人分配赔款;可免除浪费及其他亏损;适合受益人的需要;合并管理多个保险单;寿险赔款与受益人其他财产集中管理;设立费用低廉,保障效果大。

三、经验守成

(一)《出师表》:经验守成的典范

出自于《三国志·诸葛亮传》卷三十五,是三国时期(227年)汉丞相诸葛亮在决定北上伐魏、夺取长安(今汉长安城遗址)之前给后主刘禅上书的表文。《出师表》作品原文摘录部分如下:

先帝创业未半而中道崩殂,今天下三分,益州疲弊,此诚危急存亡之秋也。然侍卫之臣不懈于内,忠志之士忘身于外者,盖追先帝之殊遇,欲报之于陛下也。诚宜开张圣听,以光先帝遗德,恢弘志士之气,不宜妄自菲薄,引喻失义,以塞忠谏之路也。

宫中府中,俱为一体;陟罚臧否,不宜异同:若有作奸犯科)及为忠善者,宜付有司论其刑赏,以昭陛下平明之理;不宜偏私,使内外异法也。

侍中、侍郎郭攸之、费祎、董允等,此皆良实,志虑忠纯,是以先帝简拔以遗陛下:愚以为宫中之事,事无大小,悉以咨之,然后施行,必能裨补阙漏,有所广益。

将军向宠,性行淑均,晓畅军事,试用于昔日,先帝称之曰"能",是以众议举宠为督:愚以为营中之事,悉以咨之,必能使行阵和睦,优劣得所。

亲贤臣,远小人,此先汉所以兴隆也;亲小人,远贤臣,此后汉所以倾颓也。先帝在时,每与臣论此事,未尝不叹息痛恨于桓、灵也。侍中、尚书、长史、参军,此悉贞良死节之臣,愿陛下亲之信之,则汉室之隆,可计日而待也。

……

以上四段,是其精华,是经验之谈,作者希望靠经验传授助力后主守住江山。第一段,以作者的高瞻远瞩和丰富经验,对当前蜀国面临的形势作了简要而独特的判断,并对自身的核心战略进行明确定位;第二段,作者分享了自己辅国理政的经验,强调公平待人、公正办事的重要性;第三、四段,作者对主要文臣和武将进行评价,指出要因人施策、人尽其用;第五段是对管理原则和策略进行交待。作者寄希望通过这些经验分享,帮助后主明辨是非、清明理政,守住江山、图谋长远。

(二)老干妈:守成倚仗秘方

起初,老干妈的原型只是一个普通摊位上的辣椒调味料,没想到在后来却被全国人喜爱。巅峰时期的老干妈年销几十亿,而陶华碧也坚持不进入资本市场,所以之前老干妈并未上市。

老干妈在儿子接手后,差点丢了招牌。主要原因就是他偷换了便宜的原材料,大家都说老干妈变味了,就不再买了。

后来陶华碧再度出山,首先把原料换回来,还是原来的贵州辣椒。并且利用媒体这一渠道进行宣传,所以2019年老干妈的业绩才得到了回升。

老干妈新掌门人贸然改用河南辣椒;核心员工辞职带走老干妈配方,导致老干妈损失1000多万元。创始人回国后,老干妈继续用贵州辣椒作为原料,并重新组合了配方,这给老干妈带来了成长的空间。

由此可见,秘方和守成对于老干妈的传承是多么重要。

四、商脉守成

(一)商脉历来稀珍

生意伙伴间有些是世代相交的,是不能轻意丢掉的。一些商帮的价值就在于对于商圈的保护、维护与扩大,使得不同商圈间互通有无,商脉守成是相当重要的。一些家族将商脉视为生命,不求一时之得失,希望一直保持下去。在对方出现困难时,也会挺身而出、出手相救的。当然,这也是有些行业一损俱损的原因,往往连环担保,环环相扣,一死一片的原因。这是金融风险和危险扩大的底层逻辑。

商脉,是指在人脉的基础上创造人脉携带资源的合作机会,并找到最佳切入点和通道,并通过一定商业模式,实现彼此资源价值最大化的商业关系。

许多人感叹自己不成功,尤其是财富上的不成功,主要就是不善于把人脉转化成商脉,永远都在经营朋友,而没有经营朋友客户。当然,在经营客户的时候,又以朋友角度经营,人脉更加巩固。所以,永远停留在经营人脉阶段,最终被动产生的商脉是有限的,应该积极的把经营的人脉转化成商脉,这样,商脉将滚滚而来。应该说,成功的企业家,不仅仅是经营人脉的高手,更是经营商脉的专家,当他们不断进行人脉、商脉转化的时候,也在不断提升整个循环过程。

(二)商脉助力传承

控制世界的强势家族,都十分重视编织商脉并倚重商脉的力量。例如:

罗斯柴尔德家族:商脉提升家族控制力。罗斯柴尔德家族(Rothschild family),地球上最为神秘的古老家族,是欧洲乃至世界久负盛名的金融家族。一个隐藏在这个世界阴暗面的控制者统制了这个星球近两个世纪经济命脉的强大家族。罗斯柴尔德族系被公认为世界上最富有的家族。据估计其净资产包含了价值5千亿美元的个人资产以及100万亿美元的金融性资产。自18世纪60年代以来,迈尔-阿姆谢尔-罗斯柴尔德家将其5个儿子分别安插在世界5大金融中心后,他们便稳居于全球金融的核心位置。家族于19世纪,拿破仑战争期间,向封建政权或共和政权,甚至是两边同时提供资助,借此巩固了其全球势力。

洛克菲勒家族:商脉成就地球上第一个亿万富翁。这个迄今已繁盛了六代的"世界财富标记"与美国乃至国际政经都有着千丝万缕的联系。标准石油公司、大通银行、洛克菲勒基金会、洛克菲勒中心、芝加哥大学、洛克菲勒大学、现代艺术博物馆……从洛克菲勒家族神话的创始人约翰·戴·洛克菲勒算起,这个美国首屈一指的财富家族已经繁盛了六代。洛克菲勒家族的帝国源自于1870年,约翰-戴维森-洛克菲勒创立了标准石油公司(后来的美孚石油)。公司为他带来的4千亿美元的净资产使他成为了历史上最富有的个人。洛克菲勒计划中有一环就是投资联合国,并将其总部变成其所建立的由世界级精英组成的皮尔德伯格会议。

摩根家族:世界商脉与世界债主。摩根家族的发迹要追溯到1893年的大恐慌期间,约翰-皮尔庞特-摩根协同罗斯柴尔德家族捐给了美国财政350万盎司的黄金。在控制了美国的黄金供给后,摩根投资了几个美国最大的法人集团的建立,其中包括通用电气公司、美国电话电报公司以及美国钢铁公司。这份超越了财政部的庞大影响力使得他们被指控迫使美国参加第一次世界大战,以保全俄国及法国的贷款。小约翰-皮尔蓬-摩根放出了5亿美元的战争贷款,收取1%的利息来支撑其公司开销。据传言所说日本空袭珍珠港的幕后推动者,也有摩根的一份。与他一同发着战争财的还有分别掌握着三菱与三并产业的岩崎家族与Dan家族。

杜邦家族:长期商脉与长寿公司。杜邦家族是美国最古老、最富有、最奇特、最大的财富家族。这个家族至今已保持了200年长盛不衰,世所罕见。20世纪90年代杜邦家族控制财富1500亿美元,出了250个大富豪,50个超级大富豪。其家族创始人是伊雷内杜邦,靠制造火药发财,后来因一次火药大爆炸,家族财富荡然无存。20世纪初杜邦家族出了杜邦"三巨头"。他们再次创业,将家族带入史无前例的鼎盛时期。这个家族视家族财富为第二生命,权力传代非常独特。在第三代中,家族内部至少有10对堂表亲之间的婚配,成为美国近亲联姻最多的大家族。于1802年在特拉华州建了座火药工厂,开创了杜邦家族的天下。一直以来美国的各种政治事件中,总不缺杜邦家族,比如在1803年,利用秘密渠道与拿破仑谈判,促成了路易斯安那购地案。如今的杜邦企业是世界第二大转基因种子的制造商,其还积极为"末日种子库"提供基金。

布什家族:商脉王朝成就政治王朝。布什家族的政治王朝始于1895 年出生的 Prescott Sheldon Bush,他在耶鲁大学上学时是"骷髅会"的成员。1933 年,有传闻说布什领导的一场针对罗斯福总统的失败的政变图谋(由杜邦家族、洛克菲勒家族、摩根家族资助),目的是为了将法西斯独裁政权注入美国。这场"商业政变"最终被掩盖,而布什则在联合银行被疑藏有纳粹二战资金的同时,被提升为银行的总裁。而 Prescott 的儿子 George H. W.(老布什)和孙子 George W.(小布什)最终都成为了美国总统。

(三)商脉书写传奇

9.18 事变发生后,张学良无处可去,杜月笙就说了一句:"到我府上,你可安心住下!"无路可去的张学良住在杜府,还成功戒掉大烟。1923 年,大总统黎元洪被赶下台,到了上海,杜月笙带着保镖车站亲自迎接。日夜守护,寸步不离。黄炎培生活拮据,杜月笙便每月差人送去500 大洋。在上海摊,凡是认识杜月笙的人,几乎没有人没有接受过杜先生的帮助。从底层到商界、军界、政界都是如此。杜月笙常说一句话:"别人存钱,我存交情!"杜月笙被称为"春申门下三千客,小杜城南尺五天!"当时上海滩有一句话叫:黄金荣贪财,张啸林善打,杜月笙会做人。

杜月笙临终前仅剩 11 万大洋。立下遗嘱:"每个太太拿 1 万,长子拿 1 万,没出嫁的女儿拿 6000,出嫁的拿 4000。"他在人生的最后一天,让大女儿杜美如去银行拿来一个保险柜,自己打开,保险柜里满满都是借条。最少的一张 5000 美元,最多的一张 500 根金条,有商界大亨的,也有政界大元的。他自己亲自一一销毁,儿女们非常不解。他说了句:"借出去的看上去是钱,实际上是交情。""感恩的,会永远记住杜家的好!""不感恩的,你们去要,会给自己带来杀身之祸!""我不希望,我死后,家里还碰刀斧!"

他撕掉借条,别人欠的账也就在尘世一笔勾销了;但他苦心经营的商脉多数还是留下来了。杜月笙以自己毕生智慧告诫人们:商脉之重,胜过千金!

(四)"商脉"常现家训中

很多名门世家都重视总结家族的成长经验和教训,同时借鉴其他家族的成功做法、吸取他们的教训,并将这些以极其精练的语言和直白易懂的方式形成家训,作为家族成员共同遵守的价值观念和行动指南,并在后代传承发展中,作为家族文化和行动遵循。家训体现了家族的核心文化,打上了时代的印记,贴上了家族符号,是研究千百年来时代变迁、家族发展轨迹的重要资料。比如:

肯尼迪家族将"让孩子进入名牌大学进行学习,使之获得最好的人脉关系"等列入家训中。

瓦伦堡家族将"构筑国际性人脉关系"纳入家训中。

盖茨家族家训强调"父母帮助孩子开创人脉网络"。

罗斯柴尔德家族家训强调"不追求金钱,追求良好的人际关系"。

孔子世家教育子女"结交与自己志同道合的人"。

达尔文世家教育子女"举行聚会,建立珍贵的人际关系"。

托尔斯泰家族教育子女"努力帮助贫困的邻居"。

拉塞尔家族教育子女"不可孤立自己,要在人群中寻找幸福"。

……

这些家训都将"商脉"列入其中,提醒子孙后代:商脉来之不易、事关家族基业,要注重维护和传承。

五、品牌守成

(一)品牌助力守成

品牌最持久的含义和实质是其价值、文化和个性;品牌是一种商业用语,品牌注册后形成商标,企业即获得法律保护拥有其专用权;品牌是企业长期努力经营的结果,是企业的无形载体。

为了深刻揭示品牌的含义,还需要从以下六个方面进行透视:一是属性,品牌代表着特定商品的属性,这是品牌最基本的含义。二是利益,品牌不仅代表着一系列属性,而且还体现着某种特定的利益。三是价值,品牌体现了生产者的某些价值感。四是文化,品牌还附着特定的文化。五是个性,品牌也反映一定的个性。六是用户,品牌暗示了购买或使用产品的消费者类型。

品牌的价值包括用户价值和自我价值两部分。品牌的功能、质量和价值是品牌的用户价值要素,即品牌的内在三要素;品牌的知名度、美誉度和普及度是品牌的自我价值要素,即品牌的外在三要素。品牌的用户价值大小取决于内在三要素,品牌的自我价值大小取决于外在三要素。

培养品牌的目的是希望此品牌能变为名牌,于是在产品质量上下工夫,在售后服务上做努力。同时品牌代表企业,企业从长远发展的角度必须从产品质量上下工夫,特别名牌产品、名牌企业,就代表了一类产品的质量档次,代表了企业的信誉。

一个有价值的品牌,能够帮助我们在竞争中设立一道门槛,保护既有的利益。品牌,是财富保护的一把利剑。

(二)《读者》品牌致胜

"读者"这一享誉中外的文化品牌,其品牌价值高达300亿元。它拥有一家上市公司——读者传媒;另一方面,推动实施"读者品牌影响力转化工程",把读者的"文化影响力"变成"文化生产力",构建"读者影响力经济"发展格局。

目前,《读者》微信公众号粉丝达到500多万,位居中国期刊微信影响力排行榜之首。中国新闻出版研究院和龙源数字传媒集团有一个最新发布,2018数字阅读影响力期刊TOP100显示,《读者》排名第二,是最受国内读者青睐的杂志。同时,在最受海外读者欢迎的期刊中,《读者》排名第一。

《读者》杂志发掘人性中的真、善、美,体现人文关怀。《读者》在刊物内容和形式方面与时俱进,追求高品位、高质量,力求精品,并以其形式和内容的丰富性及多样性,赢得了各个年龄段和不同阶层读者的喜爱与拥护。发行量稳居中国期刊排名第一,亚洲期刊排名第一,世界综合性期刊排名第四。被誉为"中国人的心灵读本""中国期刊第一品牌",取得了突出的社会效益和经济效益,走出了一条中国期刊发展的成功之路。

几十年来,《读者》苦苦经营、坚守品牌,靠品牌生存,靠品牌发展壮大。《读者》赋予品牌生命,使之长绿长青;品牌回馈《读者》价值,使之活力永存。很多人看到《读者》的成功,更加坚定做优品牌、品牌守成的信念和决心。

第二节　守规之道

守规之道,包括:遵守规章;遵循规律;尊重规则;遵从规矩;尊崇规范。

一、遵守规章

(一)依规循章

规章是各级领导机关及其职能部门、社会团体、企事业单位,为实施管理,规范工作、活动和有关人员行为,在其职权范围内制定并发布实施的、具有行政约束力和道德行为准则的规范性文书的总称。

规章按其性质、内容,可分为行政规章、组织规章、业务规章和一般规章。

组织规章是指对一个组织或团体的性质、宗旨、任务、组织原则、成员及其权利义务、机构及职权、活动及纪律等做出系统规定的规章。组织规章的常用文种是章程。

业务规章是指对专项业务的性质、内容、范围及其运作规范等做出系统规定的规章,业务规章的常用文种为章程。

一般规章是各级各类机关、团体、企事业单位,为实施管理、规范工作和活动,在其职权内制发的规章。这类规章便是通常所说的规章制度。

一般规章的常用文种有规定、办法、准则、细则、制度、规程、守则、规则等。

(二)违章责罚

这里以准金融机构为例。

准金融机构是从事金融活动,但是并未获得金融许可证,非由国家金融监管部门直接监管的企业。准金融机构虽未有金融机构之名,但具有金融机构之实。目前,准金融机构包括小额贷款公司、融资担保公司、典当行、部分融资租赁公司等。

准金融机构是有明确的规定的:其一,地方准金融机构经营业务具有金融活动性质,但是不同于传统的银行、保险、证券业务,服务主体定位于中小企业以及个人;其二,准金融机构规模一般较小,不跨行业跨领域经营,产生系统性风险的可能性较小;其三,资金来源为私募而非公募,涉众面相对较窄;其四,监管体制特殊,没有金融许可证,不受人民银行、银监会、保监会、证监会直接监管,而是下放到地方政府监管或缺乏监管;其五,准金融机构具有非国有性,这主要体现在准金融机构向民营资本完全开放,甚至鼓励民营资本的进入。

但实际工作中,准金融机构有不少违规行为发生。就以小额贷款公司为例吧:以小额贷款公司名义进行非法集资的;以小额贷款公司名义非法吸收或变相吸收公众存款的;小额贷款公司工作人员使用非法手段催债或者指使他人非法催债的;小额贷款公司发放贷款的实际利率超过司法解释规定的上限或低于人民银行公布的贷款利率下限的;小额贷款公司存在非法洗钱、抽逃注册资本金或以贷款形式变相抽逃注册资本金行为的;小额贷款公司存在账外经营行为的;小额贷款公司向其股东和行业主管部门明确禁止的行业发放贷款的;小额贷款公司存在从事对外担保业务、跨区域经营、开展经营范围以外业务、发放超比例大额贷款等违规经营行为的;等等。

近年来,"灰色小贷"屡禁不止,监管对小额贷款行业的整治力度也在继续。对违章行为从重从严加以监督管控,才能从根本上减少小贷公司等准金融机构的违规行为,将其重新扶持到正常正确的经营轨道上合规经营。

准金融机构,是十年前以"温州模式""丽水模式"为代表的金融改革的产物。管理层对这些金融创新寄予厚望;但是鱼龙混杂,很多机构没有认真遵守规章,拿到政府颁发的牌照,干着违法乱规的勾当,扰乱了制度,扰乱了市场,扰乱了人心,最后人们谈之色变。只能严管重罚,使之回归本源。

二、遵循规律

(一)遵循规律乃行事之本

规律,是指自然界和社会诸现象之间必然、本质、稳定和反复出现的关系。事物之间的内在的必然联系,决定着事物发展的必然趋向。

规律具有必然性。在事物发展过程中,有的联系是必然要发生的确定的联系,有的联系是可以出现也可以不出现的联系,可以这样出现也可以那样出现的偶然的不确定的联系。规律就是事物的必然联系,而不是偶然联系。

规律具有普遍性。自然界、人类社会和人的思维,在其运动变化和发展的过程中,都遵循其固有的规律。没有规律的物质运动是不存在的,没有规律的世界是不可思议的。

规律具有客观性。规律是客观的,既不能创造,也不能消灭;不管人们承认不承认,规律总是以其铁的必然性起着作用。

按规律办事,即是实事求是,是马克思主义哲学的基本观点,是马克思主义基础、精髓、出发点和根本点。

(二)顺规律昌逆规律亡

阴阳转化、物极必反、否极泰来,是事物发展客观规律。认识并遵循这个规律,就会有好的结果;否则是相反的结果。这里比较一下清朝后期同一时代的两个人物:一是曾国藩;另一个是胡雪岩。

纵观曾国藩一生,其为官之道可称大智慧。其核心,就是韬光养晦、深知急流勇退的道理。梁启超先生曾有一句话,评价曾国藩:"文正深守知止知足之戒,常以急流勇退为心"。

1864 年(同治三年)六月,曾国藩面临一生的重大决择。其时,曾国藩的湘军克南京,拥兵三十万,占居半个中国。曾国藩作为清以来汉族官僚中持权最大的官员,足以"功高震主"。其部属幕僚均竭力劝进,曾则写下"倚天照海花无数,流水高山心自知"一联表示心志。

其实,曾国藩是深知为官之道的,他早有"急流勇退"之心。他感叹:"功名之地,自古难居","人又何必占天下之第一美名哉?""天下无易境,天下无难境;终身有乐处,终身有忧处"。

因此,功成名就的曾国藩,审时度势,毅然决然选择急流勇退。他写了一首诗:"左列钟铭右谤书,人间随处有乘除。低头一拜屠羊说,万事浮云过太虚。"

曾国藩常怀"临深履薄之惧",自削兵权、自去利势、斩杀羽翼,以释清廷之疑,终于换回信任,也换得了曾家后代太平。

再说另一位,胡雪岩。胡雪岩的一生,有令人羡慕的巨大成功,也有令人痛惜的惨重教训。一是抱残守缺。胡雪岩在做真丝贸易的时候,因为他信息不灵,不知道价格下降,生丝囤积太多。因此,他要去申请借贷维持经营,结果胡雪岩的钱庄里有很多清朝官员投资,他们不是去救济胡雪岩危难,而是纷纷把资本抽走。所以各地出现挤兑,导致最后一败涂地,没能适应近代中国这样一种大的社会转型,和国内外形势的变化,并及时调整经营策略、经营领域。所以失去转型机遇,很快被历史大潮所淹没。二是无意转型。胡雪岩主要经营第三产业,涉足第二产业的非常少。但随着近代工业兴起,他的经营越来越被动。三是奢侈无度。致富以后的奢侈,连皇帝都自叹不如。四是政治依附。他依托的封建政治势力倒台了,所以左中堂一倒台,立马依托于此的生意就失去了。这是一个血的教训。

同一时代的两个人,都有过耀眼的辉煌人生,但结局大不同。原因之一,是他们对于历史发展规律的认知和态度不同。曾国藩重视对历史规律的学习、理解和把握,深知物极必反、乐极生悲的规律,谨记"功名之地,自古难居"的戒律,并严格自律、谨言慎行,最终化解危机,平安着陆,家业长青。而胡雪岩相比之下,显然没有认真汲取历史文化经典中关于历史性发展规律的启迪,不懂得时过境迁、人生易变的道理,对"树大招风""过犹不及"缺乏敬畏,因而在转折阶段,没有及时收手、激流勇退、转型发展,最终惨淡收场。可悲可叹!

三、尊重规则

(一)规则成就方圆

规则,一般指由群众共同制定、公认或由代表人物统一制定并通过的,由群体里的所有成员一起遵守的条例和章程。它存在三种形式:明规则、潜规则、元规则,无论何种规则只要违背善恶的道德必须严惩不贷以维护世间和谐;明规则是有明文规定的规则,存在需要不断完善的局限性;潜规则是无明文规定的规则,约定俗成无局限性,可弥补明规则不足之处;元规则是一种以暴力竞争解决问题的规则,善恶参半,非道德之理的文明之道。

规则是运行、运作规律所遵循的法则。规则是指规定出来供大家共同遵守的制度或章程、不成文规定,而更多的时候,规则是得到每个社会公民承认和遵守而存在的。

潜规则是指看不见的、明文没有规定的,约定俗成的,却又是广泛认同、实际起作用的,人们必须"遵循"的一种规则,其合理之处应当予以弘扬,相反即应扼杀于摇篮之中。

元规则可理解成最原始的规则。暴力竞争,胜利者说了算。暴力最强者拥有最高否决权。

社会由种种规则维持着秩序,不管这种规则是人为设定的还是客观存在的,只要是规则,便具有制约性。规则的制约性是普遍存在的,也是不可消除的。

历史上,有许多规则随着社会的发展相继废立;现实中,也有许许多多的规则随着生活的需要而不断完善。规则是多种多样的,规则使我们的生活社会更有条理。

自由是服从自定的规则(亚里斯多德)。二战期间,美国空军降落伞的合格率为99.9%,这就意味着从概率上来说,每一千个跳伞的士兵中会有一个因为降落伞不合格而丧命。军方要求厂家必须让合格率达到 100% 才行。厂家负责人说他们竭尽全力了,99.9% 已是极限,除非出现奇迹。军方(也有人说是巴顿将军)就改变了检查制度,每次交货前从降落伞中随机挑出几个,让厂家负责人亲自跳伞检测。从此,奇迹出现了,降落伞的合格率达到了百分之百。这就是规则的威力。类似的还有,如:分粥规则、犯人船理论等。

(二)破规恐遭报应

互联网大潮和共享经济的风口上,瑞幸咖啡通过"疯狂"的开店和用户补贴,请当红明星代言,俘获粉丝,迅速出圈红遍全国,冲击星巴克,抢占了大量流量和市场。

截至 2019 年底,瑞幸咖啡在华门店数量便已超过星巴克,瑞幸咖啡直营门店数为 4507 家,成为中国最大的咖啡连锁品牌。2020 年以来,瑞幸咖啡共新开了 2405 家店。然而,快速额发展和跑马圈地,玩资本的游戏,一不小心就会踩雷。

4 月 2 日,瑞幸咖啡晚间突然自曝财务造假丑闻,称 COO 及其部分下属员工从 2019 年二季度起从事某些不当行为,与伪造交易相关的销售额约为 22 亿元。而其去年二、三季度营收分别为 9.09 亿元和 15.4 亿元,共计才 24.5 亿元,且一直处于亏损状态。

除了市值的蒸发还有巨额的赔偿。美国多家律所已对其发起集体诉讼,控告瑞幸咖啡作出虚假和误导性陈述,违反美国证券法。若从 2020 年初至今粗略估算,瑞幸将面临总计 100 亿美元赔偿。直到 5 月 19 日,瑞幸咖啡被要求退市。

瑞幸咖啡经历了最快上市企业和股价高涨的激动人心,同时也看到了其落魄时的无奈。被勒令退市前一周瑞幸咖啡调整了其高层的职位。12 日晚间,瑞幸咖啡发布公告。瑞幸咖啡将调整董事会和高级管理层,CEO 钱治亚和 COO 刘剑被董事会终止职务,目前董事会已收到辞职信。不仅如此,在外部,多家资本也开始的迅速的撤离。截至 2020 年一季度末,有 64 家机构清仓,另有 32 家机构大幅减持……

不做假帐,这是上市公司基本的商业规则。破坏规则的危害,不言自明。

四、遵从规矩

规矩是规和矩，通指一定的标准、成规。《荀子·礼论》："规矩诚设矣，则不可欺以方圆"。《韩非子·解老》："万物莫不有规矩。"

这里以叶简明为例来说一说规矩的事。

叶简明，是中国华信能源有限公司的创始人、董事会主席。华信主营石油、天然气、化工业务，集全球能源贸易、能源生产、金融服务。华信从2002年到2017年的15年间，营业收入增至437亿美元，其间叶简明从25岁到40岁，2014年进入500强时，叶刚刚37岁。2017年7月，华信连续第四年进入《财富》杂志世界500强榜单，以437亿美元营业收入位列第222位。

叶简明公开宣称：国开行的支持不是一般民企能获得的，所以说我们不是单纯的商人，是为国家战略服务的。叶不仅有钱，还洞悉人性，更会讲故事，拉大旗，作虎皮。花钱买了不少头衔，如："知名智库罗马俱乐部荣誉主席""美国能源安全理事会的荣誉主席""联合国大会主席特别荣誉顾问""美国能源安全理事会荣誉主席"……

有了雄厚的资金支撑，叶开启了石油和金融的并购之路。华信先后以近9亿美元买下由阿布扎比国家石油公司拥有多数权益的陆上油田的4%股权、协议购买哈萨克国有企业KazMunay Gaz旗下分支KMGI51%股权，以及购买位于纽约的金融服务公司Cowen Group20%股份……直至2017年以斥资91亿美元入股俄罗斯国家石油公司。2014年8月，华信斥资10亿元购入财富里昂证券，更名为华信证券。2015年上海华信又控股位于郑州的万达期货，更名华信期货，目前注册资本已增至18.3亿元，上海华信持有其90.32%股份。海南银行2015年成立，上海华信持股12%。

叶简明陆续在王三运、日照港等相关案件的庭审中，作为行贿者出现。王三运通过时任交通银行董事长胡怀邦，为中国华信下属公司上海华信入股海南银行提供帮助，很快，叶简明想要的银行牌照到手了。

华信与海南银行联系日益密切，这家银行后来多次为华信系提供贷款,而王三运、叶简明、胡怀邦三人彼此间交集渐密。王三运再次通过胡怀邦,给中国华信下属海南华信获得国家开发银行48亿美元综合授信额度提供帮助。相关信息显示,海南华信曾累计获得国家开发银行300亿元的融资额度。

国开行重点支持海南华信开展境外并购、投资、贸易等。华信集团还与国家开发银行等"组团",与捷克J&T金融集团等建立战略合作关系,华信集团还投资7.8亿欧元收购捷克J&T金融集团部分股份。

看完叶简明事件的介绍,他明明一介商人,却在极短的时间里折腾那么多事情,牵到那么多高官达人,凭什么?就因为他不按规矩出牌,天马行空,见缝插针。他究竟坏了哪些规矩呢?这个问题当然见仁见智了。笔者认为至少包括:其一,钻营政治,攀附政客,拉拢腐蚀,捞取非常资本;其二,拉虎皮、当大旗,招摇撞骗,吹嘘无度;其三,天马行空、毫无底线,视国际关系如儿戏,开国际玩笑、玩空手白套;其四,空讲故事、无意兑现,谎言如织,巧取豪夺,贪得无厌;等等。

规矩恢恢,疏而不漏,破坏规矩者,必受规矩的惩罚。或早或迟,只是时间问题。

五、尊崇规范

(一)规范是一种自觉

规范,意指符合逻辑,客观、真实、全面、完整、准确、及时、达标。如:道德规范、技术规范等。或是指按照既定标准、规范的要求进行操作,使某一行为或活动达到或超越规定的标准。对于某一工程作业或者行为无法精准定量而形成标准,着重进行定性规定,所以被称为规范。

规范是指群体所确立的行为标准。它们可以由组织正式规定,也可以是非正式形成。企业为了做到别具特色,需要规范自己的行为,影响组织的决策与行动。

从被动遵守规章,到理解规律、尊重规则,再到懂得自觉遵守规矩和规范的重要性。从自发到自觉,从被动到主动,养成习惯,内化于心、外化于行,也就好办了。

(二)明晰经营规范

"离离原上草,一岁一枯荣,野火烧不尽,春风吹又生"。这是企业永续、基业长青的梦想。秋山利辉在《匠人精神》中指出:日本企业长寿秘诀在于有通古如今的传人。秋山木工的评价标准,技术40%,品行60%。培养的不是会做事的工匠,而是会好好做事的匠人,因为有一流的心性,必有一流的技术。秋山木工的徒弟们,工作动力是亲情,生命观是报恩,价值观是亲人满意。这体现在"匠人须知30条"中,包括:进入作业场所前:必须先学会打招呼;必须先学会联络、报告、协商;必须是一个开朗的人;必须成为不会让周围的人变焦躁的人;必须要能够正确听懂别人的话;必须先是和蔼可亲、好相处的人;必须成为有责任心的人;必须成为能够好回应的人;必须成为能为他人着想的人;必须成为"爱管闲事"的人;必须成为执着的人;必须成为有时间观念的人;必须成为随时准备好工具的人;必须成为很会打扫整理的人;必须成为明白自身立场的人;必须成为能够积极思考的人;必须成为懂得感恩的人;必须成为注重仪容的人;必须成为乐于助人的人;必须成为能够熟练使用工具的人;必须成为能够做好自我介绍的人;必须成为能够拥有"自豪"的人;必须成为能够好好发表意见的人;必须成为勤写书信的人;必须成为乐意打扫厕所的人;必须成为善于打电话的人;必须成为吃饭速度快的人;必须成为花钱谨慎的人;必须成为"会打算盘"的人;必须成为能够撰写简要工作报告的人。这30条浓缩了礼仪、感谢、尊敬、关怀、谦虚等要求,很直白,很具体,能一直恪守相当不易、必有成效。

再以科创板为例,十大核心要点是对其投资的规范要求,包括:一是门槛50万元,两年经验不变;二是现有可投基金均可买;三是不实行T+0;四是进一步实施股份减持计划,核心技术人员股份锁定期,由三年调整为一年;五是进一步明确红筹企业上市标准;六是竞价交易20%涨跌幅,上市后的前五天不设价格涨跌幅;七是盘后固定价格交易;八是表决权差异安排;九是最严退市;十是科创板股票,优先向公募等机构配售。

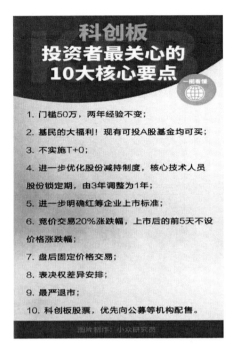

实务操作者,着重掌握这十条规范,就足以洞悉该业务的基本要义,就不会偏离业务操作轨道、犯低级错误。所以,做任何投资前,我们都要问问自己,是否真的了解并掌握了目标业务的操作规范了。如果还没有,就要尽快补课;否则吃夹生饭,是要闹肚子的。

第三节　守信之道

马克思的信用理论是马克思主义政治经济学的重要组成部分。马克思认为,信用是促使资本集中进而垄断形成的重要因素,是股份制产生的主要基础;同时,信用又会助长投机盛行,并加速资本主义危机的到来。资本主义的信用制度是在产业资本积聚基础上建立起来的较高级的流通制度,主要包括商业信用和银行信用。信用创造了纸币和大量票据,代替了金币,节省了流通费用。信用的作用导致了资本主义竞争的加剧,资本能够更自由、更迅速地在各生产部门和各企业之间进行转移,进而促进了平均利润率的形成。资本主义信用是资本积聚和积累的强大因素,是促进资本集中的强大杠杆。因此,信用能够使单个资本家拥有超过其实有资本的限制,扩大自己企业的规模和扩大生产。他自己所拥有的少量资本,仅仅是取得支配别人资本和劳动力的基础。同时,信用往往存在于大资本方面。因此,它又是促使大资本吞并小资本,加速资本集中的强大杠杆。资本主义信用制度是股份公司产生的主要基础。资本主义信用制度会助长过度投机的产生,加速资本主义危机的到来……

这里着重谈固守信用、维护信誉等对于守信的重要性。

一、固守信用

(一)信用无小事

《左传·宣公十二年》:"王曰:'其君能下人,必能信用其民矣,庸可几乎?'"。《左传·昭公八年》:"君子之言,信而有征,故怨远于其身;小人之言,僭而无征,怨咎及之。"

所谓信用,是指依附在人之间、单位之间和商品交易之间形成的一种相互信任的生产关系和社会关系。信用构成了人之间、单位之间、商品交易之间的双方自觉自愿的反复交往,消费者甚至愿意付出更多的钱来延续这种关系。言不信者,行不果。人而无信,不知其可也!

从伦理道德层面看:信用主要是指参与社会和经济活动的当事人之间所建立起来的、以诚实守信为道德基础的"践约"行为。

从法律层面来看:《民法通则》中规定"民事活动应当遵守自愿、公平、等价有偿、诚实守信的原则";《合同法》中要求"当事人对他人诚实不欺,讲求信用、恪守诺言,并且在合同的内容、意义及适用等方面产生纠纷时要依据诚实信用原则来解释合同"。

从经济学层面看,信用是指在商品交换或者其他经济活动中授信人在充分信任受信人能够实现其承诺的基础上,用契约关系向受信人放贷,并保障自己的本金能够回流和增值的价值运动。

在信用创造学派的眼中,信用就是货币,货币就是信用;信用创造货币;信用形成资本。

……

(二)失信 P2P

现在 P2P 网贷行业由于缺乏监管,但又急于获取投资者的信任,就采用一些诸如"傍干爹"之类的举动,对企业背景和投资人进行包装。对普通投资者来说,网贷金融产品的质量只能依靠直观感受来评定,而包装就变成了优化直观感受的最佳捷径,其中又以对企业背景的包装最为有效。现在网贷行业还没有得到相应的监管。对于投资人而言,最需要做的,第一是不要相信那些虚头巴脑的背景;第二是坚持分散投资;第三是做好承担风险的准备。

P2P 平台面临一个风险集中爆发期。在宏观经济或局部行业发生衰退的情况下,抵押物无法实现保值。

尽管出现诸多危机,然而 P2P 网贷企业为了增强平台对用户的吸引力,仍然在努力对自己进行增信,即便是老牌 P2P 企业,也不忘引入有实力的金融机构来为自己增信。由于保险公司推出的产品是信用保险产品,在保险市场份额占比较低,道德风险相对较高,此前很少在类金融领域进行应用。

除了引入金融机构,还有一些 P2P 平台着力证明自己和投资人之间相互认可的关系。产生这种情况对投资人也是考验,需要投资人更加擦亮眼睛,挑选出有真实的有实力投资方融资的 P2P。

对于丧失信用基础和投资管控能力的 P2P 公司,要坚决划清界限,不能有任何侥幸心理。

二、维护信誉

(一)信誉安身立命

北齐颜之推《颜氏家训·名实》:"吾见世人,清名登而金贝入,信誉显而然诸亏,不知后之矛戟,毁前之干橹也"。

"信"指诚实守信,"誉"指名誉、声誉。即一方在社会活动尤其在经济活动中因忠实遵守约定而得到另一方的信任和赞誉,是长期诚实、公平、履行诺言的结果。讲求信誉是商业道德的基本规范之一。

《论语》上说,"人而无信,不知其可也。大车无輗,小车无軏,其何以行之哉。"人要是没有信用,就像大车没有车辕与轭相连接的木销子,小车没有车辕与轭相连接的木销子,就无法行走。周幽王烽火戏诸侯,他诓骗了各地诸侯来驰援,连着几次,诸侯们不再相信他。等到外敌入侵,没有一只军队来救援,最终身死国灭。"车无辕而不行,人无信则不立。"

诚信,是一个人在世上立身的根基,若无信用,寸步难行。

信誉构成了人之间、单位之间、商品交易之间的双方自觉自愿的反复交往,消费者甚至愿意付出更多的钱来延续这种关系。

信誉,看不见摸不着,像影子一样时时刻刻在人之间、单位之间和商品交易之间存在并发挥作用,默默地影响着人、单位、商家和政府部门等的形象。这包括:

其一,信誉具有资格和通行证功能。发达国家的消费者和企业都有信誉和信誉资格,信誉资格是贷款、购买商品和进入各国及世界经营领域的通行证。

其二,信誉可以用来量化和评估无形资产价值。发达国家对企业及品牌的信誉,大多都有专门机构评估其价值,像我国评估品牌无形资产一样评估信誉的价值。中国作为发展中国家,企业的信誉资格及等级也正在审核评定中。

其三,信誉具有生产要素功能。人、劳动工具、生产资料等都是有形的生产要素,而信誉是一种无形生产要素,在生产中流通,起着重要配置作用。

其四,信誉具有金融流通功能。信誉好,金融流通就会加快,增加资金周转次数;反之信誉不好,会形成"肠梗阻""呆坏账"。

信誉是我们安身立命之本。要建立信誉伦理道德基石,塑造人的诚实守信品行、品德和人格。要建立信誉文化基石,使信誉文化形成中国的环境和土壤。

（二）信誉贵如金

1992 年，美国威斯康星州西部有两个好哥们，Tom Cook 和 Joe Feeney。他们都怀抱"一夜暴富"的美梦，坚持买彩票。约定：如果将来两人之间任何一个中了头等奖，就要分对方一半！

一晃到了 2020 年，两人都是有将近 30 年彩龄的老彩民了。随便买买，不会太在意中不中。直到 2020 年六月份，Tom 在自己附近的店随手买了一注彩票。中了大奖，奖金 2200 万美元！没有丝毫犹豫，他立刻打电话给了 Joe，告诉他这个好消息，并且表示要分他一半的钱。"约定就是约定。"并且坚持把奖金分给 Joe 一半。

约定就是约定！这样的诚实守信的品格的确比金钱更加难能可贵！

三、守护信心

唐李德裕《赐回鹘可汗书意》："信心既去，翕习至难。且佛是大师，尚随缘行教，与苍生缘尽，终不力为。"

信心是指对行为成功及其相应事物的发展演化犹如预盼的信任程度。信心表现为对实现行为任务目标成败的外在感知、情绪反应、外在意识。信心以对行为的心理作用效能程度从低到高可分为自我效能感、集体效能感、行为业绩感三个层次，其中低层次的信心被包含于高层次的信心之中。行为态度和行为信心在任务目标上的对立统一会形成个体的士气，或称之为积极主动性。

苏轼说："古之成大事者，不惟有超世之才，亦必有坚忍不拔之志"。坚定的信心是决心长期持有的前提。巴菲特早就发现，长期持有一只股票数年甚至数十年，收益率远远遍于短线频繁买卖数百只股票。在巴菲特的投资生涯中，他之所以决心长期持股不动，关键在于他对长期投资非常有信心。这种信心并非空中楼阁，而是建立在对所投股票以及企业的详细分析基础之上，是结合公司盈利能力、运营能力和市场地位得出的最终结果。长期投资就好比是一场马拉松比赛，是一个漫长的过程。在持某只股票期间，股票难免会出现上下波动的情况，这时不仅需要投资者有决心与信心，更需要耐心。要等着一只股票出现自己期望的业绩，常常是一个漫长的过程，少则一两年，多则五年十年。伟大都是熬出来的。

2020年新冠疫情之下4个月富豪榜出现新变化。巴菲特财富缩水上千亿，成最大输家。在疫情爆发的头两个月，大家都失去了很多的信心。

巴菲特在谈及经济前景时表示，自己对于新冠病毒疫情的了解和大家一样多，没有更多的信息。但情况应该不会更坏了。2008年，很多行业出现了脱轨，如今隔离措施让这一幕重演。历史上美国经历了古巴导弹危机、9－11事件和2008年金融危机等，"没有什么能够阻挡美国，美国的奇迹，美国的魔力还将继续下去。"

巴菲特称，即使在最可怕的情况下，也没有什么能阻止美国。它经受住了"大萧条"的考验，现在可能在某种程度上也是考验。最终，答案是绝不做空美国。就像在1789年一样，甚至在内战和大萧条最严重时也是如此。从11岁买入第一只股票起，自己一直相信美国的未来。

2008年10月17日，巴菲特在《纽约时报》上发表了一篇题为"我在买入美股（"Buy American. I Am."）"评论文章。他写道："在20世纪当中，美国克服了太多的挑战——两次世界大战，以及其他各种代价不菲、留下了深深伤痕的军事冲突；大萧条；大约十多次衰退和金融恐慌；多次石油危机；一次大规模流感，还有一任总统因为弹劾辞职。"

巴菲特的文章成为了他们团结一致，对困难宣战的檄文。巴菲特立场坚定，明言自己绝不会坠入恐慌。他申明，还会继续投资美国企业和资产。

股神巴菲特，其神一般的地位，得益于其几十年如一日的坚守、洞察秋毫的眼力、科学严谨的态度、锲而不舍的精神，还有固若磐石、贵比黄金的信心！

四、恪守信念

（一）信念是立命之本

信念是指，认为是事实或者必将成为事实，对事物的判断、观点或看法,近义于观念。信念、情绪、欲望是意念的三大属性,但意念却并不是信念。

信念是人的认识、情感、意志的统一体或"合金"。信念中包含有一定的认识。信念不是仅仅深藏于人的内心的东西,它要表现为行为和实践意志。在信念的鼓舞下,人们的意志是坚强的,行为是坚决的,而且始终不渝。

信念是人们在长期的人生实践中逐步形成的,其中积淀了一个人多年的生活经验,包含了社会环境对他的长期影响。信念一旦形成,是不会轻易改变的。信念的稳定是人格可靠的表现。一个随意改变自己信念的人,是没有原则的、不可信赖的人。一个人所拥有的许多信念的大小和层次是不同的,有的处于最高的层次,有的处于中间层,还有的处于最低层。它们各安其位,形成有序的信念系统。其中,高层次的信念决定着低层次的信念,低层次的信念服从于高层次的信念。

(二)信念战无不胜

褚时健是王石非常敬佩的一位企业家。从监狱出来之后,73岁的褚时健带着老伴到哀牢山创业。

"我问他,种的成苗什么时候能够挂果? 他告诉我六年,去的时候是2004年,再去的时候已经是2010年了,他就90岁了。"王石说,"这样一个大起大落,曾经是那样的辉煌,又那么遭难的人,他却是这样的告诉我,80岁之后的状态应该是什么样,我非常感慨,这对我是非常有启发的。人在最困难的时候不是看他的高峰,而是看他由高峰跌到低谷的反弹力,这就是我在褚时建老先生身上所感受到的……"

所以,我们每一个投资人都要有明确坚定的信念。没有信念,我们就不能坚持,就不能立足。信念,让人战无不胜。

投资很难赚到你不信的那份钱。对一个公司没有充分的信心,最多只能赚到财务数据直接相关的那点儿钱;再远点长点的钱是不可能赚到的。对国家未来从心底悲观,那么最多赚到几个波段的小聪明的钱,要赚大钱也很难了。格局、历史感这些东西在99%的时候都很虚,但在1%的重要决策时刻往往就是强大信念的真正支撑点。

五、守望信仰

"信仰"一词最早出现于佛教典籍唐译《华严经》:"一切仙人殊胜行,人天等类同信仰,如是难行苦行法,菩萨随应悉能作。"据考证,《魏书》:"亡父既见赤虎之信,仰感圣朝远遣妻子,又知天命有归,拥众一万"中,并无"信仰"一词。"信仰"又作仰信,谓"对佛、法、僧三宝不疑而钦仰之";也就是对佛、法、僧三宝之崇信钦仰。

在原始意义上,也可指天地信仰与祖先信仰。据现代人类学、考古学的研究成果,人类最原始的两种信仰:一是天地信仰,二是祖先信仰。万物本乎天,人本乎祖,天地与祖先是人类、万物之根本。天地信仰和祖先信仰的产生是源于人类初期对自然界以及祖先的崇拜。

信仰,亦指对某种思想或宗教及对某人某物的信奉敬仰。哲学意义上,信仰即是你的信任所在;信仰又与信任不同,信仰同时是你价值的所在。

信仰是人们对生活所持的某些长期的和必须加以捍卫的根本信念。不管科学技术发展到何等程度,人的有限性是不会改变的。人类在欲知和未知、在有限和无限之间的鸿沟,与他们的祖先相比,缩小的幅度可能远没有想象的那么大。在这道鸿沟里,既生出希望,也生出恐惧,这就给信仰留出了地盘。

信仰是为了超越,超越一切有限,惟此才能真正成为弥补人自身局限性的希望。

信仰确立了个体的人生意义和价值标准,也成为个体毅然前行的巨大动力。反之,信仰的缺失将使人生变得迷惘彷徨、缺乏动力。

(一)乔布斯创新信仰:stay hungry stay foolish

这句名句摘自于乔布斯令人难忘的斯坦福演讲:我年轻的时候,有一本令人惊叹的杂志叫作《全球概览》,是我们那一代人的圣经之一,它是理想主义的,里面有很多极棒的工具和伟大的想法。当这本杂志走完了自己的旅程,他们出版了最后一期,封底有一行字:保持饥饿,保持愚蠢(Stay Hungry. Stay Foolish. 这是他们离开时的告别。求知若饥,虚心若愚。我一直希望自己是这样。

史蒂夫经常指出,苹果和其他所有计算机公司的最大区别在于,苹果一直设法嫁接艺术与科学。乔布斯指出,研究 Mac 的初始团队拥有人类学、艺术、历史和诗歌等学科的教育背景。这对苹果产品脱颖而出一直很重要。这是 iPad 与它之前或之后所有平板电脑的区别。这是一种产品的外观和触觉,是它的灵魂。

乔布斯说,大多数人听不到心底的声音。他有一颗不安分的心,总是匆匆忙忙,怀着计划。当他最初看见图形用户界面（GUI）的例子,他知道这是计算的未来,他必须把它造出来。

stay hungry stay floolish。践行这样的信仰,乔布斯的创新事业步步为营、走上颠峰。

（二）巴菲特的投资信仰:价值投资

巴菲特是有史以来最伟大的投资家。他依靠股票、外汇市场的投资成为世界上数一数二的富翁,他倡导的价值投资理论风靡世界。价值投资并不复杂,巴菲特曾将其归结为三点:把股票看成许多微型的商业单元;把市场波动看作你的朋友而非敌人;购买股票的价格应低于你所能承受的价位。

价值投资是一种常见的投资方式,专门寻找价格低估的证券。不同于成长型投资人,价值型投资人偏好本益比、帐面价值或其他价值衡量基准偏低的股票。巴菲特价值投资包含六项法则:

其一,竞争优势原则。好公司才有好股票,那些业务清晰易懂,业绩持续优秀并且由一批能力非凡的、能够为股东利益着想的管理层经营的大公司就是好公司。

其二,现金流量原则。新建一家制药厂与收购一家制药厂的价值比较。价值评估既是艺术,又是科学:越赚钱越值钱、越保守越可靠、越简单越正确。采用股东权益报酬率、帐面价值增长率来分析未来可持续盈利能力的。

其三,“市场先生”原则。在别人恐惧时贪婪,在别人贪婪时恐惧。市场中的价值规律:短期经常无效但长期趋于有效。

其四,安全边际原则。安全边际就是"买保险":保险越多,亏损的可能性越小。安全边际就是"猛砍价":买价越低,盈利可能性越大。安全边际就是"钓大鱼":人越少,钓大鱼的可能性越高。

其五,集中投资原则。集中投资就是一夫一妻制:最优秀、最了解、最小风险。集中投资就是计划生育:股票越少,组合业绩越好。集中投资就是赌博:当赢的概率高时下大赌注。

其六,长期持有原则。长期持有就是龟兔赛跑、海誓山盟,与喜欢的公司终生相伴、白头偕老。

还有,如:微软的"予力全球每一个人,每一个组织,成就不凡,技术的全面化和个性化,同理心";丰田的"好产品、好主意、彻底节俭";三星的"质量第一、技术第一、理念第一";华为的"以客户为中心,以奋斗者为本。把数字世界带入每个人、每个家庭、每个组织,构建万物互联的智能世界";腾讯的"以客户为依归,科技向善";新希望六和的"为耕者谋利,为食者造福";等等。无论是国外还是国内的领先企业,它们都拥有非常清晰的经营理论,也就是它们的信仰。这些信仰,帮助它们能够面对危机、面对变化、面对挑战,持续成长。

投资到最后,比的是信仰,看谁更清晰;竞争到最后,竞的是信仰,看谁更坚定。

第四节　守险之道

《左传·襄公十八年》:"不能战,莫如守险。"

风险是一种损失机会或损失的可能性;这意味着有损失机会存在就有风险存在。风险是一种损失的不确定性。这种不确定性又可分为客观的不确定性和主观的不确定性。风险是一种可能发生的损害。这种损害的幅度与发生损害的可能性的大小共同衡量了风险的大小。当损害的幅度大,发生损害的可能性也大时,风险就大,反之风险就小。

风险是一种不能预期的结果。这种未知结果可能是有利的好结果,也可能是不利的坏结果。在保险学中,风险被分为两大类,一类是纯粹风险,另一类是投机风险。纯粹风险是一种只有损失机会的风险,而投机风险则是一种既有损失机会也有盈利机会的风险。在投资分析中,由于损失与盈利总是相互关联的,所以在投资领域主要涉及的是投机风险。

风险与财富遵循着令人迷惑的"圆圈定律"。圈内面积越小,意味着你掌控的财富越少,那么圆圈所代表的财富损失的风险也越小;反之则反是。同样的道理,圈内的财富越多,那圆圈代表的责任也就越大,你应尽的社会义务也就越多,这就表明财与险、富与贵的辩证关系了。后面还会讨论到。

守险,据守险要之地。本文的"守险",主要指守住风险隐患不要发生。如本杰明·格雷厄姆所言:"投资管理的本质是风险管理而不是收益管理。"

个人投资者所遇风险种类主要有市场风险、操作风险、信用风险、法律风险、声誉风险等,而风险管理内容则主要包括风险意识、风险识别、风险度量、风险防控、风险处置等。这样一横一纵两个维度结合起来,就构成了矩阵式守险廿五宫格(如下图所示)。

守险"廿五宫格"

	市场风险	操作风险	信用风险	法律风险	声誉风险	——
风险意识						
风险识别						
风险度量						
风险防控						
风险处置						
——						

一、风险意识

风险意识是指企业对风险的感受、认识和由企业利益与风险之间的关系而产生的对技术创新风险的态度。

风险意识包括两个方面的内容:一是人们对风险现象所持有的理解与态度;二是人们对风险现象的理论认识与把握。这两个方面既相互区别又相互联系。就区别而言,前者是对风险低层次的非系统的把握,主要属于社会心理的方面,在人类社会形成伊始它就出现了;后者则是对风险的系统化理论化的反映和把握,它是社会生活的风险发展到一定阶段才出现的观念。

有人小时就重病,医生不看好,但一生与病魔斗争,严格自律、谨慎看守,直到自然终了。如果不当回事,大而化之、听之任之,发展下去多半是不可收拾、不得善终。可见,风险意识对于防病防灾是多么重要。

考研当中,外语与政治是两门必考科目。有一现象令人费解:外语考得好的,往往非外语系学生,政治呢也并非政治专业考生(可能外语系的政治考得更好)。过去不理解,现在明白了,就是风险意识起作用了。外语系考生跨专业考研,最担心的是政治或其他专业课程,对外语是信心满满、花时间极少的,最后考下来,有的外语恰恰考差了;政治类专业的考生自以为政治课程优势明显,自然花更多时间在外语等学科上,最后自己的强项往往考成了弱项。风险意识在发生作用,从意识到意念,潜移默化,润物无声,效果惊人。

增强风险意识,应该重点把握以下几点:一是正确认识风险本质。风险是与人类活动共存的,风险与发展是同时出现、不可分割的;社会是发展的,环境是变化的,所以,风险是不断变化的;风险与发展诉求是成正比的。二是以积极的态度对待风险。既然风险是伴随共存的,在选择机遇的同时也就选择了风险,那么不仅是可以规避的,而且是可以选择和利用的。三是风险意识应融入投资管理过程中。要大力培育和塑造良好的风险管理文化,树立正确的风险管理理念,增强风险管理意识,并转化为自觉行动。

巴菲特的风险意识很强。他说:只有当潮水褪去的时候,你才知道谁在裸泳。他提醒年轻人:安全第一,赚钱第二,没有安全保证,是无法获得利润的。因此,掌握安全边际是很重要的。

（一）马谡风险淡漠失街亭

公元 228 年，诸葛亮为实现统一大业，发动了一场北伐曹魏的战争。

突袭魏军据守的祁山，任命参军马谡为前锋，镇守战略要地街亭，再三嘱咐马谡："街亭虽小，关系重大。它是通往汉中的咽喉。如果失掉街亭，我军必败。"并具体指示让他"靠山近水安营扎寨，谨慎小心，不得有误"。

马谡到达街亭后，不按诸葛亮的指令依山傍水部署兵力，却骄傲轻敌，自作主张地想将大军部署在远离水源的街亭山上。当时，副将王平提出："街亭一无水源，二无粮道，若魏军围困街亭，切断水源，断绝粮道，蜀军则不战自溃。请主将遵令履法，依山傍水，巧布精兵。"

"吉尔伯特法则"提示，真正危险的事，是没有人跟你谈危险。马谡不是，他咎由自取。在受到多次风险提示后，他仍不听劝阻，固执己见，将大军布于山上。最终大败而回。街亭之战失败，令到第一次北伐功败垂成。

大意失街亭，损军折命。马某风险意识淡漠、纸上谈兵、不接地气、不听劝告，是惨败的致命原因。

（二）投资首要保本

"别人恐惧我贪婪，别人贪婪我恐惧"出自股神巴菲特。其意思是：当大家都贪婪时说明行情已走到尽头不远了，所以我应该有恐惧感，并尽快退出来，保持胜利成果；而由于行情长期的持续低迷，使得大家都心有余悸、不敢贸然进入时，我应该勇敢进入，从而获得很好的利润。

2020 年初的新冠疫情影响很大，巴菲特的投资也深受打击。

作为重仓板块，银行股和航空股成为了拖累伯克希尔投资表现的重要因素。最新财报显示，各大行普遍出现营收、利润双降，同时坏账拨备大幅增加的情况，零利率环境下净息差压力有所增大。虽然在美国国会此前通过的刺激法案中，航空公司将获得 250 亿美元的援助，确保在 9 月 30 日之前不出现裁员的情况。但经济复苏的不确定性为行业前景蒙上阴影。

伯克希尔已经卖出了美国四大航空公司的全部股票。疫情之下航空业务发生了很大的变化,航空公司股价大幅下跌。尽管拥有充足的现金流储备,伯克希尔依然在积极融资,在 2 月发行 10 亿欧元债券之后,4 月初发行 18 亿美元的日元债券。对此,芒格给出的解释为,"当有史以来最严重的台风来临时,我们就像船长一样,只想度过台风,宁愿带着大量的流动资金走出困境。"

索罗斯以他毕生的经验告诫人们:"承担风险无可指责,但千万不要孤注一掷。"风险骤然来临,就要立即反应,当断则断,不能有任何侥幸心理。这恰恰是风险意识强的表现。

二、风险识别

风险的识别和评估是风险控制流程的起点。

在具体识别风险时,需要综合利用一些专门技术和工具,以保证高效率地识别风险并不发生遗漏。这些方法包括:德尔菲法、头脑风暴法、检查表法、SWOT 技术、检查表和图解技术等。

德尔菲技术是众多专家就某一专题达成一致意见的一种方法。项目风险管理专家以匿名方式参与此项活动。主持人用问卷征询有关重要项目风险的见解,问卷的答案交回并汇总后,随即在专家之中传阅,请他们进一步发表意见。此项过程进行若干轮之后,就不难得出关于主要项目风险的一致看法。

头脑风暴法的目的是取得一份综合风险清单。头脑风暴法通常由项目团队主持,虽然也可邀请多学科专家来实施此项技术。在一位主持人的推动下,与会人员就项目的风险进行集思广益。可以以风险类别作为基础框架,然后再对风险进行分门别类,并进一步对其定义加以明确。

SWOT 分析法是一种环境分析方法。所谓的 SWOT,是英文 Strength(优势)、Weakness(劣势)、Opportunity(机遇)和 Threat(挑战)的简写。

检查表(Checldist)是管理中用来记录和整理数据的常用工具。用它进行风险识别时,将项目可能发生的许多潜在风险列于一个表上,供识别人员进行检查核对,用来判别某项目是否存在表中所列或类似的风险。检查表中所列都是历史上类似项目曾发生过的风险,是项目风险管理经验的结晶,对项目管理人员具有开阔思路、启发联想、抛砖引玉的作用。

图解技术包括:鱼骨图,用于识别风险的成因;系统或过程流程图,显示系统的各要素之间如何相互联系以及因果传导机制;影响图,显示因果影响;等等。

三、风险度量

风险管理的基础是度量风险,而选择合适的风险度量指标和科学的计算方法是正确度量风险的基础,也是建立一个有效风险管理体系的前提。风险测度就是各种风险度量指标的总称。

风险测度理论的发展大致经历了三个阶段:首先是以方差和风险因子等为主要度量指标的传统风险测度阶段;其次是以现行国际标准风险测度工具 VaR 为代表的现代风险测度阶段;最后是以 ES 为代表的一致性风险测度阶段。

风险衡量也称风险估测,是在识别风险的基础上对风险进行定量分析和描述,即在对过去损失资料分析的基础上,运用概率和数理统计的方法对风险事故的发生概率和风险事故发生后可能造成的损失的严重程度进行定量的分析和预测。

通过风险衡量,计算出较为准确的损失概率,可以使风险管理者在一定程度上消除损失的不确定性。对损失幅度的预测,可以使风险管理者了解风险所带来的损失后果,进而集中力量处理损失后果严重的风险,对企业影响小的风险则不必过多投入,可以采用自留的方法处理。

某司"某品"事件暴露风险测度上存在的瑕疵。除了产品设计和运营本身存在缺陷外,其在风险测度上存在漏洞。机构投资者对已经存在的市场流动性风险视而不见。当年 4 月中旬,大部分的产业客户、机构投资者和散户都已经从 5 月合约中撤离,该合约的流动性已经快速枯竭,这让该司的持仓变得格外突兀。对于必须要执行的交易,需要时刻评估可能面临的流动性风险。

机构投资者漠视市场环境的改变,风控部门和具体操作人员没有做出应有的任何风险应对措施,而且还在继续引导投资者购买产品。在正常的情况下,"某品"可以在现行的规则下运行,只是移仓成本可能会偏高。但由于新冠危机带来的国际原油需求大幅下降,库存迅速上升,市场格局出现了很大的变化。早在4月初已经开始有了关于负油价的讨论。相对于布伦特原油,美国市场需求低迷、库容不足的情况更为严重,这也不是最近刚刚出现的情况,而"某品"正是在 WTI 原油上出现了问题……

"损失规避法则"显示,人们会为了避免损失而承受更多风险,但在面临同样数量收益时很少会鼓起勇气去承受风险,而且人们对损失的敏感远远超过对收益的渴望。我们在风险度量时,要注意这一法则的影响,对面临风险进行客观衡量。

四、风险防控

风险防控是企业经营管理过程中的一个重要环节。风险控制是指风险管理者采取各种措施和方法,消灭或减少风险事件发生的各种可能性,或者减少风险事件发生时造成的损失。所有人都知道预防比治疗更重要,但预防只得到很少的奖赏(《黑天鹅》作者,纳西姆·尼古拉斯·塔勒布)。

风险控制的方法:风险回避、损失控制、风险转移和风险保留。

一是风险回避,是投资主体有意识地放弃风险行为,完全避免特定的损失风险。

二是损失控制,是制定计划和采取措施降低损失的可能性或者是减少实际损失。控制的阶段包括事前、事中和事后三个阶段。

三是风险转移,是指通过契约将让渡人的风险转移给受让人承担的行为。通过风险转移过程有时可大大降低经济主体的风险程度。风险转移的主要形式是合同和保险。

四是风险保留,即风险承担。风险保留包括无计划自留、有计划自我保险。

中国民企平均存活 2.5 年,原因很多,总体上说,还是风险控制上做不到位,一出问题就不能承受。这些风险包括:哥们式合伙,仇人式散伙,合伙者们以感情和义气去处理相互关系;盲目崇拜社会关系;迷信"外来的和尚会念经";企业支柱亲信化;沉迷于商业式迷信;习惯性信用缺失;匪文化心态,阶级斗争企业化;沉湎酒色;投资冒险主义、经验主义、极端主义;热衷潜规则;不学无术、附庸风;等等。多数民企控制不了这些风险点,是他们走不长远的根因。可见,加强风险防控是多么重要。

巴菲特一再强调:"第一,尽量避免风险,保住本金;第二,尽量避免风险,保住本金;第三,坚决牢记第一、二条"。并且奉劝人们,要远离杠杆融资,因为"没有人因不借钱而破产"。

"蓝斯登原则"告诫我们,上去时要想好下来时的路。唯进退有度,才不至于进退维谷;宠辱皆忘,方可以宠辱不惊。风险防控是我们财富管理全程必修课,来不得半点马虎。

五、风险化解

要防范并化解财务风险。一是认真分析财务管理的宏观环境及其变化情况,提高适应能力和应变能力,并制定多种应变措施,适时调整财务管理政策和改变管理方法。二是不断提高风险意识,将风险防范贯穿于财务管理工作的始终。三是防止因决策失误而产生的财务风险,尽量采用定量计算及分析方法并运用科学的决策模型进行决策,对各种可行方案要认真进行分析评价。四是理顺企业内部财务关系,做到责、权、利相统一,真正做到权责分明,各负其责。

要通过控制投资期限、投资品种来降低投资风险。应该采取分散投资的策略,选择若干种股票组成投资组合,通过组合中风险的相互抵销来降低风险。在对股票投资进行风险分析时,可以采用 β 系数的分析方法或资本资产定价模型来确定不同证券组合的风险。β 系数小于1,说明它的风险小于整个市场的平均风险,是风险较小的投资对象;反之,就是风险较大的投资对象。

通过某种手段将部分或全部财务风险转移给他人承担,包括保险转移和非保险转移。非保险转移是指将某种特定的风险转移给专门机构或部门,如将一些特定的业务交给具有丰富经验技能、拥有专门人员和设备的专业公司去完成;在对外投资时,企业可以采用联营投资方式,将投资风险部分转移给参与投资的其他企业;对企业闲置的资产,采用出租或立即售出的处理方式,可以将资产损失的风险转移给承租方或购买方。保险转移即企业就某项风险向保险公司投保,缴纳保险金。

第五节　守拙之道

一、理论思考

封建士大夫自诩清高,不做官,清贫自守,叫守拙。安于愚拙,不学巧伪,不争名利。

晋陶潜《归园田居》诗之一:"开荒南野际,守拙归园田。"

宋欧阳修《辞宣徽使判太原府札子》:"大抵时多喜於新奇,则独思守拙;众方兴於功利,则苟欲循常。"

《红楼梦》第八四回:"安分随时,自云'守拙'"。

《易经》共有六十四卦,其中第十五卦是谦卦。六十四卦中只有谦卦是六爻全吉,其余都是有好也有坏,有吉也有凶。可见《易经》十分重视谦德,"大足以守天下,中足以守其国家,近足以守其身,谦之谓也"。《易经·谦卦》:"谦谦君子,卑以自牧"。"牧"是守的意思,"卑以自牧"就是以谦卑自守,以谦卑的姿态守住低处。

《老子》:"见素抱朴,少私寡欲。"老子说:"上善若水。"水性趋下,与物无争,向低处流。为人处事也要如此,低调平静,谦下自处,时刻保持谦虚卑下的态度。谦退,以退为进。水看似柔弱,但是"滴水穿石";谦退看似柔弱,其实是以退为进,以柔克刚。老子认为,人应该顺应自然,使生活清静坚守不变,才能真正回归生命的本色。面对尘世喧闹,抱以最平静的眼光与心态去观赏、品味。"不以物喜,不以己悲",不计较成败得失,不看重功名利禄与名誉地位,只追求生命的本质,做最真实的自己。

"蜘蛛定理"显示,如果提前进行了科学有效的布局,在接下来的时间里,只需静静守候,就将有预料中的收获。守拙,是一种方法,更是一种信念、一种精神。罗伯·舒勒提醒人们要认识到守拙的重要性:"绝对不要在冬天砍树,绝对不要在低潮时做出负面的决定。要有耐心,暴风雨终究会过去。"

二、策略思考

(一)守拙要守出"愚公移山"的"愚"劲

《愚公移山》是战国时期思想家列子创作的一篇寓言小品文。文章叙述了愚公不畏艰难,坚持不懈,挖山不止,最终感动天帝而将山挪走的故事。通过愚公的坚持不懈与智叟的胆小怯懦,以及"愚"与"智"的对比,表现了中国古代劳动人民的信心和毅力。

> 太行、王屋二山,方七百里,高万仞,本在冀州之南,河阳之北。
>
> 北山愚公者,年且九十,面山而居。惩山北之塞,出入之迂也。聚室而谋曰:"吾与汝毕力平险,指通豫南,达于汉阴,可乎?"杂然相许。其妻献疑曰:"以君之力,曾不能损魁父之丘,如太行、王屋何?且焉置土石?"杂曰:"投诸渤海之尾,隐土之北。"遂率子孙荷担者三夫,叩石垦壤,箕畚运于渤海之尾。邻人京城氏之孀妻有遗男,始龀,跳往助之。寒暑易节,始一反焉37。
>
> 河曲智叟笑而止之曰:"甚矣,汝之不惠!以残年余力,曾不能毁山之一毛,其如土石何?"北山愚公长息44曰:"汝心之固,固不可彻,曾不若孀妻弱子。虽我之死,有子存焉;子又生孙,孙又生子;子又有子,子又有孙;子子孙孙无穷匮也,而山不加增,何苦而不平?"河曲智叟亡以应。
>
> 操蛇之神闻之,惧其不已也,告之于帝。帝感其诚,命夸娥氏二子负二山,一厝朔东,一厝雍南。自此,冀之南,汉之阴,无陇断焉。

此文反映了中国古代劳动人民改造自然的雄伟气魄,表现了中国古代劳动人民的信心和顽强毅力,说明了要克服困难就必须守拙不辍、坚持不懈的道理,对人们有很大的启发。

(二)守拙要守出屠呦呦的"倔"劲

中共中央总书记、国家主席、中央军委主席习近平:"以屠呦呦研究员为代表的一代代中医人才,辛勤耕耘,屡建功勋,为发展中医药事业、造福人类健康作出了重要贡献"。

诺贝尔生理学或医学奖评委会秘书长沃尔本·林达勒:"屠呦呦不论是从学术上还是生活上都是一个很了不起的人。作为获奖人,她的经历是独一无二的"。

中国工程院院士、中国中医科学院院长张伯礼:"屠呦呦老师多年艰苦奋斗、执著地进行科学研究,围绕国家需求,克服困难、一丝不苟,取得了令人瞩目的成绩"。

中医药界:"春草鹿呦呦:青蒿一握,水二升,浸渍了千多年,直到你出现。为了一个使命,执着于千百次实验。萃取出古老文化的精华,深深植入当代世界,帮人类渡过一劫。呦呦鹿鸣,食野之蒿。今有嘉宾,德音孔昭"。

……

以上是人们给予屠幼幼教授的崇高评价,都肯定了她在科研上的"倔"劲。屠教授的"倔",是一种守拙深耕的精神。

(三)守拙要守出"庆云馆"跨越千年的"韧"劲

庆云馆被吉尼斯纪录为世界最古老的酒店,馆名是根据日本天武、元明两天皇时代的年号"庆云"而命名的。公元 705 年,某家族在河流沿岸发现了涌出的温泉,以此创建了这家旅馆,经营到现在已是第 52 代继承人。此温泉自古以来就远近闻名,甚至还存留着武田信玄和德川家康等曾经到访过的记载。其涌出的温泉量每分钟达到了 400 升,以世界第一涌出量的温泉著称。

庆云馆跨越午年,有太多的挑战、威胁,凭着这股韧劲,挺过来了;有太多的诱惑,也是凭着这股韧劲,熬过来了;有太多环境变迁和后继者个人倾向变化带来的冲突,还是凭着这股韧劲,硬是一代一代传下来了。

今天我们感叹的不是庆云的具体业态和技术有多么了不起和深不

可测。我们感叹的是:坚守的力量,实在可怕;坚守的人,令人敬仰。

（四）守拙要守出曾国藩"扎硬寨、打呆仗"的"呆"劲

曾国藩打仗,喜欢"结硬寨,打呆仗"。具体而言,就是不论和谁打仗,去了城池外先勘察地形,选好扎营地,挖壕沟、扎花篱,把自己与敌方隔离开来。寨子一旦结成,既可以防止偷袭,也可以防止骑兵冲锋,注定要把敌方给困死的。湘军因为有了"硬寨",进可攻、退可守,已立于不败之地。处在不败之地,又不急于求成和进攻,重在防守,依托挖沟扎篱"结硬寨",不进攻,只守着,把敌方围困至弹尽粮绝,就是所谓的"打呆仗"。清末骁勇善战的太平天国军队遇到这种打法,也没辙。看似愚笨的"结硬寨,打呆仗",显现出巨大威力。

（五）守拙要守出名家世代相传的"厚"劲

自古以来,中华民族是非常注重家庭教育,重视家风传承。家训是我国家庭教育所特有的一种文献形式,是我国古代历代家长为了教育子女而专门撰写的训诫、家规、家书等,这些家训往往浓缩作者丰富的人生体验,饱含深厚的爱子之情,具有广泛而深远的教育意义。中国传统四大家训是《孔子家语》、《司马光家训》、《颜氏家训》及《曾氏家训》。这些世家名门的家庭教育的经验和文献经过漫长历史演化,早已从一家一族的训示,繁衍成为全社会乃至中华民族的优良文化,而其中渗透着的一些有关家庭教育的内容与方法仍闪烁着智慧的光芒。

《孔子家语》共二十七卷,为孔子门人所撰。书中详细记录了孔子与其弟子门生的问答和言谈行事,是研究儒家思想的重要资料。《孔子家语》中的名句格言:"仁义在身而色不伐,思虑通明而辞不专",意即:一个人若有仁义之心,就不会自我夸耀;考虑问题若能明辨是非,通达事理,说起话来就不会自以为是。"树欲静而风不止,子欲养而亲不待",意即:树想要静止,风却不停的刮动它的枝叶。树是客观事物,风是不停流逝的时间,比喻时间的流逝是不随个人意愿而停止的。多用于感叹人子希望尽孝双亲时,父母却已经亡故。

司马光家训主要著作包括:《家范》《居家杂仪》和家书《训子孙文》《训俭示康》《与侄书》等等组成。《家范》采集了诸多历史人物大

家的典型事例,全书共十卷十九篇。涉及治家、修身、平天下的内容。
《居家杂仪》规定了居家生活的礼节和范式共二十一则,是传统家庭礼
法读本,对家庭每位成员的角色定位,行为准则有明确的规定。"积金
以遗子孙,子孙未必能守;积书以遗子孙,子孙未必能读;不如积阴德于
冥冥之中,以为子孙长久之计。"司马光的家训在今日而言,对很多为
人父母者仍有积极的参考和借鉴意义。

正由于名门家训的传承,传统文化中的仁义礼智信、忠孝节义、礼
义廉耻、修身齐家治国平天下的人文思想和人伦美德才得以流传。

(六)守拙要守出老干妈的"辣"劲

老干妈坚决不上市。陶华碧解释:"上市,融资,这些鬼名堂就是
欺骗人家的钱,有钱你就拿,把钱圈了,喊他来入股,到时候把钱吸走,
我来还债,才不干呢。你问我要钱,没得,要命一条。我只晓得炒辣椒,
只干我会的。"

老干妈不需要上市,也没动机上
市。老干妈的守拙,让人闻到了一股
子火辣味。极度的坚守,背后是极度
清晰的思路和极度满满的自信。陶华
碧对老干妈的定位很明确,那就是专
产辣椒酱,把一件产品做精再做精,正

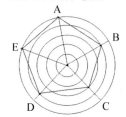

守富之"元角分"模型

A:守成
B:守险
C:守规
D:守信
E:守拙

是她的这种精益求精的精神,才让她收获了今日的成就。老干妈的账
务非常简单,企业没有债权融资,所有资产都是所有者权益,两个儿子
分别持股51%和49%,公司资产100%属于陶华碧一家。

陶华碧在业界也有很好的信誉。她教育儿子,千万不要入股、控
股、上市、贷款,这样才能保证子子孙孙做下去。陶华碧的这四条训子
要求,基本上保证了老干妈对资本市场的隔绝性。

本章小结:守富之道,贵在尚法

综上所述,财富创造难、保护更难。守富也是一个系统工程,集守

成、守险、守信、守规、守拙于一体。这五守,角度不同,背后逻辑是一致的,就是以法为尊,按章办事。

有章法可循,是至关重要的事情。守富之道,贵在尚法。

"法"强调的是底线思维。守险之道,包括风险意识、风险识别、风险度量、风险防控、风险化解,从意识到识别、度量,再到防控与化解,拉起了一条抗险底线。守住这条底线,就等于守住了风险。而这在财富管理全程中都是刻不容缓、至关紧要的。守拙之道,强调的是要经得起诱惑,保持定力,坚定对过往成熟的经营模式和经验的信心,不抛弃、不放弃,善于在新时期让传统经验发光发热、保持活力。

"法"强调的是红线思维。守规之道包括遵守规章、遵循规律、尊重规则、遵从规矩、尊崇规范。这五大"规",就是红线,也是碰不得的。违背了这些个"规",轻者吃亏栽跟头,重则断送前程甚至生命。

"法"强调的是主线思维。财富管理过程始终有一条主线,就是一个"信"字。人无信不立,财无信不久。守信之道包括固守信用、维护信誉、守护信心、恪守信念、守望信仰五个方面。可见,信用、信誉、信心、信念、信仰,由易到难,由低向高,一线相穿、贯通始末。同样,守成之道包括模式守成、财富守成、经验守成、商脉守成、品牌守成,也是将模式、财富、经验、商脉、品牌五个要素列到一块,一线串起、环环相扣。

"法"强调的是连线思维。守富之道"五位一体",守成、守险、守信、守规、守拙,虽各有侧重,但底盘相通,直指根本。将它们连接起来,自成一体,才能完整理解守富之道,真正将财富管理的守富环节各要求落地生根、马到功成。

守富之道"五位一体"框架

"富贵学"在论及此处时感喟到:守富之道,贵在尚法。依规循矩,趋利避殇。坚守底线,初心莫忘。市事难料,攻不厌防。

第六章　用富之道

着重考虑用富过程中的五个方面。包括:财富使用、财富备用、财富享用、财富转移和财富传承。

第一节　财富使用

用富过程中,财富使用是首先要考虑的,这是重复投资或扩大再生产的需要。

一、理论思考

马克思的《资本论》中的货币资本循环理论为我们理解财富使用提供了方向。货币资本的循环公式如下所示。

$$G — W < {Pm \atop A} \cdots P \cdots W_T — G_T$$ 　具体说来，就是:

货币 资本	— 商品 <	生产资料 劳动力	$\cdots$	生产 资本	$\cdots$	商品 资本	货币 资本
	购 (流通过程)		产 (生产过程)			销 (流通过程)	

购买阶段,资本家用货币资本购买生产资料和劳动力两种商品。生产阶段,被购买的生产资料和劳动力,在生产过程表现为不变资本和可变资本,它们结合起来生产出商品资本。这些产品一部分用于补偿资本,余下的便是剩余产品。销售阶段,商品必须全部卖掉,才能既补偿资本价值,又实现剩余价值。

《资本论》从资本的一切形式及其循环的统一性出发,正确地研究了资本在运动中所经过的各种不同阶段和在循环过程中所采取的各种不同形式。生产资本的循环公式是 $P\cdots W'-G'. G-W\cdots P$。商品资本的循环公式是 $W'-G'. G-W\cdots P\cdots W'$。这个公式的起点、通过点和终点都是商品。产业资本的循环是三种循环的统一。三种循环的共同点——它们都是经过三个阶段(购、产、销),只是顺序不同;因而它们都包含两个过程(生产过程和流通过程);并且只为了一个目的:价值增殖——占有剩余价值并进行积累。

《资本论》从个别资本的角度分析资本循环和周转的基础上,从社会总资本的角度来考察资本在流通中的形式变换和物质变换,也就是社会总资本的再生产和流通问题。

《资本论》研究社会总资本的再生产和流通。说明了货币资本的两点作用:其一,货币是资本运动过程的第一推动力;其二,预付资本任何时候都有一部分保持货币形式。

《资本论》分析社会再生产应从简单再生产开始,是扩大再生产的现实要素和物质基础。马克思考察社会再生产有两个前提:第一,从使用价值看,分为生产资料 Pm 和消费资料 Km,相对应分为第 I 部类和第 II 部类。第二,从价值看,总产品价值分为三个组成部分,即 $c+v+m$。

《资本论》分析扩大再生产,说明了积累和扩大再生产的含义、扩大再生产需要相应的货币积累条件和实物生产要素(生产资料和劳动力)条件、货币积累的来源等问题,重要的是从质上和量上以大量的具体数字分析了扩大再生产的前提条件和平衡条件。扩大再生产的平衡条件与简单再生产的相应条件是类似的。

马克思《资本论》关于社会再生产和资本积累的理论,对于我们理解财富使用具有很强的指导意义。

二、策略思考

(一)因地制宜

财富使用具体说来有很多不同的情形,包括重复使用、扩大使用、改变使用、升级使用、综合使用等等。

重复使用很简单,就是简单的重复,周而复始地将财富投入使用,一轮一轮地投入,一遍一遍地收获。过去农业社会就是这样的生产方式。一年四季,周而复始,人们日起而作,日落而息。简单生产,自给自足,一般情况下能满足家庭需要,但不再有多少可以积累的,一年管一年,年年如此。在相同的"土地"上坚守耕作,辛劳不辍。

扩大使用,相比于重复使用,是规模的扩大,经营范围的扩大,也是成果的扩大。类似于以往的畜牧业,打回的猎物一年比一年多,圈养的规模也就逐步扩大,收成也越来越大。这个逐步扩大的过程就是财富扩大使用的过程,积累的规模越来越大。

改变使用,是指在投资过程中,调整以往的投资模式、方式、范围等,这在财富使用过程中是经常遇到的事。要根据新的情况作出调整,尽量适应变化了的市场、政策和我们自身的需要。例如,过去投资股票,现在改投股权、基金了,甚至投资银行理财产品了,这些都是财富改变使用。

升级使用,是指在财富使用过程中,投资方式由低向高更上一个层级,投资的技术、难度等更高了,要求也更高了,投资的规模更大了,或者风险等级更高了等等,都是财富使用升级的表现。

综合使用,是上述各种使用形态的综合。一个成熟的财富管理者,往往根据实际情况,同时考虑横向扩大、纵向升级等多种方式,以达到收益提高、风险可控的投资目的。

(二)量力而行

投资人要重视财富使用的重要性,同时力度上要量力而行,把握好时机才行,不要盲目进行,随意扩大和改变升级也是不行的。以下以乐视的扩张为例进行说明。

乐视成立于2004年,创始人贾跃亭。乐视致力打造基于视频产业、内容产业和智能终端的"平台+内容+终端+应用"完整生态系统,被业界称为"乐视模式"。笔者稍微梳理一下乐视在不长时间里涉及到的投资领域,其驰骋市场标志性事件接连发生,令人目不暇接。如:

——乐视网。致力于打造基于视频产业和智能端的"平台＋内容＋终端＋应用"的完整生态系统,独有五屏终端(院线屏、电视屏、电脑屏、平板屏、手机屏),实现品牌全覆盖。

——乐视影业。2014年3月,乐视影业宣布未来三年的时间,将由电影公司转型为以分享电影文化价值为己任的互联网公司。

——乐视TV。乐视TV全称乐视致新电子科技(天津)有限公司,是国内A股创业板上市公司乐视网控股的子公司,是"平台＋内容＋终端＋应用"的乐视生态体系中的重要一环。

——乐视云计算。2014年1月27日,乐视网与乐视控股双方共同投资,正式成立"乐视云计算有限公司"。

——乐视体育。乐视网体育频道于2012年8月上线,为用户提供足球、篮球、网球、高尔夫等赛事的直播、点播和资讯的视频服务。

——网酒网。成立于2011年10月,隶属于乐视控股集团。

——花儿影视。东阳市花儿影视文化有限公司(以下简称花儿影视)成立于2006年11月29日,是一家集投资、策划、制作、发行于一体的专业性影视制作公司。

——乐视投资。乐视投资成立于2012年,是乐视网集团旗下的专业投资平台。

——乐视平台。在平台端,乐视公司构建起云视频开放平台和电商平台,

——乐视超级汽。宣布"SEE计划"。2014年12月9日上午10点,贾跃亭正式在微博上宣布打造超级汽车:"移动互联时代,汽车产业面临一场巨大革命。

——智能汽车UI系。2015年1月20日,乐视宣布乐视智能汽车(中国)公司成立。

——乐视NBA。乐视2014年2月27日和NBA中国达成合作,成为其官方互联网电视合作伙伴。

——乐视重庆广电。2014年7月23日,乐视网发布公告,宣布与重庆广播电视集团重庆广电、重庆有线电视网络有限公司签订了《战

略合作协议》。

——乐视国安。乐视体育与国安的合作始于 2016 年 1 月。2016
年 1 月 19 日,乐视宣布以 1 亿元冠名中超球队北京国安,球队随即更
名为"北京国安乐视队"。

……

乐视在较短时间里,经历了重复投资、扩大投资、改变投资、升级投
资、混合投资等多种财富使用形态。在不长的时间里,扩张太快、改变
过急、升级过猛、混合太杂。这正印证了马克思对资本家的画像:"一
有适当的利润,资本就胆大起来。如果有 10% 的利润,它就保证到处
被使用;有 20% 的利润,它就活跃起来;有 50% 的利润,它就铤而走险;
有 100% 的利润,它就敢践踏一切人间法律;有 300% 的利润,它就敢犯
任何罪行,甚至冒绞首的危险。"①

乐视是一个反面教材。财富使用一定要做到量力而行、循序渐进,
发展过快、过急,杠杆放的过多、过长,都是有风险的。弄不好可能前功
尽弃,一发而不可收拾。

第二节　财富享用

一、理论思考

(一)消费函数与消费经济学

消费函数是关于消费与收入关系的一种表述。它最先由 J·凯恩
斯 1936 年在《就业、利息和货币通论》一书中提出,即:可支配收入与
消费之间,存在相当稳定的关系,这个关系,可以表示为一个函数,称为
消费函数。凯恩斯认为,影响人们消费量的因素可以分为两大类:主观
因素和客观因素。主观因素包括人性之心理特征、社会习俗与社会制

---

① 《资本论》第 1 卷,《马克思恩格斯全集》第 23 卷,第 829 页。人民出版社 1972 年 9
月第 1 版。

度,而后二者在短时期内不会有重大变动。客观因素包括利率与财政政策的变动等,短期内也不会有太大改变。消费函数是一个较为稳定的函数,其形状取决于总收入和人的基本心理法则。人性的基本心理法则决定:当收入增加时,人们将增加消费,但消费之增加不如收入的增加快。这就是边际消费倾向递减规律。在一个经济周期内,消费与收入和就业量呈同增同减关系,但其波幅较后二者小。

凯恩斯理论假定,在影响消费的各种因素中,收入是具有决定性意义的因素,收入的变化决定消费的变化。随着收入的增加,消费也会增加,但是消费的增加不及收入的增加多。收入和消费两个经济变量之间的这种关系叫做消费函数或消费倾向。

消费经济学是研究一定社会条件下,人们在消费过程中结成的经济关系(即消费关系)及其发展规律的科学。消费关系包括不同居民集团以及不同消费者在消费过程中各自所处的地位及其相互关系,体现了消费水平、消费结构、消费方式等方面的差别和联系及其发展趋势;同时,从宏观来说,还包括社会消费水平、消费结构、消费方式等方面各自的发展和规律性等。

有关消费经济的论述,最早开始于西方。资产阶级经济学者在对社会生产过程进行考察时,对生产与消费的矛盾,个人消费与社会消费的作用,消费行为与消费者主权、消费结构、消费水平和发展趋势,消费政策等问题,都曾提出过各自的见解和论述。

社会主义消费经济学在中国作为一门独立的学科,基本形成于80年代初期,中国学术理论界开展了消费经济问题的研究,一批有关专著和教材陆续成书问世。但这门学科还处在初创时期,它的理论范畴和体系还有待进一步完善。

(二)共享理念

共享,这一发展理念有着坚实的理论基础。它之所以能够最终被确立为新时代我国的发展目标,主要得益于对马克思恩格斯早期有关思想的研究。

马克思恩格斯在设想未来社会时指出,未来的社会是共产主义的社会,是我们日后要为之奋斗的目标。马克思恩格斯站在这一立场上,对未来的社会进行展望,设想出以后的共产主义社会一定不是底层人民辛苦付出自己的劳动,继续为老板无休无止地工作加班,创造出大量的劳动产品、社会财富,最后却得不到任何回报,饱受剥削与压迫;一定是一个充满爱、自由和平等的新型社会,每个人各自劳动,共同享有发展成果。

新中国成立后,按照马克思恩格斯的理论,再结合我们国家当时的实际情况,实行了生产资料公有制。在毛泽东同志看来,私有制是人与人之间产生贫富分化的根源,在私有制条件下是不可能实现共同富裕的。

改革开放后,邓小平总结了过去经济发展的经验教训,提出"让一部分人先富起来"的论断,理论核心就是调动人们的生产积极性,提高效率,打破过去平均式的发展和分配方式。邓小平又提出了"两个大局"的论断,即让一部分人先富起来是一个大局;先富帮后富,这是另一个大局。第二个大局就是"共富"的思想,充分体现了"共享"的理念。

共享发展理念的现实意义:一是缩小贫富差距、维护社会稳定的重要保障;二是脱贫攻坚、实现全面小康的主要路径。

二、表现种种

(一)奢享

凡勃仑曾经给"奢享"一个经济学解释。他说:消费的另一个重要目的是给他人留下印象,也称之为炫耀性消费。消费花钱是为了让他们的朋友和邻居嫉妒,以及跟上其朋友和邻居的消费水平。但生活中有些消费,简直是穷奢极侈、令人发指,用"暴殄天物"都不足以形容。

石油带来的财富,让沙特王族们过上了常人不敢想象的奢靡生活。沙特专门有一套供养王室的"福利体系",这其中最大的开支是每位王室成员每月固定获得的一笔收入,地位高的每月补助达20万至27万美元。国王和部分王兄手上掌握着"非预算"项目,可以机动地拨款,每年开支约 100 亿美元。一些王室成员经常向商业银行借钱,但从来不还,以至于沙特 12 家商业银行陷入巨大亏空。

王室会客厅的背景中连抽纸盒都是黄金打造的,使用的椅子也全都是金光灿灿。除了厄加宫,沙特皇家贵族们在世界各地还有许多豪华住所。世界多地豪宅财产不用公开,沙特皇家的财富与这个国家内各种各样的资产相关联,估计总值可达 1.4 万亿美元(约合 8.74 万亿人民币)。已过世的老国王的资产总值约为 180 亿美元(约合 1125 亿人民币),100 名保镖护卫,自带的一艘豪华游艇和一间漂浮的"海上医院"。专享贵族学校,萨勒曼国王曾在利雅得的王子学校上学。这所神秘的学校由先前的某位国王成立,只供沙特王室子弟就读。拥有世界最大私人专机,建全球最高建筑。

阿勒瓦利德多年来在中东国家富豪中称雄;在《福布斯》杂志最新富豪榜上,他以 226 亿美元资产排名第 34 位。他于 2013 年起诉这家老牌杂志"诽谤",理由是后者在同年富豪榜中把他的净资产估值为 200 亿美元,"贬低"了他的身价,并且暗示王国控股公司的财务报告不够透明……

晚清政府腐败无能,面对列强的武力侵略,只能一退再退,最终丧权辱国,民不聊生。虽然当时天下已经战乱四起,但清王朝统治者却依然过着极尽奢华的生活,尤其是人称老佛爷的慈禧,讲究大排场,吃穿用度之铺张浪费,即使在今天看来也超出人们想象。

为了青春永驻,她想尽了办法,特地秘密建造了一所地下女士 SPA,为慈禧研发最新美容产品和各种保健品。

顿顿满汉全席,一大桌子上百道菜,由宫女捧着轮流上菜。绝大多数时候,这位清女主只在几道菜上动动筷子尝个几口,其他的原封不动都倒掉了。

资料记载,老佛爷平常只喝三种水,第一种是早晨花瓣上的露水。第二种是冬天的雪水。但是前者量太少,后者也只有冬天才有,所以除此之外,老佛爷还指定将京郊玉泉山中的泉水作为皇家贡水,民间不得饮用。史书还记载,慈禧喜好喝母乳,认为具有养颜嫩肤之功效,所以专门养了一群奶妈取奶。慈禧的奢华生活与国难当头形成了鲜明对比，她的种种腐败行为都被写入了史书之中，遭到了后世人们的唾骂。

今天，这类奢享的例子很多很多，不胜枚举。

（二）独享

古代盗墓多为父子，很少有非亲缘关系的人一起盗墓。这是为防止在洞口接活的人图财害命。常有盗墓者葬身古墓内。考古中，在古墓盗洞下看到的尸骨一般是盗墓者留下的。

先前的盗墓规则是，儿子先出来，在外接父亲。有的为图钱财将父亲丢在墓里独享财富。后来改了规则，父亲先出，儿子后出，这样就消灭了危险。可见，人性中财富独享的贪婪还是很重的。同时，盗墓这个极端的例子，是否足以表明，"独享"在很多时候，也是一些人的自然本性吧。

爱迪生对社会有很大的贡献。但他的自私和独享也格外突出。他从不捐钱，对工人苛刻之极。他对自己认为无利可图的发明，一概不理；但认为有商业价值的、就大量投资，日夜催促下属工作。他对发明后专利权的重视，也是少见。每次觉得外人可能偷用了他的发明，他就诉之于法。所以爱迪生的发明虽然有些是价值连城的，但他死时并不富有；主要原因是官司打得太多。有人作过估计，认为爱迪生所花的律师费超过了他发明专利权所得的收入。

有人在议论："乔布斯拥有社会的大量财富，却不去做慈善，是不是有点太自私了。"早在2000年，乔布斯就说过，自己拥有的财富是这辈子的责任，我觉得我应该要把他花完……

跟巴菲特、盖茨比起来，乔布斯在财富创造上毫不逊色，但在财富使用过程中有否有些"独"有余而"分"不足呢？

（三）分享

"宠利毋居人前，德业毋居人后。受享毋逾分外，修为毋减分寸"（洪应明《菜根谭》）。

《增广贤文》中说道："广厦三千，夜眠仅需六尺，家财万贯，日食不过三餐。"纵使富可敌国，一天不过一日三餐；即使房屋再多，休息不过一卧榻;纵然权倾朝野,生命不过几十载。

庄子说:"知足者不以利自累也。"唯有懂得知足,才可不为利禄而去奔波劳累,才能够无愧于心,领悟生命的真谛,心甘情愿地将自己的财富所得拿出来与他人分享。

财富分享的人和事很多,无法穷尽。这里以《慈善蓝皮书:中国慈善发展报告(2019)》(简称慈善蓝皮书)来说明一二。

慈善蓝皮书显示:2018 年慈善组织发展总量持续增长,在志愿服务、社区社会组织、行业建设、公益创新等领域皆有所进展,互联网公益创新继续迭代,慈善伦理建设走向聚焦。2018 年我国社会捐赠总量预估约为 1128 亿元。

慈善蓝皮书一直以来将社会捐赠总量、全国志愿服务贡献价值和彩票公益金三者之和设定为社会公益总价值。2018 年核算社会公益总价值预计达 3265.2 亿元。2018 年,我国志愿者总数约为 1.98 亿人,占我国大陆人口的 14%。其中有活跃志愿者 6230.02 万人。全国社会组织总数量为 81.6 万个。其中,基金会 7027 家,社会团体 36.6 万个,社会服务机构 44.3 万个。截至 2018 年 12 月 31 日,全国共有慈善信托 136 单,分布在 22 个省、市、自治区,合同总金额约 20.0 亿元。

慈善蓝皮书彰显了参与慈善的人越来越多,财富分享日益成为人们崇尚和热衷的事业。

(四)共享

1983 年,时任宜宾市常务副市长的樊建川,出乎意料地辞职了。通过招聘广告,他应聘到成都一家港资房地产公司当办公室主任。

下海半年后,樊建川和几个朋友贷款办起了成都建川实业集团。2003 年,樊建川有了一个疯狂的想法——要为自己收藏的诸多抗战文物找一个家。

2004 年,大股东樊建川力排众议,由集团公司投资两亿元,在大邑县安仁镇开建中国最大民间博物馆聚落——建川博物馆聚落。

汶川大地震发生后,樊建川从国外赶回成都,亲赴灾区,收集实物,很快就举办了"震·撼汶川 5·12—6·12 日记"抗震救灾纪念展览。

樊建川已经立了遗嘱,在他百年之后,博物馆捐给成都市人民政府,公司属于他的资产,全部留给国家和社会。遗嘱已经公证,并交给了成都市政府。

建川博物馆的收藏现有 800 多万件,其中有 91 件国家一级文物。仅 5 万件"文革"瓷器,就已被业内专家评估价值 10 亿元。整个博物馆的价值,难以估计。

"用温和的方式,就能撼动世界"(圣雄甘地)。放了市长不当,东奔西跑、节衣缩食,建造博物馆,供人们参观。这是一种典型的"共享"行为,体现了主人翁博大的胸襟和无私奉献精神。

(五)让享

与前面相比,"让享"又有着不一样的情形。以下是几个例子:

其一,贝索斯离婚案。2019 年 4 月 4 日,华尔街日报报道,亚马逊 CEO 杰夫·贝索斯(Jeff Bezos)的前妻麦肯齐(MacKenzie Bezos)在推特上公布了两人的财产分割情况。贝索斯得到两人共同所有的华盛顿邮报、太空探索公司 Blue Origin 的持股,及 3/4 的亚马逊持股。也就是说,贝索斯将获得了夫妻共同财产的绝大部份。华尔街日报称,亚马逊是目前全球市值第三大的公司,仅次于苹果和微软。FaceSet 显示,贝索斯持有亚马逊 16.1% 的股份。

此外,亚马逊递交美国证监会的文件也显示,法庭的离婚令预计在 90 天内发出。在麦肯齐和贝索斯共有的亚马逊股票持仓中,她将分得 1/4(约占总股本的 4%),贝索斯获得 3/4(约占总股本的 12%)。

好合好散,该让且让。贝索斯离婚案以一种特例诠释了"让享"背后的大度和温情。

其二,裸捐富豪们。微软创办人盖茨接受英国 BBC 访问时表示,将把自己 580 亿美元财产全数捐给名下慈善基金比尔及梅琳达盖茨基金会,一分一毫也不会留给自己的子女。"以最能够产生正面影响的方法回馈社会",盖茨的这句话值得回味。盖茨还曾说过一句话,名下的巨额财富"不仅是巨大的权利,也是巨大的义务"。钢铁巨头卡内基说,在巨富中死去是一种耻辱。如果能理解这种价值趋向,就会明白盖茨裸捐实在是再正常不过的逻辑。

裸捐牛根生。牛根生先前的形象一直是朴实、厚道的商业领袖,并因"裸捐"了全部个人持有的上市公司股份而为人瞩目。

裸捐陈光标。2010年9月5日,有"中国首善"之称的江苏黄埔再生资源利用有限公司董事长陈光标,在其公司网站上刊出了致比尔·盖茨和巴菲特的一封信,陈光标在信中指出:"在我离开这个世界的时候,将不是捐出一半财富,而是向慈善机构捐出自己的全部财产。"

裸捐冯军。2010年9月9日爱国者总裁冯军在其实名认证的微博上公开表示,"自愿在活着的时候,将个人全部财产逐步捐献给社会,用于公益和慈善事业"。

裸捐周润发。他声称死后将捐出99%财产回馈社会,他说:"我什么都不想带走。"以他的资产来估算,他将会捐出超过10亿元的财产。

裸捐台湾企业家。台湾长荣集团总裁张荣发、润泰集团总裁尹衍梁、鸿海董事长郭台铭、硅统创办人杜俊元,以及王品集团董事长戴胜益,都宣布要捐大钱做公益,不把财产留给子孙,做大事业,也做大志业。郭台铭,在2008年大喜订婚时,却出人意表宣布要捐九成财产做公益。王品集团董事长戴胜益,2011年也宣布要将拥有的公司股票八成做公益,目前已有超过万名小学孩童受到这笔善款补助。

其三,裸捐"拾荒者"。曾经一篇题为《杭州图书馆向流浪汉开放,拾荒者借阅前自觉洗手》的新闻,吸引了许多人的注意。也有一首小诗是歌颂这位老人的。

感谢有这样一位老人,

温暖了人间……

韦思浩

一位退休教师

一位拾荒老人

用自己的言行

感染我们冰封已久的沉寂的心

瘦削的身板上

一件旧得掉色的暗橙色夹克

胸前挂着一个土灰色的包

在图书馆伏案读书

那双看书前一定要认真搓洗的双手

令无数读者为之动容

12 月 13 日

那场猝不及防的车祸

无情地带走了这位拾荒老人的生命

却让我们无尽的缅怀

然而实际上

老人有房、有退休金、

有 3 个关心他生活的女儿

但多年来却一直过着拾荒生活

父女之间埋怨、不解、

心疼,复杂的情绪

终于在女儿们整理遗物时解开

一沓沓小心收藏好的助学证明和书信

《浙江省社会团体收费专用票据》

《希望工程结对救助卡》

《扶贫公益助学金证书》

几十张从几百元到几千元的捐助证明

静静地展示着老人这些年的生活

让人感触最深的

是那张签了名的遗体捐赠志愿表

何其伟大的精神!

何其伟岸的情操!

而受助者

或许至今都不知道捐助人真实的姓名

助学证明上的落款

仅仅都是"魏丁兆"这个化名

至此

社会终于知道

老人并非生活窘迫的拾荒者

而是行的高标

做的楷模！

然而你是否知道

老人毕业于原杭州大学

即现在的浙江大学

曾参与过《汉语大词典》的编写

如此的一位智者

在为社会无私奉献的同时

无限地褪去了自己原有的光彩

隐匿于默默的拾荒生涯中

韦,伟大

思,思想

浩,浩然

浮躁的今天,精致的利己主义者横行其道。

而真正的悲悯,仍如流水般涓涓流淌于至善者心中。

他是浙大的骄傲！也是杭州的骄傲！更是浙江的骄傲！是全体老人的骄傲！

高山仰止,景行行止。

上世纪五十年代,他于求是园中,静默修行。

今日的我们,愿在他的感化下,一扫精神上的荒芜,聚集我们微小的力量,温暖这个世界。

因此,

　　　　我们只需要你的一次转发

　　　　写下我们的送往天堂的祝福

　　　　愿那时，

　　　　万物美好

　　　　天堂，

　　　　应该是有他所在的图书馆的模样！

　　　　……

　　丘吉尔："我们靠所获得的来维持生计,但我们靠所施予的来活出人生"。梅琳达·盖茨："当我们决定把注意力转向慈善事业时,便已决心要用可造成最大影响的方式来投入,以期减少世间的不公。"

　　自愿放弃财富,让别人享用,这就是让享。富人放弃财富权、裸捐,穷人节衣缩食让出不多的财富给别人使用,这些都是让享,都是崇高的行为,都极其令人感动、高山仰止。

　　生命的意义不在于接收,不在于索取,而在于付出,在于给予。给予中藏着最深情的面孔和最柔软的笑意,像篝火一样,带给人温暖。

第三节　财富备用

一、理论思考

　　社会储备,作为生产与流通条件的储备是社会必要的储备,而作为生产与流通储备,则带有自愿的含义,但即便非自愿的储备是多余的,它也是必然成为一部分。

　　《资本论》把资本分成三种形式:"生产资本的形式、个人消费基金形式、商品资本的形式"。商品资本形式的储备,是资本论所说的"真正的商品储备"①。

---

① 　马克思《资本论》第二卷,北京人民出版社 2004 年版,第.158 页。

根据自愿与否,《资本论》把储备分为自愿储备与非自愿储备。非自愿储备归根结底是"由流通停滞造成的"①,是流通过程本身的问题阻碍商品出售而形成的违背商品持有者意志的储备;而自愿储备则是"不断地去获得增值的货币形式的中介"②。

根据流通正常与否,《资本论》把储备分为正常储备与非正常储备。正常储备是作为商品流通的条件的储备,商品停滞要看成是商品出售的必要条件。而一旦储备超过了流通的需要,则产生非正常储备。

《资本论》提出:"储备量要大于平均出售量或平均需求量。不然,超过这个平均量的需求就不能得到满足"③。

在商品生产条件下,储备保管费用能否得到补偿,要取决于这种商品储备是正常的,还是非正常的,只有正常产生的保管费用才能在商品流通中得到补偿。

马克思关于储备的理论,对于我们今天探讨财富使用过程中的重要一环——财富备用具有很重要的指导意义。财富备用是必不可少的,无论对于再生产,还是对于个人与家庭的消费,都是重要的一块准备,少了这一块或者这一块过少,都是不方便甚至是危险的;而备用过多,则也过于保守,也是一种财富浪费。如何确定一个合适的量,而且与时俱进地进行调整,这是需要重点考量的。

二、策略思考

(一)多措并举,相机决择

财富备用有主动备用与被动备用之分。一般情况下要坚持主动备用,把握主动为好;但有些时候,一些突发事件,也使得我们不得不被动地临时地准备财物。显然后者是不得已的,有时也是危险的。人们要养成主动备用的习惯,做到有备无患。

---

① 马克思《资本论》第二卷,北京人民出版社 2004 年版,第.160 页。
② 马克思《资本论》第二卷,北京人民出版社 2004 年版,第.161 页。
③ 马克思《资本论》第二卷,北京人民出版社 2004 年版,第.162 页。

财富备用有短期备用与长期备用之分。一般情况下要坚持长短结合,立足当前,着眼长远。但长短期如何划分、如何配比,就又涉及到前面章节论述的有关财富谋略、资产配置等内容了。

财富备用要坚持明的备用与暗的备用结合。这两种备用方式各有特点,要根据具体情况灵活选择。有些时候需要放在明面上作准备,有时则只好是暗地里作准备;有些业务和产品适合做明的备用,而有些只适合暗的安排。这些都需要因地制宜、因时而动。

财富备用有物质性与财产性之分,要坚持物财结合。这次疫情之下可以看出,光财备是不够的,口罩这看似稀松平常小物件就足以让人为难,原形毕露。老百姓抢物资,也是可以理解的。光有钱,有时还真不行。

财富备用要坚持足额备用与半足额备用结合。要根据具体情况进行灵活调整。到底多少算足够?恐怕没有固定答案,一定是因时因事因人而异,没有死的教条和公式可依。

(二)经验做法,不一而足

此地仅举一个例子,是关于小品演员陈佩斯的。

陈一度被央视封杀,几乎接不到商演,再加上投资的影视公司由于各种缘由赔钱倒闭。陈佩斯承认本人那阵子是彻底失望了,昏天暗地、一蹶不振。1999 年“五一”期间,妻子王燕玲拉着丈夫到郊外。下车后,王燕玲沉吟片刻,从包里拿出一份承包合同,指着眼前的一大片荒山通知陈佩斯:“没有通知你,早在去年,我就用多年积累的 70 余万私房钱承包了 1 万亩荒山,承包期 20 年。居安思危,就是为今天留一条退路。”陈佩斯愣住了。1998 年,正是陈佩斯事业最红火的时分。他无论如何都不会想到,妻子会在那时买荒山留退路。

本以为一无所有的陈佩斯在失望中看到了一线希望。两人上山种树,起早贪黑,终于得到了报答。后来东山再起,投资影视公司取得成功。《托儿》全国巡演 30 场,《亲戚朋友好算账》和《阳台》等也都取得了胜利,挣得了 2000 万元。

妻子的暗线,为陈佩斯作了关键的备份,为其东山再起注入了生机。否则,真的难以想像。

(三)配资过程突出"备用"功能

在现代投资管理体制下,投资一般分为规划、实施和优化管理三个阶段。投资规划即资产配置,它是资产组合管理决策制定步骤中最重要的环节。对资产配置的理解必须建立在对机构投资者资产和负债问题的本质、对普通股票和固定收入证券的投资特征等多方面问题的深刻理解基础之上。在此基础上,资产管理还可以利用期货、期权等衍生金融产品来改善资产配置的效果,也可以采用其他策略实现对资产配置的动态调整。不同配置具有自身特有的理论基础、行为特征和支付模式,并适用于不同的市场环境和客户投资需求。

作为资产配置和投资,要留有足够的资金供日常使用和消费。有些人杠杆加得过长,资金绷的过紧,最后就会断掉,很多危机都是这样产生的。富时多想穷时情,有备才会无患。

第四节　财富转移

可转移是财富的价值体现之一。财富空间移动生发了很多机遇与挑战,如何借助财富转移实现多重需要,对于财富管理者是一大课题。

一、理论思考

(一)财富转移多因子

财富转移是一个投资者一生的课题,谁也避免不了。财富转移往往会涉及到多个因素,包括经济因素、技术因素、政策因素、风险因素、家庭因素等。经济原因是最常见的,各个地区的经济发展环境和形势不同,是进行财富转移的重要原因。政策因素也是,不同国家和地区往往政策不同,也是导致财富转移的重要因素。至于风险因素和家庭因素就更加具体和个性化了。

(二)产业转移是重要因素

研究财富转移离不开产业转移。这里着重研究一下个人财富转移如何受产业转移的影响。

产业转移是指产业的空间移动或迁移,包括资本、技术和劳动力等生产要素的综合流动,它不仅涵盖整个产业生产的转移,而且还包括同一产业内部各生产阶段的转移。积极承接产业转移不仅有利于加快中西部地区新型工业化和城镇化进程,促进区域经济协调发展,同时也为财富管理和投资带来了大量的机会。

1. 我国产业转移的趋势。

改革开放以来,我国东部地区利用率先开放的优惠政策和地域上的有利条件,抓住发达国家和港澳台地区产业转移的机遇,承接和发展了大量以劳动密集型产业为主的加工工业,不仅有力地推动了当地经济发展,而且成为拉动中国经济增长的重要力量。

东部地区集中了全国80%左右的加工工业,以电子、信息、汽车及零部件制造为主导的国际产业形成了加速向东部地区转移的新态势。但随着东部地区经济高速发展,产业结构调整、优化、升级已经成为必然要求,加上近年来东部地区加工工业开始出现土地、劳动力等生产要素供给趋紧、产业升级压力增大、企业成本不断提高、资源环境约束矛盾日益突出等问题,"腾笼换鸟"成为必然,东部地区加工工业向中西部地区转移的趋势日益明显。

从总体上看,目前国内产业转移呈现以下几个特点:

一是产业转移规模和范围不断扩大。近几年来,中西部省市引进东部的资金和项目数量呈几何式增长,承接产业已经达到相当规模。同时,我国产业转移的行业范围也呈扩大的趋势。

二是产业转移形式逐渐多样化。包括:成本降低型;资源利用型;市场拓展型;产业聚集吸引型;等等。

三是产业转移向集群化发展。目前,中西部各地已存在一大批由于产业龙头企业转移构建起产业的初步集聚效应,进而吸引大量相关行业的企业及其配套服务项目竞相前来投资落户的集群式产业转移现象。

四是产业转移的层次不断提高。这一方面得益于中西部地区经济发展,劳动者素质和产业配套能力近年来不断提升,另一方面得益于地方政府在引进产业时的政策导向。

2. 产业转移产生巨大财富效应。

产业转移有一个多层次和梯度发展的过程,其对金融资源配置的优化、金融组织体系的完善以及金融服务的延伸提出了新的需求。归纳起来,主要集中在以下几方面:

一是园区建设资金需求。产业集聚区以产业的高密度集聚、聚合为内在规定性,是一种新型、高效的产业组织形式,是承接产业转移的核心区。产业园区项目投资用地规模较大,与之配套的城市道路建设要求较高,土地整理、道路建设的资金需求非常庞大,如包括园区项目配套的商业住宅用地储备计划,资金需求还将进一步增加。

二是企业固定资产资金需求。产业转移过程也是固定资产投资过程,在此过程中必然伴随大量的固定资产贷款需求。目前重点项目企业固定资产投资部分由总部投入资金解决,资金来源为自筹或统一融资,其特点是总部融资具有合作银行熟悉、融资成本低、融资效率高等优势,在当地固定资产融资偏少。但也有部分企业在其总部投资达到或超过国家规定的资本金后,需要银行贷款来满足融资需求。

三是流动资金及贸易融资需求。产业转移项目建成后,会产生部分流动资金及贸易融资需求,该类资金部分从当地进行融资,相对于产业转移投资有一定的滞后性。

四是结算需求。企业都有日常结算方面的需求,但在此方面企业有主动权。往往会根据融资合作银行的要求,在融资银行开立账户,并根据融资情况平衡在各家银行的结算。

五是直接融资及综合服务需求。直接融资相对银行借款来说融资成本相对低廉,同时银行信贷规模无法根本满足企业大量的借款需求,因此直接融资也就成为具备直接融资条件企业的首选。目前产业转移企业对银行业服务品种已从较为单一的结算、信贷等传统业务转向包括投资理财、财务顾问、上市保荐、债券承销等在内的全方位综合化服务。

3.产业转移过程中滋生相关风险。

产业转移带来大量业务机会的同时,也蕴藏着一定的风险。这包括:

一是企业风险。我国现阶段产业转移仍以民营资本为主体,而一些民营企业从沿海地区转移到内地的主要原因就是由于自身竞争力不强,消化成本能力弱,在当地无法生存。这些企业具有生产规模小、开发能力有限、资金投入不足、技术人才匮乏、环保意识淡漠、经营管理薄弱等诸多问题,在新的环境下依然无法得到根本改善。一旦中部地区经济发展,成本提升,这些"候鸟型"企业又将面临无法维续的窘境。

二是项目收益风险。由于产业转移项目投资较大,市场变化较快,项目建设过程中存在较大的不确定性,项目资金能否按时到位、项目是否按计划进度进行、项目投产后能否产生预期收益等都存在较大的不确定性,也是银行面临的主要风险。

三是配套风险。产业转移的综合成本,不仅包括土地房屋、劳动力价格,还涉及产业配套等其他要素。对于转移企业而言,如果产业承接地没有形成配套齐全的产业集群,产业转移的综合成本无法降低,这不但对企业的竞争优势会产生负面影响还将直接威胁到投资回报。

四是重复建设风险。产业转移过程中,产业承接地的政府招商意愿和推动力都较强,各地政府在产业转移项目的承接上竞争十分激烈。一些地方在引进企业的同时忽略了对产业结构以及对转移项目的工艺技术水平的评估,在全局看很容易形成低水平的重复建设,影响整个行业的经营和利润。

五是环保风险。东部沿海地区为融入国际市场竞争环境,积极发展新兴产业,不断促进本地的结构转型和产业升级,以实现经济的持续较快增长。东部地区向中部地区转移的产业,不可避免地会存在着一些高消耗、高排放、高污染、劳动密集、低附加值的问题。因此产业转移在推动中西部地区工业高速增长的同时,其高消耗、高排放、高污染的产业特征也使之成为污染西部环境的主要因素,产业转移正在提升中部工业发展和经济增长的环境成本。

我们单个人做投资,要紧跟产业转移步伐,当产业进行区域间转移时,我们也要考虑是否将个人的财富进行相应的区域间调整,以适应财富地区间再分配的形势。这里仅以产业转移为例;其实,其他因素如政策、税收、家族传承、子女教育等都可能成为我们进行财富转移的诱因。多个因素要结合起来进行综合分析,为科学制订财富转移策略和执行方案奠定基础。

二、策略思考

(一)因地制宜

财富转移根据转移多少有部分转移与全部转移之分。部分转移是指将一部分财产转移到别的地方,其他的财富仍保持不变;全部转移是指在较短的时间里,进行财富全盘统一考虑,几乎是一揽子对财富进行全部转移。相比之下,前者较为常见,也较为简单;后者较为少见,也复杂得多,要求高很多。

财富转移根据转移方向有内部转移与外部转移之分。内部转移是指财富还只是在区域(国、省、市)内部进行位移和调整,算是微转;外部转移是指将部分或全部财富转移到区域(国、省、市)以外地区,相比之下算是大的转移了。区内转移很常见,比如,将原先在郊区的房子卖掉,换成市区的,以便于孩子上学;将以前的某区企业股权卖掉,换成某区另一企业股权等,都算是区内微转。而有些人将资产倒腾到境外区,改投境外资产,这显然是外部转移了。显然内部转移动静小,较为简单,风险也较小;外部转移动静大,较为复杂,风险也较大。

财富转移根据主动性划分有主动转移与被动转移之分。主动转移是指财富所有者依据某些原因,有预谋地、主动地、有序地转移资产;被动转移是指在某些特定条件影响或诱使下,临时地、被动地甚至是被迫地进行资产转移。主动转移更从容,被动转移更多无奈,更须注意风险和意想不到的问题,做好预案,仔细运作。

财富转移根据时间长短划分为短期转移与长期转移。短期转移是指在较短的时间里完成转移资产和财富的所有动作;长期转移是指财富转移跨时较长,是一个系统工程。往往越是多资产、需求复杂的庞大家族,资产转移耗时越长,要求越高,需要顶层设计、按部就班、严密安排、过细运作,才能达成所愿。

财富转移根据转移显示度划分为显性转移与潜性转移。显性转移是指在明面上,以市场化方式,借助专业机构力量,以常规方法进行财富转移;潜性转移是指以私密方式、特殊渠道、非常规形式进行财富转移。后者要求更高,执行更困难。

（二）统筹兼顾

如前所述,财富转移对于财富数量巨大、名类繁多、家族成员复杂、诉求较多的家族而言,是一个系统工程。要想顺利操作、达成所愿,需要统筹兼顾、顶层设计。

中国近现代史上有一个著名的海宁查氏家族,曾被康熙御笔赐字"唐宋以来巨族,江南有数人家"。该家族其中一支查济民,其事业起步于上海,但查氏家族及其决策团队善于把握大势,1947年移步香港创办中国染厂,继而拓展到房地产等领域;1969年家族创办了具有家族办公室性制裁的 CM 资本;1970 年代在美国硅谷风险投资和 PE 投资业务;改革开放后投资内地,1997年荣获香港特别行政区政府颁发的"大紫荆勋章"。在半个世纪的动荡中,查氏家族从上海到香港、到硅谷,再到中国大陆,随着形势变化及时地作出自己的选择。查氏家族的这个大跨度的变迁过程,从某种角度上讲,就是家族最大的资产配置决策。家族需要关注战略性风险,在重大社会变迁面前,甚至需要面临生死考验。可以看到,中国历史上一些不幸消失的名门望族,他们完全有财富实力选择在任何一个地方生活和开拓事业,但他们最致命的失败原因只在于没有在必要时刻做出果断决策,对家族财富进行有效的战略转移和重新布局。

接着说说印度疫情至暗时刻该国富豪财富大转移吧。2021 年 4月 23 日,印度被英国加入新冠旅行"红色名单"。英政府规定所有从印度返回的英国人都必须在政府批准的酒店隔离 10 天;所有非英国、非爱尔兰公民如果在过去 10 天内到过印度,则完全禁止进入英国。但据《泰晤士报》报道,有不少印度超级富豪通过租赁私人飞机,在断航之前飞抵英国。每架私人飞机包机 9 小时费用 10 万英镑。

与私人飞机一起转移的,还有印度富豪的财富。印度首富、同时也是亚洲首富的 Mukesh Ambani 控股的信实集团(Reliance)斥资 5700 万英镑(约 5.1 亿人民币),收购英国著名庄园——斯托克公园(Stoke Park)。该庄园卖家为持有英国医疗服务公司 International Hospitals Group 的 Witney King 家族。

印度首富 Mukesh Ambani 旗下的信实集团是印度最大的私营集团,于 1966 年成立,在印度西部拥有世界上最大的炼油厂。2018 年 7 月 13 日,Mukesh Ambani 取代阿里巴巴创始人马云,正式登顶亚洲首富。在《福布斯》2021 年亿万富豪榜上,Mukesh Ambani 以 719 亿美元的身价荣登全球第 10 名,继续蝉联亚洲第一。

据消息人士透露,印度首富 Mukesh Ambani 认为这处房产价值不菲,计划还将投入大量资金进行改造。实际上,这并非信实集团第一次收购英国资产了。2019 年印度信实集团以 6796 万英镑的价格收购了英国最大的玩具店、拥有 258 年历史的 Hamleys。

在印度本土疫情愈演愈烈的情况下,信实集团大手笔买下英国庄园,后续还会有其他动作。但无论如何,结合英媒披露的印度超级富豪断航前纷纷出逃英国的报道,不难看出,在危难时刻,印度还是对曾经的宗主国保有归属感。另外对信实集团来说,在经历了全球石油危机动荡后,斯托克公园项目无疑是其分散投资、加码零售酒店业上的一笔重要交易。

简单地说吧,印度首富 Mukesh Ambani 的财富转移是一个系统工程,是要在一个较长的时间里完成的。财富转移统筹使用主动转移与被动转移、内部转移与外部转移、部分转移与全部转移、短期转移与长期转移、显性转移与潜性转移等多种方式。上述财富转移案例,就操作层面而言,值得细细研究。

第五节　财富传承

一、理论思考

（一）传承是全人类的浩大命题

哲学意义上，传承意味着继承与发展。传承是扬弃，是辩证地吸收和与时俱进地发展。

经济学意义上，传承意味着一代接一代地扩大再生产。包括物质再生产与人的再生产，当然既包括生产力也包括生产关系。

社会学意义上，传承显然是一个大的社会命题。传承不顺会产生很多社会问题，包括社会冲突等等。

伦理学意义上，传承也是伦理问题。上一代有义务把财富与责任交付到下一代手上；下一代也有责任承接好上一代的一切，一代一代地传承下去，人类才能进步。

（二）犹太民族顽强生存归因信仰传承

犹太人到世界各地，他们是非常团结的。因为犹太信仰有一个至高无上、绝对的价值存在，这个是他们这个民族成立以后一直到现在无可撼动的，就是他们的宗教。《旧约》被完美的传承，和几千年前的《死海古卷》差别微乎其微，这就是犹太人的功劳。他们在全世界所有的民族仍然崇信多神教的情况之下，犹太人就崇拜一种神教，就是耶和华上帝。上帝是绝对的，10 条诫命，除此以外不可有别的上帝。

一个民族经过了国家灭亡 2000 多年，历史、文化、习俗、文字、语言、宗教、风俗全部保持的好好的。如果没有一个绝对的标准把他们团结在一起，是难以相像的。所以这个一神教的信仰成为他们生活的中心，也因此，他们无论到任何一个国家去，学习当地的语言，在当地工作做生意，仍然牢记自己是一个犹太人。

犹太人不管到任何一个国家，他们仍然把这个保留好，只有一位上帝,这个绝对信仰仍然保留住。因为这个上帝的关系,《旧约》成为他们一个最重要的经典,他们的风俗、习惯完全要依照这个来,所以一代传一代,从未改变。

信仰的传承,是犹太民族历经磨难、繁衍生息、发展壮大的根本原因。

（三）社会稳定繁荣寄望家族传承

西方有一句谚语,叫"三代培养一个贵族";中国也有一句,叫"富不过三代"。说的差不多是一件事,那就是:财富获取难,传承更难。

不过,相比之下,在财富传承问题上,西方人更乐观,我们更悲观。这也许跟我们这个国家和民族历经战火、多灾多难有关,人们对于财富传承缺乏足够的信心和安全感。所以,今天的欧美国家还有不少望族,仍在继续演绎他们祖辈不老的神话;而中国传说中的名门大家的传奇故事,却大抵只能在历史小说或传记文学中去找寻。

时至今日,传承,对于富有家族而言,依然是一个不容忽视的难题。大量鲜活的例子告诉人们,传承是财富管理包括在创富、增富、守富、移富等诸环节中最为惊险的一跳。跳不好,轻者栽跟头,前功尽弃,重者甚至要搭上身家性命。

经历了30多年的财富快速积累后,我国"第一代"富豪已经进入世代传承、家业交替的关键时期。"创造更多财富"不再是国内高净值人士首要财富目标,转而更加看重如何更好地保障自己和家人今后的生活质量,如何在保障现有财富安全的情况下实现稳健增值,如何将财富有效传递给下一代。

"第一代"高净值人群普遍是"独生子女"家庭结构,加之近年来新劳动合同法实施、房产税、遗产税等重大"收入调节"政策预期的升温,"创富一代"在财富与事业的传承中如何避税、加强保障、婚姻管理、公私财产分隔等问题成为其进行资产配置规划的主要考虑因素。在知名企业家、顶级富豪的示范效应之下,当前国内高净值客户对家族信托业务的需求日益提升,无论是积累型的"守成"客户还是仍处于创富阶段的中小企业主,对财产传承和保障的关注日益增强。

但传承不易,成功率不高,这是一个问题。中国中小企业协会常务副会长张竞强曾经在一次"家族企业财富保全与传承论坛"上直言,我国家族企业的平均寿命只有 24 年,目前只有不到 30% 的家族企业能进入第二代,不到 10% 能进入第三代,而进入第四代的只有大约 4%。

日益旺盛的市场需求吸引了金融机构的眼球。随着国内高净值家族对财富管理需求的高启,各大金融机构纷纷抢滩家族财富管理市场,包括各大银行的私人银行、信托公司、保险公司以及第三方财富管理机构。在业务模式上,主要有"私人银行主导"、"信托公司主导"、"私人银行 + 信托通道"、"私人银行与信托公司合作"以及第三方财富管理机构设立独立家族办公室这五大模式。

客观而言,当前金融机构为客户提供的财富传承服务还有很长的路要走。

其一,专业团队建设要下大功夫,同质性严重、服务功能单一需要改变。

其二,全权委托服务模式尚无相应的法律法规针对此类业务做出明确说明和指引,客户倾向于将全权委托服务模式等同理解为银行推出的一款全新的理财产品,仍抱有"高收益、低风险"的期望。

其三,作为财富传承重要工具的家族信托也有障碍需要清除,如信托财产的归属不明,信托登记制度的不完善,财产独立性问题仍待进一步明确等。

其四,客户对相关机构所提供的家族财富管理服务尚缺乏认同感,接受程度也不高,传统文化中的"财不外露"以及对于谈论身后事的忌讳,使得他们在与私人银行从业人员的沟通中有所保留,让私人银行家们建议和规划的效果都不同程度的打折扣。

从客户需求与解决方案的角度出发,一方面家族财富管理服务需求较其他私人银行客户更为复杂,客户接受服务积极性有待市场进一步培育。

另一方面银行综合服务能力需要进一步提升,要创新更具吸引力的服务方案,包括;探索家族财富独立管理的运作模式;探索符合自身发展路径的业务发展模式;全面提升综合服务水平,深化提高非金融服务能力;加快业务拓展与创新,倒逼监管及相关配套制度的完善;等等。当然,这需要努力,需要时间和定力。

家族财富传承,事关和谐稳定!

二、策略思考

(一)多种传承统筹并行

财富传承根据传承方向有内部传承与外部传承之分。内部传承是指家族财富主要在家族内部成员间进行传受;外部传承是指家族财富主要传承给非家族成员。前者是真正意义上的家族传承,系传内不传外。后者是更宽泛的传承,包括将财富传给职业经理人(以员工持股等股权安排形式)、转给基金会、捐款给社会机构等等。随着社会发展,外部传承越来越引起大家的注意,渐成潮流。

财富传承根据人际关系划分为代际传承与非代际传承。代际传承是指上一代将资产传给下一代,完成财富在代际间转换;非代际传承是指财富在平行代内传受,如哥哥姐姐传给弟弟妹妹或相反,有的甚至是逆传承,子女传给父母,这当然是特殊情形下才发生的。

财富传承根据份额多少划分为部分传承与全部传承。部分传承是指只是将部分财产进行传承安排,其余的保持不变;全部传承是指一次性地进行财产传承安排。

财富传承根据内容划分为物质传承与精神传承。物质传承是指着重于进行实物或金融资产的传承安排;精神传承是指着重于家风家教等家族文化和家族精神的传承与发扬。通常情况下,两者是结合起来的,只是有时各有侧重而已。重物质轻精神的传承后患无穷,正所谓:"以清白留子孙不亦厚乎""遗子黄金满堂,不如一经"(梁徐勉《诫子崧书》)。

财富传承依据传承方式可分为暗的传承与明的传承。暗箱传承是指以私密方式、特殊渠道进行传承安排和落地操作;明的传承是指明面上通过专业机构、以显性方式进行的公开的传承操作。两者各有特色,通常是结合起来使用的。

值得一提的是,不同传承方式,适合不同家族,需要运用不同的业务框架、系统、工具和配套措施,很多时候需要金融机构、律师、会计师、税务师等专业团队介入支持,才能顺利完成。

(二)多少传承事都在笑谈中

港澳最富有的几大豪门,其掌舵人如李嘉诚、李兆基、何鸿燊以及新鸿基地产主席邝肖卿都年事已高,皆面临如何将自己打造的财富帝国传给下一代的问题。新鸿基地产郭氏三兄弟先后遭香港廉政公署拘捕,震动了香港商界,新鸿基市值已蒸发五分之一。霍英东去世前立下遗嘱,20 年内家族不得分产。但霍家仍没逃脱豪门争产宿命。继承问题基本上是亚洲富翁的禁忌话题。

为避免家族争产内讧,香港商界大亨霍英东在去世前亲自立下遗嘱,细化到家族成员每月能够领取的金额,并亲自嘱托在 20 年内家族不得分产。即便如此,在霍英东离世后的第 6 年,霍家仍没能够逃脱豪门争产的宿命。霍英东谢世 5 年后,家族成员为争夺 64 亿港元遗产对簿公堂,为这位商界奇才续写了残酷的同室操戈。

香港最大的房地产开发商新鸿基地产正在上演的兄弟之争大戏,包含了兄弟内斗、官商勾结等一切重要元素。受此影响,新鸿基地产次日股价暴跌 13%,市值一日蒸发 382 亿港元。

老一辈企业家的成就不单单是商业上的成功,他们对事业的执着、对慈善的热衷以及宽广的胸怀,都是华商中为数不多的典范。豪门二代,在商业上的成就远没有在娱乐绯闻方面贡献得多。只能继承父辈一部分的无形资产,理念、领导能力都很难去复制,哪怕是职业经理人。需要注意的是,未来这些富豪子女在香港发展面临的环境,或许比他们的父辈要更为艰难。在缺少了上一代的"庇荫"下,香港新一代企业家面临着更大的挑战。

国外富豪们的传承方案也是五花八门。如:

2008 年,盖茨将 580 亿美元财产全数捐给名下慈善基金比尔与梅琳达·盖茨基金会。三个子女会有基金会照顾,一生衣食无忧。

2006 年,股神巴菲特决定将自己 80% 的财产捐给慈善事业。其中价值 370 亿美元的主要股份捐给比尔和梅琳达基金会,剩下股份分捐给三个孩子运作的基金会。

2011 年 10 月,乔布斯病逝,其留下的 83 亿美元遗产成为悬案,据《福布斯》报道,乔布斯可能将财产转到妻子劳伦名下,由劳伦分配资产。

2008 年,日本服饰品牌优衣库创始人柳井正以 106 亿美元的净资产夺得了日本首富的桂冠,这位曾从父亲手中接过公司的人却表示,不留财产,只留股份,把优衣库留给真正懂它的人。

2007 年 12 月,美国饭店集团巨亨巴伦·希尔顿发布声明,将 23 亿美元遗产中的 97% 捐献给康拉德·N·希尔顿基金会。原因很无奈,家业继承人孙女帕丽斯·希尔顿令他失望。

2012 年,韩国三星集团已故创始人李秉哲的长子李孟熙对三星电子会长李健熙提起巨额遗产诉讼。李孟熙称李秉哲私吞遗产,将他应拥有的三星电子股份 20 万股收为己有。但三星方面的表态是,李秉哲去世已有 25 年,已超过李孟熙可以向法院主张继承权的期限(10 年)。

……

(三)传承要提李嘉城

李嘉诚很重视传承问题。他说:人就算活到 100 岁,生命在时间长河中仍只是闪烁一现,所以,能让你短暂的生命产生价值的,就是能带来某种不仅能今天有所不同,还能把这差异延续到未来。

2012 年 5 月 25 日,李嘉诚首次宣布分身家。他将 40% 长江及和黄股份和 22 家上市公司,市值逾 8500 亿港元,名下上市资产逾 2900 亿港元,全归予长子李泽钜,长和系日后由他打理。二子李泽楷则将获得李嘉诚对其生意上的资金支持。

李嘉诚通过复杂的信托方式对旗下资产进行控制,其中终极的控制方是李嘉诚家族信托,而这一信托又由李嘉诚及其长子李泽钜、次子李泽楷各持有 1/3 的权益。由此,在此次分家中,李泽楷持有的家族信托 1/3 的权益转移至李泽钜旗下。完成之后,李泽钜持股量将增至 2/3,余下 1/3 继续由李嘉诚持有,李泽楷将完全退出。2012 年 7 月 29

日,李嘉诚将 1/3 家族信托权益全部转让给长子李泽钜。李泽楷拥有电讯盈科、香港电讯信托、及盈大地产三家香港上市公司股权。按他所持股份的市值计算,李泽楷所拥有的上市公司账目价值约 136.48 亿港元。此外,他还拥有私人投资,包括 2009 年以 5 亿美元收购 AIG 亚洲资产管理业务,现管理资产约 670 亿美元。

李嘉诚分家产方法是:将财产和主业留给办事稳重的李泽钜,而全力扶持李泽楷创业,去收购有潜质的公司。李嘉诚分财产做到了公平合理———股票给长子,现金给次子。李嘉诚视他的"李嘉诚慈善基金"为"第三个儿子",基金将由两个儿子共同管理。

李嘉诚分财产兼顾了中西文化,做到了合理分配。众所周知,中国的传统就是文化传承、财产传承,而最理想的继承者就是自己的子女。同时,李家财富传承中还充分考虑到两个接班人的特点与特长,做到了因才施策、取长补短。此外,在财富分配中还注意有统有分、统分结合,家族基金由两人共同管理,以此为纽带,旨在提醒两人时刻牢记,要在家族基业长青事业中精诚团结、同舟共济。

(四)传承有赖价值认同

马云的班可能是天底下最难接的班之一。因为不光是"术"的落地,更是"道"的传承;不仅要应对眼前苟且,更要观照诗和远方。阿里是拥有强大价值观的公司:始终如一地关注和满足客户的需求,尊崇企业家精神和创新精神,讲求客户第一、团队合作、拥抱变化、诚信、激情、敬业。

马云是阿里的精神领袖。马云说:"公司的文化价值观是用来弥补制度的不足,而文化价值观本身也需要制度的保障。"

马云和张勇行事风格完全不同。一个天马行空;一个脚踏实地。一个激情四射;一个冷静理性……但是,他们拥有一样的阿里价值观,并愿意为之鞠躬尽瘁。

道相同,就好为谋。马云说:"让天下没有难做的生意。"张勇说:"在数字经济时代,让天下没有难做的生意。"骨子里,张勇和马云是一种人:雄心志四海、万里望风尘。

2009 年,张勇曾临时代管过淘宝商城。当时负责人离职,商城业务混乱,加入阿里不足两年的张勇主动提出过来帮忙。他已经看到 B2C 是未来的大趋势,不能眼看着它死掉,让阿里错过这个风口。他不仅很快带领淘宝商城走上正轨,还发明了以后深刻改变中国和世界购物习惯的"双 11"购物节。淘宝是马云创业的硕果,天猫则是张勇在此基础上二次创业的战果。

2015 年 5 月 7 日,马云通过"内部邮件"宣布,由张勇取代陆兆禧出任阿里集团 CEO,阿里由此诞生了第三位 CEO。马云说:"阿里的接力火炬交给他(张勇)和他领导的团队,我认为这是我现在最应该做的最正确决定"。

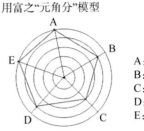

用富之"元角分"模型

A:使用
B:备用
C:享用
D:移用
E:传用

价值认同,是阿里顺利传承的内在动因。

本章小结:用富之道,贵在适度

琳内·特威斯特和特雷莎·巴克在《金钱的灵魂》中指出:大自然借由平衡与意愿来展示自己,带着充裕的色彩,在充裕中繁荣。一只健康的狮子不会持续地实施杀戮的暴行,它只是取用足够而不是过多的食物。经济法则借由我们必须更多、更快地消费生产竞争与支配的假设推动着匮乏的列车,而处于平衡状态的大自然却把竞争与合作置于并存的条件下,创造生产与消费都以出生成长死亡的循环形式进行。在匮乏思想主导下,那些借由过度开发资源而获取巨额利润的人,被看作是更成功的人,远比教师或公务员等虽然薪水较低但通过工作来使我们的社会更加美好更加充满关爱的人成功。

用富是富道中最后一个出场的,但是其重要性不容忽视。往往很多人观富、谋富、创富、守富上都做的不错,但在最后一关用富上却栽了跟头,前功尽弃。

用富也是一个体系,包括财富使用、财富备用、财富享用、财富转移和财富传承五个方面。此五者相生相克,相辅相成。落实起来,关键在于把握好一个"度"字。

用富之道"五位一体"框架

这个"度",是"尺度"。财富使用、财富备用、财富享用三者之间关系摆布上,要把握好适度原则。若财富过度使用甚至过度透支,势必会影响到正常的财富备用和应有的财富消费,影响到正常生活和家庭安全要求;反过来,过度消费财富和过度不必要的财富备用,也会使得扩大再投资规模和力度压缩,不利于财富创造和增长。搞好三者间的平衡协调是至关要紧的。同时,在财富使用、备用和享用内部也要把握好前述各种使用方式间的关系和节奏,不能顾此失彼、结构失衡。这对于财富管理而言都是不健康的。

这个"度",是"气度"。尤其是在财富转移和财富传承安排过程中,要体现与财富规模和层次等量齐观的格局与度量。如果目光鼠浅、坐井观大,在进行财富转移和传承过程中是难有作为的,往往捉襟见肘、左支右拙、疲于应对。这在前面的案例分析中看的很清楚。

这个"度",是"温度"。富有家族在财富享用上的差异显著高于财富创造上的差异,因为财富享用,更能体现财富主人的温度和情怀,体现其人生观、价值观和财富观上的差异。在财富面前,有人坚持奢享、独享,有人坚持分享和共享,更有少数人坚持让享。这是何等的差别,背后折射的是他们不同的财生三观,是他们迥异的人生境界和道德层次。财富是枯燥而冰冷的,但财富享用方式则是包含人性和温情的。

"富贵学"在论及此处时感喟到:用富之道,贵在适度。使享备转,传承有方。融会贯通,如运股掌。财富有限,精神无涯。

本篇小结：富族是一个标签

写到这，本书第一篇告一段落了。本篇主要讲的是富论，包括富能、富相与富道，侧重于富道研究。

读完本篇富论，该怎样来描述为富一族呢？怎样的一些人堪称富人呢？

根据本书富论观点，首先，他要有一定的富能。简单的说，就是要有财富这个本体；换言之，就是要有一定的资产。这个富能有一个三角结构，包括量的维度、质的维度。量就是数量规模；质就是质地，以成长性、风险性、稳定性、盈利性、流动性等"五性"来衡量。量与质的结合，就决定了富品，财富品质的意思，用长度、宽度、深度、速度、温度等"五度"来标示。

其次，来看富能的外观展示，就是富相了。富相是有层次的，分别是：毒富、贱富、荡富、巧富、贵富五个层次。

富道之"元角分"模型

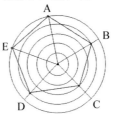

A：观富
B：谋富
C：创富
D：守富
E：用富

再次，由外到内，由相到道，看他的富道如何。着重从观富、谋富、创富、守富、用富五个方面来分析。

最后，富道逻辑关系，也是五行生克关系。一方面，相生关系：观富—谋富—创富—守富—用富，促进上升的关系，"观"促"谋"，"谋"促"创"，"创"促"守"，"守"促"用"；另一方面，又是相互克制的关系，对照五行学说，简单说就是："观"克"创"，"观"的不明，创富必定受限；"创"克"用"，创富不足，何用之有？"用"克"谋"，用富失度，谋略何来？"谋"克"守"，谋富离道，以何为守？"守"克"观"，魂不守舍，尚能观否？

令人惊叹的是：《老子》的"居善地，心善渊，与善仁，言善信，正善治，事善能，动善时"，廖廖21个字就差不多覆盖了富道的全部核心内容，突出了天时、地利、人和在财富管理决策过程中的关键地位和它们之间彼此依存、互相促进的关系。
也正如培根在《随笔·论财富》中所
言:不要寻求令人称羡的财富,应当
追求这样的境界:对财富正当的获
取,清醒的使用,愉快地施舍并能知
足地放弃。

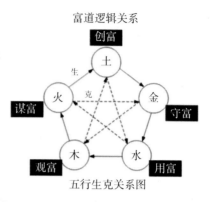

五行生克关系图

可见,观察评价为富一族,不是
一件轻松的事情。要进行由表及
里、由浅入深的层层剖析和综合考量。

作为个人投资者,在此可以运用第一篇内容和观点进行一下成果
运用了,其中之一,就是可以富道为依据,制作"自助理财规划书"。

笔者制作了一个"自助理财规划"模块。左边为富道(SEEKS),包
括前面说的"观"(survey)、"谋"(expect)、"创"(establish)、"守"
(keep-watch)、"用"(share)五个方面 25 个细项;右边是自我财富规划
(PLANS),包括"自我画像"(personal analysis)、"资产摆放"(layout of
fortune)、"风险预警"(asset risk)、"行事规则"(norm)、"施行计划"
(series of actions),也是五个步骤 25 个细节问题需要一一处理。

在完成上述《自助理财规划书》时,要注意克服以下误区:

其一,不掌握真实财务信息。理财市场日渐成熟,但人们对产品的关注往往多于理财规划。理财规划实际操作起来并不容易,要自己动手了解家庭财务状况。财务分析是理财规划的基石,有了财务的分析,规划才能达成。

其二,理财目标不明确。投资者没有明确的家庭理财规划目标。具体的理财目标是理财规划的重点。个人最重要的是要了解并确定自己的理财目标,不要有太多的随意性,或者盲目性,然后根据目标来设计并实施理财方案,并根据市场自身的变化进行调整,使它一直跟随目标而动。

其三,理财规划不从长远期考虑。相当一部分人群缺乏长期、系统的理财规划。比如没有从人生阶段的长远期着手,没有考虑自己退休后的理财规划。

其四,在生活中,很多人理财,最直接的做法就是省钱,认为省钱就是理财。省钱并不能达到理财的目的。而理财规划更有利于过度开支的家庭通过财务分析,利用多元化的手段,防止过度开支。可通过记账软件了解家庭支出,并控制开支,然后将家庭的结余进行合理的保险和投资规划。

其五,很多人为了得到更多的利息,把钱都存成长期储蓄,不仅达不到理财的目的,还丧失理财规划机会。

其六,把投资股票、基金、保险、房产等同于家庭理财规划,还专注于单纯的理财产品排行的研究,或是依靠理财软件完成财务规划。这种投资虽然可能一时会有获利的快感,但这并不是真正意义上的理财规划,也很容易让自己成为金钱的奴隶。

其七,很多人认为家庭理财就是投资,把理财＝投资＝投机＝追求高回报、高风险(产品)。实际上,理财和投资是有区别的。投资为博取利益的最大化,而理财实际上是做资产的配置,在确保资金稳定的前提下,追求一个稳定而长期的收益。

其八,忽视了保险规划。由于保险的特殊性质,普通投资者理解困难,常常在家庭财务规划中忽视保险的作用。在理财金字塔中,风险防范是基础,包括银行储蓄、社会保险和商业保险。很多人都觉得现在家庭只有一个孩子,买保险先给孩子买。孩子当然重要,但是保险理财体现的是对家庭财务风险的规避,大人发生意外对家庭造成的财务损失和影响要远远高于孩子。

同时,要注意重新审视自我财富管理策略:

面对新的内外部形势,尤其是疫情全球化发展的当下,我们要重新审视自我财富管理策略,并通过《自助理财规划书》的形式加以落实。这包括:

一是要重新审视人的财富与物的财富。过去讲人生价值和财富价值,人身安全与财富安全,孰轻孰重?没多少人在意。我们很多时候考虑财富管理时没有把人的因素当成一个前提;但是在疫情之下这个问题就凸显出来了,人生安全、人生价值究竟要怎样摆布?!过去讲资产配置、财富管理,都要画一张财富地图,在地图上描写路线,然后按图索骥。现在要考虑疫情地图,其重要性甚于财富地图,两者要结合起来。还有这次抗疫当中,种种正负能量的冲突与交汇,国家、民族、地区、社区、单位、家庭、个人种种表现都得到彰显和放大。受疫情影响的债务、信用违约情况,有些得到延期处理,疫情无情人有情,人性与物性在较量中再平衡。财富管理必须重新审视这个前提,回到"以人为本""德'财'兼备"上来。

二是要重新审视个人财富与家庭财富。这次疫情中所有人对"家"的意义和功能都有不同程度的重新认知了。家,是中国传统核心文化。中国人有一个理想,就是修身、齐家、治国平天下,修身齐家是中国人的使命。"这个世界从来不缺乏伤害、欺骗和背叛,但也正因此,家才显得格外温暖和亲切",这句格言道尽人生万般无奈,也道出家的温情和不可替代。疫情之下,家的功能进一步得到扩充和延展。"同呼吸共命运"的内涵也有了新体会,疫情中家是唯一可以免戴口罩的地方。房屋的使用价值得到回归,对房地产重新思考,改善性需求未来可能会有所增强。还有特殊时期的家庭互助,赋予家庭财富管理新的内涵。

疫情之下抱团取暖,以家为轴统筹财富,追求财富管理更宽、更久、更稳、更温,疫情之后人们对家庭财富、家族财富管理理解会进一步提升。未来会进入到一个新阶段,个人财富管理进入到家庭财富管理的进程会加快。我们要早作准备。

三是重新审视实体财富与金融财富。财富有两大形态,一个是实体形态,另一个是金融形态。当前,中国正进入高净值人群财富转化密集期,分别是:第一代到第二代的代际转换密集期;实体到金融的形态转化密集期;财富创造到财富传承的需求重点转换密集期。我们正面临第一代向第二代集体财富交接班,碰上独生子女这一代,过程中有很多特殊性,很多人选择实体财富转化为金融财富,"脱实向虚"一度蔚然成风。很多人把企业卖了,把实体转化了,换成金融形态,原因一方面是经营压力比较大,另外一方面是为了更便于财富代际传承。金融财富具有灵活性,但也易于损耗,尤其是在非常时期。

作为家庭来说,实体财富、实体企业经营几十年下来还是不要轻易丢掉,这是我们这次疫情中的一个体会,不要觉得金融财富比较灵活比较好传承,实体财富再难也不要轻易放弃。没有一家老字号不是靠实体、靠实业传承下来的。要重新思考这几年"脱实向虚"的不好的趋势,要重新反思这个问题。

四是重新审视财富创造与财富传承。财富创造难,传承更难,有很多挑战和诱惑,要十分自律。这次疫情,对我们财富传承也是很大挑战。"富不过三代",这次疫情造成很多人财富缩水,很多家族财富弄不好要归零,甚至为负,财富传承要做大量应对工作。这个时候特别要强调家族财富传承的一些工具(如家族信托、风险隔离、人寿保险、保险信托等等),要重视并用好它们。要更多关注财富传承,提早考虑这个问题。

五是重新审视人工理财与智能财富。线上远程财富管理服务将成为特殊时期客户服务的主要方式。针对超高净值人群与高净值客户,线下服务仍是客户服务的核心渠道,但随着数字技术的发展以及此类客户对于24/7便捷服务的要求正使得其渠道偏好也不断向线上转移。

全球领先的私人银行为了应对数字化趋势,都在通过打造私人银行专属移动客户终端,利用大数据技术及数字化手段提供实时、定制化的财富管理远程服务。投资者要尽快了解熟悉智能理财方式,适应智能财富时代新的财富管理流程和模式。

六是重新审视自主理财与委托财管。财富管理有三种形式:全委托、半委托和自主理财。全委托是把交易全部委托给我们的机构,来帮助他操作;自主理财就是自主操作;两者之间还有一个"半委托"。在疫情刺激之下委托财富管理会被越来越多的人所接受,因为可以少受突发事件影响,少受时空限制。个人投资者要能够了解、接受并适应委托投资给我们带来的便利。

七是重新审视专业服务与增值服务。一些金融机构推出了针对高净值客户的增值服务,如跨国急救、跨境教育、医疗保健等等。未来会有更多的金融机构推出更加个性化、人性化的增值服务,以增强品牌吸引力和感召力。个人投资者要善于抓住机会,利用专业机构提供的服务为自己提供帮助,不仅是专业上的支持,还有非专业上的增值性服务。

当然,还要重新审视财富外拓与财富内守、资产集中与财富分散、财富规划与理财计划问题。相关内容前已述及,不再重复。

◈ 第二篇　贵论

　　与第一篇"富论"相对,本篇"贵论",研究与贵有关的话题。体例结构与上篇相似,包括贵能、贵相、贵道三大块。贵能、贵相打头,重点是贵道部分,篇幅较长。

第七章　概　述

本章要交待贵能内部构成,以及与贵相、贵道间的关系。

第一节　贵　能

与富能相似,贵能也包括三要素,分别是:贵量(贵的量能)、贵质(贵的质能)与贵品(贵的品能)。

一、构成

(一)贵量

贵量,说的是程度,是贵的能量级的意思。富量,讲的是财富的多少,财富属于多大的能量级,说白了,就是有多少财富。富量好衡量,好量化。但贵量就不同,贵本身没有富那么好衡量,贵道部分会具体说,贵道包括知、能、精、德、灵五部分,贵量也主要是指这五部分的贵,达到了什么样的等级,属于什么层次,当然要具体称量,相对而言是比较困难的。但总归还是有一个概念来说这个事,于是就用到贵量这个概念。

(二)贵质

考察贵质,主要用"五性合一"的方法。用"五性"从结构性角度来衡量贵质,这"五性"包括成长性、风险性、稳定性、盈利性、流动性。成长性是指贵体的未来提升潜力和空间大小;风险性主要指贵能未来发展过程中的危险性、失控性,对外界形成的威胁大小,还有不确定性等;稳定性主要指贵能未来发展过程中的状态是否稳定,变化可能性;盈利性主要指贵能带来的正反馈、正回报;流动性主要指贵能灵活性、变通性。这"五性"综合起来看,就构成了贵质,主要是对贵的结构性解析,是一个总体的结构性、功能性判断。

(三)贵品

贵量与贵质结合起来,可以进一步观察贵品了。

贵品可以从"五合"上进行具体分析。"五合"包括:合法(合乎法律、法制、章法)、合规(合乎规律、规矩、规范、规制)、合理(合乎道理、事理)、合情(合乎情义、情感、人情)、合众(合乎社会大众利益、情感、意志、价值观等)。开始是基本要求,越往后要求越高。亚当·斯密在《道德情操论》里强调:人性之尽善尽美,就在于多为他人着想而少为自己着想,就在于克制我们的自私心,同时放纵我们的仁慈心;而且也只有这样,才能够在人与人之间产生情感上的和谐共鸣,也才有情感的优雅合宜可言。行为的合宜与否,或者说,行为究竟是端正得体或粗鲁下流,全在于行为根源的情感,对于引发情感的原因或对象是否合适,或是否比例相称。行为的功与过或行为的性质,究竟是使它有资格得到奖赏或受到惩罚,全在于引发行为的情感所欲产生或倾向产生的后果,性质上是有益的或是有害的……

理学家朱柏庐曾说:"恶,恐人知,便是大恶;善,欲人知,不是真善。"如做慈善,这是一件无可争议的"贵"事吧,但具体行善的过程中,值得争议的地方多了去了。首先,得合法吧,披着慈善外衣、行不法之事的人

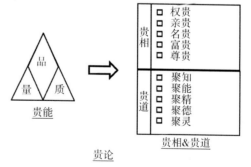

贵论

并不在少数;其次,得合乎规定,行事过程中要遵守各种各样的规定和要求,否则,善因亦可能结恶果;其三,得进行合理安排,否则好心也可能办坏事;其四,得合乎情感,要兼顾到方方面面的感情和苦衷;最后,还得选择好合适的时间、地点、方式、细节,将慈善安排妥帖、润物细无声。有些慈善高调、粗糙甚至狂野,花了钱还令人反感。正如曾国藩所言:"君子能扶人之危,周人之急,固是美事,能不自夸,则善矣。"

二、关系

贵量、贵质、贵品是"三位一体"的关系。贵量是数量与规模概念，相比较富量，贵量更抽象，大体上是反映一个人的贵的程度和综合影响力。贵质是结构与功能概念，从"五性"角度大体上反映一个为贵之人在精神层面上的平衡性和协调性。贵品是在贵量与贵质上的进一步提炼，从"五合"视角反映一个人在求贵路上的品位和层次。用公式表示为：

$$贵能 = 贵量 \times 贵质系数 \times 贵品系数$$

贵能构成和内部关系，是我们研究贵道开始就要交待的。后续篇幅里还会反复讨论到关于贵的量、质、品三者间的关系，进而提示贵相与贵道的关系。层层盘剥和剖析，就能最终探悉贵相之魅与贵道之谜。

第二节　贵相与贵道

一、贵相

贵相包括：权贵、亲贵、名贵、富贵和尊贵五个维度。其中：

"权贵"包括政权、权威、权力、权利、权势。这些都是由"权"生发出来的贵气，跟"权"有关。离开"权"的光芒照射，贵也不复存在。"权"背后的贵能展示如何，要从"五合"上进行解析了，就是前面说的合法、合规、合理、合情、合众。看做到哪一步了，是按"五合"标准去行权呢，还是相反，最后折射出来的贵能是不一样的。所以说，要把权力关进制度的笼子里；否则权力是双刃剑，弄不好，是朝相反的方向行走的。

"亲贵"包括：血亲、嫡亲、亲人、亲属、亲近。这里是围绕"亲"字做文章的，离一"亲"字，将一贵无成。所以，沾亲带故也是有约束的，谁来约束？还是"五合"呢，离开了"五合"，再"亲"也不能显贵，可能还会适得其反。我们看到一些名门贵族的成员，最后受不了家族的各种规矩,怕自己的任性有辱家门,干脆脱离家族,放飞自我。这样的例子还真不少见。如:清代的皇帝顺治放弃皇位选择出家;英王爱德华八世为爱情放弃王位;哈里王子夫妇为自由放弃"殿下"头衔。爱美人不爱江山,爱自由不爱名份。所以,由亲而贵是有代价的。"五合"就是五大约束啊。

"名贵"包括:名誉、名气、名位、名份、名声。这里是围绕"名"字做文章的,"名"也是双刃剑,也要按"五合"要求去做,都要在这个圈子里展示才行;否则只会有副作用。弄不好,"名气就像某些特别的鲜艳的花儿一样含有毒性物质"(巴尔扎克)。像曾国藩,打败太平军后,名气大躁,功高震主,他自感危险来了,朝廷不少人也想扳倒他,势力过大,名气过大,危险了,他自废"武功",自我消停,不要名不要利,让自己重归"五合"范畴,反倒换来自身与家族的平安,而且保全名节,让贵气缓缓升腾。胡雪岩则相反,不知进退,不知收敛,名气日益扩大,与政敌、商敌对垒,与洋人群体对抗,最后一发不可收拾,名亡业息。在"五合"上逾矩了,也就超越了安全边界。

"尊贵"包括:品尊、位尊、德尊、义尊、名尊。这个"尊"字好生了得,是人人都想攀,人人都难得的。中国人的梦想就是修身、齐家、治国、平天下,"十项全能"都得全了,才有资格挑战这个"尊"字。权、亲、名、富,都全了,而且全都"五合"了,才有可能朝"尊"字方向努力奔走。这是一个总的方向,"五合"上是最高标准、最高要求了。很多人倒在奔"尊"的路上。

"富贵"后面再展开来说。就是按照贵道要求去完成富道的工作,"五合"上也是极其严格的。

下面这张是"贵相逻辑关系图"。权贵、名贵、亲贵、尊贵和富贵五者之间也是符合五行学说原理,相互间有着相生相克的关系。具体不再展开了。

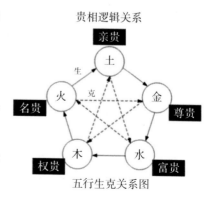

贵相逻辑关系

五行生克关系图

贵相与贵品之间的关系如下图所示。权贵、名贵、亲贵、富贵、尊贵五贵相,都可以放到合法、合规、合理、合情、合众等"五合"形成的贵品平台上进行衡量和反映。这就使得十分抽象的贵相有了结构化分解分析和定性表达的条件。

贵相"廿五宫格"

	合法	合规	合理	合情	合众	——
权贵						
名贵						
亲贵						
富贵						
尊贵						
——						

从一些家族的情况看,很多时候,贵相五个方面是相互结合、相辅相成的。

到后来,其实很难分出,是亲贵、权贵带动了名贵、富贵和尊贵;还是相反,名贵、富贵进一步推动权贵、亲贵和尊贵。

由此,我们不难理解,为什么过去王公贵族都首选圈层里通婚,亲上加亲,官官相卫,强化实力。欧洲的皇族间也是如此,以保证其贵族血统,权力在内部传递交互。包括汉族与少数民族通婚,都是在贵族间进行,以此巩固关系。有些明星也想通过嫁入豪门,与权贵结交,以期走上由名而亲、由亲而权、由权而富而尊的贵相进阶之路。

当然衡量一个人贵相组成部分的表现情况,可以借助"元角分"模型加以分析。由权贵、名贵、亲贵、尊贵、富贵构建的五边形,其内部面积越大,则贵相越饱满;反之则越不足。当然,这是相当抽象的事情,很难实在量化的。

贵相之"元角分"模型

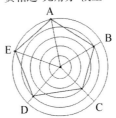

A:权贵
B:名贵
C:亲贵
D:尊贵
E:富贵

二、贵道

贵相是表,贵道是里;贵道决定贵相,贵相是贵道的表征。同时,贵道与富道关系密切,贵道是富道的更深层次的内在因素,有什么样的贵道就能产生什么样的富道。或者说,贵道层次决定了富道层次。

以下第八－十二章,重点研究贵道,回答"贵从何来"。包括:聚知之道,贵在博习;聚能之道,贵在践实;聚精之道,贵在磨炼;聚德之道,贵在涵养;聚灵之道,贵在觉悟。

第八章 聚知之道

聚知之道,是为贵第一道,是人生永无止境的基础工程。本章论述:聚知之道,贵在博习。

第一节 聚知之道

一、关于知识

知识的概念是哲学认识论领域最为重要的一个概念。

知识的定义需要几个要件:一是具备立马可以指导实践、行动的作用。二是可以表达、表现出来,具备传承性。知识就是一切人类总结归纳,并认为正确真实,可以指导解决实践问题的观点、经验、程序等信息。

知识具备较强的隐蔽性,需要进行归纳、总结、提炼。知识具备行动导向特征,知识能够直接推动人的决策和行为,加速行动过程。知识具有动态特征,需要不断更新和修正。知识具备主观特征,每个人对知识的理解,都会加入自己的主观意愿。知识具备可复制/转移特征,可以重复利用。知识具备延展生长特征,知识在应用、交流的过程中,被不断丰富和拓展。知识具备资本特征,知识就是金钱。知识具备倍增特征,知识经过传播不会减少,而会产生倍增效应。知识具备熟练特征,知识运用越熟练,有效性越高。知识具备情境特征,知识必须在规定的情景下起作用,人类选择知识一般都会进行情境对比。知识具备心智接受特征,知识必须经过人的心智内化,真正理解,才能被准确运用。知识具备结果导向特征,知识不但加速过程,也导向一个可预期的结果。知识具备权力特征,掌握知识的人,即便不在职务高位,也拥有一定的隐性权力。知识具备生命特征,知识是有产生和实效的过程,有生命长短,不是永久有效的。

世界经合组织(OECD)在1996年的年度报告《以知识为基础的经济》中将知识分为四大类:一是知道是什么的知识(Know-what),主要是叙述事实方面的知识;二是知道为什么的知识(Know-why),主要是自然原理和规律方面的知识;三是知道怎么做的知识(Know-how),主要是指对某些事物的技能和能力;四是知道是谁的知识(Know-who),涉及谁知道和谁知道如何做某些事的知识。

二、知识五度

俗话说:书中自有黄金屋。曾国藩强调:"人之气质,由于天生,本难改变,唯读书则可变化气质。古之精相法者并言读书可以变换骨相,欲求变之法,总须先立坚卓之志(《曾文正公家训》)。"巴菲特也说:"没有广泛的阅读,你根本不可能成为一个真正的成功投资者。"也正如"沃尔森法则"强调的那样,把信息和情报放在第一位,金钱就会滚滚而来。你能得到多少往往取决于你能知道多少。

既然知识那么重要,人们在求贵过程中,聚集知识是第一位的基础工作。知识又是那么丰富多彩、无边无际,那我们在求知过程中该如何突出重点,把握要领呢?

笔者以为,要突出强调把握住"知识五度",沿着其指引的方向,不断丰富知识内容,提升知识质量和有效性。

知识宽度,是指知识面。强调要尽量开阔视野,持续扩大知识面。不能满足于日常与工作相关的那些知识。现在分工很细,工作层面的知识是很狭窄的,是满足不了能力提升需要的。要持续扩大兴趣范围,逐步涉猎工作以外、甚至是兴趣以外的知识范畴。

聚知之道"五位一体"框架

知识深度,是指专业性。强调要由表及里、由浅入深,提升专业度。我们掌握的知识越有深度,往往表明我们对这一领域的认知越深刻、越专业,越有能力洞悉事物之本质,掌握事物发展规律和运行趋势。

知识粘度,是指相关性。强调我们在追求知识宽度和深度的同时,要克服盲目性。要优先聚集与自身工作生活以及发展方向有关的知识,使有限的时间带来有用的知识,提升学习的效率和效益。

知识活度,是指新鲜度,强调要注意知识更新和保鲜,不能一味死守过时的知识。知识老化和迂腐,不仅不利于对现在生活和工作的指导,而且可能还会产生误导。所以,知识要常学常更、温故知新。

知识广度,是指体系化程度。强调我们学习知识要力求系统化。知识的学习和积累,要以点串线,连线成面,立面成体。理论上说,每个人都有一个属于他自己的知识体系,只是这个体系的层次、质量、效率和价值不同而已。以宽度、深度、粘度、活度为基础的知识广度,最能体现一个人总的知识体量和层次。

可见,"知识五度"是相互依赖、相辅相成、融为一体的。

第二节　贵在博习

一、端正学习态度

学习分为狭义与广义两种。狭义的学习是,通过阅读、听讲、研究、观察、理解、探索、实验、实践等手段获得知识或技能的过程。广义的学习,是人在生活过程中,通过获得经验而产生的行为或行为潜能的相对持久的行为方式。

学习是通过阅读、听讲、观察、研究、实践等途径而获得知识、技能或认知的过程。人从出生到死亡,学习从未间断,从哇哇学语开始慢慢通过学习了解这个世界。

学习作为一种获取知识交流情感的方式,已经成为人们日常生活中不可缺少的一项重要的内容。尤其是在二十一世纪这个知识经济时代,自主学习已是人们不断满足自身需要、充实原有知识结构,获取有价值信息,并最终取得成功的法宝。

子曰:"学而时习之,不亦说乎?"学习是人的一种天性,人通过学习唤醒潜能,并在过程中享受快乐。在孔子的心目中,学的范围从来都是宽广的。孔子强调:无论学什么,都要适时温习。

(明)庞尚鹏:"学为变化之质,岂为猎章句,干利禄哉。若轻浮则矫之以严重。偏激则矫之以宽宏,暴戾则矫之以和厚,迂迟则矫之以敏迅。随其性之所偏,而约之使归于正,乃见学问之劲大。以古人为鉴,莫先于读书(《庞氏家训》)。"

曾国藩:"盖世人读书,第一要有志,第二要有识,第三要有恒(《致澄温沅季诸弟》)。"我们要学习曾国藩的学习态度。曾国藩之所以能够被称为圣人,不仅是因为他打败了太平天国、推动了洋务运动,对清王朝有"补天之功"。更重要的是,曾国藩善于自我修养,也善于教育他人。

曾国藩自我修养大约分为德行和学业两个方面。曾国藩31岁时,给自己立了十二条规矩。其中,与读书、也就是学业有关的是,第四、第五、第九、第十、第十二,分别是读书不二、每日读十页史书、每天都要做读书笔记、每月都写几篇文章、夜里不出门以便有时间读书。

曾国藩立下这些规矩,坚持不懈,即使后来官做大了、事情多了。正是通过自我读书、学习、写作训练,使得曾国藩有着深厚的儒家理论功底和灵活运用的能力,做到了理论联系实践,指导其与太平天国的战争和洋务运动,并取得了巨大成功。

李嘉诚一生坚持学习。他每天睡觉之前,一定要看书,非专业书籍,他会抓重点看,如果跟公司的专业有关,就算再难看,他也会把它看完;在晚饭之后,一定要看十几二十分钟的英文电视,不仅要看,还要跟着大声说,因为怕落伍。通过刻苦学习,在同一代香港华人商业领袖中,李嘉诚不但是拥有更好英文能力的人,而且也是对资本市场,尤其是对国际资本市场拥有更多了解,并且因此拥有更广阔经济和经营视野的人。正是这个原因,他才得以在实业和资本之间建立起更好的沟通桥梁,进而率先找到以资本运作实业的成功密码,不断超越传统边界,构建起庞大的商业帝国。

二、注重学习方法

要借鉴毛泽东的学习方法。

其一，坚持学习。毛泽东青少年时期就养成了读书用功、持之以恒的良好习惯。长沙求学时他曾写过一幅自勉联："贵有恒，何必三更起五更眠；最无益，只怕一日曝十日寒。"这幅对联充分体现了毛泽东对"积学贵有恒"方法的称道。后来，他也曾教育广大干部，"读书贵在坚持，坚持数年，必有好处。"

其二，温故知新。毛泽东提倡读书要"三复四温"。《共产党宣言》他就看了一百多遍；《红楼梦》他至少读过10种版本；《史记》《资治通鉴》他通读过数遍。其中不少精彩的文章他都能背诵如流。

其三，博览群书。他读书的范围就很广，马列经典、经史子集、诗词歌赋、野史小说等，无所不读。由此才形成了他渊博的知识、锐利的思想。

其四，系统钻研。毛泽东读书学习强调要系统研究，比如，他对社会主义革命就进行了系统研究。从空想到现实，从理论到实践，从政治体制到经济体制，从经济基础到上层建筑，从管理机制到分配制度，他都有自己的一套理论。这就是系统阅读、系统研究的结晶。

其五，读写相伴。勤动笔墨是毛泽东读书的一大特点，也是极有价值的一种方法，他一生不动笔墨不读书，把自己读书心得体会，读到的精言妙句都批注到书本的字里行间。在《毛泽东哲学批注集》中，他留下了2.8万字，这些批注，就是他读书心得的真实记录。

其六，学思结合。他以自己特有的价值观、人生观、世界观来品评事件人物，从中鉴取兴亡之道，总结为政方略，悟出新的思想和观念。由于他善于学思结合，故而能以特有的智慧在书海中自由翱翔。

其七，开门求学。1925年至1927年初，他多次深入湖南农村进行调查研究。在以后的革命和建设过程中，毛泽东一直把深入社会调查研究坚持始终。他从开门读书求学中找到了中国革命的正确道路。

其八，常学勤问。提倡要甘当小学生、学习孔夫子的遇事勤问，并身体力行、率先垂范。他每次到农村调查,都是满腔热情,手写口问。

其九,碎片学习。青年时期毛泽东晚上就常在路灯下看书,厕所里看书。解放后仍在饭前、饭后、节假日、路途间隙读书。1975 年,他的眼睛做了白内障手术,不能看书时,他就请人给他读,视力稍有恢复,又每天坚持读书十几个小时,

其十,学教相长。他师范毕业就当教师,后来又办农民夜校、自修大学,农民运动讲习所等。在江西苏区红军大学,在延安抗日军政大学和中央党校讲课,乃至在各种会议和场合作演讲作报告,毛泽东都能深入浅出,讲得生动、活泼。进入中南海后,毛泽东还组织身边的警卫人员学文化,真正做到了"诲人不倦"。

学习的本质就是知识迁移。随着知识储备量的增长,更多的知识迁移发生在专业与专业之间,进行跨行业的知识迁移。具备跨行业知识迁移能力的人,其知识面必然横跨不同领域,而且,现代职业大多需要复合多个专业,也更需要知识迁移的能力。同时,想要提高跨行业的知识迁移能力,我们还需要培养从现象中抽象出事物发展本质的能力。"知识迁移"包含知识储备(丰富的跨领域知识)、编码(习惯于总结事件的本质)、解码(从多个角度对当前任务提出各种可能的问题)三个环节。在此语境下,要认识到:出于兴趣而学习的"无用的知识",将发挥越来越重要的作用;学习不是为了掌握知识,而是形成思考方法和建立知识结构;学知识不要怕忘,重要的是记得自己曾经学过,并知道如何唤醒记忆;养成学习陌生学科知识的习惯,提高快速学习陌生知识的能力;在搜索时代,"不知道"并不可怕,不知道自己"不知道什么",才可怕。而那些只知道一两个专业的知识的人,更容易成为后者。

知识是相当宽泛的概念,要衡量和评价一个人的学习成效和知识体量与层次,是很困难的。笔者还是建议使用"元角分"模型进行分析并对知识宽度、深度、粘度、活度和广度作大体上的评价。五边形面积

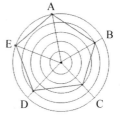

聚文之"元角分"模型

A:知识广度
B:知识宽度
C:知识粘度
D:知识活度
E:知识全度

越大,表明他的知识体总量越大、认知水平越高;反之则反是。

　　"富贵学"在论及此处时感喟到:聚知之道,贵在博习。长宽深活,适用为根。锲而不舍,开卷有益。与时俱进,吐故纳新。

第九章　聚能之道

有了知识作铺垫,就要着手提升能力了。本章要说明:聚能之道,贵在践实。

第一节　聚能之道

一、关于能力

《吕氏春秋·适威》:"民进则欲其赏,退则畏其罪,知其能力之不足也!"《史记·李斯列传》:"上幸尽其能力,乃得至今。"

戴尔·卡内基说:每个人皆有连自己都不清楚的潜在能力。无论是谁,在千钧一发之际,往往能轻意解决从前认为极不可能解决的事。

能力是完成一项目标或者任务所体现出来的综合素质。人们在完成活动中表现出来的能力有所不同,能力是直接影响活动效率,并使活动顺利完成的个性心理特征。能力总是和人完成一定的实践相联系在一起的。离开了具体实践既不能表现人的能力,也不能发展人的能力。掌握和运用知识技能所需的心理特征,达成一个目的所具备的条件和水平。

能力有很多种:

一般能力,是指在进行各种活动中必须具备的基本能力。它保证人们有效地认识世界,也称智力。包括:感知能力、记忆力、想象力、思维能力、注意力等,其中抽象思维能力是核心。

特殊能力,是顺利完成某种专门活动所必备的能力,如音乐能力、绘画能力、数学能力、运动能力等。各种特殊能力都有自己的独特结构。

再造能力，是指在活动中顺利地掌握前人所积累的知识、技能，并按现成的模式进行活动的能力。包括人们在学习活动中的认知、记忆、操作与熟练能力。

创造能力，是指在活动中创造出独特的、新颖的、有社会价值的产品的能力。它具有独特性、变通性、流畅性的特点。

认知能力，是指个体接受信息、加工信息和运用信息的能力，它表现在人对客观世界的认识活动之中。

元认知能力，是指个体对自己的认识过程进行的认知和控制能力，它表现为人对内心正在发生的认知活动的认识、体验和监控。此外，还有超能力、自我管理能力和团队领导能力等等。

提升能力的第一步是要弄清楚四个问题：我最突出的能力有哪些？目前工作最急需的能力是什么？对比工作急需的能力我最欠缺的能力是什么？我应该如何提升这些欠缺的能力？

二、能在五力

这里尤其着重强调五个方面的能力，包括：学习能力、辨识能力、操作能力、适应能力、自控能力。

学习能力是指学习的方法与技巧。学习能力是所有能力的基础。评价学习能力的指标有：学习专注力、学习成就感、自信心、思维灵活度、独立性和反思力。

辨识能力是指能够分辨出相邻两个物点间的最小距离的能力，这种距离称为分辨距离。分辨距离越小，分辨率就越高。个人分辨能力还指一个人对事物的好坏等的辨析，并采取相应的措施，个人对这件事所造成的结果往往是体现个人的分辨力。

操作能力即解决问题能力，是指人们运用观念、规则、一定的程序方法等对客观问题进行分析并提出解决方案的能力。

适应能力，是指主体对外界环境变化的适应性和自主调整能力。适应能力是动态的，受自然和社会环境的影响。

自控能力是指对一个人自身的冲动、感情、欲望施加的正确控制。

自控力是一个人成熟度的体现。尼采说,获得真正自由的方法是要学会自我控制。巴菲特认为,他自己成功投资,除了运气,最重要的一点就是情绪稳定。价值投资更是一种情商的考验,越是动荡的市场,越是要保持清醒的头脑和坚定的信念,这样才能做出正确的决定。说的就是自控力。

"元角分"模型展示能力体系,综合实力,学习能力、辨识能力、操作能力、适应能力、自控能力构成五边形。五边形内部面积越大,表明能力量级越高,能力越强;反之,则反是。

聚能之"元角分"模型

A：学习能力
B：辨识能力
C：操作能力
D：适应能力
E：风控能力

第二节　贵在践实

一、实践提升能力

实践包括三方面基本内容:生产实践;处理社会关系的实践;科学实践。在恩格斯的自然哲学中揭示人的思想产生于劳动即人的主观意识产生于人的实践行为,同时人的主观意识反作用于客观存在。马克思强调人的社会实践,强调实践的社会性;强调人的社会意识具有的生产力历史性、阶级性,他们都是物质的,辩证的。

实践论是基础于唯物论及辩证法两者总体的认识。毛泽东的《实践论》强调实践的主客观矛盾发展对于认识及再实践的认识发展过程。认识上升到理论的指导作用。在当代以来强调实践的真理标准,其包含真理的发现及检验、实现,见之于客观。

实践是人的主观的、感性的活动,是主观见之于客观的能动的活动,它是社会的活动、历史的活动。科学证明,人类历史同自然历史都是客观的过程。同样,构成人类历史的实践以及实践自身的历史发展也是一个客观的过程。

人类能力提升,依赖实践过程。培根在《随笔·论学习》中指出:天生的能力像天然生成的植物,必须通过学习加以修整;然而觉醒本身如若不由实践去约束,必然方向纷杂而漫无目的。

古时候赵国的赵括,谈起兵法无人能敌,真正带兵打仗却一塌糊涂。长平之战中,赵括不仅自己丢了命,还损失45万大军。

投资如战场,纸上谈兵,会吃大亏。巴菲特是一个既重思考又重行动的实践型投资大师,他善于思考和行动结合起来。他学习和融合了格雷厄姆、费雪、芒格的投资思想,并且实践一生,才成为全球投资收益最高、赚钱最多的投资大师。

二、实践成就接班

(一)中国富豪接班大考

中国正进入历史上极为罕见的、顶级富豪们集中向下一代传承财富的特殊时期。从刘永好到其女儿刘畅,杨国强到其女儿杨惠妍,宗庆后到其女儿宗馥莉……这些公司控制人名字变动的背后,都是一个个庞大的财富帝国的传承和延续。

不仅顶级富豪,在改革开放浪潮中成长起来的整个财富阶层,很多都开始面临财富的传承难题。几年前,中国社科院的一项调查数据显示,中国第一代企业家的年龄平均为55－75岁,在未来5－10年内,全国有300多万家民营企业将面临企业传承问题。

富豪接班人主要问题:其一,教育培养问题。接班人能否达到创始人的预期,是个未知数;此外,还有部分接班人根本不愿意接班。其二,经营管理能力问题,包括处理和职业经理人之间关系的能力问题。第二代接班时还会大量掌控经营权,但是到第三代接班时,一定会出现经营权和所有权的进一步分离,更多的经营权掌握在职业经理人手中,这将是未来的趋势。其三,独生子女问题。在第一批面临接班人问题的中国富豪阵营里,大部分人只有一个孩子。有限的选择机会可能会妨碍企业的专业化和持续发展。

目前"富二代"接班主要模式:一是先留学海外,之后逐渐积累企业管理经验,以初步试点为平台,逐步接班;二是在国内顶级教育培训机构"镀金"之后,空降到企业担任高层,掌握实权;三是从基层干起,通过多个层面历练,最后掌权。这三类接班都存在一定的问题,尤其是前两类,主要面临的就是所有者与经营者的矛盾。很多并无太多历练的"富二代"突居高位,而一旦关系稍微处理不善,势必会引起职业经理人的不满。

当然,接班只是第一步,对于传承巨额财富的"富二代"而言,今后的路还很长。财富传承,必然是一代难过一代。从国际社会来看,一些大型企业在不断做大与传承的过程中,必然是股权不断稀释,管理层持股和控制权不断增加。

（二）实践助力李家承传

李泽钜和李泽锴虽然出生在大富之家,却很少有机会享受奢华的生活。他们小的时候,李嘉诚常常带他们坐电车、巴士。李嘉诚解释:"在电车、巴士上,你们能见到不同职业、不同阶层的人,能够看到最平凡的生活、最普通的人,那才是真实的生活,真实的社会;而坐在私家车里,你什么都看不到,什么也不会懂得。"

李泽钜和李泽锴在很小的时候就开始做杂工、侍应生。李嘉诚:"对子女的教育,百分之九十九应该教他们做人的道理,即便是他们成人后,也应该是三分之二教他们如何做人,三分之一才是教他们如何做生意。"

当李泽钜和李泽锴长大一些,李嘉诚召开董事会,就让儿子坐在专门设置的小椅子上列席会议。李嘉诚:"工商管理方面要学西方的科学管理知识,但在个人为人处世方面,则要学中国古代的哲学思想。不断修身养性,以谦虚的态度为人处世,以勤劳、忍耐和永恒的意志作为进取人生的战略""如果要取得别人的信任,你就必须重承诺,在做出每一个承诺之前,必须经过详细的审查和考虑。一经承诺之后,便要负责到底;即使中途有困难,也要坚守诺言贯彻到底。"

儿子们一天天长大,李嘉诚决定送他们出国上学,让他们独立生活。后来,李泽钜和李泽锴都以优异的成绩从美国斯坦福大学毕业。

当他们想进入父亲的公司时,父亲却说:"我希望你们先去打自己的江山,让实践证明你们有资格到我公司来任职。"兄弟俩来到加拿大,白手起家,一切从零做起。磕磕绊绊之后,终于有所成就,李泽钜成功经营了一家地产开发公司,李泽楷则成了多伦多投资银行最年轻的合伙人。在他们创业过程中,李嘉诚冷酷得不近人情,什么都不管不问,任凭哥儿俩在商海里挣扎拼搏。

在李嘉诚的培养下,两个儿子在系列大动作中,都表现出惊人的胆识和灵敏的商业头脑,李嘉诚曾自豪地说:"即使我不在,凭着他们个人的才干和胆识,都足以各自独立生活,并且养家糊口,撑起家业。"

正是李嘉诚的"不管不问",成就了儿子们自立自强、奋发向上的品格。如今,李泽钜和李泽楷皆已成为举足轻重的商界大腕。

"富贵学"在论及此处时感喟到:聚能之道,贵在践实。水滴石穿,工匠精神。学辨操适,风险巧控。乐道躬耕,苦心经营。

第十章 聚精之道

通过学习,掌握知识;通过实践,提升能力;以知识和能力为基础,就可以磨炼煅造,升华精神。

第一节 聚精之道

按照黑格尔哲学,人的意识包含精神、思维两部分。精神是意识的一部分,精神又包含人的情感、意志等心理状态,精神是人的生命体征的直接反映。

一、精神无价

精神,指人的情感、意志等生命体征和一般心理状态。

维姬·罗宾在她的书《金钱与人生》中写道:有些人的工作并非是为了谋生,而是拼死,有时则是赢取暴利。。他们的工作并不会带给他们充实感,甚至可能会损害自己或他人的幸福。有的人则以自己的工作为耻,他们痛恨自己的工作,希望能够早日脱离这一工作。他们装出若无其事的样子,事实上,他们的精神却因此日渐萎靡。他们身不由已地陷入追逐与竞争中,号称自己是在谋生,其实,他们正在拼死,或者赢取暴利。然而,他们自己并未意识到这一点,抑或不肯承认这一点。

褚时健说:人生总有起落,精神终可传承。

这里讨论的精神着重包括务实进取、自立自强、协作包容、坚守深耕、创新拼搏等五个方面。

（一）务实进取

"务实进取"的意思是讲究实际,并且有上进心,通常被用来称赞他人。其中:"务实"的意思就是致力于实在的或具体的事情,讲究实际。《国语·晋语六》:"昔吾逮事庄主,华则荣矣,实之不知,请务实乎。"意即:过去我一直侍奉庄主,对于他当时的荣耀,真的不知道,请务必真实。"进取"是指努力上进,力图有所作为。《论语·子路》:"狂者进取,狷者有所不为也。"意即:狂者敢作敢为,狷者对有些事是不肯干的。

务实进取,就是自我努力,不断进取,给予自己充足的信心,从而获取成功。

"大人不华,君子务实""名与实对,务实之心重分,则务名之心轻分""君子耻其言而过其行"等句子倡导人们坚持"务实"作风。

"有志者事竟成,破釜沉舟,百二秦关终属楚""欲穷千里目,更上一层楼""会当凌绝顶,一览众山小""锲而不舍,金石可镂"等人们耳熟能详的句子提醒世人保持"进取"精神。

(二)自立自强

自立自强,是指坚持操守,不受外界影响。靠自己的劳动生活,不依赖别人,不安于现状,勤奋进取,依靠自己的努力不断向上。自立自强是一种良好的品质,也是一种可贵的精神。

巴菲特说:"市场有时像上帝,垂青那些自立自强的人。有时又不像上帝,它也惩罚那些无头苍蝇的随意跟风的人。"他还讲过一个旅鼠的故事:旅鼠们群居生活,繁殖量很大,但是它们每年都在迁徙,跟着头鼠一直走。走着走着到海边了,带头的一看是大海,干脆就跳到海里,跳海后没有目标,继续游啊游,最后所有的都死在海里了。宁愿相信别人,不肯相信自己,这是股民最应该忌讳的一种心理。自立自强是财富管理和投资决策需要的精神。

"立志不坚,终不济事"意指:如果自己的志向不够坚定,就没有办法成就一番大的事业。出自朱熹《朱子语类》。

"一思尚存,此志不懈",意指:只要还有一口气在,就不会放弃立下理想和目标,形容人的意志坚强,不达目的誓不罢休的精神。出自(明)胡居仁。

"丈夫志四海,万里犹比邻",意指:大丈夫志在四海,即使相隔万里也好像就在身边一样。出自三国曹植的《赠白马王彪》。

"立志以定其木,居正以持其志",意指:人的根本在于立下志向,还要遵循正道坚持自己的志向不改变。出自(宋)胡宏之作。

这些诗句都表达了对"自立自强"精神的赞美和追求。正如"跨栏定律"所示,竖在面前的跨栏越高,你跳得也就越高。一个人能够取得多大成就,取决于他遇到多大的困难和与之匹配的自强不息的决心与斗志。

(三)协作包容

《汉书·五行志下》:"上不宽大包容臣下,则不能居圣位。""包容",意指宽容大度,多指能适度迁就他人,容得下不同观点,为了整体利益或他人得益能适度牺牲自己利益或曲意将就他人。

包容是一门学问,学会包容的人,就学会了生活;懂得包容的人,就懂得快乐!这门学问,是来自内心"慈悲喜舍、善良仁爱"的自然流露!

包容是一门艺术,它不是你随随便便可以得到,可以舍弃的东西。它是一种精神的凝聚,它是一种善良的结晶,是人性至善至美的沉淀!

包容是一种美德,它可以使你的人格得到升华,让你的心灵得到净化!它是人修身养性的一本"真经"。

包容是一种境界,人要达到这种境界,就必须拥有博爱的心、博大的胸襟,还要有一份坦荡、一种气概!

包容是一种幸福,能够包容别人是一种幸福,让别人心存感激更是一种幸福!人生一世,不能让自己在琐事困扰中作茧自缚,更不能在无尽痛苦中度过。

文学家雨果曾写过一首诗:世界上最宽阔的是海洋,比海洋更宽阔的是天空,比天空更宽阔的是人的胸怀。所以我们要学会大度,要心胸宽广,大度为上。只有具备宰相肚里能撑船的肚量,我们才能像海洋一样笑纳百川,像高山一样巍峨耸立,兼容万物,和谐共生。

也正如迈克尔·乔丹所言:"天赋可以赢得比赛,但团队合作与智慧才能赢得冠军。"真正聪明的人,都懂得作出让步,达到互赢的关系。从长远来看,输或赢模式的结果,注定是分道扬镳。只有双赢模式,才是长期相互合作关系中唯一可行的交往模式。

"宽而栗,严而温""二人同心,其力断金""万人操弓,共射一招,招无不中"等金句,都细致入微地体现了"协作包容"的精神价值。

(四)创新拼搏

创新是指以现有的思维模式提出有别于常规或常人思路的见解为导向,利用现有的知识和物质,在特定的环境中,本着理想化需要或为满足社会需求,而改进或创造新的事物、方法、元素、路径、环境,并能获得一定有益效果的行为。

创新从哲学上说是一种人的创造性实践行为,这种实践为的是增加利益总量,需要对事物和发现的利用和再创造,特别是对物质世界矛盾的利用和再创造。人类通过对物质世界的利用和再创造,制造新的矛盾关系,形成新的物质形态。

创新是人自我发展的基本路径。创新与积累行为构成一个矛盾发展过程。创新是对于重复、简单方式的否定,是对于人类实践范畴的超越。新的创造方式创造新的自我!

从认识的角度来说,创新就是更有广度、深度地观察和思考世界;从实践的角度说,创新就是能将这种认识作为一种日常习惯贯穿于具体实践活动中。

从辩证法的角度说,它包括肯定和否定两个方面,从而也就包括肯定之否定与否定之肯定。前者是从认同到批判的暂时过程,而后者是一种自我批判的永恒阶段。所以创新从这个角度来说就是一种"怀疑",是永无止境的。

创新在社会学层面上,是指人们为了发展需要,运用已知的信息和条件,突破常规,发现或产生某种新颖、独特的有价值的新事物、新思想的活动。

创新的本质是突破,即突破旧的思维定势、旧的常规戒律。创新活动的核心是"新",它或者是产品的结构、性能和外部特征的变革,或者是造型设计、内容的表现形式和手段的创造,或者是内容的丰富和完善。

"穷则变，变则通，通则久"。只有不断变革，不断打破原有的平衡，才能使自己在不断打破原有秩序的基础上产生质的蜕变和突破，才能在一次次突破中不断发展壮大。

（五）坚守深耕

坚守，意指坚定地遵守或保持。《后汉书·李固传》："先圣法度，所宜坚守。"唐李德裕《赐何重顺诏》："及沮谢之时，不能坚守臣节，遂使三军上请，以幼子总戎。"（明）张居正《请戒谕》："或沉溺故常，坚守旧辙。"

深耕，是指当一块田地要播种、插秧之前，先须犁田，把田地深层的土壤翻上来，浅层的土壤覆下去。深耕是土壤耕作中最基本也是最重要的耕作措施，它不仅在耕作措施中对土壤性质的影响最大，同时作用的范围也广，持续的时间也远比其他各项措施长。合理深耕能显著增产。这里是比喻，是指在一个领域扎根劳作，坚持不懈，精益求精。因为：欲多则心散，心散则志衰，志衰则思不达。简单的事重复做，你就是行家；重复的事用心做，你就是专家。有时候并不是你水平太业余，而是你太贪心，精力太过分散，耗掉了你通往专业的潜力。你有多专注，就有多专业。

著名投资专家约翰·坦普尔顿提出了"多一盎司"定律。他指出：取得突出成就的人与取得中等成就的人几乎做了同样的工作，他们所做的努力差别很少，只是仅仅多一盎司。

卡内基："所有的成功者，都是在挑选了一条道路之后就坚持到底。"

巴菲特也强调说："你是在市场中与许多人打交道。这就像一个巨大的赌场，除你之外，每一个人都在狂吞豪饮。如果你一直喝百事可乐，你可能会中奖。"

"若是初心未改，多应此意须同"，意指：如果你对这件事的初衷还是没有改变的话，那么你初时的意思大多会与这个相同吧！出自宋诗人晏几道的《风入松·心心念念忆相逢》。

"眠云机尚在，未忍负初心"，意指：能自由的安睡的机会尚且还在,不要忍不住辜负了初心啊！出自唐·许棠《忆江南》。

这些都歌颂了坚守深耕的宝贵精神。

二、五精一体

务实进取、自立自强、协作包容、创新拼搏、坚守深耕等五方面,是相辅相成的关系。有了务实进取精神,自然一般也就会自立自强、坚守深耕、创新拼搏,对外界也就会协作包容。内外是一致的。反过来也是,做到了协作包容,也必须会自立自强。当然不统一的情况也是有的。有的人对自己要求很高,做到了务实进取、自立自强,甚至坚守深耕和创新拼搏,但是,与他人打交道时,就是做不到协作包容。这样反过来,又影响到其他方面精神状态的发挥和保持。所以不同精神状态的要求不同,但是内在地相互影响,要争取做到整体上的一致性。

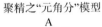

聚精之"元角分"模型

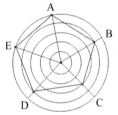

A：务实进取
B：自立自强
C：协作包容
D：创新拼搏
E：坚守深耕

借用"元角分"模型,将上述五种精神连在一起,构成五边形。其内部面积整体上反映了一个人的精神层次和大体状况。

第二节 贵在磨炼

当年王阳明谪居龙场,条件艰苦,但是他没有消沉,而是用乐观的心态面对这次遭遇。龙场没有变成一个消沉之地,倒成了王阳明静心开悟、立地成圣的圣地。

王阳明也曾说过:"人须在事上磨练,做功夫,乃有益。若只好静,遇事便乱,终无长进。"

在事上磨练,简单来说,就是要将自己的所学付诸实践,在复杂的实际体验中磨炼自己的意志,以达到动静皆定的层次。这种修行会使人沉着冷静,临危不惧,最终进入"不动心"境界。

古训有云:"宝剑锋从磨砺出,梅花香自苦寒来"。王阳明认为:"变化气质,居常无所见,惟当利害、经变故、遭屈辱,平时愤怒者,到此能不愤怒;忧惶失措者,到此能不忧惶失措,始是能有着力处,亦便是用力处。"

王阳明早年提出了"静处体悟"的观念。这要求一个人安心静坐,舍弃所有的思虑杂念,从而认识到自己的本心。后来,王阳明在修行过程中发现一味地静修也会产生各种弊病。

王阳明告诫我们:"未有知而不行者,知而不行,只是未知。"掌握了不少圣贤大道,满口的引经据典却不落实,这不是真正的"知"。那些熟读经典却不谙世事的书圣,就算人品端正,也并未获得真"知"。

诚如"杰奎斯法则"所示,磨炼,是一个"熬"的过程,是一种俗世中的修行。磨的是平凡度过的时光,熬的是淡然处世的心境,修的是乐观豁达的胸怀。只有经历磨练,才体现出成功的弥足珍贵。熬的不是岁月,而是一种心态。熬,是历久弥坚的意志。我们的人生,正是由一段又一段的煎熬和快乐交织而成的。熬并不是坐以待毙,而是一个在困苦中磨练意志,韬光养晦的重要过程,当我们熬出头的一刻,就是我们一鸣惊人的时候。

一、磨炼成就贵族

《生于忧患,死于安乐》:

> 舜发于畎亩之中,傅说举于版筑之中,胶鬲举于鱼盐之中,管夷吾举于士,孙叔敖举于海,百里奚举于市。
>
> 故天将降大任于是人也,必先苦其心志,劳其筋骨,饿其体肤,空乏其身,行拂乱其所为,所以动心忍性,曾益其所不能。人恒过,然后能改;困于心,衡于虑,而后作;征于色,发于声,而后喻。入则无法家拂士,出则无敌国外患者,国恒亡。然后知生于忧患而死于安乐也。

《生于忧患，死于安乐》选自《孟子·告子下》，是一篇论证严密、雄辩有力的说理散文。作者先列举六位经过贫困、挫折的磨炼而终于担当大任的人的事例，证明忧患可以激励人奋发有为，磨难可以促使人有所成就。

贵族文化的核心之一是骑士精神。贵族意味着责任和担当，他们珍惜荣誉，并以此赢得普通民众的信任。贵族在战争中有冲锋在前的传统，在一战中，担任军职的英国世袭贵族的死亡率为20%，高出普通士兵两倍。1914年末的阵亡名单上，就有上院贵族及后代、从男爵及后代，许多贵族家庭因此血胤灭绝。查尔斯王储的弟弟安德鲁王子，1982年曾作为皇家海军的一名飞行员参加了福克兰群岛战争，他在战争中甚至充当过吸引对方导弹的"诱饵"角色。

世界著名的贵族学校要实行如此严格和艰苦的军事化训练，目的是要培养学生的合作意识和自律精神。真正的贵族一定是富于自制力，一定是有强大精神力量的，而这种精神力量需要从小加以培养。伊顿公学也确实用这种方式培养出了很多优秀的人物。英国贵族学校的学生睡的是硬板床，吃的是粗茶淡饭，每天还要经过非常艰苦严格的训练，这甚至比平民学校还要辛苦。

英法战争期间，英军包围法国加莱市2年，直至乞降。英国国王的要求是：交出6名加莱市民，理光头，穿麻衣，脖子套上绳索，手持城门钥匙阵前受死，则免于加莱市民死于饥荒。加莱城内首富第一时间挺身而出，为家族荣誉第一个报名受死，接着另外五个富翁都自愿赴死，史称加莱义民。加莱义民以实际行动证明了，一个精英阶层的道义和担当。

二战时期，很多好莱坞当红一线的男女影星，毅然决然放弃一切名利，投入反法西斯的正面战场，有的甚至战死沙场。英国的威廉与哈里王子，和普通英国公民一样，进入英国海军服役，和普通士兵一样接受严格的军事训练，毫无半点马虎。

巴尔扎克说："一夜可以产生一个暴发户，三代培养不出一个贵族。"这个培养的过程也是一个漫长而艰难的磨炼过程。

二、一万小时定律

美国两位畅销书作家,丹尼尔·科伊尔的《一万小时天才理论》与马尔科姆·格拉德韦尔的一本类似"成功学"的书《异类》,其核心都是"一万小时定律"。提出:做任何事情,只要坚持一万小时,基本上都可以成为该领域专家。

英国神经学家 DanielLevitin 认为,人类脑部确实需要这么长的时间,去理解和吸收一种知识或者技能,然后才能达到大师级水平。顶尖的运动员、音乐家、棋手,需要花一万小时,才能让一项技艺至臻完美。

"一万小时法则"在成功者身上很容易得到验证。作为电脑天才,比尔·盖茨 13 岁时有机会接触到世界上最早的一批电脑终端机,开始学习计算机编程,7 年后他创建微软公司时,他已经连续练习了 7 年的程序设计,超过了一万小时。

"一万小时法则"的关键在于,一万小时是最底限,而且没有例外之人。一万小时——10 年,每天三小时——无论你是谁。一万小时的练习,是走向成功的必经之路。

亚里士多德有一句名言:"我们重复做些什么,代表我们是怎样的人;因此,卓越其实不是一种行为,而是一种习惯。"

拳王阿里在分享经验时说道:"我在镁光灯下出赛前,都要经历不知道多长时间的苦练。"

滴水穿石不是靠力,而是因为不舍昼夜。从心理学上分析,用上千上万小时来做一件事并不是一件理性的事,常常会产生困扰。但这种极端的感受却正是才能的组成成分,因为这里包括我们不能完全控制的力量、情感、个性、激情。这是维持与激发激情的钥匙。

三、磨炼事关传承

"子孙若如我,留钱做什么? 子孙不如我,留钱做什么?"说这话的是民族英雄林则徐。

清末富豪盛宣怀去世时,留给后代大笔遗产,后来其孙子盛恩颐继承其中大部分,成为家族公司的总经理。盛恩颐放任自己,白天都在睡觉,晚上就开始流连于赌场,最终把庞大家产给败光了。晚年的时候,盛恩颐已经穷困潦倒,成为了一个乞丐,最后一个人死在了家里的门房里面。"求财恨不多,财多伤人子。"果然,这大笔的钱财最后果然坑害了盛恩颐。

宋代李邦献说:"为子孙作富贵计者,十败其九;为人作善方便者,其后受惠。"

晚清重臣李鸿章留给子孙的财产数量相当惊人,李鸿章的孙子李子嘉继承了大笔遗产。李子嘉平日除了吸吸鸦片,其他的是一概不管。财产被他挥霍光了,跳塘自尽。

"遗金满籯常作灾"。李鸿章孙子悲剧的一生,印证了"积财给子孙是留祸,积德给子孙才是留福"。

在李鸿章、盛宣怀等给子孙留下巨大财产的名人外,同时期有一个没有给子孙留下任何财产的人,就是曾国藩。早在道光二十九年,曾国藩初为大官时便对家人表示:"绝不留银钱与后人。"后来身为湘军统帅,他再次申明他的态度:"仕宦之家,不蓄积银钱,使子弟自觉一无可恃。"

然而曾国藩的家族,两百多年来,曾氏后裔有成就的多达200余人,大多成为学术、科技、文化领域的精英。繁盛绵延十余代,至今没有出现过败家子。

曾国藩说:"儿子若贤,则不靠宦囊,亦能自觅衣饭;儿子若不肖,则多积一钱,渠将多造一孽,后来淫佚作恶,必且大玷家声。"

曾氏家教严格,亦不留财产给子孙,因此其家人才辈出,余庆绵绵。而李鸿章、盛宣怀的子孙们,结果抽大烟、进赌场、逛窑子,很快便把父祖辈的家业败落得一干二净。

"富贵学"在论及此处时感喟到:聚精之道,贵在修身。务实进取,自强自省。拼搏创新,协作包容。艰苦卓绝,担当责任。

第十一章　聚德之道

精神之后是道德。求贵之道第四站:聚德之道,贵在涵养。

第一节　聚德之道

一、关于道德

道德一词,在汉语中可追溯到先秦思想家老子所著的《道德经》一书。老子说:"道生之,德畜之,物形之,势成之。是以万物莫不尊道而贵德。道之尊,德之贵,夫莫之命而常自然。"其中"道"指自然运行与人世共通的真理;而"德"是指人世的德性、品行、王道。但,德的本意实为遵循道的规律来自于发展变化的事物。

"道德"二字连用始于荀子《劝学》篇:"故学至乎礼而止矣,夫是之谓道德之极"。在西方古代文化中,"道德"(Morality)一词起源于拉丁语的"Mores",意为风俗和习惯。《论语·学而》:"其为人也孝弟,而好犯上者,鲜矣;不好犯上,而好作乱者,未之有也。君子务本,本立而道生。"

(明)洪应明:"德者才之主,才者德之奴。有才无德,如家无主而奴用事矣,几何不魍魉而猖狂。"(《菜根谭》)

道德不是天生的,人类的道德观念是受到后天的宣传教育及社会舆论的长期影响而逐渐形成的。这是一种道德相对主义,与之相反的主张则称为道德绝对主义。道德很多时候跟良心一起谈及,良心是指自觉遵从主流道德规范的心理意识。

道德是社会意识形态之一,是人们共同生活及其行为的准则和规范。道德通过社会的或一定阶级的舆论对社会生活起约束作用。

在没有养成习惯之前,做一个有道德的人并不容易。但是,良好的习惯一旦养成,道德的活动本身就能够带来快乐。

二、关注重点

《菜根谭》中说:"富贵名誉,自道德来者,如山村中花,自是舒徐繁衍;自功业来者,如盆槛中花,便有迁徙兴废。若以权力得者,如瓶钵中花,其根不植,其萎可立而待矣。"

作者认为,自律、仁爱、谦诚、慈善、奉献是最为重要的值得关注和培养的道德观念。

(一)自律

自律,是指在没有人现场监督的情况下,通过自己要求自己,变被动为主动,自觉地遵循法度,拿它来约束自己的一言一行。自律是不受外界约束和情感支配,据自己善良意志按自己颁布的道德规律而行事的道德原则。

遵循法纪,自我约束。自律是一种不可或缺的人格力量,没有它,一切纪律都会变得形同虚设。真正的自律是一种信仰、一种自省、一种自警、一种素质,一种自爱、一种觉悟,它会让你发觉健康之美,感到幸福快乐、淡定从容、内心强大,永远充满积极向上的力量。

自律与克制相通。克制是一种秩序,一种分寸感,能够把控生命中的舍与得,掌控悲与喜。《劝诫全书》中有则古训:"欲不除,如蛾扑火,焚身乃止;贪无了,若猩嗜酒,鞭血方休。"人生之所以痛苦,是由于欲望太多,被欲望牵制的人生,迷茫而无助;而清心寡欲的人,逍遥自得。

歌德说:"一个人只要宣称自己是自由的,就会同时感到他是受限制的。如果你敢于宣称自己是受限制的,你就会感到自己是自由的。"

《断舍离》强调:无能为力的事,当断;生命中无缘的人,当舍;心中烦欲执念,当离……

巴菲特认为,成功投资人必备的首要条件是,能够控制自己的贪恋,并且专注于投资过程。他说:"我自所以有今天的成就,是依靠自己的自律和别人的愚蠢。"

理财心理学家约翰·思科特用如下方式,为贪心的投资者画了一幅像:一是发现自己可以要得更多,可以跑的更快;二是原来认为是高风险的投资,现在看来却是小事一桩;三是确信这次肯定会不一样……于是他为他们开出了药方:要和自己的贪恋作斗争;要按照原先理性的投资计划进行,到了止损及止盈点,该出手时就出手,不要在事后去纠结如果;要结交头脑冷静、思维理智的朋友。

"朕方以恭俭自居,以法度自律,宜得慎静之吏,以督缮治之功。"意指:我正以节俭自居,遵循法度,自我约束,以监督整治的成效。出自宋苏辙《西掖告词》。

"虽居官久,家无赢赀,亦以俭自律,不少变。"意指:虽然做官已经很久,但家里没有盈余的财物,也一直以节俭来自我约束,一点都没有变过。出自明·李东阳《石公墓志铭》。

"历览前贤国与家,成由勤俭败由奢"。意指:纵览历史,凡是贤明的国家,成功源于勤俭,衰败起于奢华。出自李商隐《咏史》。

"以细行律身,不可以细行取人",意指:君子要从一点一滴细微之处严格要求自己,却不会紧扣别人行为中的瑕疵不放手。和"严于律己,宽以待人"的意思相同。出自魏源《默觚下·治篇一》。

毕达哥拉斯说:不能约束自己的人不能称他为自由的人。正如上述诗句所道,我们的自律并不是让一大堆规章制度来层层地束缚自己,而是用自律的行动创造一种井然的秩序来为我们的学习生活争取更大的自由。

(二)仁爱

仁爱,谓宽仁慈爱,爱护、同情的感情。

仁的概念,孔子以前就有,春秋以前人们一般把尊敬长辈、爱及民众。忠于君主和仪文美德都称为仁。《论语》中使用"仁"字的地方有58段共105字,孔子把"仁"作为实践中的指导原理并使之贯穿于诸道德中。孔子阐述了君子应当是仁者的观点。他注重仁和礼的结合,纳仁于礼,用具有形而上色彩的价值概念"仁",来充实既有的礼乐制度。君子认为仁的由来是侧隐之心,即同情心。仁与义合称为仁义。"仁

爱"一词,在很多文献和诗歌中经常出现,体现了过去人们对于仁爱的重视以及和而不同的理解。如:

《淮南子·修务训》:"尧立孝慈仁爱,使民如子弟。"

《史记·袁盎列传》:"仁爱士卒,士卒皆争为死。"

晋干宝《搜神记》卷二十"我西王母使者,使蓬莱,不慎为鸥枭所搏。君仁爱见拯,实感盛德。"

明唐顺之《廷试策》:"盖虽天心仁爱,欲以助陛下宵旰之忧,而隆嘉靖之治,意者民之危苦无聊,所以感伤和气者,亦容有之乎!"

……

这些诗句,道出了仁爱的难能可贵。仁爱之人总是饱含人性的光辉,魅力四射,令人仰望。

（三）谦诚

汉代刘向《列女传·齐相御妻》:"于是其夫乃深自责,学道谦逊,常若不足。"

"谦"是中华民族传统美德,自古以来就为人们所熟知和推崇。作为中国道家思想的重要经典,《道德经》中就多次论述了"谦",其中包括:满而不盈、谨言慎行、谦让不争和功成身退。告诫我们:不骄傲自满,故能去旧更新;慎始慎终,便可减少失败;不与人争,就不会有怨咎;功遂即谋身退,便不会招致怨恨。其思想对现代社会有着十分重要的现实指导意义。

谦诚意思是谦虚、不浮夸、低调、不自满、诚恳;是一种自我的认识,良好的品德。

谦诚是生活理想形成过程中很重要的东西。你应当正确看待自己,冷静地估计自己能做些什么,在对未来提出主张和计划的时候,你越是谦诚,为克服困难和达到似乎不可能达到的目标时,你身上表现出来的毅力就越强。

谦诚好像是天平,人用它可以测出自己的分量。傲慢具有很大的危险性,是现代人常见的通病,它往往表现在:把对于某种复杂事物的模糊的、肤浅的、表面的印象当作知识。

做一个谦诚的人,就是说要做到对别人宽宏大量,求同存异,严于律己,宽于待人,要善于不去注意别人的缺点,善于体谅、宽容。正如"卢维斯定理"所喻,谦虚不是把自己想的很差,而是完全不想自己。

谦诚为一切美德的皇冠,因为它将自觉的纪律、天职、义务,以及意志的自由和谐地融会到一起。一个谦诚的人如果将自己身上一切值得赞扬的东西都看作是应该的、理所当然的,本该如此的,那么,他就会将纪律当作真正的自由,并且为之努力奋斗。

老子说:"江海能成百谷王者,以其善下之。"真正有成就的人,都懂得谦逊处下。满招损,谦受益。

(明)洪应明:"处世让一步为高,退步即是进步。做人宽一分是福,利人即是利己的根基"(《茶根潭》)。

明朝有一个张英在京做官,家乡桐城。家人建造房屋与人争执,写信请他出面解决。他回信:千里修书只为墙,让他三尺又何妨。万里长城今犹在,不见当年秦始皇。此为"六尺巷",传为美谈佳话。

《曾国藩家书》中有一句话引人深思:"家败离不得个奢字,人败离不得个逸字,讨人嫌离不得个骄字。"骄奢淫逸,是一个家败落的开始;而狂妄傲慢,是一个人衰败的开始。境界越高的人,在处世方面,越是谦卑朴实,而不是盛气凌人,傲慢无礼。人有多谦卑,就有多高贵。

智者说:"人欲学道,必先虚心。"偏见太深,就不能兼收并蓄;成见太重,就不能和光同尘。井蛙若不遇见海龟,苍天不过几尺;河伯若不遇见汪洋,秋水最是辽阔。容得下世间万有,就参得透禅机道妙。

财富的保护伞,绝不是虚荣,而是谦诚。谦诚若发自内心,一言一行不必作修饰,就自然而然地合乎谦退之道,这是一种很高的境界。如此不必刻意争取,其谦虚的名声也会自然地由近及远,就如"兰在林中,其香自远"。

(四)慈善

在中国传统文化典籍中,"慈"是"爱"的意思。孔颖达疏《左传》有云:"慈者爱,出于心,恩被于业";又曰:"慈为爱之深也"。许慎的《说文解字》中也有解释道:"慈,爱也"。它尤指长辈对晚辈的爱抚,即所谓"上爱下曰慈"。《国语·吴》中"老其老,慈其幼,长其孤"的"慈"即为此意。"善"的本义是"吉祥,美好",即《说文解字》中所解释的"善,吉",后引申为和善、亲善、友好,如《管子·心术下》中所说的:"善气"二字合用,则是"仁善","善良","富于同情心"的意思,如《北史·崔光传》中所说的"光宽和慈善"。

中国的慈善思想源远流长。老子在《道德经》中说:"上善若水,水利万物而不争"。孔子和孟子也曾说道:"老者安之,朋友信之,少者怀之;老吾老以及人之老,幼吾幼以及人之幼;出入为友,守望相助,疾病相扶"。

《魏书崔光传》:"宽和慈善,不逆于物,进退沉浮,自得而已"。意指:待人宽厚为人慈善,不得罪他人,不在意人生的起起伏伏,懂得让自己开心,对自己有所心得体会就够了。

《周易》:"善不积不足以成名,恶不积不足以灭身"。意即:不做大量有益的事情就不能成为一个声誉卓著的人,不干坏事就不会成为毁灭自己的人。

曾子曾说:人而好善,福虽未至,祸其远矣。如果人们乐于做善事的话,福报虽然还没有到来,祸患却已经远离了。

索罗斯说:"通过慈善活动,我终于可以摆脱孤独的境地,使我和世界连成一体。对于慈善事业,我的观点是到钱花完为止"。

正如"空船理论"所示,富有之人若适当削财济贫,能让人免除怨气,甚至生发敬意。慈善是对人类的热爱,为增加人类的福利所做的努力,通过救济、援助或者捐赠等等这些手段来增加人类之间的爱并扩大人类的福利。

(五)奉献

"奉",即"捧",意思是"给、献给";"献",原意为"献祭",指"把实物或意见等恭敬庄严地送给集体或尊敬的人"。两个字合起来,奉献,就是"恭敬地交付,呈献,不求回报"。奉献基本解释恭敬地交付、献出。主要是为别人默默付出,心甘情愿,不图回报。

奉献,是一种爱,是对自己事业的不求回报的爱和全身心的付出。

对个人而言,就是要在这份爱的召唤之下,把本职工作当成一项事业来热爱和完成,从点点滴滴中寻找乐趣;努力做好每一件事、认真善待每一个人。

奉献是不计报酬的给予,是"有一分热放一分光",是"我为人人"。奉献者付出的是青春,是汗水,是热情,是一种无私的爱心,甚至是无价的生命。因为有人奉献,社会的物质财富和精神财富才会不断增加,人类才会不断前进。奉献者收获的是一种幸福,一种崇高的情感,是他人的尊敬与爱戴,是自己生命的延长。简单的说,"奉献"指满怀感情地为他人服务,做出贡献,是不计回报的无偿服务。回顾历史上所有奉献人生价值的人,他们为人类积累的财富有些是取之不尽用之不竭的。

"聪明的发财者,是以财养善,以钱护道,以金济贫,由助人之中发现自性的爱心与快乐。这种人能够以有形之钱,换取无形的功德,吾说这才是真正的保富法。"(清虚宫弘法院)

"春蚕到死丝方尽,腊烛成灰泪始干""送人玫瑰,手留余香""不要人夸颜色好,只留清气满乾坤"……

这些诗句,都赞美伟大的勇于奉献的高尚品德,这是人类共同的价值追求,是人性中最美的部分之一。

"元角分"模型展示了自律、仁爱、谦逊、慈善、奉献五大道德张力形成的五边形。其面积越大,表明一个人的道德水准越高;反之,则反是。

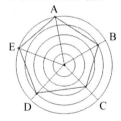

聚德之"元角分"模型

A:自律
B:仁爱
C:谦逊
D:慈善
E:奉献

第二节　贵在涵养

一、涵养乃贵族之魂

贵族时代的原则是荣誉与责任,平民时代的原则是自利。事实上,欧洲之所以能成为现代文明的发端,贵族精神中的公共责任成为极其重要的精神源头之一。1688年英国资产阶级革命之后,君主立宪制被宪法确立,公民赢得自由、民主、平等社会环境,而国王与贵族的地位虽然一再被消弱,但高贵的血统仍然留存并且得到民众的认可。现代英国人遵守祖先们订立的契约:贵族让渡权力,平民尊重贵族。这是妥协精神和适度原则的精髓。

在欧洲贵族看来,教养开始替代血统,成为其最重要的标志之一。依靠家庭、学校与社交,完成对下一代的教养传承:优雅的谈吐、文明的举止这种彬彬有礼的教养与气质。法国大革命将国王路易十六和他的王后送上了断头台。王后临死前还保持着皇室风度,穿着一身白袍,表情镇静,步上断头台时不慎踩到了刽子手的脚尖,立即对他说:"先生,对不起。我不是有意的。"正是这种优雅的表率,使贵族维持着普通民众对他们的倾慕和向往。

泰坦尼克号即将沉没时,船长走进了船长室,选择了和船共存亡,这就是一种担当精神。在大船开始沉没的时候,船长请船上的小乐队到甲板上来演奏,以安抚大家的情绪。在演奏完毕之后,首席乐手向大家鞠了一躬,乐手们开始离去,船要沉没了,首席乐手看见大家都走远了。他自己又回到了原来的位置,架起小提琴,拉起了一支新的曲子;已经走远的乐手,听到音乐声,不约而同地又回到了首席乐手身边,大家重新开始演奏。船要沉没了,大家相互握手,互道珍重,首席乐手说:"今天晚上,能和大家一起合作,是我终身的荣幸。"这是对贵族精神最好的诠释。有一种死比平凡的生更加伟大。

1688年时候,威廉三世攻打詹姆斯二世。威廉三世是詹姆斯二世的女婿,但他觉得这个王位应该是属于自己的,所以从詹姆斯二世手中夺取了英国王位,把自己的岳父给俘虏了,关在靠近海边的一座城堡里,留了一条小船。詹姆斯二世心领神会,坐着这条小船逃到了欧洲,第二年詹姆斯二世准备充分后来战。正如荷兰史学家约翰·赫伊津哈所说的:"火药的传入虽然把骑士阶层炸得粉碎,但是中世纪骑士所体现的,并且被理想化的骑士精神,却在近代西方文化中得以保留"。这种骑士精神实际上就是贵族精神的一部分,它作为一种道德理想,对西方人的民族性格有着长久的影响。

高贵的气质、宽厚的爱心、悲悯的情怀、清洁的精神、承担的勇气,以及坚韧的生命力、人格的尊严、人性的良知,不媚、不娇、不乞、不怜,始终恪守"美德和荣誉高于一切"的原则。正如作家梁晓声所言:所谓高贵就是根植于内心的修养、无需提醒的自觉、以约束为前提的自由、为别人着想的善良。"贵族精神"并不必然地为"贵族"所垄断,我等平民只要不断努力学习,坚持塑造自己的人格状态,同样可以"精神贵族化"。

贵族,贵在内生的力量,贵在道德涵养。涵养,使人严肃而不孤僻,使人活泼而不放浪,使人稳重而不呆板,使人热情而不轻狂,使人沉着而不寡言,使人和气而不盲从。涵养,不是束缚,而是解放。

道德涵养,筑就贵族之魂。

二、德育是家教核心

家教,又称家戒、家仪、帝范、世范、庭训、内训、家约等,是封建帝王或士大夫阶层教育后代如何修身养性、立身处世的道德读本。家训文化在整个中国传统文化体系中占有独特而又重要的地位,其中"育人思想",又以其内容丰富、方法科学而处于家训文化的中心地位。

先立志,后立言、创业是古代家训的优良传统。明末清初大学者孙奇逢在《孝友堂家训》中明确指出"家教立范,品行为先"。东汉大学者郑玄说的好:"德行立于己志"。西晋文学家嵇康在《家戒》中教训子弟:"人不立志,非人也",明朝理学大儒姚舜牧在《药言》中提出:"凡人须先立志,志不先立,一生总是虚浮,如何可以任得事?"

清代的《曾国藩家书》在传统家训中独树一帜,他对子孙的许多忠告对今天的我们仍有借鉴和教育意义。他反复告诫子弟:做人首先是立志,一个人有了志气才能有所作为,才能戒骄、戒奢、戒淫,士人读书,第一要有志,第二要有识,第三要有恒。

"孝悌""敬尊长"为核心的道德教育是古代家训的主要内容。《论语·学而》中说:"孝弟也者,其为仁之本与!"姚舜牧在《药言》中明确指出:"孝悌是人之本,不孝不悌,便不成人了。孩提知爱,稍长知敬,

奈何自失其 初,不齿于人类也"。而明代的庞尚鹏在《庞氏家训》中所训诫子孙说:居家要和睦互爱,切记"骨肉天亲,同枝连气,凡利害休戚,当死生相维持。若因财产致争,便相视如仇敌,及遭死丧患难,反面不相顾,甚于路人,祖宗有灵,岂忍见 此。良心灭绝,马牛而襟裾,人祸天刑,其应如响,愿子孙以此言殷鉴。"

明太祖朱元璋在《立极开辟垂训》中对"孝"做了更加明确的阐释:"孝顺父母,见得父母生育恩深,终身难报。凡为子女,皆当尽孝,父母在堂则问安,视膳,冬温夏清,孝也。父母有疾则衣不解带,药必亲尝,孝也。父母病故则衣衾棺椁,殡殓祭葬,尽心尽力,以时以礼,孝也。"

以勤为本、弃闲逸、戒骄奢是古代家训中培养高尚品德的成功经验。司马光的《训俭示康》是教育儿子勤俭的一剂良药,他引用宋仁宗时宰相张知白的话"由俭入奢易,由奢入俭难",又引用春秋时鲁国大夫御孙的话:"俭,德之共也;侈,恶之大也。"曾国藩给儿子的信:"世家子弟最易犯一奢字,傲字。……京师子弟之坏,未有不由骄奢二字"的慨叹不失为警钟。而陆游的《放翁家训》中的"天下之事常成于困约,而败于奢靡。"和近代史桂芬的"劳则善心生,养德养身家咸在焉;逸则妄念生,丧德丧身咸在焉"的家训道尽了勤俭与奢侈、勤苦劳动与修身养德的关系。

总之,中国民族传统家教理论有相当数量的合理内核,可作为我国社会主义现代家教的借鉴。

"富贵学"在论及此处时感喟:聚德之道,贵在养性。慈悲善良,奉献众生。心存仁爱,实诚谦逊。严于律己,宽厚待人。

第十二章 聚灵之道

历经聚知、聚能、聚精、聚德之后,贵道进入最后一站,也是最高层次的一站:聚灵之道。聚灵之道,贵在超越。人不患物贫,而患心穷。比物质贫困更可怕的,是思想和心灵上的贫瘠。

第一节 聚灵之道

南美有一个预言故事,很久前地球人分道扬镳,"鹰之民"崇尚科学与理智,"鹫之民"尊崇自然与直觉。预言说,未来"鹰之民"与"鹫之民"将会重新团聚,重新建立连接,分享知识与智慧,并拯救彼此。"鹰之民"在心智上的显著成就与"鹫之民"在心灵层面上的深奥智慧都会获得尊重。他们结合在一起,为所有人创造一个美丽长久的未来(琳内·特威斯特、特雷莎·巴克的《金钱的灵魂》)。

一、关于灵性

灵性有一种根基,有了这个根基,灵性就有了根。这个根道家讲是"道",印度教讲是"梵"。无论如何称呼这根,这终极实在唯一。灵性具有智慧性、觉知性,充满灵性的人充满对宇宙整体性的觉知。有了这觉知,灵性之人就不会被现象界各种表象所束缚。

琳内·特威斯特和特雷莎·巴克在《金钱的灵魂》中指出:我们每个人一生中都在金钱与灵魂召唤之间拔河。身处于灵魂国度时,我们正直真诚,我们体贴、慷慨、宽容、勇敢且忠诚……我们信任他人,也值得被信任,我们能够自如欢畅地展现自己。我们内心宁静,坚信我们是某一更宏伟更广大经验的一部分,是某一更伟大力量的一部分。而当我们处于金钱国度时,我们变得渺小,变得越来越自私,贪婪、小气、充满恐惧,小心翼翼地保护着自己那些微不足道的东西,或者变得软弱无力,悲观失望。有时我们觉得自己被迫去做一些违背自己的核心价值的事,紧随主流,不敢与众不同。

澳瑞森·梅伦指出:人类心灵深处,有许多沉睡的力量,唤醒这些人们从未梦想过的力量,巧妙运用,便能彻底改变一生。马洛斯也强调:心若改变,你的态度跟着改变,态度改变,你的行为跟着改变,行为改变,你的习惯跟着改变,习惯改变,你的性格跟着改变,性格改变,你的命运跟着改变。因为:已有恶意的心灵,容纳不下新生的智慧(若贝莱)。

"酝酿效应"提示,要静心酝酿,让灵感迸发。有不同的灵修道路,工作场所中的灵修(workplace spirituality)并不是指那种有计划、有组织的宗教活动。它不是关于神和上帝的。它强调的是:人们的内心生活会支持社会背景下的有意义工作,与此同时,个体的内心生活也受到有意义的工作培养和支持。致力于发展灵修文化的组织认为,既有思想又有灵魂的人会寻求工作中的意义和目标,希望与其他人建立联系,并成为整个社会的一员。

(一)灵感

灵感,是由英语 inspiration 音译,在英语里"inspiration"指的是一种灵气;在希腊语中指的是"神的灵气"。后来,先儒们就译成了汉语"灵感"一词。

灵感,也叫灵感思维,是指文艺、科技活动中瞬间产生的富有创造性的突发思维状态。不用平常的感觉器官而能使精神互相交通,亦称远隔知觉;或指无意识中突然兴起的神妙能力;或指作家因情绪或景物所引起的创作情状。

艾克哈·特托多在《新世界——灵性的觉醒》中指出:只要有灵感,处于灵性之中并保有热诚,就会得到以凡人的微薄之力所无法获致的创造力。灵性的领悟,就是清楚地看见:我所感知的、经验的、想到的、感觉到的,最终都不是我,我无法在这些稍纵即逝的东西中寻找到我自己。

雷纳·齐特尔曼也在其《富豪的心理》中指出：如果创业精神是创造财富的首要先决条件，那么一方面，企业家的成功取决于具体的个人特质；另一方面，内隐的、无意识的学习过程，使企业家拥有形成直觉性决策的能力。直觉是内隐知识的产物，有时候灵感会突然出现，其实它不过是多年积累的经验所形成的思维模式触发的意识。

很多灵感，都是在不经意间冒出的。苹果树下的牛顿，洗澡盆里的阿基米德，都能在瞬间产生灵感。你需要知道自己在什么地方，以什么方式才能进行最好的思考，想办法创造出合适的氛围。如果你还不明确这些问题的答案，你就需要去尝试，以确定哪些最适合自己。有些人走路时思考能力最强，有些人则是在黑暗的房间里、在洗澡时、在健身房锻炼时或者听某种音乐时能够产生最强的思考能力。

不要给思维设限。如果给自己的思维附加限制，你就无法自由发散地思考，无法让心绪自由翱翔，而自由正是创造性思考的关键。"我们用感觉找方向"（乔治·索罗斯）。即便最不可能的道路、最没有希望的创意、最出人意料的想法也会让你迎来灵感迸发的瞬间。

陆游《游山西村》的"山重水复疑无路，柳暗花明又一村"；

辛弃疾《青玉案·元夕》的"众里寻他千百度，蓦然回首，那人却在灯火阑珊处"；

陆游《文章》中的"文章本天成，妙手偶得之。粹然无疵瑕，岂复须人为"；

马钰《踏云行·偶尔心明》的"偶尔心明，自然灵感。宝珠出入骊龙颔。真常常应显昭彰，性通通达无昏暗"；

夏元鼎《绝句》的"崆峒访道至湘湖，万卷诗书看转愚。踏破铁鞋无觅处，得来全不费工夫"；

"圣德与天同，封峦欲报功。诏书期日下，灵感应时通"；

……

诗意语言表达了灵感的精奇、巧妙和美好。灵感，突然间开窍，不解的事物，豁然间开朗了、敞亮了。

（二）意念

意念，即冥想（包含显意识，潜意识），两者称呼不同，实为一体。是主体轻度入静后原神能动的自律性调控自然积淀因的亚无极思维态。

《简易经》里所述："德化情，情生意，意恒动。""意恒动，识中择念，动机出矣。"意思是：人的德性能演化出情，情能生出意，意不停地运作即意识，意识有刺激大意义大的意识，有刺激小意义小的意识，在意识中，自觉不自觉地就会选择意义大的意识转化为意念，把其它意识抛弃。此意念会转化为动机，能支配人体去付诸于行动。

我们是自己命运的创造者，我们外在所看到的一切，正是我们内心世界的呈现。英国诗人米尔顿在《失乐园》有句名言："心是居其位，只在一念间；天堂变地狱，地狱变天堂。"千万不要小看一个小小的念头，你的任何起心动念都可能改变整个世界。心念一转，万念皆转；心路一通，万路皆通。

物质的本质并非物质，而是能量，是我们的念头。所以，不管你现在过得是什么样的生活，是落魄潦倒，是病痛悲苦，是一无所有，都没有关系，重要的是你的意念，只要你常发正念，总是往好的想，并深信不移，那就对了。

汉枚乘《上书谏吴王》："臣乘愿披腹心而效愚忠，惟大王少加意念恻怛之心於臣乘言。"

南朝梁江淹《悼室人》诗之八："意念每失乖，徒见四时亏。"

明王守仁《大学问》："盖心之本体本无不正，自其意念发动，而后有不正。"

清蒲松龄《聊斋志异·娇娜》："家君恐交游纷意念，故谢客耳。"

……

这些词句描绘了意念生起的情形及其带来的美妙感受。意念"舍弃"了一切中间环节，具有极强的"穿透力"和"牵引力"。

（三）顿悟

顿悟是禅宗的一个法门，相对于渐悟法门。也就是六祖惠能提倡的"明心见性"法门。它通过正确的修行方法，迅速地领悟佛法的要领,从而指导正确的实践而获得成就,当然这不是唯一途径,顿悟更主要的是通过灵感来完成,就时间来说可能是瞬间。

从心理学上讲,顿悟是一种突然的颖悟。格式塔派心理学家指出人类解决问题的过程就是顿悟。当人们对问题百思不得其解,突然看出问题情境中的各种关系并产生了顿悟和理解。有如"踏破铁鞋无觅处,得来全不费功夫"。其特点是突发性、独特性、不稳定性、情绪性。

《颂证道歌·证道歌》的"三乘五性皆醒悟,方知自有珍珠库";

《元夕病中》的"内观各自普光明,顿悟中生大驩喜";

《生日病腹疾书事》的"积迷如望洋,顿悟不违咫";

《次韵象山书院山长汪德载垂访》的"度远出寒公案在,渐修顿悟话头长";

《贺圣朝三首》的"圆明顿悟,无私普照,善行周全";

《洞天春》的"道要仙机,顿悟方知,物物尽捐";

《曾景山犹子觅诗》的"能于一唯间,顿悟冠三千";

……

这些都表达了"顿悟"那种顿然领悟、触类旁通、一通百明的快感。

(四)觉醒

觉醒是一个并列结构的合成词,即"觉"和"醒"同义,本义都是睡醒,从睡梦中醒来的意思。《庄子》中庄周蝴蝶梦醒用语为"俄然觉",诗云"大梦谁先觉"之类可证"觉"义亦为睡醒。后引申为醒悟,觉悟。

艾克哈·特托多在《新世界——灵性的觉醒》中指出:所谓觉醒,很重要的一部分就是去辨识出那个未觉醒的你,也就是小我,在小我思考、说话和行动的时候,辨识出它,并且辨识出那个集体受到制约的心智运作过程。当辨识出自己内在的无意识时,其实就是扬升的意识,也就是觉醒。只有经由觉知,你才能看见某件事情或某个人的全貌,而不会采取一个受限的认知角度。

亚里斯多德说:人生最终的价值在于觉醒和思考的能力,而不只在于生存。

还有,宋苏轼《题西林壁》的"九言劝醒迷途仕,一语惊醒梦中人";

"山重水复疑无路,柳暗花明又一村";

……

这些都表达和穿透了觉醒的力量。

(五)超脱

超脱,即超凡脱俗,是指一个人不受传统的约束,敢于追求自我价值、超越常规思想、解脱通俗的束缚。这里,超脱着重指少数人具有的一种超越自我、类宗教性的体验。

艾克哈·特托多在《新世界——灵性的觉醒》中指出:存在是生命的舞台前景,而本体则是背景,向来都是如此。人类集体共有的疾病就是人们太过关注所发生的事,因此被这个世界中不停变动的外相所催眠了,完全沉浸在生活的内容中,而忘却了自己的本质。本质是超越内容,超越外相,超越思想的。人们太过于沉浸在时间之中,而忘却了永恒。永恒是他们的本源,他们的归宿,他们的命运。永恒就是你本来面目的活生生的实相。

正如:

(宋)方岳《海棠盛开而雨》诗:"世无解语玉超脱,春欲负予金屈卮。"

(宋)刘克庄《湖南江西道中》诗:"从今诗律应超脱,新吸潇湘入肺。"

王守仁的《题灌山小隐》:"自移家人紫烟,深林住久遂忘年。山中莫道无供给,明月清风不用钱";

苏轼的《定风坡》:"莫听穿林打叶声,何妨吟啸且徐行。竹杖芒鞋轻胜马,谁怕! 一蓑烟雨任平生";

……

二、五灵合一

灵感是一时的,意念是灵感的持续,顿悟是灵感深度上的跳跃,觉醒是一种大彻大悟,超脱是自我超越的类宗教体验。

荣格说:"我们的意识心智其实只用了5%的脑力来处理日常事

务。要是我们能学会这个无意识、潜意识以及在休眠中的另外 95%，结果恐怕会很惊人。"理查德·布兰森："我尝试在认识一个人后 30 秒内做出判断，同样地，我也会在 30 秒内决定一个商业提案是否让我感兴趣。"

"五灵"是逐步提升的，前面是后面的基础，越往后难度越大，要求越高。"五灵"相互影响，相辅相成。

由灵感、意念、顿悟、觉醒、超脱支撑起的"聚灵之道"五边形。五边形面积越大，表明灵性越足；反之，则反是。

聚灵之"元角分"模型

A：顿悟
B：觉醒
C：达观
D：通灵
E：超越

第二节　贵在觉悟

聚灵之路，本无定法，因人而异。

一、孔子列国游走

孔子为了实现理想，十四年间带着弟子周游列国，席不暇暖，到处碰壁，历尽磨难，连子路都明白道之不行已是不可改变的事实，而孔子却依然故我。他在每一个地方寻代他的追随者，受到傲慢者和得势者的拦截、嘲笑，但他不屈不挠，绝不改变他的信念。

为了从政，他带领弟子们由北方跑到南方，由这国跑到那国，为了达到从政的目的，他不惜面见社会上反响不好的卫国南子，甚至连背叛晋国的佛肸对他召唤，他也"欲往"。尽管他相信自己"不缁""不磷"，有信心改变坏人，不与坏人同流合污，打算用各种不同的手法争取坏人，改造坏人。

孔子周游列国是从鲁国出发，大致走了卫国、曹国、宋国、齐国、郑国、晋国、陈国、蔡国、楚国、等地。现如今大致路线曲阜——菏泽——长垣——商丘——夏邑——淮阳——周口——上蔡——罗山，然后原路返回。从 55 岁到 68 岁，孔子带着他的若干亲近弟子，用了十几年的时间在鲁国周边游历。

孔子在列国游走间,所见所闻之中,产生了很多灵感,并在与学生对话中,留下了很多宝贵的思想。《论语》就是孔子带学生游学中灵感的成果和记载。特殊的游历,结出了灵性超越的果实。

二、阳明龙场悟道

王阳明于明武宗正德元年(1506年),因反对宦官刘瑾,被廷杖四十,谪贬至贵州龙场(贵阳西北七十里,修文县治)当驿丞。龙场万山丛薄,苗、僚杂居。在龙场这既安静又困难的环境里,王阳明结合历年来的遭遇,日夜反省。一天半夜里,他忽然有了顿悟,认为心是感应万事万物的根本,由此提出心即理的命题。认识到"圣人之道,吾性自足,向之求理于事物者误也。"这就是著名的"龙场悟道"。

圣人之道是什么,就是良知,良知人人都有。判断事情对错是非,标准是良知,而不是外在的一些事物。

他自己于七年后对这次略带传奇色彩的悟道叙述说:守仁早岁业举,溺志词章之习,既乃稍知从事正学,而苦于众说之纷扰疲苶,茫无可入,因求诸老、释,欣然有会于心,以为圣人之学在此矣!然于孔子之教,间相出入,而措之日用,往往缺漏无归;依违往返,且信且疑。其后谪官龙场,居夷处困,动心忍性之余,恍若有悟,体验探求,再更寒暑,证诸五经、四子,沛然若决江河而放诸海也。然后叹圣人之道坦如大路。

龙场悟道,是王阳明内心自我超跃的过程。

三、江西小平小道

小平小道,地处江西省新建县望城岗,是一个集教育纪念、休闲于一体的纪念性公园。小平小道本是一条长1.5公里的连着新建县拖拉机配件修造厂和南昌步兵学校的田间小道。在1969年10月到1973年2月期间,文革中的邓小平经常在这条长1.5公里的小道上散步,后来人们把这条小道称做"小平小道"。有观点认为,该小道周围区域是邓小平设计中国改革开放和现代化建设的重要思想的萌芽地。那段时间,他很困惑:经验教训? 出路在哪? 下一步该如何是好? 在这条路上来回踱步,苦苦思索,寻找解决问题的线索和答案,为后续复出后的工作开展尤其是改革开放总体设计奠定了思想基础。

20 世纪末,当地政府开始对这条小道及拖拉机配件修造厂周围进行保护性开发,到 2008 年,建成小平小道纪念馆区、革命史迹浏览区、小平车间小平会场、休闲广场等多处建筑。2000 年,这里被定为省级文物保护单位,2002 年 3 月,被确定为爱国主义、革命传统和改革开放及邓小平理论教育基地。2016 年 12 月,小平小道陈列馆入选《全国红色旅游景点景区名录》。

江西小平小道,产生了中国改革开放的最早思想。那不是普通的小道,那是中国特色社会主义理论发源地之一。

四、苹果诞于禅修

冥想曾是乔布斯的灵感之源。

据说乔布斯在做重要抉择前,譬如产品的取舍决策前,他会先闭目静坐,然后叫属下将相关产品的设计一并放到禅垫的周围,他来决定选择哪个放弃哪个。这样做抉择时,乔布斯用的是"直觉"。

受禅宗与瑜伽思想的影响,乔布斯不断地练习冥想,将他的心灵和专注力不断洗涤,抵达一种空镜,从而训练自己的思考和洞察力,并日益敏锐。

任何东西,他一看,就知道问题所在,那种一针见血的能力,来自于高度发达的智能。而这种智能,并不是分析性逻辑性的演算,而是极度清晰明澈的头脑中,大量信息瞬间聚合运算的结果——我们称之为"直觉"。

正是这种由冥想带来的直觉,帮助乔布斯获取大量的灵感。

冥想有一股神奇的力量。哈佛研究指出"冥想让心静下来,倾听内在灵魂的声音。"每天进行冥想将大大有助于你内心的平静,缓解工作生活中的压力和焦虑。每天 10 – 20 分钟的冥想练习能有效促进我们的身心健康,感受自我、关爱与快乐。

诚如乔布斯所说：

"If you just sit and observe, you will see how restless your mind is. If you try to calm it, it only makes it worse, but over time it does calm, and when it does, there's room to hear more subtle things——that's when your intuition starts to blossom and you start to see things more clearly and be in the present more. Your mind just slows down, and you see a tremendous expanse in the moment. You see so much more than you could see before."

五、灵感助力财管

第六感是标准名称"超感官知觉"（英文简称 ESP）的俗称，又称"心觉"，此能力能透过正常感官之外的管道接收讯息，能预知将要发生的事情，与当事人之前的经验累积所得的推断无关。

真实的第六感其实是常人的感官天生功能。每个人都与生俱来具有第六感。它可以说是意识的感觉或存在的感觉，如果一个人没有心觉就不会有存在感。

第六感属于潜意识，有时是定力的结果，有时是业力的结果。由业力可变现的是自地物质世界以及身体；由定力，则可变现他界的他地的物质世界与身体以及声、光等物质现象。第六感是一种对潜意识的漂浮物觉知，人在某种业力中或在某种止定的境界中，可以感知相关事物。显而易见，第六感所感知的，一般是断断续续的，它没有稳定性，这是由于绝大多数的第六感不是在深度禅定中所得到的感知。

第六感的特征：人的心态超出常规，心里总是想着是否将要发生什么事似的，心中忐忑不安的难以静下心来。有时，嘴里还在不停的嘀咕着什么，心里感觉到非常的烦闷。如果在睡眠中，出现离奇的梦幻，也很有可能会发生梦中与亲人的基因粒子的联动作用，从而构成对事物的提前预知感应，这也是人类生命信息码之间的传递过程。

灵感在现实生活中常常遇见。如：

战场上，有些时候形势危急，很难多作思考和分辨，这一枪该不该开?! 这时更多是靠指挥官的灵感了。好的指挥官灵感多半是对的。

还有拆弹专家,最后剩下红钱与黄线,到底剪哪根呢?！没得依靠,只能靠灵感了。最后一剪,要么成功脱身,要么粉身碎骨。

写作也是啊,思来想去,打不开思路,没法动笔呀。最后不经意间,灵感来了,思似泉上涌,下笔如有神。

投资场上也是如此。有些人是依赖灵感进行投资决策的。股市剧烈波动、眼看要进行跳水表演了。有的人身体里会有习惯性的表现,心跳加快、满头大汗之类的,他自己明白,不好了,赶紧跑吧就。多数时候,判断都是对的。这判断,主要还不是靠理论分析和数据推理来的,灵感在当中发挥了关键作用。

所以,做财富管理和投资决策,灵感是不容忽视的。问题是,我们每个人要清楚自己的灵感出处,正确判断和瞬间抓住不易察觉、稍纵即逝的灵感,为投资所用。这是十分重要的。

巴菲特自己说,他投资美国银行,是浴缸里萌生的灵感。巴菲特回顾了过往经济危机给伯克希尔哈撒韦创造的巨大机遇,如果他判断正确,伯克希尔在美国银行的 50 亿美元投资有可能成为这家财团历史上前景最光明的交易之一。巴菲特躺在家里的水缸里,揣度自己最成功的几次投资:基础雄厚的公司深陷风暴,舆论沸沸扬扬,投资者纷纷抛售,而他正确地预见到这些公司最终将能渡过危机。一旦它们恢复元气,巴菲特即将数十亿美元收入囊中。躺在浴缸里,他思绪万千,前几次的特殊情形和操作手法浮现眼前,它们的共同点与这一次的碰撞耦合,激发了他的灵感:历史就是如此神奇,机会总在不经意间以似曾相识的方式突然闪现。机不可失,时不再来。巴菲特下定决心,准备行动……

　　“富贵学”在论及此处时感喟:聚灵之道,贵在开窍。灵机乍现,顿悟启明。达观觉醒,触类旁通。超越自我,如入仙境。

本篇小结：贵族是一个符号

一、贵族是贵道践行者的符号

写到这，本书第二篇告一段落了。本篇主要讲的是贵论，包括贵能、贵相与贵道，侧重于贵道研究。

读完本篇贵论，该怎样来描述为贵一族呢？怎样的一些人堪称贵族呢？

根据本书贵论观点，首先，他要有一定的贵能，简单的说，就是要有高贵这个本体。这个贵能有一个三角结构，包括量的维度、质的维度、品的维度。"量"就是数量规模；"质"就是质地，以成长性、风险性、稳定性、盈利性、流动性等"五性"来衡量。"量"与"质"的结合，就决定了贵品，高贵品质的意思，用合法、合规、合理、合情、合众等"五合"来标示。

其次，来看贵能的外在展示，就是贵相了。贵相是多维度的，分别是：权贵、亲贵、名贵、富贵、尊贵五个维度。

最后，由外到内，由相到道，看他的贵道如何。着重从聚知、聚能、聚精、聚德、聚灵五个方面来分析。

可见，观察评价为贵一族，不是一件轻松的事情。要进行由表及里、由浅入深的层层剖析和综合考量。贵族是贵道践行者的符号。

基于"元角分"模型的贵道分析。聚知之道、聚能之道、聚精之道、聚德之道和聚灵之道，围成一个五角星。五角星内部面积越大，表明贵道层次越高；反之，则越低。当然，从中更能看出哪一块属长板，要发挥好；哪一块是短板，需要加强。

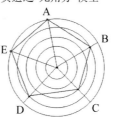

贵道之"元角分"模型

A：聚文
B：聚能
C：聚精
D：聚德
E：聚灵

二、贵道双向循环

（一）正向关系

贵道内部五维间有着正向循环关系：聚知-聚能-聚精-聚德-聚灵，从前往后，循环攀升。以巴菲特为例，考察其成长经历中的关键阶段，就能明晰感知这一规律。

1941 年，刚刚跨入 11 周岁，他便跃身股海，并购买了平生第一张股票……

1947 年，进入宾夕法尼亚大学攻读财务和商业管理。1950 年巴菲特考入哥伦比亚大学商学院，拜师于著名投资学理论学家本杰明·格雷厄姆。格雷厄姆传授给巴菲特丰富的知识和诀窍。1951 年巴菲特获得了哥伦比亚大学经济学硕士学位。学成毕业的时候，他获得最高 A + ,……

1957 年，成立非约束性的巴菲特投资俱乐部，掌管的资金达到 30 万美元，到年末则升至 50 万美元。1962 年，巴菲特合伙人公司的资本达到了 720 万美元。当时他将几个合伙人企业合并成一个"巴菲特合伙人有限公司"……

1964 年，巴菲特的个人财富达到 400 万美元，而此时他掌管的资金已高达 2200 万美元。1967 年 10 月，巴菲特掌管的资金达到 6500 万美元。巴菲特掌管的资金上升至 1 亿零 400 万美元……

1972 年，巴菲特投资《波士顿环球》和《华盛顿邮报》，收入大增……

1980 年，他投资可口可乐，翻了 5 倍……

1992 年中巴菲特通用动力公司……

从 1965－1998 年，巴菲特的股票平均每年增值 20.2%，高出道·琼斯指数 10.1 个百分点……

2000 年 3 月，巴菲特成为 RCA 注册分析师公会荣誉会长……

自 2000 年开始，巴菲特通过网上拍卖的方式，为格莱德基金会募款。底价 5 万美元起拍，以获得与巴菲特共进晚餐的机会……

2006 年 6 月,巴菲特宣布将一千万股左右的伯克希尔·哈撒韦公司 B 股,捐赠给比尔与美琳达·盖茨基金会的计划,这是美国有史以来最大的慈善捐款……

2007 年 3 月 1 日晚间,"股神"沃伦·巴菲特麾下的投资旗舰公司——伯克希尔·哈撒维公司(Berkshire Hathaway)公布了其 2006 财政年度的业绩,数据显示,得益于飓风"爽约",公司主营的保险业务获利颇丰,伯克希尔公司 2006 年利润增长了 29.2%,盈利达 110.2 亿美元(高于 2005 年同期的 85.3 亿美元);每股盈利 7144 美元(2005 年为 5338 美元)……

1965－2006 年的 42 年间,伯克希尔公司净资产的年均增长率达 21.46%,累计增长 361156%;同期标准普尔 500 指数成分公司的年均增长率为 10.4%,累计增长幅为 6479%.……

81 岁的巴菲特 4 月 17 日在写给伯克希尔·哈撒韦公司股东的一封信中说,自己是在 11 日体检时发现患癌症的,他形容自己"精力旺盛",但表示如有任何健康异常情况,会及时向股东报告……

2016 年 3 月 1 日,福布斯公布全球富豪榜单,沃伦·巴菲特个人财富为 608 亿美元排名第三……

2011 年 8 月,美国著名投资人沃伦·巴菲特当地时间 8 月 15 日说,最富有的美国人应当缴纳更多所得税,为改善国家的财政状况做出贡献……

有"股神"之称的巴菲特当天在《纽约时报》发表题为《停止宠爱超级富豪》的文章说,那些贫穷和中产阶级美国人在阿富汗为国家作战,而像他这样的富豪却仍在享受特别减税优惠。这番话一语道破超级富豪财富秘密:分配不公的一个主要表现就是资本在分配中所得过多,而劳动在分配中所得过少……

巴菲特 15 日在《纽约时报》的文章中的一些话令人深思。该文的标题是《停止娇惯富豪们》,直接把苗头对准富豪。有人会说,巴菲特是不是故意讨好奥巴马总统,非也!不论是财富还是年龄,他都不需要讨好任何人和任何权力。这是巴菲特的一贯作风和思想。这番陈辞,同样值得中国的富豪们反省……

2015年10月,美国财经杂志《彭博市场》公布了第五届全球金融50大最具影响力人物,巴菲特排名第五……

2020年1月2日,福布斯发布2019年最大慈善捐赠,沃伦·巴菲特以价值36亿美元的股票捐赠排名第2……

巴菲特曾表示:"我想给子女的,是足以让他们能够一展抱负,而不是多到让他们最后一事无成"……

巴菲特被美国人称为"除了父亲之外最值得尊敬的男人"……

巴菲特总结其思想,分享其经验与建议,尤其是价值投资理念,是一种灵的分享和指点,将正向上的聚知之道、聚能之道、聚精之道、聚德之道、聚灵之道,循环一遍,高度提炼出正循环来。

巴菲特的富贵人生强烈佐证,贵道内部五维间的正向循环关系。没有年轻时的刻苦求学,掌握扎实的知识,形成宽广的知识体系,就没有踏入工作后坚实的工作能力展示;没有刻苦上进的努力工作,其能力也不会提高那么快;在刻苦工作过程中培养了积极向上、精益求精的精神、脚踏实地的作风和自我超越的道德情操,以及几十年实际操作中形成的灵感和悟性。

（二）逆向关系

贵道逆向关系是指:聚灵之道-聚德之道-聚精之道-聚能之道-聚知之道,逆向影响,循环推进,不断提升。还以巴菲特的富贵人生为例吧。

他本人的情况正表明了这种逆向关系。他的充满灵性的价值观形成后,反过来,对于其道德、精神又是一种巩固和提升;再进而影响到其认知和实际操作能力的增强。这是他几十年来屹立不倒、享有崇高地位、受人顶礼膜拜的内在原因,也是他最成功的地方之一。

同时,我们还可以从"巴菲特午餐"这一标志性事件出发,来展示和诠释贵道逆向循环的作用机理。巴菲特在午餐中交流分享了他的灵感、对于市场的看法、投资文化和投资理念,并间接彰显他的道德观念和精神指向,当然还有他的业务能力和知识体系。他的灵感,又激起他的道德情操、精神动力,并进而激起业务能力和知识体系改善。人们在这一过程中,不仅了解到一位老人集毕生之力,积累起的知识架构、能力体系,这背后穿越时空的精神承载和道德操守,体会他对于市场、对于财富、对于人生的独到理解和无如伦比的灵性顿悟。很多人热衷于参与和围观"巴菲特午餐",就是想近距离学习他的灵感、他的道德表率、精神世界、业务能力和知识体系。而这些又能推进对于他的道德精神的学习、业务能力的提升和知识体系的健全。

"巴菲特午餐"中展示其"灵"—价值投资理念等;进而展示其捐赠慈善做法背后的道德表率与创富精神;再进而上溯到其业务实操上的能力展示和关于市场认知等。一个倒过来操作的流程,体现出"聚灵-聚德-聚精-聚能-聚知"的逆向循环作用机制。

"巴菲特午餐",是和股神巴菲特在纽约知名的牛排馆共进午餐的活动。2000 年起每年拍卖一次,并从 2003 年起转为网上拍卖。所得善款全部捐给美国慈善机构。巴菲特的竞标午餐在 EBAY 上拍卖,拍卖周期为 6 月 21 日至 26 日,中标者可带 7 位同伴与巴菲特在纽约知名的牛排馆共进午餐。这些人可以询问除了个股以外的任何问题。

"与巴菲特共进午餐"的慈善拍卖活动自 2000 年开始,至今已有十九个年头,此项拍卖所得悉数捐给位于旧金山的慈善机构葛莱德基金会,用于帮助当地的穷人和无家可归者。

"这一经历不能用金钱来衡量,巴菲特的建议会惠及一生",2008 年以 211 万美元的"天价"竞拍获胜的赵丹阳,曾携妻儿和朋友与巴菲特共进午餐。聚会中,他们谈论了期货、公司管理及政府在稳定货币中的作用。曾以 62.1 万美元中标的 2006 年优胜者段永平,与赵丹阳共同参加了巴菲特午餐。段永平在采访中也把自己的成功归功于巴菲特,"我总是用他的方法做事"。2007 年的竞拍优胜者莫尼斯·帕波莱(Mohnish Pabrai)在接受电话采访对记者表说,"我并不认为这属于交易的一部分,但是沃伦和查理从午餐后一直以来很慷慨地给予我们接近他们的机会,沃伦总尽力确保你在这笔交易中是赢家。"

(三)贵道内生逻辑关系

贵道逻辑关系,也是五行生克关系。

贵道内部五要素之间是相生关系,体现在两个循环:一个是正循环,聚知-聚能-聚精-聚德-聚灵,是促进上升的关系:"知"促"能","能"促"精","精"促"德","德"促"灵"。另一个是逆向关系,如前所述。逆向也是一种循环关系:"灵"促"德","德"促"精","精"促"能","能"促"知"。

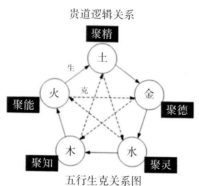

贵道逻辑关系

五行生克关系图

正反循环,互为促进,互为基础,构成了一个很好的循环体系。这个循环体系,是一个开放体系,能吸收外部能量,能自我适应,自我调整,自我强化,自我修复,可以不断与时俱进、自我提升。

同时,贵道内部又是相互克制的关系。对照五行学说,简单说就是:"德"克"知",若德行不够,认知也会受限;"灵"克"能",若灵性不足,能力自然受囿;"知"克"精",若知识空乏,精神无法充盈;"精"克"灵",若精神不存,灵安焉附?"能"克"德",若能力低下,德性何来?

(三国)诸葛亮:"夫君子之行,静以修身,俭以养德。非淡泊无以明志,非宁静无以致远。夫学须静也,才须学也。非学无以广才,非志无以成学。慆慢则不能励精,意与日去,遂成枯落,多不接世,悲守穷庐,将复何及"(《诫子书》)。

(译文:君子的操守,宁静以修身,勤俭以养德。不恬淡寡欲就不能明确志向,不清静寡欲就不能实现远大理想。对于学习而言,需要有静气,对于才干来说,需要多学习。不学习就无法增长才干,没有志向就不能笃学有成。散漫不能激励精进,偏激浮躁不能陶冶性情。年华时光凋零,大多于世无益,悲伤地守着破落的家屋,还能做什么呢?)短短一番话,全面地提示了贵道内部"知""能""精""德""灵"五要素间的逻辑关系和各自的重要性。岂不妙哉!

◈ 第三篇　富贵之论

　　与前两篇富论、贵论相对,本篇富贵之论,研究与富贵有关的话题。体例结构与上两篇相似,包括富贵能、富贵相、富贵道三大块。富贵能、富贵相打头,重点是富贵道部分,篇幅较长。

第十三章　概述

本章交待富贵之能、相、道概念及其相互关系,为后续讨论富贵之道奠定基础。

第一节　构成

一、富贵之能

富贵之能,是一个抽象概念,远比单独讨论富能和贵能,要复杂和抽象得多。简而言之,可以将富贵之能看作是富能与贵能的混合物,当然不是简单物理混合物,而是复杂的经历了生化反应的新的生成物。

按照同样逻辑,富贵之能也包括量、质、品三个维度。同样的,"量"是规模上的考量,"质"是结构与功能上的考量,"量"与"质"的结合,上升到品位上的评价和定性。

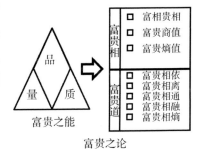

富贵之论

二、富贵相道

前面谈到富相、富道和贵相、贵道。

理论上讲,富相和贵相,就构成了富贵相。这当中,贵相是富相的内在因素,富相是贵相的外在表现。

同样的,贵道与富道结合,就构成了富贵道。这当中,贵道是内在因素,富道则是外在因素。

同样的逻辑,富贵之能,其表面观察,就是富贵相;往内里探析,才能深究其道,即富贵之道。所以,富贵相与富贵道,一表一里,一浅一深,一显一潜,一呼一应。

<h1 style="text-align:center">第二节　关系</h1>

富贵之能是本,面上是富贵相,内里是富贵道。

一、富贵循环

富与贵内部都有一个循环关系。富内部有循环关系;贵内部也有循环关系。富道五方面是循环关系;贵道内部也是循环关系。内部循环,使得整体运转正常,水平上处上升态势。

富与贵之间也有一个外循环,即富贵间的循环。贵影响到富,富也影响到贵,共同提升,循环往复。循环过程中,产生了富与贵的结合体,就是"富贵"。

如第一篇分析的富论和第二篇贵论一样,富贵论也是这样的体系,包括富贵能、富贵相和富贵道。富贵能也是一个三角形,包括富贵量(富贵之量能)、富贵质(富贵之质能)、富贵品(富贵之品能)。一般而言,它们就是富与贵外循环的产物。

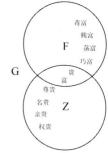

富贵之能,从表面上看,就是富贵相;从内在看,就是富贵道。

右图展示了富与贵两者内外双向循环的大致关系。这方面在本篇小结时还会再度提及。

二、相辅相成

富贵相与富贵道之间是相辅相成的关系。富贵道越正,富贵相就越好;反之,富贵道越不正,则富贵相就越难看。

有了前面论述的富相、贵相,我们对于富贵相也就有了大体上的感知,这里就不再论述富贵相的评价标准和方法了,客观上说,操作起来也是困难的。

　　本篇重点论述的是富贵之道。从理论上讲,第一篇论述的以观富、谋富、创富、守富、用富为核心的富道;第二篇论述的以聚知、聚能、聚精、聚德、聚灵为核心的贵道,共同影响和滋润两者结合起来的富贵之道。这种结合机制并非本篇论述重点。

　　本篇拟论述的富贵之道,重点是要阐明富与贵在相互作用过程当中的各种关系。着重包括:富贵相依、富贵相离、富贵相通、富贵相融、富贵相熵。

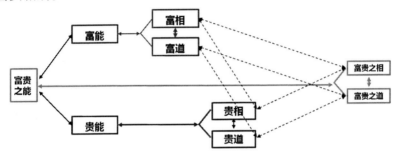

富贵论

第十四章　富贵相依

世间万物普遍联系。富贵相依、相生相长,这是富贵之道的基础规律。

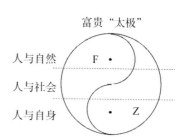

富贵"太极"

人与自然
人与社会
人与自身

上面这张富贵"太极图",从一个角度表现了富贵两者间的相依相存的动态关系。人类三大关系包括:人与自然关系、人与社会关系、人与自身关系。三大关系将圆形面积等分为三大块。F(富)侧重于人与自然关系,通过了解自然、顺应自然、改造自然、提高生产力而获取物质财富;其次是人与社会关系,通过处理好、改进好生产关系,以解放生产力、发展生产力;最后是人与自身关系,通过内心建设、构建自我成长空间,增强精神动力和智慧灵悟,更好与外界和谐相处。而Z(贵)对于三者关系的重要秩序刚好相反,从而形成富贵两者间的动态平衡协调关系。

下面这张富贵"双梯"图则更加简洁明了。左边是贵,右边是富,两者结合,将两个对应的直角梯形拼合成一个完整的方形。所要表达的意思与上述相同。

富贵"双梯"

人与自然
人与社会
人与自身

第一节　由富及贵

金钱完全可能是用于高尚目的的一种手段(马歇尔)。本节根据"系统论"原理,拟从富道五维对于贵道的关系着手分析,助力理解由富及贵之内涵。

一、寓贵于"观"

富道有五,观富居首。观富之道有五:宏中微观;近远观;主客观;悲乐观;财生三观。观富之道实施过程就是提升、彰显贵能的过程。

"宏中微观"考验的是我们对于形势、政策、大局的判断,考察的是我们知识的积累、知识体系和架构健全与否;"近远观"考量的是我们的格局与胸怀;"悲乐观""主客观"展示的是我们的精神世界;"财生三观",则更是集中体现了贵能中的"精""德""灵"层次与个性。

同时,以科学的观富之道为指引,我们在日常财富管理过程中,日积月累地聚集我们的知识、能力、精神、道德和灵性,潜移默化地提升和彰显我们的贵能。

观富过程是否规避了"以管窥天,以锥刺地"(《庄子·秋水》),是否有着"欲穷千里目,更上一层楼"(李白《登黄鹤楼》)的豪气,是否有着"会当凌绝顶,一览众山小"(杜甫《望岳》)的决心,这是体察贵能与贵气的重要窗口。

二、寓贵于"谋"

观富率先,谋富次之。谋富有五:谋略;谋划;谋市;谋配;谋合。谋富之道实施过程,也是提升、彰显贵能过程。

谋富过程,要牢记"运帱帷幄之中,决胜千里之外"(《史记·高祖本论》)和"凡事预则立,不预则废"(《礼记·中庸》)的教诲。

统筹财管谋略中,对于顺势适度、兼收并蓄、攻守有节、简便易行、扬长避短,如何理解和执行? 不同的人有不同的答案,背后展示的是内在的贵能功力;统筹财管谋划中,如何理解财富人生的不同规划策略,深层次靠的还是"贵"的实力;统筹投资市场、大类资产选择中,如何判断五大市场、五层资产的机会与风险,离不开贵能的支撑;产品"五性组合",更能彰显我们投资者的国学功底、辩证思维和精神境界。

三、寓贵于"创"

创富之道,富道之中,承上启下。创富之道有五:实业创富;理财创富;资本创富;固产创富;另类创富。

创富过程中对于"市场细分原理""马太效应""木桶原理""品牌法则"等原理和法则的理解和应用成效,往往能映射背后的贵能层次和水平。

创富过程,不仅要"日出而作,日入而息"(《庄子》),更要谨记"工欲善其事,必先利其器"(《论语·卫灵公》)。

创富之道,贵在简术。创富过程就是趋利避害、优中选优的过程。实业创富要选好模式,理财创富要选好机构,资本创富要选好平台与时机,固产创富要选好资产和物业,另类创富要选好品种和抓手。

这一"简"一"选"的过程,就是我们增知扩能、提精育德、修养顿悟的过程。

四、寓贵于"守"

富道之四,归于守富。守富之道有五:守成之道;守险之道;守信之道;守规之道;守拙之道。

创富靠能力,守富显精神。创富难,守富更难。因为,能力易得,精神难求。

守富之道,贵在尚法。守成所需信心;守险所需决心;守信所需恒心;守规所需定心;守拙所需诚心。这些无时无刻不在拷问着财管人的内心,考验着我们的人性和底线。而这些背后最深层次的就是我们的精神层次和道德水准。

守富过程,对于我们每一个财管者,既要有着"生于忧患,死于安乐"(《孟子》)的生死攸关的忧患意识,又要有着"酒与污水"法则要求的严苛的自律精神。

守富之道及其成效,最终彰显我们求贵之路的修为与层次。孟子说"无恒产者无恒心"。一个没有财产的人像浮萍一样,缺乏根基,经不起风吹雨打。守的过程体现一种自信,一种精神,一种德力,一种灵性。

五、寓贵于"用"

富道之末,用富之道。用富有五:财富使用;财富备用;财富享用;财富转移;财富传承。

创富靠能力,守富显精神,用富见情操。

用富之道,贵在有"度"。财富使用要有"度",各环节的安排要搭配合理,要克服无限杠杆和规模扩张;财富备用要有"度",不要过于保守,更不能无备生患;财富享用要有"度",要节约分享,不要奢侈独占;财富转移要有"度",要因地制宜,安排得当;财富传承要有"度",要注意节奏和方式方法。

"人皆知有用之用,而莫知无用之用也"(《庄子》),"知足者不以利自累"(《庄子》)。用富过程是对个人乃至家族、一代人甚至几代人的考验,不仅需要知识、能力,更需要精神、道德和信仰。一定意义上可以说,用富诸环节最能体现一个人甚至一个家族的"贵"的层次和内涵。

以上是从富贵内部逻辑关系上演绎"富贵相依,由富及贵"的道理。其实,从外部视角看,也能得到相同的结论。对于富有之人,他们在长期经营中把握了市场机遇得到了超额回报,人们常常从心里给予他们以更多要求和更高期许,希望他们能分享所得、回馈社会。公众的心里预期会通过各种渠道、各种形式表现出来,渐渐形成一种价值取向和舆论氛围,指引着富有一族做出"减富增贵"的举动来。所以,外部环境对富人们有一种无形的压力和导向,有助于他们作出提升贵能的善举。

下面两张图:一张是"富贵维恩图";另一张是"富贵方圆图"(如下所示)。两张图直观地显示了富贵二者间的依存关系,展示了"富贵二象性",即:贵中有富(圈内的富越大,圈外的贵也相应增大;反之则反是),富中有贵,相生相长,彼此依存。

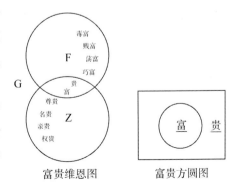

富贵维恩图　　　　富贵方圆图

第二节 由贵及富

本节拟从贵道五维对于富道的关系入手,分析"由贵及富"之理,更便于理解其深刻内涵。

一、聚"知"益富

聚知之道,贵在学习。

通过学习,丰富知识的宽度、深度、粘度、活度、全度,健全良好的知识体系和框架,为形成科学富道奠定扎实基础。

"沃尔森"法则强调,把信息与情报放在第一位,金钱就会滚滚而来。"朝闻道夕可死矣"(《论语·里仁第四》)和"尽信书,不如无书"(孟子·尽心下),则分别指出知识的重要性以及学习态度与方法。

迫于生计,李嘉诚14岁就停止了学业,可他太想读书了。出自书香门第的李嘉诚认识到:一切知识中,文化知识是最重要的,知识改变命运,没有知识就成就不了大事业。为此,他给自己定下了目标—利用工余时间自学完中学全部课程。李嘉诚每天工作都在15小时以上。他常去折旧书店买书,一次只买一两本,学完之后,又拿到折旧书店去卖,然后再用卖旧书的钱买回"新"书。就这样,他不仅学到了知识,又省了钱。李嘉诚的一生,始终坚持不懈地学习,他认为:成就大事业,可以没有学历,但一定不能没有学识。李嘉诚非凡的成功,是从其非凡的学习和知识积累开始的。

从观富、谋富,到创富、守富,再到用富,没有一件事情不需要知识作支撑和铺垫。所以,有人说,资本背后是知本。没有知识背书的资本是靠不住的。

二、聚"能"益富

聚能之道,贵在实践。

"君子纳于言而敏于行"(《论语·里仁第四》)。光有知识没有真实才干是不行的,实践中提升的能力,才是真正能够在财富管理各环节中发挥有效作用的根本条件。

老干妈创始人,没上过学,居然在短短6年间,白手起家,创办了一个资产达13亿元的企业。她没文化,财务报表之类的东西完全看不懂,她就苦练起记忆力和心算能力,然后让财务人员念给她听;听得打瞌睡了,她就泡上苦得舌头发麻的浓茶喝……最终,她苦练出了超过一般人的记忆力和心算能力。每次统计表一出来,财务人员念给她听时,她居然听上一两遍就能记住,并分辨出对错。

最令她头痛的是,她得经常参加政府主管部门召开的各种会议,还得上台发言……这对于没有文化的她来说,简直痛苦不堪。他请人读文件给自己听,听到重要处,她会突然站起来,用手指着文件说:"这条很重要,用笔划下来,马上去办。"陶华碧对签名都很费劲,她拿出干苦活的劲头整整练写了三天!当她终于写好了自己的名字。

这当然是一个极端的例子。没有基本的业务能力和管理能力,完成观富、谋富、创富、守富、用富这些个难活是难以想像的。这个道理不难理解。

三、聚"精"益富

聚精之道,贵在磨炼。

无论是"韦伯社会分层"理论,还是"帕累托精英循环"理论,都突出强调精神的重要性;"物质与精神关系"原理告诉我们,人的精神力量是无穷的。但人各有志,正所谓:"众人重利,廉士重名,贤士尚志,圣人贵精"(《庄子》)。

褚时健出狱时已经七十多岁,但他还要坚持创业。他说:"天道酬勤,不勤快的人在任何时候也不会有好结果。人间正道是沧桑。人有顺境逆境,情况不好的时候不要泄气,情况好的时候不要骄傲,做人才能长久。"当记者采访他时,他总是说,年轻人都想走直路,但人生不是直线,社会变动很大,哪有一碰就是好运气、一靠就是大树那么简单的事情?他还说:"我80多岁了还在摸爬滚打。蹲下来就站不起来了,但分枝、挂果的时候我都要去果园,坐在边上让人把树叶扒开,露出果子给我看。"

褚时健开发的褚橙,连同他非凡的经历和逆势而上的不屈精神,令世人瞩目和为之敬仰。他之于中国企业家最大的意义,不是人在高处时总结出的各种管理经验,而是人坠落到低谷后,仍然保持一份生命尊严、向着大自然求索价值、并为社会创造价值的平常心和进取心。

这是一种从内心涌出的内生动力,是任何外部条件的变化所不能剥夺、打垮、侵蚀的精神选择。褚时健的精神,支撑他走得足够远、非常久,而且始终保有人生的充实。

中国企业家自有一种血脉源流,生生不息。褚时健为代表的企业家精神,是无可替代的宝贵资本。

四、聚"德"益富

聚德之道,贵在涵养。

"不义而富且贵,于我如浮云"(《论语》)。中国企业家曹德旺,国外赚钱回到国内行善,已捐百亿,是中国首善。曹德旺的义行善举,令人高山仰止、敬佩不已。

在全国上下一心对抗疫情的时刻,一位中国企业家的名字以独特的方式出现在第92届奥斯卡金像奖舞台上。

曹德旺曾两次获得"中国首善",六次获得中华慈善奖,从1983年至今曹德旺已累计捐款超110亿元。对此他表示:现在国家很困难,希望通过自己的行为影响其他的企业家,带动更多的企业家站出来捐钱捐物。

他的那句"我捐了百把亿,还有百把亿"的豪言更是走红网络。对于慈善这件事,高调的曹德旺始终认为隐功才算积德,财施是功德最小的,对有钱人来说没有意义。

而自信坦诚的曹德旺对于慈善的理解也包含对自己人生的参悟:"拥有财富,也是背负责任。捐了,卸下重担,反而一身轻松"。

捐的越多,挣的越多。这就是对"聚德益富"的最简单、最直白、最有力的注脚了。

五、聚"灵"益富

聚灵之道,贵在超越。

"吾知言,吾善养吾浩然之气"(《孟子》)。

禅宗的修习对乔布斯有着巨大的影响。在他的人生历程中,不管是确定产品设计,还是公司战略发展,甚至直面死亡挑战,乔布斯一直都是在追随他的内心。

在决策新产品前,他会一个人呆在宽大的办公室里,地板中央放一只坐垫,开始禅坐。他面前的地板上,呈半圆形摆放着几款不同的样品,等他结束静坐睁开眼睛,他就凭直觉从中拿起一只样品,那就是苹果即将推出新品。而他的基于冥想而来的产品选择,一再被市场证明是明智正确的。当心定下来的时候,直觉会非常的清晰、敏锐。

乔布斯相信通过内心的明悟,能够找到一条终极的产品之道。他说:"禅学重视经验,不重视智慧。我开始注意到比知觉及意识更高的层次——直觉和顿悟,这与禅的基本理念极为相近""我跟着我的直觉和好奇心走,遇到的很多东西,此后被证明是无价之宝。"

禅改变了乔布斯,而乔布斯则通过禅改变了世界。乔布斯是改变世界的天才,他凭敏锐的触觉和过人的智慧,勇于变革,不断创新,引领全球资讯科技和电子产品的潮流,把电脑和电子产品不断变得简约化、平民化,让曾经是昂贵稀罕的电子产品变为现代人生活的一部分。

诸如此类,不一而足。

以上是从富贵内部逻辑关系上演绎"富从贵来,由贵及富"的道理。其实,从外部视角看,也能得到相同的结论。贵有之人,往往长期谨言慎行、自律内敛,不乏慈善、奉献之举。人们悦其言、敬其行,从内心出发,希望能给予他更多的报答和回馈,方方面面地拥趸和支持他更方便地获取财富回报。所以,"贵"为财富的获取和守护打开了便捷之门。

如前文相似,下面两张图:一张是"富贵维恩图";另一张是"富贵方圆图"(如下所示)。两张图直观地显示了富贵二者间的依存关系,生动地展示了"富贵二象性",即:富中有贵(圈内的贵越大,圈外的富也相应增大;反之则反是),贵中有富,相生相长,彼此依存。

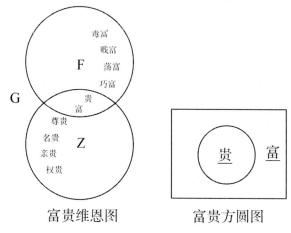

富贵维恩图　　　　　富贵方圆图

　　研究"富贵相依",旨在找到并强调要科学利用好"富贵相依"的
"吸引力",借力发力、事半功倍。

第十五章　富贵相离

依据辩证法,有了富贵相依,必有富贵相离。本章重点解析富贵相离的种种情形,并进而提出策略建议。

第一节　富贵种种

琳内·特威斯特、特雷莎琳内·巴克在《金钱的灵魂》中指出:人们以为大量的财富会带来内心的安宁与自由,然而那些富埒陶白的人并没能用他们的金钱获得宁静和自由。富人之间的竞赛需要较高的投入,但竞赛性质是一样的。金钱投入越大,失去的可能性也越多,可能就越难在这一竞赛中保持领先地位。没有人能够逃脱金钱那强大的力量,每个人都在不断变化的经济状况的影响下生活……。在那些巨富家庭中,许多人已身中贪婪、不信任或者控制欲的剧毒,优越的生活切断了他们与平民百姓的交往,使得他们无法获得人与人之普通交往与真实关系的必要经验。在极度缺乏金钱的生活环境中,为生存而战很容易成为人生的主旋律,自我价值以及个体家庭甚至整个团体与文化的基本潜力得不一正常发挥。对于一些人来说,对金钱的长期匮乏则成了借口,他们借此不去发挥自己的聪明才智与创造力,不负自己的那一份责任。

富贵之间的组合形态有以下八大类。分别是:先与后;多与少;显与潜;急与徐;长与短;新与旧;深与浅;难与易。

一、先与后

这包括:富先贵先、富后贵后、富先贵后、富后贵先这四种排列组合关系,再考虑到富贵两者前后对比度大小之分,总共就有了八种组合。

一般情况下，"富"总是大致与"贵"保持同步（"富先贵先"或'富后贵后"，一般而言，前者更为幸运，后者要经受煎熬和等候），彼此交织，循环上升，相辅相成的。"富"进到上一个层次，"贵"也能跟着上升。这是理想的状态。但有些时候，也是不同步的。"先富后贵"的人，往往是危险的，没有贵能的托衬，是艰难的；而"先贵后富"，相较而言是安全些的，贵能支撑下的财富管理是扎实的，但也要承受两者脱节的痛苦，也是考验人性的。正如"猴象法则"所示，两者反差强烈时，对比度就更大了，需要缩小剪刀差，才能保持大致平衡。此时，"先富"要停停脚，加快提升贵能；反过来，也要加快财管的步伐，以缩小富贵剪刀差。

"不经艰险而征服，胜利也是不光荣的"（拿破仑）。同样，没有贵道支撑的富能也是不稳固、不长久的。一些"先富"起来的人，到后期停下来，花些时间做做慈善、学习提升，在消减富能的同时，适当补充贵能之不足，使得富贵两者接近平衡，为后续富贵再上台阶积蓄力量。

二、多与少

这包括：富多贵多、富少贵少、富多贵少、富少贵多这四种组合关系，再考虑到富贵两者多少对比度大小之分，总共就有了八种组合。

一般情况下，"富"的量级总是大致与"贵"保持同步（"富少贵少"与"富多贵多"，一般而言，后者更为幸运），彼此交织，循环上升，相辅相成的。"富"进到上一个层次，"贵"也能跟着上升。这是理想的状态。但有些时候，也是不同步的。"富多贵少"的人，往往是危险的，没有贵能的托衬，是艰难的；而"贵多富少"，相较而言是安全些的，贵能支撑下的财富管理是扎实的，但也要承受两者脱节的痛苦，也是考验人性的。尤其是两者反差强烈时，对比度就更大了，需要缩小剪刀差，才能保持大致平衡。此时，富能要停停脚，加快提升贵能；反过来，也要加快财管的步伐，以缩小富贵剪刀差。

亚里斯多德强调，财富是生活的必需品，德性要统帅财富，反对德性屈从于财富而造成堕落。他并认为财富的追求应有限度，贪得无厌、过分追求物质财富将会导致欲望膨胀、损坏道德,他崇尚以灵魂的善为限度的财富观。

古希腊梭伦提出财富拥有以中等程度为最合适,这样的人同时还具备德行才是幸福的人。功利主义伦理学家穆勒认为幸福在于金钱名望,但要反对低级感官享受,崇尚德行和追求个性自由发展。

培根认为,任何个人财富都不应成个人最终的生命价值。

曾经,有人问世界首富比尔盖茨:"世间还有没有人比你更富有?"盖茨答:"有啊!有一个人就比我富有。"然后他说了一个故事,当年他还没有钱和名,一天在纽约机场碰到一个卖报纸的小贩,想买报纸但零钱不够,小贩免费送他报纸。两三个月后,他又抵达同一座机场,同样的小贩,同样的故事情节。19年后他有了钱和名了,突然间想起了那个小贩。一个半月后,找到他了,说:"我要回报你当时给我的帮助。你要什么,只要告诉我,我马上帮你实现。"小贩回道:"先生,你不觉得你这样与我对你的帮助不能相比吗?当我只是个贫穷的报贩时,我竟帮助了你;现在,你已成为世界上最富有的人,才试着想要帮助我,你的富帮忙怎么能和我的穷帮忙相提并论啊?"

富与贵要在量级和层次上保持大致相同或相近的水平,才是较为理想的状态。《庄子·逍遥游》:且夫水之积不厚,则其负大舟也无力。大富小贵,恰如薄水大舟,不堪重负。

一些"富多"的人,到后期停下来,在主动控制和消减富能的同时,补补贵能之不足,使得富贵两者接近平衡,为后续富贵再上台阶积蓄力量。

三、显与潜

这包括:富显贵显、富潜贵潜、富显贵潜、富潜贵显这四种排列组合关系,再考虑到富贵两者显潜对比度大小之分,总共就有了八种组合。

一般情况下,"富"的显示度总是大致与"贵"保持同步("富潜贵潜"与"富显贵显",一般而言,前者更为安全与可取),彼此交织,循环上升,相辅相成的。"富"进到上一个层次,贵也能跟着上升。这是理想的状态。但有些时候，也是不同步的。有人喜欢"显富潜贵"，而有人则喜欢"显贵潜富"，各自有着不同的目的和倾向。

"金钱如穿鼻铁环，随心所欲地牵着我们的鼻子走，只是我们已经忘了，其实我们本是它的设计者"（马克·金尼）。一些"显富"起来的人，到后期停下来，花些时间做做慈善、学习提升，是在消减富能的同时，弥补贵能之不足，"贵潜"变成"贵显"，使得富贵两者接近平衡，为后续富贵再上台阶积蓄力量。

一般而言，对于多数人而言，"富显贵潜"是常态，这是由富贵两者的秉性决定的。过于高调"显贵"的人，往往事与愿违，不仅没能"显贵"，反而会折贵。所以，富贵的显潜，都不是一件简单的事，要具体情形具体分析。

四、急与徐

这包括：富急贵急、富徐贵徐、富急贵徐、富徐贵急这四种排列组合，再考虑到富贵急徐对比度大小之分，总共就有了八种组合。

一般情况下，"富"的急徐性总是大致与"贵"保持同步（"富徐贵徐"与"富急贵急"，一般而言，前者更安全与牢靠），彼此交织，循环上升，相辅相成的。"富"进到上一个层次，"贵"也能跟着上升。这是理想的状态。但有些时候，也是不同步的。"富急贵徐"的人，往往伴着一定风险，没有贵能的托衬，是艰难的；而"贵急富徐"的，也要注意，没有沉淀的贵能时常是不牢靠的。尤其是两者反差强烈时，对比度就更大了，需要缩小剪刀差，才能保持大致平衡。

一些"急富"起来的人，到后期暂停下来，花些时间做做慈善、学习提升。在消减富能的同时，等候贵能的补充，使得富贵两者接近平衡，为后续富贵再上台阶积蓄力量。

对于多数人而言，"富急贵徐"较为常见，这应该也是富贵两者秉性上的差异使然。所以，人的一生，都要坚持学习，坚持锻炼提升，坚持聚集贵能，这是一生的修为。唯其如此，才能够为财富之道支撑起足够的安全垫，才能为幸福人生架起桥梁、保驾护航。

五、长与短

这包括:富长贵长、富短贵短、富长贵短、富短贵长这四种排列组合关系,再考虑到富贵长短对比度大小之分,总共就有了八种组合。

一般情况下,"富"的长短总是大致与贵保持同步("富短贵短"或"富长贵长"),彼此交织,循环上升,相辅相成的。"富"进到上一个层次,"贵"也能跟着上升。这是理想的状态。但有些时候,也是不同步的。"富长贵短"的人,往往是危险的,没有贵能的托衬,是艰难的;而"贵长富短",相较而言是安全些的,贵能支撑下的财富管理是扎实的,但也要承受两者脱节的痛苦,也是考验人性的。尤其是两者反差强烈时,对比度就更大了,需要缩小剪刀差,才能保持大致平衡。此时,"长富"要歇歇脚,加快提升贵能;反过来,也要加快财管的步伐,以缩小富贵剪刀差。

一些"长富"的人,到后期停下来,花些时间做做慈善、学习提升,是在消减富能的同时,补补贵能的不足,使得富贵两者接近平衡,为后续富贵再上台阶积蓄力量。

六、新与旧

这包括:富新贵新、富旧贵旧、富新贵旧、富旧贵新这四种组合关系,再考虑到富贵新旧对比度大小之分,总共就有了八种组合。

一般情况下,"富"的新旧总是大致与"贵"保持同步("富旧贵旧"或"富新贵新",一般百言,前者代表传承,后者代表创新),彼此交织,循环上升,相辅相成的。"富"新进到上一个层次,"贵"也能跟着上升。这是理想的状态。但有些时候,也是不同步的。

"富旧贵新"的人(如"富二代"),要在贵的积累上下功夫,使得富贵平衡,以贵驭富。"富新贵旧"的人(如"贵二代"),也要抓紧提升财管能力,以贵能的支撑,科学补充富能。

七、深与浅

这包括:富深贵深、富浅贵浅、富深贵浅、富浅贵深这四种组合关系,再考虑到富贵深浅对比度大小之分,总共就有了八种组合。

这里的"深浅",主要是指富道与贵道的层次对比。

一般情况下,"富"的深浅总是大致与"贵"保持同步("富浅贵浅"或"富深贵深",一般而言,后者层次更高、更稳定),彼此交织,循环上升,相辅相成的。"富"深到上一个层次,"贵"也能跟着上升。这是理想的状态。但有些时候,也是不同步的。"富深贵浅"的人,往往是危险的,没有相应深度和层次的贵能的托衬,富道的维持与执行是艰难的;而"贵深富浅",相较而言是安全些的,贵能支撑下的财富管理是扎实的。尤其是两者反差强烈时,对比度就更大了,需要缩小剪刀差,才能保持大致平衡。

八、难与易

这包括:富难贵难、富易贵易、富难贵易、富易贵难这四种排列组合关系,再考虑到富贵难易对比度大小之分,总共就有了八种组合。

一般情况下,"富"的难易总是大致与贵保持同步("富难贵难"或"富易贵易"),彼此交织,循环上升,相辅相成的。"富"进到上一个层次,贵也能跟着上升。这是理想的状态。但有些时候,也是不同步的。

"富难贵易"的人,其贵有时也是脆弱的,靠不住的;而"贵难富易"的人,相较而言是安全些的,贵能支撑下的财富管理是扎实的,但也要承受两者脱节的痛苦,也是考验人性的。尤其是两者反差强烈时,对比度就更大了,需要缩小剪刀差,才能保持大致平衡。

如前所述,一般情况下,"富浅贵深""富显贵潜""富急贵徐"是常态,所以对于大多数人而言,"富易贵难"就是自然的情形。这表现在很多方面,套用富道那五个维度来看,其实,"贵"都是更难做到的,观、谋、创、守、用,莫不如此。进一步以"用"为例,"贵"在使用、享用、备用、转移和传承过程中,由于其自身的特殊秉性,都比"富"来得更加具有不确定性,更加难以把握。"富"的转移、传承,与"贵"的转移、传承,两者间存在的落差和错位,导致现实中很多人束手无策、麻烦不断。

一般而言,对于轻意就获取的富与贵,都要谨慎的。如果过于轻视而生骄傲情绪,往往也是危害不小的。

以下是"富贵人生运行图"。标出人生关键时点的富贵组合情形,横坐标代表"富能"多少,纵坐标表示"贵能"的高度和层次。围成的面积越大,表示富贵人生的总的体能和水准高低。其中:OA-AB-BC-CD-DE 五条折线,依次代表富贵人生首尾相连的五个阶段。对于大多数人而言,OA 代表 20 多岁以前的青少年时期,处于消耗财富的学习阶段,为贵能积蓄基础力量,知识学习为第一要务,人生观、价值观开始初步形成;AB 代表 20 多至 30 多岁的青年时期,BC 代表 30 – 40 岁的青中年时期,这两段,职场稳定,收入渐丰,知识积累和能力经验见长,富贵处于平衡发展阶段,人生观、价值观、财富观逐步成型;CD 代表 40 – 50 岁的中年阶段,财富加速积累,进多出少,贵能的积蓄变慢,知识、能力、精神状态都进入较为稳定状态;DE 代表 50 多岁的后职场以及退休阶段,财富积累进入稳定甚至减缓阶段,而道德水准以及少数人灵性、顿悟、觉醒的提升,使得贵能处于加速抬升阶段。

富贵人生运行图

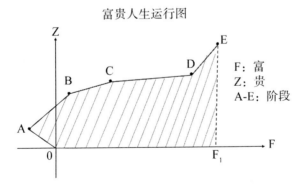

第二节 "六四宫格"

以下是"富贵相离"框架示意图,显示出富贵间八大维度。每个维度又细分出八种情形,共计有 64 种情形。

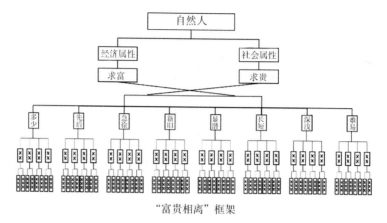

"富贵相离"框架

再进一步展示,就需要借助下面的"富贵六四宫格"表了。

其中:横列代表富贵组合考察的八大维度,纵列代表每个维度考察的八种形态,合起来就共有 64 种细分情形。一般而言,我们每个人的富贵关系,都对应在上述"六四宫格"里,只是不同的人具体情形不同而已,那相应的调整和改善之策也就因此不同了。篇幅所限,这里主要就其中两组稍稍展开讨论。

富贵"六四宫格"

富/贵		A	B	C	D	E	F	G	H	
		先后	多少	显潜	急徐	长短	新旧	深浅	难易	……
a	＋　＋(差小)	Aa	Ba	Ca	Da	Ea	Fa	Ga	Ha	
b	＋　＋(差大)	Ab	Bb	Cb	Db	Eb	Fb	Gb	Hb	
c	－　－(差小)	Ac	Bc	Cc	Dc	Ec	Fc	Gc	Hc	
d	－　－(差大)	Ad	Bd	Cd	Dd	Ed	Fd	Gd	Hd	
e	＋　－(差小)	Ae	Be	Ce	De	Ee	Fe	Ge	He	
f	＋　－(差大)	Af	Bf	Cf	Df	Ef	Ff	Gf	Hf	
g	－　＋(差小)	Ag	Bg	Cg	Dg	Eg	Fg	Gg	Hg	
h	－　＋(差大)	Ah	Bh	Ch	Dh	Eh	Fh	Gh	Hh	
i	……									

一、富贵"先后"解析

孔子是"先贵后富"、"贵多富少"甚至贵而不富的典型代表。他一生求索,到处讲学布道,宣扬自己的思想,但没被重视,没能转化为实践。他自己也一生穷困,颇有感慨,贵而不富的人生是遗憾的。

沈巍,上海徐汇区原公务员,后来捡垃圾为生,坚持买书看书,并能宣讲国学,有自己独到的见解,被周边人和网友称为"流浪大师"。当了一年多网红,也挣了一些钱,后来受不了了,宣布退出网络,回归自然状态。这表明,富贵还是平衡为好,贵而不富者,难受;富而不贵者,难堪。富贵平衡状态才是最好的状态。

路遥,所著《平凡的世界》,乃惊世之作,但完成后却英年早逝,因为穷困潦倒。当时出版社给的稿费大概是千字 30 元,在作品出版前就已经预支得差不多了,家里的开支和供养养父母、亲父母,加上他又要抽烟,实际上并没有赚到什么钱。他去世后只留下 1 万元的存折和近万元的欠账。营养不良,高负荷创作,积劳成疾,病了也没办法及时医治,最终倒下。这是一个令人痛心的贵而不富的例子,到终了都没享受到富的滋味。对多数人而言,贵而不富,带来的也是灾难人生。

洪秀全,创建太平天国,富了,奢享人生,却忘却初心,奢侈无度、无恶不作,内乱不止。作为底层农民劣根性泛起,富而不贵,人心涣散,失德、失精、失灵,"天国"挣扎 14 年后最终解体。没有贵的支撑,"天国"也难持久。

史蒂夫·乔布斯(生前最后一段话):"我在商业世界中,达到了成功的巅峰!在别人的眼里,我的生命是成功的缩影。但是,除了工作我很少有快乐。最终,财富只是我生活中已习惯了的现实。这一刻,躺在病床上,回想起我的一生,我意识到我所有的认同和财富,都令我非常自豪。但面对即将到来的死亡,他们变得毫无意义!在黑暗中,我看着听到仪器发出的嗡嗡声,我感觉到死神的呼吸越来越近了。现在我知道,当我们一生积累了足够的财富,我们应该追求一些与财富无关的事,应该是更重要的事情。也许是人情,也许是艺术,也许是年轻时的梦想。不断地追求财富,只会使一个人变得扭曲,就像我一样。上帝给了我们感官,就是让我们感受每个人心中的爱,不是财富带来的幻想。在我的生命中赢得的财富,我不能带着离开,我只能带着爱情中沉淀的记忆,这是跟着我的真正财富,陪伴你,给你力量和光芒照耀继续下去。爱可以行一千里,生活是没有限制的,去你想去的地方,达到你想要的高峰。这一切都在你的心中和手中。……珍惜爱你的家人,爱你的伴侣,爱你的朋友!善待自己!爱惜他人!"这段话,表明纠正和减轻富贵偏差是何等重要。

许多人在富有之后居然比在努力致富的过程中还要沮丧。"忙碌奔波"型的人认为,他们的行为可以为将来带来好处,这样想可以减少他们的负面情绪,然而一旦达到目标,发现所得到的无法使自己快乐,他们就无法自拔了。这时他们会充满了绝望,因为没有目标就失去了幸福的指望。太多成功的人有着烦恼的问题,他们甚至因此而酗酒吸毒。矛盾的是成功反而使他们不开心,在成功面前他们可能也曾有不开心的日子,但他们一直相信,只要成功了,他们就会得到幸福。而当他们达到目的才发现,原来所期望的根本不存在。而在此时,他们感到他们的幻想——物质和地位可以带来永久的幸福破灭了。在发现他们所有的努力和牺牲并不能带来幸福后,他们一个个都掉进了"习得性无助"的深渊。他们成为虚无主义的典型,相信再没有任何东西可以带来快乐,于是就去找寻一些毁灭性的解除痛苦的方法。

二、富贵"新旧"解析

"创一代"通常是富贵同步,或者先富后贵的。成功的"创一代",大多是富贵总体平衡协调发展的。那些严重失衡的"创一代",多数都在市场竞争的风雨飘摇中丧失殆尽,存活下来的主要是富贵平衡协调发展的。像刘永好兄弟等人,过去起点很低,几十年打拼下来,积累了巨额财富,同时也重视学习,重视知识积累、能力提升,精神和道德涵养以及灵性的培育,努力做到富贵同步、与时俱进、持续提升,这是他们永葆活力、基业长青的密码。

"富二代"与"创一代"不同,他们生下来就衔着金钥匙,与生俱来的就是个"富人";但贵气大多不能与生俱来,更多靠后天的努力煅造提升。这样实际上就形成了富贵间的错位(旧富与新贵),因为"有意义的人生无法继承"(泰勒·威利斯)。如果不重视对"富二代"的培养和实践锻炼,他们的贵能聚集是很慢的,甚至朝相反的方向发展。富而贱,成为人们讨厌的那一类人,也是大有人在的。

"犬獒效应"是很残酷的,小藏犬长出牙齿后,就被放到一个隔离的空间里,让它们彼此撕咬,不停打斗,只有大约十分之一能够活下来,而活下来的就从"犬"升级到"獒"了。"富二代"的培养也需要放到真实的生存环境中去锻炼和培养,不能过于舒适的。

凡此种种,不一而足。

研究"富贵相离",旨在找到并强调要有效克服"富贵相离"的"离心力",尽力维持富贵平衡、相辅相成。

第十六章　富贵相通

　　本章从管理学、经济学、社会学、心理学、行为学、伦理学、法学、哲学、国学、宗教学等十门学科，寻找阐述富贵关系的理论，说明富贵之道在很多学科中是相通的。这对于理解富贵之道是大有益处的。

第一节　富贵管理学

　　管理学的目的是，研究在现有的条件下，如何通过合理的组织和配置人、财、物等因素，提高生产力水平。管理学中有很多原理，有助于理解富贵之道。比如：

　　"系统原理"。是指在管理过程中应从组织全局的角度，正确处理组织与各要素之间、各要素相互之间的关系，以实现组织利益最大化。系统原理包括：整体性观点、开放性观点、动态性观点（环境适应性观点）、综合性观点（集成、相关性、层次性）。

　　——运用系统原理，能够很好地理解《富贵论》理论体系。《富贵论》包括富论、贵论和富贵之论。富论包括富能、富相、富道；贵论包括贵能、贵相、贵道；富贵论包括富贵相依、富贵相离、富贵相通、富贵相融和富贵相熵。再往下延伸，富能、贵能、富相、贵相、富道、贵道等又派生出很多更细致的理论分支，从而形成体系庞大的思想体系。离开系统原理指导，《富贵论》体系难以构建完成。

　　"人本原理"。是一种以人为中心（核心）的管理思想。它要求将组织内的人、人际关系放在首位，将管理工作的重点放在激发职工的积极性和创造性方面，使人性得到最完美的发展。人本原理包括：尊重人——员工是企业的主体；依靠人——有效管理的关键是员工参与；发展人——现代管理的核心是使人性得到最完美的发展；为了人——管理是为人服务的(本质)。

　　——《富贵论》始终坚持以人为本的理念,是以人为出发点来研究富和贵两者间的关系的。一个自然人,一般都有两大属性:其一是经济属性,追求物质,求富是本能;其二是社会属性,追求精神,求贵是自我。于是就有了富贵两条道路的分与合,就有了富能、富相、富道和贵能、贵相、贵道,以及富贵之道。所以,富贵之道是研究人的学问,离开人,富贵学毫无价值。

　　"效益原理"。是指在管理工作中,要求一切活动都要始终围绕系统的整体优化目标,通过不断提高效率,使投入的人、财、物等资源得以充分、合理、有效地利用,从而产出最佳的管理效益。效益原理包括:要重视经济效益;要有正确的管理战略;追求局部效益必须与追求全局效益协调一致;要努力提高管理系统的效率。

　　——富道当中有一部分研究创富之道,主要围绕创富方法、路径与策略展开的,其中一根主线,就是坚持效益原理,倡导以最简洁的方式、最简易的策略获取财富。

　　"弹性原理"。是指管理在客观环境下为达到组织目标而必须增强的应变能力。管理弹性分为:局部弹性——指任何一种管理,必须在一系列管理环节中保持可以适当调节的弹性;整体弹性——指管理系统作为一个整体,对环境的适应能力或生存本领。管理的两重性是自然属性和社会属性。

　　——弹性原理在"谋富之道"中体现最明显。财富谋略当中提到要坚持顺势适度原则,就是倡导在财富管理过程中坚持中庸之道,把握好适度原则,也就是弹性原则,既不要过于刻板,也不要偏离总的轨道。

　　"危机管理原理"。是指个人或组织为防范危机、预测危机、规避危机、化解危机、渡过危机、摆脱危机、减轻危机损害,或有意识利用危机等等,所采取的管理行为的总称。包括:预防第一原则、公众利益至上原则、全局利益优先原则、主动面对原则、快速反应原则、统一对外原则、真诚坦率原则。

　　——危机管理在守富之道中最为集中,无论是守成、守险、守规,还是守信、守拙,都十分重视危机管理,强调守富重于创富,管理好风险是守富的第一要务。

第二节　富贵经济学

经济学(包括商学)的很多原理都对富贵之道相通的,如号称是"经济学十大原理"之一的"人们面临权衡取舍"原理。当人们组成社会时,他们面临各种不同的权衡取舍。认识到人们面临权衡取舍本身并没有告诉我们,人们将会或应该做出什么决策。然而,认识到生活中的权衡取舍是重要的,因为人们只有了解了他们面临的选择,才能做出良好的决策。其实,在谋富中的"谋划"一节,着重谈到五个方面的选择,权衡与取舍,包括五点论、五支论、五划论、五需论、五段论。实际上,财富管理过程就是不断权衡与选择的过程。

号称是"经济学十大原理"之二的"某种东西的成本是为了得到它而放弃的东西"。一种东西的机会成本(opportunity cost)是为了得到这种东西所放弃的东西。当做出任何一项决策,例如,是否上大学时,决策者应该认识到伴随着每一种可能的选择而来的机会成本。其实,各种创富模式选择都有机会成本,各种转移与传承安排都有机会成本,财富之道一直充斥着机会成本,因而内嵌着机遇与风险。

此外,还有大家比较熟悉的一些经济学原理,如:

"酒与污水定律"。是指把一匙酒倒进一桶污水,得到的是一桶污水;如果把一匙污水倒进一桶酒,得到的还是一桶污水。也就是说,不在于污水的多少,只要它存在,就会造成一个整体的破坏。在任何组织里,几乎都存在几个难以对付的人物,他们存在的目的似乎就是为了把事情搞糟。最糟糕的是,他们像果箱里的烂苹果,如果不及时处理,它会迅速传染,把果箱里其他苹果也弄烂。风险对于财富好比污水之于酒,只须一滴,就能全功尽弃。

——财富创造难、守护更难,原因尽在于此。

"马太效应"。《新约·马太福音》:"凡是少的,就连他所有的,也要夺过来。凡是多的,还要给他,叫他多多益善"这就是马太效应,反映当今社会中存在的一个普遍现象,即赢家通吃。

——马太效应比比皆是。富道当中,观、谋、创、守、用,强者恒强;贵道当中,知、能、精、德、灵,赢家通吃。

"木桶定律"。水桶定律是讲一只水桶能装多少水,这完全取决于它最短的那块木板。各个部分往往是优劣不齐的,而劣势部分往往决定整个组织的水平。

——"取长补短"是富道的五大谋略之一。

"剃刀定律"。14世纪,英国奥卡姆的威廉主张唯名论,只承认确实存在的东西,认为那些空洞无物的普遍性概念都是无用的累赘,应当被无情地"剃除"。他主张"如无必要,勿增实体",即"简单有效原理"。

——"简便易行"也是富道的五大谋略之一。

"蘑菇原理"。是许多组织对待初出茅庐者的一种管理方法,初学者被置于阴暗的角落(不受重视的部门,或打杂跑腿的工作),浇上一头大粪(无端的批评、指责、代人受过),任其自生自灭(得不到必要的指导和提携)。相信很多人都有过这样一段"蘑菇"的经历,这不一定是什么坏事,尤其是当一切刚刚开始的时候,当几天"蘑菇",能够消除我们很多不切实际的幻想,让我们更加接近现实,看问题也更加实际。

——这一原理最能说明,为什么"富二代"的培养并非易事,需要有特别的环境和特别的安排,没有艰苦的磨炼,就不会有出色的二代,传承就面临危机。

"市场细分原理"。是指企业根据消费者之间需求的差异性和类似性,把一个整体市场划分为若干个不同的消费者群体(即若干个不同的子市场),并从中选择一个或多个子市场做为企业的目标市场的活动过程。

——谋富之一谈到谋市,五大市场的研究和细分是进行资产配置和投资安排的前提。

"产品组合原理"。大部分企业向市场提供的产品或服务项目不是唯一的。因此,生产或经营哪些种类的产品和产品系列,这些产品之间依据什么关系进行组合,营销学中称之为产品组合。产品组合可以从以下三个方面分析决策:产品组合的宽度:企业生产经营的商品大类(产品线);产品组合的长度:企业生产经营产品线中商品的总和;产品组合的深度:产品线中每项产品的款式、规格和档次的多少。

——《富贵论》强调,资产配置方案确定后,就是产品组合和购买落地了。在产品组合中倡导"五性合一"原则,其理论依据又是五行学说。

"营销组合原理"。促销手段的重要性日渐提升。事实上,营销活动能否取得预期效果,产品是前提,价格是调节工具,分销是通道,促销是助推器,服务是最终保障。信息沟通方式。产品和服务信息,企业的能力和形象,需要借助各种沟通渠道、媒介和方式才能向市场和社会传播。信息沟通方式有:广告、人员推销、营业推广、公共关系。

——这对于实业创富中的营销模式选择颇有指导意义。

第三节　富贵社会学

社会学的基本原理就是人的行为都是因为社会环境制约所造成的。从社会整体出发,通过社会关系和社会行动来研究社会结构及其功能、社会过程及其原因和规律的社会科学。以下是我们常常听到的社会学效应,它们都对我们思考财富管理、研究富贵之道有着指导意义。

"结构功能主义"。社会是一个有机的系统,其动态平衡与运行依赖其构成部分充分发挥各自功能。功能是社会组织或机构存在的理由,通过功能理解社会存在。

——《富贵论》中的富论与贵论分别以"富能"和"贵能"为研究前提,而两"能"中又都包含了量、质和品三个方面,体现了结构决定功能的结构功能主义思想。

米德的"角色扮演"原理。人类的最本质的特征是用符号表示各种体验的能力,人是符号的使用者;人类运用符号彼此沟通,符号在人们的社会互动中发挥着中介作用;人们通过解释他人的行动中所将具有的符号意义进行交流和互动;在互动过程中由于互动情景的变化,人们也在不断地修改对事物的定义;角色扮演是最基本的互动方式,在角色扮演中人们不断进行内部解释,即想象站在对方的角度去理解其行动的意义。

——这启示我们,富贵相融这一部分,突出政府、组织、机构、家族与个人之"五力"间的关系,不同主体在当中扮演不同角色,相生相长、相辅相成,共同推动富贵平衡提升。

"社会交换原理"。理论的基本假定是:社会个体不是一个自足体。社会互动是相互交换有价物(物质或精神产品)的过程。人的需要决定交换,交换的基本原则是公平与互惠。

——这一理论指导我们对于财富使用、备用和享用的理解,财富在交换中实现,又在交换中转移和传承。

"韦伯社会分层原理"。社会阶层的划分有三重标准:财富——经济标准、权力——政治标准、声望——社会标准。社会分层的标准有时是相互联系,有时是可以相互转化的。但是,这三个标准又是相互独立的,每一个都可以单独作为社会分层的标准。当然,这种相对独立性并不意味着在任何情况下三者都同等重要。

——社会分层理论帮助我们理解富相与贵相都有不同层次。富相有毒富、贱富、荡富、巧富、贵富之分,贵相有权贵、亲贵、名贵、富贵、尊贵之分。前者向"贵富"进发,后者向"尊贵"靠拢。社会不同人等,富贵可以细分。

帕累托的"精英循环原理"。精英循环,即非上流阶层的某些人转变为精英人物而替代老精英。精英循环受阻的结果:或者社会秩序衰败、国家和社会失衡;或者造成新精英用暴力推翻过时的、无能的统治者精英。

——这一理论可以帮助理解富贵相融中的个人努力的基础作用,可以解读首富现象和特殊功用。我们坚持唯物史观,强调人民群众是历史的创造者,但丝毫不能否定英雄人物推动历史的非凡作用。富贵场上,首富们显然是英雄中的英雄。

第四节　富贵心理学

心理效应,是指大多数人在相同的情况下或对某种相同的刺激,产生相同或相似的心理反应的现象,它具有普遍性,也具有差异性。以下是我们常常听到的心理学效应,它们都对我们思考财富管理、研究富贵之道有着指导意义。

"鸟笼效应"。人们会在偶然获得一件原本不需要的物品的基础上,继续添加更多与之相关而自己不需要的东西。

——该效应部分解释了用富之道中的"享用"部分,为何有奢享、独享、分享、共享和让享等多个层次;也部分解释了人们人生观、价值观、财富观上差别的深层次原因。很多时候,人们的投资是盲目的熵增过程,需要有序地进行梳理和精简即熵减才能收到好的成效,而这个过程就是富与贵的交互过程,达到富贵学在实践中的协调统一。

"可获性层叠"原理。一件事越常被公开讨论,人们就越相信这件事。简单来说就是三人成虎。

——这启示我们,在"谋富之道"中,倡导要尽量克服从众心理、战胜贪婪与恐惧的人性弱点。

"进门坎效应"。如果一个人接受了他人的微不足道的一个要求,为了避免认知上的不协调或是想给他人留下前后一致的印象,就极有可能接受更大的要求。

——这一效应,在一定意义上帮助我们理解了富贵相依原理,理解富相、贵相内部因素的相互关系。

"近因效应"。由于最近了解的东西掩盖了对某人一贯了解。尤其是对于熟悉的人,他们的新异变化最容易让你推翻对他的了解。该效应能够解释,为何人们容易犯短视、近视的错误。

——《富贵论》倡导,要兼顾近观与远观,理性辩证地看待财富和财富管理。

"棘轮效应"。人的消费习惯形成之后有不可逆性,即易于向上调整,而难于向下调整。也就是所谓的"由俭入奢易,由奢入俭难"。

——此效应契合用富之道关于"享富"的分析。从奢享、独享,到分享、共享,再到让享,层层递升,彰显了用富的道德层次在逐步提高,是一个艰难过程。

"连带效应"。在一个相互联系的系统中,一个很小的初始能量就可能产生其他的相应连锁反应。比如教师改论文题时,前一试题的得分常常会影响到后一试题的得分。

——连带效应能解释的地方很多。如不同市场表现,不同资产间的相互影响,不同投资主体相互间的影响和干扰等等,最后都产生连锁反应。

第五节　富贵行为学

以下是我们常常听到的行为学效应,它们都对我们思考财富管理、研究富贵之道有着指导意义。

"凡勃伦效应"。随着社会发展,高定价商品所带来的不仅仅是直接的物质满足与享受,侧面也显示出购买者的富有和地位,使得消费者获得了社会心理上的满足。故而出现了商品价格越高消费者反而越愿意购买的消费倾向,最早由美国经济学家凡勃伦注意到,因此被命名为"凡勃伦效应"。

——这部分解释了多种享富方式存在的合理性,尤其是奢享之风总是易于传染、很难根治。

"霍桑社会人理论"。霍桑通过照明实验、福利实验、访谈实验、群体实验、态度实验表明:人不是经济人,而是社会人,不是孤立的、只知挣钱的个人,而是处于一定社会关系中的群体成员,个人的物质利益在调动工作积极性上只具有次要意义,群体间良好的人际关系才是调动工作积极性的决定性因素。以泰勒的科学管理理论为代表的传统管理理论认为,人是为了经济利益而工作的,因此金钱是刺激丁人积极性的唯一动力,因此传统管理理论也被称为"经济人"理论。而霍桑实验表明,经济因素只是第二位的东西,社会交往、他人认可、归属某一社会群体等社会心理因素才是决定人工作积极性的第一位的因素。

——社会人理论很重要。经济性使人求"富",社会性使人求"贵",两者结合,才是完整的自然人。这是《富贵论》体系建构的重要理论支撑。

"非正式群体理论"。霍桑实验表明,在官方规定的正式工作群体之中还存在着自发产生的非正式群体,非正式群体有着自己的规范和维持规范的方法,对成员的影响远较正式群体为大,因此管理者不能只关注正式群体而无视或轻视非正式群体及其作用。

——《富贵论》的第三个理论——富贵之论,包括富贵相依、相离、相通、相融、相熵,其中富贵相融着重研究政府、组织、机构、家族、个人五类主体在富贵场上的角色扮演,这里面很多组织、机构、家族,都是非正式群体,更非权力机构,但它们都发挥了十分重要的作用,有些时候,甚至超过政府等权力机构。我们在加强富贵管理过程中,要下功夫研究和发挥好这些非正式群体的作用。

"人类需求五层次理论(Maslow's Hierarchy of Needs)"。马斯洛认为,人都潜藏着这五种不同层次的需要,但在不同的时期表现出来的各种需要的迫切程度是不同的。人的最迫切的需要才是激励人行动的主要原因和动力。人的需要是从外部得来的满足逐渐向内在得到的满足转化。低层次的需要基本得到满足以后,它的激励作用就会降低,其优势地位将不再保持下去,高层次的需要会取代它成为推动行为的主要原因。有的需要一经满足,便不能成为激发人们行为的起因,于是被其他需要取而代之。高层次的需要比低层次的需要具有更大的价值。热情是由高层次的需要激发。人的最高需要即自我实现就是以最有效和最完整的方式表现他自己的潜力,惟此才能使人得到高峰体验。人的五种基本需要在一般人身上往往是无意识的。对于个体来说,无意识的动机比有意识的动机更重要。对于有着丰富经验的人,通过适当的技巧,可以把无意识的需要转变为有意识的需要。

——《富贵论》在富道"谋划"这部分着重借鉴了这一理论,提出财富管理要注重人们对于财富创造、增长、保护、转移和传承之五大需求,相应做好财富管理的需求管理和规划工作。

第六节　富贵法学

2020年5月28号,《中华人民共和国民法典》(以下简称《民法典》)经十三届全国人大三次会议表决通过,自2021年1月1日起施行。这是新中国第一部以"典"命名的法律,被称为"社会生活的法律百科全书",是市场经济的基本法,更是70年探索社会主义法治建设的智慧结晶。

《民法典》共7编、1260条,各编依次为总则、物权、合同、人格权、婚姻家庭、继承、侵权责任以及附则。《民法典》对于法律、财富管理等都具有重大意义。《民法典》很多地方都不难看出新时代的价值取向,不难看出富贵间的辩证关系,不时闪烁富贵学的思想火花。如:

其一,突出价值导向。

《民法典》第一条:为了保护民事主体的合法权益,调整民事关系,维护社会和经济秩序,适应中国特色社会主义发展要求,弘扬社会主义核心价值观,根据宪法,制定本法。

党的十八大提出,倡导富强、民主、文明、和谐,倡导自由、平等、公正、法治,倡导爱国、敬业、诚信、友善,积极培育和践行社会主义核心价值观。富强、民主、文明、和谐是国家层面的价值目标,自由、平等、公正、法治是社会层面的价值取向,爱国、敬业、诚信、友善是公民个人层面的价值准则,这24个字是社会主义核心价值观的基本内容。《民法典》把"社会主义核心价值观"作为整部法典的价值基础,与我国自古以来"以礼入法,更礼为律"的立法传统一脉相承,成为指导我国社会经济生活和司法实践的价值核心。

财富管理不能偏离这样的核心价值观,否则我们的财富管理和传承方案,就成无本之木、无源之水;长远来看,方案的实施也会存在系统性风险。在实践中,很多民营企业家在家族企业治理时,把践行"企业社会责任"置于重要位置;在制定家族财富传承规划时,把"家族慈善安排"作为家族传承之核心,正是顺应《民法典》倡导的社会主义核心价值观的应有之义。

其二,突出人格权利。

《民法典》第九百九十条:人格权是民事主体享有的生命权、身体权、健康权、姓名权、名称权、肖像权、名誉权、荣誉权、隐私权等权利。除前款规定的人格权外,自然人享有基于人身自由、人格尊严产生的其他人格权益。

《民法典》七编中,人格权独立成编,被誉为我国《民法典》最重要创新和最大亮点,也是我国《民法典》对世界民事立法做出的重要贡献。弥补了传统大陆法系"重物轻人"的体系缺陷,从根本上满足了新时代人民群众日益增长的美好幸福生活的需要。

《民法典》强化了对人身自由、人格尊严的维护,也回应了人格权保护在网络信息时代所面临的各种挑战,解决了实践中的诸多新情况、新问题。

财富管理和传承规划都应该以人为本,尊重人的自由和尊严。譬如,在做意定监护、医疗预嘱安排时,必须要以被监护人的利益为核心,要助人自助,充分尊重被监护人的自主决定权。在制定财富代际传承方案时,任何家族成员之间的协议安排,都不能通过限制或剥夺个体"人权"的方式而实现。

其三,突出财产权利。

《民法典》第三百五十九条:住宅建设用地使用权期限届满的,自动续期。续期费用的缴纳或者减免,依照法律、行政法规的规定办理。非住宅建设用地使用权期限届满后的续期,依照法律规定办理。该土地上的房屋以及其他不动产的归属,有约定的,按照约定;没有约定或者约定不明确的,依照法律、行政法规的规定办理。

家族财富保护与传承的法律前提,是国家承认并构建对私有财产的法律保护架构。按照党中央提出的完善产权保护制度,健全归属清晰、权责明确、保护严格、流转顺畅的现代产权制度的要求,《民法典》"物权编"在 2007 年颁行的《物权法》之基础上,通过对财产所有权、用益物权和担保物权等系统规定,构建了对私有财产权的立体保护法律制度。

其四,突出家风家教。

《民法典》第一千零四十三条:家庭应当树立优良家风,弘扬家庭美德,重视家庭文明建设。夫妻应当互相忠实,互相尊重,互相关爱;家庭成员应当敬老爱幼,互相帮助,维护平等、和睦、文明的婚姻家庭关系。

《民法典》"婚姻家庭编"首次将"家庭应当树立优良家风,弘扬家庭美德,重视家庭文明建设"写入法典。这是社会主义核心价值观融入《民法典》的又一重要体现。这体现了立法者对于婚姻家庭关系中道德伦理规则的尊重,有利于鼓励和促进人们培养家风,提升社会整体风气。如:《民法典》第 1092 条明确规定"夫妻一方隐藏、转移、变卖、毁损、挥霍夫妻共同财产,或者伪造夫妻共同债务企图侵占另一方财产的",在离婚分割夫妻共同财产时,对该方可以少分或者不分。《民法典》第 1077 条明确规定"自婚姻登记机关收到离婚登记申请之日起三十日内,任何一方不愿意离婚的,可以向婚姻登记机关撤回离婚登记申请。"离婚冷静期的设置,未来可能和婚姻咨询、心理疏导等方式相结合,有利于降低连年高企的离婚率,增强婚姻家庭关系的稳定。

其五,突出遗产继承。

《民法典》"继承编"对遗产、继承人、遗嘱等多方面内容进行了完善,设计更为严谨规范,更加尊重被继承人的意志,且回应了时代发展与司法实践的新要求,也与全球资产配置的国际形势相接轨:让"遗嘱更加自由",增加了"打印遗嘱"、"录像遗嘱",遗嘱的法定形式更加多样,有利于遗嘱人真实愿望的实现,也有利于提高法律的有效性。建立"遗产管理人制度",有助于减少遗产继承人之间抢夺遗产之纠纷,还能提高债务偿还的效率。

凡此种种,不一而足。这些都表明,民法是研究处理明确富贵间关系的法律。富贵之道核心精神要通过法的形式予以确立和强化,民法展现了《富贵论》倡导的"遵道、正相、赋能、协和、通融、熵律"精神。法不是冷冷冰冰的教条式规定,其背后有着丰富的价值观念和规则体系,引导着人们朝理想的状态前进。

第七节　富贵哲学

生活处处有哲学,哲学源于对实践的追问和对世界的思考。哲学是指导我们更好生活的艺术,哲学的任务是指导人们正确的认识世界和改造世界。从本义上说,哲学是爱智慧或追求智慧,是"文化的活的灵魂",是关于世界观的学问,是系统化、理论化的世界观。哲学的基本问题是思维和存在的关系问题,也就是意识和物质的关系问题。以下是我们常常遇到的哲学原理,它们都对我们思考财富管理、研究富贵之道有着指导意义。

"世界的物质性原理"。辩证唯物主义认为,世界(自然界人类社会和人的思维)是物质的世界,世界的真正统一性就在于它的物质性。想问题、办事情,要坚持一切从实际出发,实事求是,使主观认识和客观实际相符合。

——《富贵论》理论逻辑就在于认为,自然人都有两大属性:一是经济属性,也就是物质性,一生求富;二是社会属性,也就是精神性,一生求贵。富贵合一,成其幸福。世界的物质性原理,是我们研究富贵人生的逻辑前提。

"物质和意识关系原理"。物质决定意识,要坚持一切从实际出发,实事求是;意识对物质具有反作用。意识产生能动作用,人能够能动地认识世界、改造世界,意识对于人体生理活动具有调节和控制作用,这要求我们一定要充分发挥主观能动性。

——物质与意识关系原理,指导我们更好理解富与贵的关系,更好理解正确的富道对于财富管理的重要性、正确的贵道对于提升贵能的重要性,更好地理解富贵间的对立统一关系。

"系统和要素原理"。唯物辩证法认为,整体和部分的关系,在一定意义上就是系统和要素的关系。系统的基本特征是整体性、有序性和内部结构的优化趋向。掌握系统优化的方法,要着眼于事物的整体性,要注意遵循系统内部结构的有序性;要注重系统内部结构的优化趋向。系统优化的方法要求我们用综合的思维方式来认识事物。既要着眼于事物的整体,从整体出发认识事物和系统,又要把事物和系统的各个部分、各个要素联系起来进行考察,统筹考虑,优化组合,最终形成关于这一事物的完整准确的认识。

——系统和要素原理,在《富贵论》体系建构中得到了充分的应用,富论、贵论、富贵之论三大理论都有着庞大的理论体系,同时三大理论间也是紧密联系的整体。层层推演、环环相扣,才形成统一的理论体系。

"发展论"。世界是永恒发展的,发展具有普遍性。发展的实质是事物的前进和上升,是新事物的产生和旧事物的灭亡。要用发展的观点看问题。反对静止的形而上学观点,坚持发展的前进性、曲折性、上升性原理。事物发展的前途是光明的,道路是曲折的。第一,要对未来充满信心,热情支持和悉心保护新事物的成长;第二,要做好充分的思想准备,不断克服前进道路上的各种困难,勇敢地接受挫折与考验。

——《富贵论》在研究富相、贵相、富道、贵道以及富贵相道过程中,都从发展的观点出发,架设层层推进的逻辑结构。如:富相有毒富、荡富、贱富、巧富和贵富五大层次,依据是看财富管理的长度、宽度、深度、速度和温度等五度表现来综合衡量;富道中的观富、谋富、创富、守富、用富等都各自划分有不同的层次,用以细分人们在实际财富管理过程中的具体安排和思量;贵相中的权贵、亲贵、名贵、富贵和尊贵,贵道中的聚知、聚能、聚精、聚德、聚灵等,都有具体的划分层次,使得各种分析立体感和层次感鲜明,逻辑清晰。

"量变与质变原理"。事物的发展总是从量变开始,量变是质变的必要准备,质变是量变的必然结果。事物的发展就是这样由量变到质变,又在新质的基础上开始新的量变,如此循环,不断前进。积极做好量的积累;为实现事物的质变创造条件。要果断地抓住时机,促成质变,实现事物的飞跃和发展。把握适度原则,逐步提升层次。

——量变质变原理在《富贵论》中的应用体现,同上所述。

"矛盾论"。唯物辩证法认为,世界上的一切事物都包含着两个方面,这两个方面既相互对立,又相互统一。矛盾即对立统一,矛盾具有斗争性和同一性两种基本属性。矛盾的观点要求我们必须用一分为二的、全面的观点看问题,坚持两点论、两分法。同时指出矛盾还具有普遍性和特殊性,这要求我们要在矛盾普遍性原理的指导下,具体问题具体分析,实现矛盾的普遍性与特殊性、共性和个性的具体的历史的统一。此外,要把握好主要矛盾和次要矛盾关系,它们相互依赖、相互影响,并在一定条件下相互转化,要坚持两点论与重点论的统一。还有要认清矛盾的主要方面和次要方面,看问题既要全面,又要分清主流和支流。坚持两点论和重点论的统一。

——这一原理,对于理解富贵之间相生相克关系十分重要。

"实践论"。实践是认识的基础(实践决定认识),认识对实践具有反作用。这要求我们首先要坚持实践第一的观点,积极投身实践;还要重视认识的反作用,特别是科学理论对实践的巨大指导作用,坚持理论和实践相结合的原则。

——"贵论"篇谈到"聚知之道"时,强调实践对于知识学习的重要性。

"人民群众是历史的创造者原理"。人民群众是历史的创造者,是社会实践的主体。要树立群众观点(相信人民群众自己解放自己,全心全意为人民服务,一切对人民群众负责,虚心向人民群众学习)和群众路线(一切为了群众,一切依靠群众,从群众中来到群众中去,发展为了人民,发展依靠人民,发展成果人民共享)。

——"富贵之论"篇的"富贵相融"部分着重研究政府、组织、机构、家族与个人等主体在富贵场中的角色扮演和相互关系,特别坚持了唯物史观,强调人民群众是财富的创造者。

"人生观与价值观原理"。价值观作为一种社会意识,对社会存在发展、人们的行为具有导向作用。要求我们树立正确的价值观,正确价值判断与选择的标准即遵循社会发展的客观规律,自觉站在最广大人民的立场上。人的价值就在于创造价值,就在于对社会的贡献。人既是价值的创造者,又是价值的享受者。对一个人的价值的评价主要是看他的贡献。人要在劳动和奉献中体现和创造价值;要在个人与社会的统一中实现价值。

——"富论"篇中研究"观富之道"时,着重研究了财生三观即人生观、价值观、财富观三者间的关系。人生观、价值观决定财富观;反过来,财富观也反映和彰显了价值观和人生观。科学的财富之道,需要有科学的财富观引领,这一切又都必须从正确的人生观培育开始。

第八节　富贵伦理学

伦理学是从总体上系统的研究各种道德现象并从哲学角度去揭示道德的起源、本质及其发展规律的理论科学。以下是我们常常听到的伦理学原理,它们都对我们思考财富管理、研究富贵学有着指导意义。

"幸福论"。它是一个关于人的存在及其意义的基本道德范畴,是指人们在劳动和创造的社会实践中,实现了自己预定的目标和理想时产生的满足状态和愉悦体验。

——《富贵论》的逻辑起点就是幸福论,认为自然人都以追求幸福为一生使命。而人除自然属性外,都有另两大属性:一是经济属性,一生求富;一是社会属性,一生求贵……。沿着这样的逻辑起点,开启了富贵学理论体系研究与探索之旅。

"道德论"。道德是由社会关系所决定的,以善和恶为评价准则并通过社会理论、传统习惯,尤其是人们的内心信念来维系的,用来调整人和人之间相互关系的行为规范,以及在此基础上形成的观念意识和行为品质的总和。道德荣誉是社会对人们履行了某种义务行为所给与的肯定性确认和赞赏性评价,以及行为者由此产生的价值认同和情感满足。道德义务是指人们从所处的社会关系中产生的对社会和他人应尽的道德责任,是社会对人们的基本道德要求。道德原则是指能集中反映一定社会或阶级的根本要求,从总体上直接回答个人利益和社会整体利益的关系,因而在道德规范体系中居于主导地位,并成为区别不同道德类型显著标志的根本行为准则。道德本质是指道德区别于其他事物的根本性质,是道德基本要素的内在联系和道德内部所包含的一系列必然性、规律性的总和。道德规范是人们道德关系和道德行为普遍规律的反映,是一定社会阶级从某种社会整体利益出发,形成和概括的人们在社会生活的关系中应当普遍遵循的行为准则。道德修养是指个体自觉地将一定社会的道德规范、准则及其道德要求内化为内在的道德品质,以完善人格德性的自我陶冶、自我培育和自我完善的实践过程。道德品质是指一定社会道德原则和规范在个人思想和行为中的体现,是一个人在一系列的道德行为中所展现出来的比较稳定的特征和倾向。道德教育是指依据一定目的,在遵循教育规律的基础上,对人们进行的有组织有目地施加系统道德影响的道德活动。道德境界是指人们通过道德教育和道德修养所达到的道德觉悟程度、道德品质状况及情操水平。道德行为选择是人们在有几种可供选择的行为处境中,在一定道德意识支配下自觉自愿选择,并决定自己何种行为的道德活动。

——受道德论的指引,《富贵论》的"贵论"篇的"聚德之道"部分集中论述了财富管理者道德涵育的责任和路径,分享了名门世家家风家教的经典经验。

"动机和效果理论"。两者在本质上是辩证统一的。一方面,两者都是相互依存、相互包含的。从动机来看,动机不是一种空洞的愿望,而是要通过自己的行动到达一定的效果,所以动机里包含着潜在的效果;从效果来看,它是在一定的动机指引下形成的,效果中体现着动机,如果没有动机,效果也不会出现。另一方面,动机和效果是相互转化的。一方面,动机转化为效果是人类的行为本性所决定的,如果不实现这种转化,就不会有进步和发展。另一方面,效果转化为动机也是必然的,因为人的行为是由历史性和延续性的,这种连续性的转变就是经验的吸收和传递。动机和效果之间存在着矛盾和差异,是在统一基础上出现的差异和矛盾。实践的观点是坚持动机和效果的辩证统一,正确的进行道德评价的根本保证。

——该原理在关于富相与富道、贵相与贵道间关系研究时得到充分体现。

"物质和精神统一理论"。人是一个复杂的存在,既是感性的,又是理性的;既需要物质生活的满足,又要有精神层面的超越;既立足于当下的实际需要,更着眼于未来的全面发展。必要的、基本的物质条件和物质财富是有尊严的生活的前提,也是人生幸福的基本要素之一。但人之所以异于禽兽,成为宇宙中高贵的、灵性的存在,还在于人存在的精神维度,在于物质生活之上的更崇高的精神追求。因此,一个人有无幸福感以及幸福感的强弱固然与物质需要和实际生活境遇有关,但不等同于实际需要和物质生活的满足,更不等同于感性的沉沦和放纵。

——这一理论在前面相关表述中都有类似的说明,整个富贵关系就是物质与精神的辩证统一关系。

第九节　富贵宗教学

各种宗教都有自己的信仰与崇拜对象,这些对象与人的关系问题构成了宗教的基本内容。因此,各种宗教学说或宗教理论事实上都不可能回避对一些基本问题的回答。比如各大宗教信仰的对象神灵、上帝、灵魂和来世生活,历史上出现了各种宗教理论,都从自己特定的立场、哲学范畴和逻辑对它们做出过解释。财富、财富管理、财富享用、财富传承等命题,也是各宗教派别关注和表达的内容,散见于宗教教义之中。

一、佛教富贵观

佛陀教导众生合理的追求财富,但不能执著于财富,在满足个人生存需要的同时,更看重通过财富帮助众生离苦得乐,表现出一种博大的慈善精神,这无疑对构建和平、和谐的社会,创建幸福、快乐的人生具有重要的指导作用。

广义的财富,在佛学中被称为"福德"或"福报"。《佛学大词典》中说"福德"指"所行之一切善行,及由于一切善行所得之福利",这里的福利,正是指拥有财富,拥有地位,拥有好的环境,家境平安,诸事顺利等等,甚至福报足够大,可以升入天界,其环境更加富足美好。

佛教中的物质财富可分为净财与不净财。《起世经》云:"邪命之法,矫诈得财是不净财,今离此诈名具足净命"(《起世经》转轮圣王品第三,阇那崛多等译)。财富本身没有善恶,但通过不正当手段获得的财富就是不净财。精神财富在佛教中被称做圣财(七圣财)。《大宝积经》云:"云何圣财? 谓信(信受正法)、戒(持法律)、闻(能闻正教)、惭(自分有惭)、愧(于人有愧)、舍(舍离一切而无染著)、慧(智慧照事理),如是等法,是谓七圣财。彼诸众生不护此帮,名极贫穷"(菩提流志译《大宝积经》卷四十二)。

佛教并非排斥财富,福德是佛教修持的重要组成部分。佛经记载"佛"有十一个名号:"如来、应供、正遍知、明行足、善逝、世间解、无上士、调御丈夫、天人师、佛、世尊"。其中"明行足"也称为"两足尊","足"为具足、圆满之意,"明"指智慧,"行"指福德。"明行足(或两足尊)"这一名号就是说佛陀具有圆满的智慧与福德。修行要同时追求智慧与福德,不可偏废,也即所谓"福慧双修"。《华严五教章》卷二云:"此终教中论其实行,从初发意即福慧双修,故成佛时无别修也。"由此可见,福德是佛教修持的重要组成部分,并非如很多人想像的佛教排斥财富。只有通达人生的因缘因果,明了财富的源泉,我们才能事半功倍。我们前面第二篇讨论了"贵道"中的"聚德之道"。聚德之道,贵在涵养,其中自律、仁爱、谦诚、慈善、奉献是最为重要、值得关注和培养的道德观念。

　　佛教在不排斥财富的同时,也明确的指出了财富具有的危险性。佛教将金钱比作毒蛇,将财富比作"刀口之蜜"。《佛说四十二章经》云:"财色之于人,譬如小儿贪刀刃之蜜甜,不足一食之美,然有截舌之患也"(迦叶摩腾共竺法兰译《佛说四十二章经》)。佛教有"财为五家共有"之说,五家为:"王贼水火亲"。意思是你的财物并非仅仅归属于你,而是五家共有的,随时都有可能被这五家拿去! 正是由于财富具有的危险性与不确定性,佛教告诫我们不能对财富有贪恋与执着之心。如果我们贪恋与执着财富,财富就会成为伤害我们的毒蛇与利刃,就会带来无尽的烦恼。因为贪恋与执着,没钱时会因贫困而烦恼;有钱时又会因为担心财富失去而烦恼;因为贪恋与执着,就可能为获取财富而不择手段、铤而走险;因为贪恋与执着,就不能合理使用财富,走向奢靡或吝啬的极端。佛教让我们正确认清财富的实质,明白财富在人生中的局限性,知晓财富的无常性与不确定性,让我们合理地获取和使用财富,真正发挥财富的有效功能,将财富视为身外之物,挣脱财富的束缚,避免被它所伤害。

　　佛教认为世间贫富现象的根本原因是每个人福报的大小,只有通过行善才能获得福报。出身富贵的原因是布施,出身贫穷的原因是悭吝、偷盗、骄慢。今生生于富贵人家是由于前世布施累积福报而来的。佛教的布施是指"以慈悲心而施福利与人之义"(《佛学大词典》)。佛教大乘修行有六项主要内容,被称为"六度",而布施正是六度之首。

　　佛教认为获得财富方法有两种:一是前世与今生累积的福报,二是今生正命谋生。累积福报是根本、是内因,正命谋生是手段、是外缘。佛经云:"先当习伎艺,然后获财业"(佛陀耶舍共竺佛念译《佛说长阿含经》卷十一,第二分善生经第十二)。正如本书第一篇"富道"中"创富之道"所议,我们要通过各种正当途径、正当方式去创造财富,这个过程是真实的,也是艰辛的。既要反对不耻劳动、以为仅凭"福报"取得财富的消极想法;又要反对不顾"福报"、不守"富道"、"有钱必挣"、"有财必抢"的不正当的"创富之道"。

佛教认为,布施的心决定福报的多少。佛教要人们注意耗损财富的习惯,将其称为"六损财业"。佛教要求在家之人遵守"五戒",即不杀生、不偷盗、不邪淫、不妄语、不饮酒。佛经云:"积财从小起,如蜂集众华,财宝日滋息,至终无损耗。"(佛陀耶舍共竺佛念译《佛说长阿含经》卷十一,第二分善生经第十二)。

佛教倡导和谐中道的消费观。佛教认为完全放弃物质消费的苦行主义和放纵欲望的消费主义都无法成就圆满人生境界的追求,而是提倡一种符合人类健康发展的和谐中道消费观:以般若智慧为指导,量入而出,既不过于吝啬也不奢侈,既能满足消费者个人及家庭的生存发展需要,又不使人放纵欲望,沉湎于物欲之中,从而达到消费和谐的状态。"善男子,所有钱财能自称量,等入等出,是名正命具足。"(求那跋陀罗译《杂阿含经》第卷四第九十一)。

佛教强调要保护好财富。佛经云:"财业既已具,宜当自守护。出财未至奢,当撰择前人,欺诳觚突者,宁乞未举与。"(佛陀耶舍共竺佛念译《佛说长阿含经》卷十一,第二分善生经第十二)。

佛教提示运用财富的智慧。佛陀教导在家人运用财富的原则,是把钱财分成四份。佛经云:"一食知止足,二修业勿怠,三当先储积,以拟于空乏,四耕田商贾,择地而置牧,五当起塔庙,六立僧房舍。在家勤六业,善修勿失时。如是修业者,则家无损减,财宝日滋长,如海吞众流。"(佛陀耶舍共竺佛念译《佛说长阿含经》卷十一,第二分善生经第十二)。

佛教倡导要追求精神财富。在《华严经》中,佛陀告诉我们:"诸供养中,法供养最,所谓如说修行供养、利益众生供养、摄受众生供养、勤修善根供养、不离菩提心供养。"佛经中,处处强调法财较之世俗财富的重要性。因为佛法可以帮助我们解决人生困惑,树立正确的人生观念;可以帮助我们解脱人生烦恼,开发生命中的无尽宝藏。成就智慧,成就无量功德,其意义绝不是物质财富能够代取代的。

这些都契合了前面讨论的"用富之道"。财富使用、财富备用、财富享用三者之间关系摆布上,要把握好适度原则,在财富转移和财富传承安排过程中,要体现与财富规模和层次等量齐观的格局与度量。财富是枯燥而冰冷的,但财富享用方式则是包含人性和温情的。

二、基督教富贵观

基督教认为,万物皆上帝所造,皆为美善,财富亦如此。基督徒欣赏大自然的美好,视物质世界为上帝慈爱的礼物。野地里的百合花,花开花谢,寂寞无声,上帝还赐给他们美丽的装载,清雅的芳香,何况人呢?(马太福音 6:25-34)只要一个人用勤奋的双手,劳动致富,用正当的途径赚取财富,并且能够负责任地使用财富,使之用在正道上,那么这样的财富便是上帝的恩赐。在圣经中,我们看到,上帝对亚伯拉罕的应许是"流奶与蜜之地",奶与蜜成为上帝对亚伯拉罕的祝福(出埃及记 3:7-8)。

视财富为邪恶,这不是基督教的观点,而是被早期教父痛斥的诺斯底派的错误观念。诺斯底派认为整个物质世界都是邪恶的,而基督教思想家们认为,财富本身并不是罪恶,它本身是一种中性的工具,好坏在于人如何使用它。

圣经所反对的,不是财富本身而是对财富的贪欲。圣经中的有关财富的教训,大都提醒人要远离对财富的贪婪,要敬虔知足。旧约的"十戒"劝告人去除贪念之心,新约也认为"贪财是万恶之根"(提摩太前书 6:6-10)。

圣经:"不可受贿赂,因为贿赂能叫明眼人变瞎了,又能颠倒义人的话"(出埃及记 23:8)。耶稣的门徒犹太,因为贪念 30 两银子而出卖了他的主(马太福音 26:14-16)。在《使徒行传》中,行邪术的西门,竟然想用金钱买来使徒的权柄,这种心术不正的做法自然受到使徒的严辞拒斥(使徒行传 8:9-24)。

耶稣告诫门徒说:"一个仆人不能侍奉两个主,不是恶这个爱那个,就是重这个轻那个;你们不能又侍奉上帝,又侍奉玛门"(路加福音 16:13),"玛门"是亚南语的"钱财"的意思。耶稣说:"人若赚得全世界,赔上自己的生命,有什么益处呢"(马太福音 16:26)。

圣经鼓励人勤劳致富。保罗在《以弗所书》中语重心长地说："从前偷窃的,不要再偷。总要努力,亲手作正经事,就可有余,分给那缺少的人"(4:28),在早期教会中,使徒们面临的教会和社会中,贫富悬殊成为严重的社会问题,因此,帮助贫穷者、残障者和孤寡者便成为教会的重要事工。早期教会遵循耶稣的"施比受更为有福"的教导,"施予神学"应运而生。施予神学基于"分享"的原则,激励人效法基督,甘心过简朴的生活,同时也鼓励人去创造财富。创造财富的目的不是为了过奢华的生活,而是将富余的财物拿去与需要的人分享。奥古斯丁主张十一奉献是为了与别人分享财物的最低而且可行的限度。加尔文改革宗也鼓励信徒勤奋工作,通过健全的制度和法律保障公民通过正当的途径勤奋致富,并且提倡有节制的生活。这样可以有多余的钱财来扶贫帮困,造福人群。

圣经中说,地球和其中所有的都属于上帝(出埃及记19:5–6)。因此,人不能肆无忌惮地成为摄取者占有者,而应该作为受托者,作为上帝的忠诚而有见识的好管家,尽忠尽职地管理好我们置身其中的物质世界,悉心爱护我们共同的财富和家园。

圣经记载:"土地不可出卖而无收回权,国为地是我的,你们为我只是旅客或住客,对你们所占的各地,应承认地有赎回权"。人不是财富的真正主人,只是暂时的拥有者,而财富真正和最终的拥有者是天主。按上天的意思,人不能永远占有财富。如古圣约伯所说:"我赤身归去,上主赏赐的,上主收回"(约1:21)。

圣经:"以谎言伪语骗得的财宝,是浮云轻烟,死亡之罗网"(箴21:6)。现实中每个人都要树立正确的财富观,正确对待和使用财富,也不要被金融万能论和拜金主义的行为所迷惑。

综上,基督教的富贵观念,强调要以重德、守法、循道、分享、奉献的态度,看待财富、创造财富、使用财富、传承财富。这与本书论述的"富道""贵道""富贵之道"的基本观点是基本契合的。

各派宗教,尽管有着不同的教义体系,但对于财富的看法,对于财富管理的态度和诉求,却有着惊人的相同或相近之处。都主张:富能拥有一时、充其量不过一世，无法隔世传递；贵能穿越时空、转世通行，并能泽被子孙、惠及财运。财富要取之有道、用之有度；财富要利于他人、利于集体、利于社会、利于未来；要以贵驭富，富而不贵是可耻的、危害的。强调提升道德制高点米看待财富、管理财富、使用财富。

于是，可以进一步思考：富贵之道不仅没有时空隔阻、文化制囿、制度局限，甚至也突破了宗教的界域。富贵协调、平衡幸福，是人类共同的理想。

第十节　富贵国学

从国学中寻找富贵之道，是一件既容易又困难的工作。之所以容易，是因为国学浩如烟海、博大精深，经典论述，俯拾皆是；之所以困难，还是因为国学浩如烟海、博大精深，仰取俯拾，皆须深耕。以下摘录一些国学金句，试图对富道、贵道以及富贵之道进行诠释和引伸。

一、国学论富

（一）关于观富之道

国学中有不少观点和金句指向观富之道。如：

"天时不如地利，地利不如人和"（《孟子》）；

"子绝四：毋意，毋必，毋固，毋我（《论语·子罕第九》"；

"悲乐者，德之邪；喜怒者，道之过；好恶者，心之失"（《庄子》）；

"以管窥天，以锥刺地"（《庄子》）；

"安时处顺，哀乐不入，谓之县解"（《庄子》）；

"顺我者生，逆我者亡"（《庄子》）；

"天时不如地利，地利不如人和"（孟子《公孙丑》）；

"欲穷千里目，更上一层楼"（唐王之涣《登鹳雀楼》）；

"会当凌绝顶，一览众山小"（唐杜甫《望岳》）；

"博观而约取,厚积而薄发"(宋苏轼);

"兼听则明,偏信则暗"(宋司马光《资治通鉴》);

"不畏浮云遮望眼,只缘身在最高层"(宋王安石《登飞来峰》);

"不识庐山真面目,只缘身在此山中"(宋苏轼《题西林壁》);

……

字里行间,都能体悟到"观富之道",提示我们要努力做到:见微知著;远近同谋;主客一体;悲喜交加;三观合一。

(二)关于谋富之道

国学中有不少观点和金句指向谋富之道。如:

"人法地,地法天,天法道,道法自然"(《老子》);

"执古之道,以御今之有"(《老子》);

"心之官则思,思则得之,不思则不得也"(《孟子》);

"祸兮,福之所倚;福兮,祸之所伏"(《老子》);

"权、然后知轻重;度、然后知长短"(《孟子》);

"凡事预则立,不预则废"(《礼记中庸》);

"尺有所短,寸有所长"(《楚辞卜居》);

"运筹帷幄之中,决胜千里之外"(《史记·高祖本纪》);

"智者千虑,必有一失;愚者千虑,必有一得"(《史记·淮阴侯列传》);

"循序而渐进,熟读而精思"(宋朱熹《读书之要》);

……

从中可以感悟到:财富管理过程中"谋"的价值与份量!我们对于财富管理的谋划和思索,既要顺应形势、借鉴过往、统筹辩证、循序渐进、持续进行,又要立足实际、因地制宜、务求实效。

（三）关于创富之道

像；"鸡鸣而起,孳孳为善者,舜之徒也;鸡鸣而起,孳孳为利者,跖之徒也。欲知舜与跖之分,无他,利与善之间也"(《孟子》);

"天下难事,必作于易;天下大事,必作于细"(《老子》);

"合抱之木,生于毫末;九层之台,起于累土;千里之行,始于足下"(《老子》);

"一尺之捶,日取其半,万世不竭"(《庄子》);

"日出而作,日入而息"(《庄子》);

"水行莫如用舟,而陆行莫如用车。以舟之可行于水也,而求推之于陆,则没世不行寻常"(《庄子》);

"工欲善其事,必先利其器"(《论语·卫灵公》);

"临渊羡鱼,不如退而结网"(《淮南子说林训》);

"绳锯木断,水滴石穿"(《汉书枚乘传》);

"失之东隅,收之桑榆"(《后汉书冯异传》);

……

从中可以体会到坚持科学的创富之道的极端重要性。财富创造是艰难的、复杂的过程,要付出非凡的努力,要重技术、重手段、重方法、重实操、重选择。

（四）关于守富之道

"不以规矩,不成方圆"(《孟子》);

"持而盈之,不如其已;揣而锐之,不可长保。金玉满堂,莫之能守;富贵而骄,自遗其咎。功遂身退,天之道也"(《老子》);

"以火救火,以水救水"(《庄子》);

"缘督以为经,可以保身"(《庄子》);

"真者,精诚之至也,不精不诚,不能动人"(《庄子》);

"天作孽,犹可违,自作孽,不可活"(《尚书》);

"信言不美，美言不信"（《老子》）；

"生于忧患，死于安乐"（孟子《告子下》）；

"祸患常积于忽微，而智勇多困于所溺"（宋欧阳修伶官传序）；

……

提示我们财富保护的重要性和艰难性。创富难，守富更难！我们的一生都要围绕守富作坚决的努力和斗争，要克服人性的困扰、抑制外力的侵蚀。财富守护是一个系统工程，包括守成、守险、守规、守信、守拙等多个方面，缺一不可。稍不留神，数十年、上百年的财富积累就可能毁于一旦！数千年的人间悲剧换来了上述几句圣贤哲理，有着带血的历史印痕，深刻而沉重。我们要认真记取，内化于心、外化于行。

（五）关于用富之道

"三十辐，共一毂，当其无，有车之用。埏埴以为器，当其无，有器之用。凿户牖以为室，当其无，有室之用。故有之以为利，无之以为用"（《老子》）；

"人皆知有用之用，而莫知无用之用也"（《庄子》）；

"以其无私，故能成其私"（老子）、"知足者不以利自累"（《庄子》）；

"祸莫大于不知足；咎莫大于欲得。故知足之足，常足矣"（《老子》）；

"养心莫善于寡欲"（孟子）、"居安思危，思则有备，有备无患"（《左传》）；

……

古之圣贤们一直强调：对待财富要珍惜、敬畏，财富享用要节制、节俭、知足；要居安思危、有备无患；要财尽其用、与人分享。这些道理，在今天仍被富贵之道奉为圭臬、顶礼膜拜。

二、国学论贵

（一）关于聚知之道

以下是圣贤们对于知识和学习的的谆谆教诲，如：

"吾生也有涯，而知也无涯。以有涯随无涯，殆已；已而为知者，殆而已矣"（庄子）；

"子曰：'人而无信，不知其可也。大车无輗，小车无軏，其何以行之哉？'"（《论语·为政第二》）；

子曰：'见贤思齐焉，见不贤而内自省也'"（《论语·里仁第四》）；

"善人者，不善人之师；不善人者，善人之资"（《老子》）；

"见善，修然必以自存也；见不善，愀然必以自省也"（《荀子》）；

"学而时习之，不亦悦乎？"（《论语·学而第一》）；

"吾十有五而志于学，三十而立，四十而不惑，五十知天命，六十而耳顺，七十而从心所欲不逾矩"（《论语·为政第二》）；

"朝闻道，夕可死矣"（《论语·里仁第四》）；

"博学而笃志，切问而近思，仁在其中矣"（《论语·子张第十九》）；

"温故而知新，可以为师矣"（《论语·为政第二》）；

"学而不思则罔，思而不学则殆"（《论语·为政第二》）；

"他山之石，可以攻玉"（《诗经·小雅·鹤鸣》）；

"古人学问无遗力，少壮功夫老始成"（宋陆游）；

"敏而好学，不耻下问"（《论语·公冶长》）；

"三人行，必有我师焉：择其善而从之，其不善者而改之"（《论语·述而》）；

"玉不琢，不成器；人不学，不知道"（《礼记·学记》）；

"尽信书，不如无书"（孟子《尽心下》）；

"旧书不厌百回读,熟读深思子自知"(宋苏轼);

……

不仅强调学习的重要性,还从多个角度强调指出学习的方法和要求,强调学习是终身大事,是自我提高。不仅学习前人经验、书本知识,更要向生活学习、向身边人学习。要勤思考、勤发问、勤实践。

（二）关于聚能之道

"君子欲纳于言而敏于行"(《论语·里仁第四》);

"始吾于人也,听其言而信其行;今吾于人也,听其言而观其行"(《论语·公冶长第五》);

"纸上得来终觉浅,绝知此事要躬行"(宋陆游《冬夜读书示子聿》);

"路漫漫其修远兮,吾将上下而求索"(屈原《离骚》);

"博学之,审问之,慎思之,明辨之,笃行之"(《中庸》);

"试玉要烧三日满,辨材须待七年期"(唐白居易《放言》);

……

这些都强调了实践、行动对于能力提升的重要性。倡导人们要在实际工作中理解知识、活化知识,用理论指导实践并在实践中深化对于理论的理解和升华,说到底是要学以致用、知行合一。

（三）关于聚精之道

"穷困便独善其身,得志便兼善天下"(《孟子》);

"故天将降大任于是人也,必先苦其心志,劳其筋骨,饿其体肤,空乏其身,行拂乱其所为,所以动心忍性,曾益其所不能"(《孟子》);

"众人重利,廉士重名,贤人尚志,圣人贵精"(《庄子》);

"君子不器"(《论语·为政第二》);

"吾日三省吾身:为人谋而不忠乎? 与朋友交而不信乎? 传不习乎?"(《论语·学而第一》);

"君子以文会友,以友辅仁"(《论语·颜渊第十二》);

"富贵不能淫,贫贱不能移,威武不能屈"(《孟子》);

"满招损,谦受益"(《尚书·大禹谟》);

"人非圣贤,孰能无过? 过而能改,善莫大焉"(《左传》);

"锲而不舍,金石可镂"(荀子《劝学》);

……

这些强调了精神涵养的重要性。人们只有志向高远、胸怀天下、苦其心志、贫贱不移、谦虚谨慎、锲而不舍,才能真正在财富创造、保护、使用、传承上走正道、有作为。

(四)关于聚德之道

"中庸之为德也,其至矣乎! 民鲜久矣!"(《论语·雍也第六》);

"其怒乎! 已不所欲,勿施于人"《论语·卫灵公第十五》);

"夫仁者,已欲立而立人,已欲达而达人"(《论语·雍也第六》);

"君子喻于义,小人喻于利"(《论语·里仁》第四);

"不义且贵于我是浮云"(《论语》);

"善若水。水善利万物而不争,处众人之所恶,故几于道"(《老子》);

"居善地,心善渊,与善仁,言善信,政善治,事善能,动善时。夫唯不争,故无尤"(老子)、"多行不义必自毙"(《左传》);

……

这些讲的更多是道德建设对于财富人生的重要意义。人们必须时刻牢记中庸之道,要与人为善、取财有道、处善不争,以良好的德行修为驾驭手中的财富，真正发挥财富这一外在物质对于人生的应有价值。

（五）关于聚灵之道

　　"我知言，我善养吾浩然之气"（《孟子》）；

　　"知人者智，自知者明；胜人者有力，自胜者强"（《老子》）；

　　"山重水复疑无路，柳暗花明又一村"（宋陆游《游山西村》）；

　　"山不在高，有仙则名；水不在深，有龙则灵"（唐刘禹锡《陋室铭》）；

　　"千淘万漉虽辛苦，吹尽狂沙始到金"（唐刘禹锡《浪淘沙》）；

　　"身无彩凤双飞翼，心有灵犀一点通"（唐李商隐《无题》）；

　　"问渠哪得清如许，为有源头活水来"（宋朱熹《观书有感》）；

　　……

　　这些传诵经年的锦言妙句，指向富贵之道的"聚灵之道"。强调人们要善于在学习和实践中开发心智潜能，激发灵感，活跃悟性，以人类特有的灵性指引财富人生，开启有灵、绵长、从容的幸福生活。

三、国学论富贵

（一）关于富贵相依

　　子贡曰："贫而无谄，富而无骄，何如？"，子曰："可也，未若贫而乐，富而好礼者也。"（《论语·学而第一》）。子贡就穷人与富人的不同心态，向孔子求教穷人与富人应有的为人准则。孔子既肯定了他的意见，也提出了更高的要求；贫贱者除了能够不对富贵者阿谀讨好，最好还能就忧道不忧贫；富贵者除了能够不对贫贱者托大摆谱，最好还能好礼不逾矩。贫贱者人穷志短，往往难以坚守理想；富贵者财大气粗，往往不免任意妄为，所谓"贫贱则慑于饥寒，富贵则流于逸乐"是也。还有，大家熟悉的那句"由俭入奢易，由奢入俭难"（宋司马光训俭示康）、"处贵而骄，败之端也。处富而奢，衰之始也"（《菜根谭》）等等。揭示了富、贵之间相依相靠、相生相向的关系。

富贵二字是人类共同的追求,由富及贵和由贵到富,都是人们自然的与生俱来的向往。二者有机结合才是真正的幸福人生。

（二）关于富贵相离

像"体有贵贱,有大小。无以小害大,无以贱害贵。养其大者为小人,养其大者为大人"（《孟子》）;

"不戚戚于贫贱,不汲汲于富贵"（东晋陶渊明《五柳先生传》）;

"祸兮福之所倚,福兮祸之所伏"（《老子》）;等等。

强调了富贵相离相克的情形,人们有时为了面上的财富追逐,而放弃内心的准则和自律,结果是不难想象的。《富贵论》认为,富贵相离有八个维度、分别有八种关系、共计有 64 种情形。人们要针对自己的实际情形,采取措施,尽力修复富贵间的错位和偏离,使富贵朝着总体平衡协调的方向发展,才能走上幸福人生的康庄大道。

（三）关于富贵相融

"天下有道则见,无道则隐。邦有道,贫且贱焉,耻也;邦无道,富且贵焉,耻也"（《论语·宪问第十四》）;

"道千乘之国,敬事而信,节用而爱人,使民以时"（《论语·宪问第十四》）;

"其身正,不令而行,其身不正,虽令不从"（《论语·子路第十三》）;

"天子不仁,不保四海;诸侯不仁,不保社稷;卿大夫不仁,不保宗庙;士庶人不仁,不保四体"（《孟子》）;

"其政闷闷,其民淳淳;其政察察,其民缺缺。是以圣人方而不割,廉而不刿,直而不肆,光而不耀"（《老子》）;

"以正治国,以奇用兵,以无事取天下。吾何以知其然哉? 以此:天下多忌讳,而民弥贫;人多利器,国家滋昏;人多伎巧,奇物滋起;法令滋彰,盗贼多有。故圣人云:'我无为,而民自化;我好静,而民自正;我无事,而民自富;我无欲,而民自朴'"(《老子》);

"得道者多助,失道者寡助。寡助之至,亲戚畔之;多助之至,天下顺之"(《孟子》);

"夫人必自侮,然后人侮之;家必自毁,而后人毁之;国必自伐,而后人伐之"(《孟子》);

"民为贵,社稷次之,君为轻"(《孟子》);

"尊贤使能,俊杰在位,则天下之士皆悦而愿立于其朝矣"(《孟子》);

"仁言不如仁声之入人深也,善政不如善教之得民也。善政,民畏之;善教,民爱之。善政得民财,善教得民心"(《孟子》);

"人有恒言,皆曰'天下国家'。天下之本在国,国之本在家,家之本在身"(《孟子》);

"历鉴前朝国与家,成由勤俭败由奢"(唐李商隐)、"鉴前世之兴衰,考当今之得失"(宋司马光《资治通鉴》);……

上述讲的都是社会生活中政府、组织、机构、家庭与个人多种主体的关系,不同层次的主体要端正姿态、履职尽责、诚实包容。具体说就是:在政府引领、组织协同、机构自律、家庭互助、个人创造上井然有序、活力四射,这样的社会就具备了良好的财富管理环境,大大有利于财富管理事业发展,反过来就是相反的情形。

四、经典论富贵

浩如烟海的经典著作中,到处都闪耀着富贵之道的思想光芒。

(一)重温奇文《寒窑赋》

这是吕蒙正当太子的老师时所写,这文章感动了狂傲的太子(后来的宋真宗皇帝),使之谦虚谨慎。文章以自己从凄惨到富贵的经历,引述历史上大量的事实,说明这世人命运的起落,如今读来,朗朗上口,其状物之精、明理之深,堪称旷世奇文。原文如下:

　　天有不测风云，人有旦夕祸福。蜈蚣百足，行不及蛇；雄鸡两翼，飞不过鸦。马有千里之程，无骑不能自往；人有冲天之志，非运不能自通。盖闻：人生在世，富贵不能淫，贫贱不能移。文章盖世，孔子厄于陈邦；武略超群，太公钓于渭水。颜渊命短，殊非凶恶之徒；盗跖年长，岂是善良之辈。尧帝明圣，却生不肖之儿；瞽叟愚顽，反生大孝之子。张良原是布衣，萧何称谓县吏。晏子身无五尺，封作齐国宰相；孔明卧居草庐，能作蜀汉军师。楚霸虽雄，败于乌江自刎；汉王虽弱，竟有万里江山。李广有射虎之威，到老无封；冯唐有乘龙之才，一生不遇。韩信未遇之时，无一日三餐，及至遇行，腰悬三尺玉印，一旦时衰，死于阴人之手。有先贫而后富，有老壮而少衰。满腹文章，白发竟然不中；才疏学浅，少年及第登科。深院宫娥，运退反为妓妾；风流妓女，时来配作夫人。青春美女，却招愚蠢之夫；俊秀郎君，反配粗丑之妇。蛟龙未遇，潜水于鱼鳖之间；君子失时，拱手于小人之下。衣服虽破，常存仪礼之容；面带忧愁，每抱怀安之量。时遭不遇，只宜安贫守份；心若不欺，必然扬眉吐气。初贫君子，天然骨骼生成；乍富小人，不脱贫寒肌体。天不得时，日月无光；地不得时，草木不生；水不得时，风浪不平；人不得时，利运不通。注福注禄，命里已安排定，富贵谁不欲？人若不依根基八字，岂能为卿为相？吾昔寓居洛阳，朝求僧餐，暮宿破窑，思衣不可遮其体，思食不可济其饥，上人憎，下人厌，人道我贱，非我不弃也。今居朝堂，官至极品，位置三公，身虽鞠躬于一人之下，而列职于千万人之上，有挞百僚之杖，有斩鄙吝之剑，思衣而有罗锦千箱，思食而有珍馐百味，出则壮士执鞭，入则佳人捧觞，上人宠，下人拥。人道我贵，非我之能也，此乃时也、运也、命也。嗟呼！人生在世，富贵不可尽用，贫贱不可自欺，听由天地循环，周而复始焉。

　　粗粗读来都有不少启发。如：开篇这句"天有不测风云，人有旦夕祸福"就道足了"观富"的重要性。人的一生，既要埋头做事，也要抬头看路,否则很辛苦,可能还会事倍功半,甚至南辕北辙。又如:"有先贫而后富,有老壮而少衰……"、"衣服虽破,常存仪礼之容;面带忧愁,每抱怀安之量。时遭不遇,只宜安贫守份;心若不欺,必然扬眉吐气。初贫君子,天然骨骼生成;乍富小人,不脱贫寒肌体",道出了富贵相离的情形,正是因为富贵相依又相离,才有那么多丰富精彩的人生演绎和跌宕起伏。再如:"人不得时,利运不通"、"人生在世,富贵不可尽用,贫贱不可自欺"……,都极其精准地道出了富道、贵道以及富贵之道,读来发人深省,回味无穷。

(二)重温经典《红楼梦》

鲁迅先生曾说,一本《红楼梦》,"经学家看见易,道学家看见淫,才子看见缠绵,革命家看见排满,流言家看见宫闱秘事"。若从这个角度而言,投资之人,可以从红楼梦里看到什么?曹雪芹在描写荣宁二府的聚散无常与财富来去之间,似乎也传达出了家族财富的管理手法。贾府盛极而衰,其中原因错综复杂,不懂理账理债、不能居安思危、放纵家风骄奢、儿女子孙怠惰……种种缘由背后的财富智慧,对我们普通人的富道是有启发的。全书的第五十六回,可以说是整本《红楼梦》里最有理财味道的一回。荣府原本是由王熙凤掌管财务,但凤辣子小产,王夫人改派李纨协助,又指派探春共同管理,还请宝钗帮她照看大观园。这就形成了《红楼梦》里一段很特别的"新人新政"时期……

新政成功,大观园是每年有孳息四百两银子的"正资产";人息政废,大观园又变成无人愿意接手的"负资产"。从家族财管方面来说,琏二奶奶王熙凤虽精明干练,但是贪婪聚敛、机关算尽,以至贾府外强中干;而宝二奶奶薛宝钗临危受命,俭朴寡欲又懂得除弊兴利,管理张弛有度,如果没有后来那些节外生枝,宝二奶奶照此当家,贾府或许真的能迎来二次复苏……。(贾府财富管理架构示意图如下)

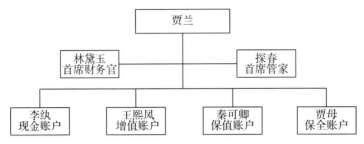

——来源于王增武的《家族财富管理》。

重温《红楼里》,可以看到鲜活的"富贵众生相":

可归于"毒富"一类的有:马道婆,以神佛护健康为幌子,空手套白狼,背地里咒人生死,搬弄是非,黑白双道通吃的掮客;赵姨娘,视生儿育女为投资,总希望从儿女身上获得回报,为儿子贾环谋求家族继承权,不惜融资赌博,巨额投机,想谋害王熙凤和贾宝玉,人心不足蛇吞象;……

可归于"贱富"一类的有:薛蟠,亏大于盈的投资者,败于性格;傅试,以妹的婚姻为饵,白白误了妹妹青春;……

可归于"荡富"一类的有:王熙凤,全能型金融高手,揽权揽事,利用职务投资人情,玩资产重组,过桥拆借,受贿卖职,高利贷;……

可归于"巧富"一类的有:贾芸,融资投机,走后门、以小博大,多次试错,四两拨千斤;林红玉,以容貌和婚姻下赌注;……

可归于"贵富"一类的有:贾探春,稳健型实业资产管理者、责任制;薛宝钗,稳健投资,从实守分、不在其位不谋其政;贾元春,稳健理财,主要体现在节俭观念上;秦可卿,保守型理财,防御性投资,后人称作"红楼理财第一人";刘姥姥,小额融资,保守型扩张;……

值得一提的是刘姥姥。她没有因自己和贾府的关系招摇撞骗炫耀乡里,也没有因王熙凤的背时而忘恩负义过河拆桥。她一进入荣国府,就很快受到贾母、宝玉、鸳鸯、平儿等人的喜欢。也正如王熙凤所料想的那样,在她死后,巧姐的"狠舅奸兄"为了图财,要把巧姐卖给外藩王爷的时候,刘姥姥勇敢机智地救出了巧姐。刘姥姥在这里的具体行为,表现了这个人物高贵、机智的品质,她敢做敢为,不顾个人安危,挺身搭救。贫富、贵贱不是一尘不变的,都会随着时间推移和空间转换而发生切换,这也映证了富相、富道、贵相、贵道的关系,以及富贵相依、相离、相通、相融、相熵的辩证逻辑和深刻道理。

(三)诗词话富贵

孔子说:"藏文仲居蔡,山节藻棁,何如其知也?"刘禹锡说:"南阳诸葛庐,西蜀子云亭,何陋之有?"鲁迅也曾经指出:"唐朝人早就知道,穷措大想做富贵诗,多用些金、玉、锦、绮字面,自以为豪华,而不知适见其寒蠢。真会写富贵景象的,有道:'笙歌归院落,灯火下楼台',全不用那些字。"黄庭坚认为"舞低杨柳楼心月,歌尽桃花扇底风"定非穷儿家语;胡适认为"油壁车轻金犊肥,流苏帐晓春鸡报"殊有富贵佳致;袁枚也认为"烛花渐暗人初睡,金鸭无烟却有香"乃富贵诗的绝妙者。

没有经历过富贵生活的人,缺乏必要的生活体验,写不出富贵诗,虽强而为之,终究难免隔靴抓痒;而锦衣玉食的富贵中人,也未必能写好富贵诗。欢时易过,富贵快乐很难进入心灵的深层体验;穷愁难挨,痛苦点点滴滴积淀于心中,更容易使人忧思感愤。一般说来,穷愁痛苦之言易巧,而富贵欢娱之辞难工。正因此,文学史上富贵诗不多。

富贵,是一种骨子里的闲逸,和满身的珠光宝气无关;富贵诗重在意境上的雅致,和堆金积玉无关。如:

"仰看鸾鹄刺天飞,富贵功名老不思"(宋·苏轼《和晁同年九日见寄》);

"况君秉高义,富贵视如云"(唐·白居易《酬张十八访宿见赠》);

"诸君莫叹贫,富贵不由人"(南北朝·鲍照《拟行路难十八首》);

"贫病固其常,富贵任生涯"(唐·杜甫《柴门》);

"山川远地由来好,富贵当年别有情"(唐·刘禹锡《送唐舍人出镇闽中》）；

"丹青不知老将至，富贵于我如浮云"（唐·杜甫《丹青引赠曹将军霸》）；

"人心苦执迷，富贵忧贫贱"（宋·苏轼《无题》）；

"为官的家业凋零，富贵的金银散尽"（清·曹雪芹《红楼梦十二曲——飞鸟各投林》）；

"功名眉上锁，富贵眼前花"（元·刘秉忠《三奠子》）；

"桑林变东海，富贵今何在"（唐·刘希夷《春女行》）；

"声名本自不关身，富贵元知与祸邻"（南宋·陆游《闲中自咏》）；

"穷通有命无须卜，富贵何时乃济贫"（清·李鸿章《赴试途中有感》）；

"贫贱身祇辱，富贵道足羞"（北宋·王安石《凤凰山》）；

……

此外，还有很经典的关于"富贵"的词作金句。如：

宋代魏了翁的《临江仙·自有天然真富贵》："自有天然真富贵，本来不为人妍。谨将醉眼著繁边。更擎高烛照，惊搅夜深眠。花不能言还自笑，何须有许多般。满空明月四垂天。柳边红沁露，竹外翠微烟"；以及《临江仙·占断人间闲富贵》："占断人间闲富贵，长秋应是长春。前山推月上帘旌。缓筯火寻旧友，勾拍按新声。时倚晴空看过雁，几州明月关情。知君早已倦青冥。时来那得免，事业一窗萤"。

宋代朱熹的《水调歌头·富贵有馀乐》："富贵有馀乐，贫贱不堪忧。谁知天路幽险，倚伏互相酬。请看东门黄犬，更听华亭清唳，千古恨难收。何似鸱夷子，散发弄扁舟。鸱夷子，成霸业，有馀谋。致身千乘卿相，归把钓渔钩。春昼五湖烟浪，秋夜一天云月，此外尽悠悠。永弃人间事，吾道付沧洲"。

宋代寇准的《蝶恋花·四十年来身富贵》："四十年来身富贵。游处烟霞，步履如平地。紫府丹台仙籍里，皆知独擅无双美。将相兼荣谁敢比。彩凤徊翔,重浴荀池水。位极人臣功济世,芬芳天下歌桃李"。

宋代辛弃疾的《感皇恩·富贵不须论》:"富贵不须论,公应自有。且把新词祝公寿。当年仙桂,父子同攀希有。人言金殿上,他年又。冠冕在前,周公拜手。同日催班鲁公后。此时人羡,绿鬓朱颜依旧。亲朋来贺喜,休辞酒"。

元代王哲的《南乡子·富贵与身贫》:"富贵与身贫。肯把荣华只取仁。前定缘由今世用,心纯。自是阴功福自臻。休更苦中辛。恶业休贪作善因。奉劝愚迷须省悟,休嗔。万事由天"。

宋代姜特立的《西江月·富贵从来自有》:"富贵从来自有,人生最羡长年。骎骎八秩未华颠。更喜此身强健"。

宋代胡铨的《好事近·富贵本无心》:"富贵本无心,何事故乡轻别。空惹猿惊鹤怨,误松萝风月"。

侯善渊的《减字木兰花·功名富贵》:"功名富贵。致使沉沦空手去。改面回头。一失人身永劫休。归纯返朴。背境涤尘真正觉。一颗圆光。焕焕煌煌入大方"。

这些作品,词美意深,直指富贵本质。读来令人感受颇多,意犹未尽。

以上说的是部分中国经典著作关于富贵之道的阐释。其实西方经典著作关于富贵之理的讨论也十分热烈。例如,亚当·斯密一人就奉献了两部经典著作,一是《国富论》,它的出版标志着经济学作为一门独立学科的诞生,也因而成就了亚当·斯密作为"经济学之父"的不朽名声。《道德情操论》是其伦理学著作,主要阐明了道德情感的本质、道德评价的性质和斯密"以公平的幸福生活为目标"的伦理思想。在书中,斯密从人类的情感和同情心出发,讨论了善恶、美丑、正义、责任等一系列概念,阐释了道德情感的本质和道德评价的性质,并进而提示了人类社会赖以维系、和谐发展的基础,以及人的行为应遵循的一般道德准则。相比《国富论》,其给西方社会带来的影响更为深远,堪称为市场经济不可或缺的"圣经"。

米尔顿·弗里德曼评价说:"不读《国富论》,不知道应该怎样才叫利己,读了《道德情操论》才知道利他才是问心无愧的利己"。

《人性论》是休谟一生重要的著作,对于人类思想史具有独创性的理论贡献。全书分为三卷,分别是论知性、论情感和论道德。在本书中,休谟试图通过对人性的研究揭示制约人的理智、情感和道德行为的准则。作者认为一切科学与人性有关,对人性的研究应是一切科学的基础。

富贵相通

以上这十门学科,在富贵问题上从根本上是相通的,只是研究论述富贵关系过程中各有侧重、方法各异。如:

在讨论"用富"之"享用"这部分时,伦理学从"幸福论"出发,肯定"用富"过程是人们与生俱来的需要,人们从中得到自我满足和愉快体验。不同的人幸福观不同,用富观念和诉求也就不同。管理学则通常会用到"空船理论",说明富有的人要有"空船"思想,懂得让度拥有的财富,与他人分享,这是健康的"用富"态度。国学的表述方式显然独特,通常以金句形式展现,如:"人皆知有用之用,而莫知无用之用也"(《庄子》)、"以其无私,故能成其私"(老子)、"知足者不以利自累"(《庄子》)、"祸莫大于不知足;咎莫大于欲得。故知足之足,常足矣"(《老子》)等。宗教方面则从其教义阐述过程中顺便交待,如佛教反复提示运用财富的智慧:"一食知止足,二修业勿怠,三当先储积,以拟于空乏,四耕田商贾,择地而置牧,五当起塔庙,六立僧房舍。"伊斯兰教也强调:"你们不要借助欺诈骗术而侵蚀别人的财产,不要以别人的财产贿赂官史,以便以你们明知故犯地借罪行而侵蚀别人的一部分财产";等等。

在讨论"守富"这部分时,管理学通过"危机管理原理",阐述预防第一、主动面对、快速反应、真诚坦率等危机管理原则,提示要注重危机管理,管理好风险是守富的第一要务。经济学运用"酒与污水定律"突出风险对于财富的破坏性,好比污水之于酒,只须一滴,就能全功尽弃。哲学的"矛盾论",要求我们必须用一分为二的、全面的观点看待问题,坚持两点论、两分法。在财富管理过程中,一手抓投资收益,一手抓风险合规,增强风险意识,警钟长鸣,才能安然应对。佛教强调要保护好财富:"财业既已具,宜当自守护。出财未至奢,当撰择前人,欺诳觚突者,宁乞未举与。"国学呢,还是运用其独特的表达方式,如:"持而盈之,不如其已;揣而锐之,不可长保。金玉满堂,莫之能守;富贵而骄,自遗其咎。功遂身退,天之道也"(《老子》)、"生于忧患,死于安乐"(孟子《告子下》)等等。

各学科表达方式不同,侧重点不同,但都讨论了富贵关系,强调了富贵之道。从跨学科研究来看,富与贵二者间是高度连通、彼此依存的;同时,富贵之道,在很多学科之间是有共性的、互通的。我们要更好理解富贵之道,就要时常学习这些跨学科的理论知识,从中汲取营养、释疑解惑、明事通理。

通过以上跨学科比较研究,还能进一步梳理出富贵之道的五大基础理论,包括:幸福论、贵族论、文明论、熵论、文通(文化互通)论。它们散布于各学科之间,是研究富贵之道的理论宝库和智慧源泉。篇幅所圄,且非本书重点,这里就不一一阐述了。可以说,富贵之道,也是幸福之道、文明之道、熵律之道。

"富贵相通",从多学科比较研究中,反复证明富贵间辩证统一关系。研究"富贵相通",旨在找到并强调要科学运用好"富贵相通"的"原生力",不断深挖细掘,寻找源头活水,让富贵之树常青常绿、永葆青葱。

第十七章　富贵相融

富贵场上有很多主体如政府、组织、机构、家族和个人等，互相交织、相互作用，共同决定富贵生态和走向。这当中，政府引领、组织协同、机构自律、家族互助和个人创造，在富贵管理和提升中都扮演着重要的角色。

第一节　政府引领

富贵主体，首当其冲是政府。政府引领在富贵生态建设和维护中发挥不可替代的主导作用。

一、政府种种

政府形态各异，按照不同标准可有不同划分和评价。这里根据德行与能力二元组合，将政府简单划分为：贤能政府（有德行、有能力）、贱庸政府（没德行、无能力）、贤庸政府（有德行、无能力）、贱能政府（无德行、有能力）。

开明盛唐是"贤能"的杰作。盛唐，是后世对唐王朝的赞颂之词。史学上盛唐指从唐高宗时代开始到安史之乱爆发前，大致开始于公元650年到755年结束。据《新唐书》记载："观夫开元之治也，则横制六合，骏奔百蛮；及天宝之乱也，天子不能守两都，诸侯不能安九牧。"安史之乱前的中国物产丰盈，国泰民安，边疆稳固，物华天宝，一派盛世景象。那是唐朝相对美好的时光，藩镇割据还未形成。唐朝开元时期宰相张九龄：三年一上计，万国趋河洛，以及唐朝著名诗人韦应物的《登高望洛城作》：雄都定鼎地，势据万国尊。描述了大唐盛世、万国来朝的景象。

这一时期,不但出现了诗仙李白和诗圣杜甫,还涌现出一大批才华横溢的优秀诗人。许多千百年来脍炙人口、广为传诵的诗篇,便是在这一时期产生的。热情洋溢、豪迈奔放、具有郁勃浓烈的浪漫气质,是盛唐诗的主要特征;而即使是恬静优美之作,也同样是生气弥满、光彩熠熠的。这就是为后人所艳羡的"盛唐之音"。

政府的贤、能叠加,生发出巨大的活力,引领着经济建设、社会发展、财富管理、文化繁荣朝着开明、开放的方向发展,喷发出勃勃生机和无穷魅力。

有的王朝是"贱庸"的"典范"。官场中,结党营私、相互倾轧、卖官鬻爵、贿赂成风。军队里,装备陈旧、操练不勤、营务废弛、纪律败坏。财政上,国库日益亏空、入不敷出。阶级矛盾激化,民变四起。政府的贱、庸叠加,使得经济社会发展受限受阻,乏善乏力,内外交困,无力抗争,恶性循环,江河日下。财富日益外流,人心日益涣散,腐朽之象百出,民不聊生,国渐不国。

有的王朝是"贱能"的代表。某些民族的"强",使之攻城掠地、所向披靡、不可一世;落后基因的"贱",使其狠毒无道、治理无法、不得人心。两者叠加,最终必然是财富来的快、失的快,一切都只是浮光掠影、惨淡收场。

而有的王朝则显"贤庸"之象。对于她创造的先进文明,繁华的经济,完善的制度等,遭到野蛮无情的毁灭,将曾经一片繁华、人声鼎沸之所,变成千里无人烟、满目荒凉。人们感叹她的繁华绮丽,又痛惜她的软弱苟且。她是我们民族永远的骄傲,也是我们永远不能忘记的惨痛教训。她的"贤"在它的开明、开放,在它的从容、包容,在它的内敛、内涵;她的"庸"在它于狼群环视中的无力突围,在于被野蛮民族群殴乱斗中的无力招架和步步退缩。贤庸叠加下的政府苦苦支撑数百年,令人感慨、长嘘、短叹。

沿着富贵二线,不同时期引领能力不同的王朝推动历史车轮滚滚向前,螺旋前进、周而复始。

二、贵在引领

贞观之治,是唐朝初年唐太宗在位期间出现的政治清明、经济复苏、文化繁荣的治世局面。唐太宗继承唐高祖制定的尊祖崇道国策,并进一步将其发扬光大,运用道家思想治国平天下。唐太宗任人廉能,知人善用;广开言路,尊重生命,自我克制,虚心纳谏;并采取了以农为本,厉行节约,休养生息,文教复兴,完善科举制度等政策,使得社会出现了安定的局面;并大力平定外患,尊重边族风俗,稳固边疆,最终取得天下大治的理想局面。因其时年号为"贞观"(627年—649年),故史称"贞观之治"。贞观之治为后来全盛的开元盛世奠定了重要的基础,将中国传统农业社会推向鼎盛时期。

"贞观之治"的成功在于,当时政府在"贤能"兼得前提下的引领职能的充分发挥。相比之下,其他三类政府都各有缺陷,不是德行不行,就是能力不行,或者两方面都不行。所以政府都要往贤能方向走,才能引领未来。这当然是一个大的粗略的说法。其实再往下,地方性政府也可进行区分,不同的地方政府,其营商环境是有差异的。我们做财富管理需要研究对比地方政府的政策和态度,要选择好的宽松且稳定的政治政策环境进行资产配置和项目投资。

从富贵之道看政府,主要是看其是否具有契合富贵之道的引领能力,这是第一位重要的。不同的政府,对于富贵建设上的引领能力和作为是不同的。这是评价政府的重要维度之一。政府贤能"二元四角五分"框架如右图所示:

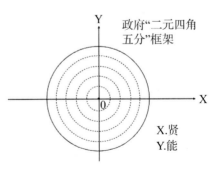

政府"二元四角五分"框架

X.贤
Y.能

第二节　组织协同

组织有各种类型。古往今来,组织在社会发展和经济推动中发挥着十分重要的作用。这里选取"商帮"这一类型组织,研究它们在推动投资和财富管理过程中的作用机制和运行特点。

一、商帮种种

商帮是以乡土亲缘为纽带,拥有会馆办事机构和标志性建筑的商业集团。伴随几百年商品经济的发展,到明清时期商品行业繁杂和数量增多,商人队伍日渐壮大,竞争日益激烈。而封建社会统治者向来推行重本抑末的政策,在社会阶层的排序中,"士、农、工、商"中商也是屈尊末位。对于商人而言,国家没有明文的法律保护,而民间又对商人冠以"奸商"的歧视。因而,在那样的年代,商人利用他们天然的乡里、宗族关系联系起来,互相支持,和衷共济。商帮在规避内部恶性竞争,增强外部竞争力的同时更可以在封建体制内利用集体的力量更好的保护自己。商帮在这一特定经济、社会背景下应运而生,发展壮大。

商帮在中国经济发展史上创造了辉煌的业绩,中国古代的茶马古道和丝绸之路,都是在商帮开辟下形成的著名商业通途。然而,到清朝中后期,由于连年征战,随着中国民营经济的衰败,商帮也逐渐衰落。封建王朝民营企业为主体的商帮,在那个时代中从一出生便注定了他的结局。

清朝时以晋商、徽商、粤商(广东商帮和潮州商帮)、秦商、鲁商、苏商(洞庭商帮)、浙商(宁波商帮)、闽商、赣商、豫商等十大商帮为主。

(一)晋商

晋商以山西富有的盐、铁、麦、棉、皮、毛、木材、旱烟等特产,进行长途贩运,设号销售,套换江南的丝、绸、茶、米,又转销西北、蒙、俄等地,其贩运销售活动遍及全国范围,形成了成为能与南方徽帮相抗衡的最有经营实力的北方晋帮集团。到清朝中叶,形成山西"北号(票号)南庄(钱庄)"两大晋商劲旅。

商业的发展不仅给人们带来了财富,而且也改变了当时人们多少年"学而优则仕"的观念。晋商雄居中华,饮誉欧亚,辉煌业绩中外瞩目。特别值得指出的是在晋商称雄过程中,一共树有3座丰碑,即:驼帮、船帮和票号。

晋商成功的根源在于"诚信"和"团结'的商帮政策。晋商由于种种原因在清朝后期和民国时期衰落了,山西也开始在中国经济舞台上变的较为平淡。

(二)徽商

徽州商人、新安商人,俗称"徽帮"。徽商在宋代开始活跃,全盛期则在明代后期到清代初期。明代成化以前,徽商经营的行业,主要是"文房四宝"、漆、扣和茶叶。成化以后,因明王朝改变"开中法",把商人输粮边区,换取食盐,在一定区域贩卖的方法,改为商人在产盐地区呐粮给盐,听其贩卖。两淮、两浙地区成为盐商集聚中心,徽商占人地之利,以盐业为中心,雄飞中国商界。明代中叶以后,徽商形成了盐、典、茶、木四大行业,在买贱卖贵的不等价交换中牟取厚利,大规模的长途商品贩运是徽商致富的一个重要途径。另外,囤积居奇、特权牟利、牙行制度、高利贷等,也是徽商致富的重要手段。

徽商的商业道德观带有浓厚的儒家味。徽商以儒家的诚、信、义的道德说教作为其商业道德的根本,使他们在商界赢得了信誉。他们集传统文化和现代文化于一身,恪守做人第一、经商第二的准则,处处体现着儒家理想人格的魅力。

(三)粤商

粤商主要是由广府商人和潮州商人所组成,以珠三角广府商人作为代表。广东是古代海上丝绸之路的起点,从秦汉时期起,广州成为海上丝绸之路最早最大的始发港。明清时期虽然几度海禁,广州却有过"一口通商"的历史地位,形成了独特的敢为人先、务实创新、开放兼容、利通五洲、达济天下的粤商精神和粤商文化。明清时期,粤商足迹遍布全国,他们所建立的广东会馆、岭南会馆、广肇会馆、粤东会馆在全国的地域分布相当广泛。

潮商是具有海洋性格、海洋文化的华人商帮,被誉为红头船商帮。潮汕商帮文化已千年,茶文化漂洋过海。潮商一向是以冒险性个强烈、肯吃苦耐劳著称;潮商也积极向外拓展版图,离乡背井远赴印度尼西亚、马来西亚打天下。这种开放心态,使得广东商帮在改革开放之后得以迅速发展;潮商伴随着近代海外移民的高潮而崛起于东南亚和香港。

(四)闽商

福建商帮的兴起,一开始就与封建政府的官方朝贡贸易和禁海政策针锋相对。他们走私进行商业贸易,不能贸易时就进行抢劫,他们具有海盗和商人的双重性格。内外勾结的贸易方式是福建海商最常见的经商方式,他们广泛联络沿海居民,建立了许多据点,利用据点收购出海货物,囤积国外走私商品,以利销售。福建商人,把国内与国外的贸易紧密地结合起来,努力经营,进行多种形式贸易,从而形成了中国封建社会晚期一个很有影响的地方商帮。随着封建社会的消亡,福建商帮却在海外南洋、台湾等地开辟出新的商业场地。

(五)秦商

山西与陕西商人为了对抗徽商及其他商人的需要,常利用邻省之好,互相结合,人们通常把他们合称为西商或是山陕商帮。西商在明代前期的势力很大,他们从经营盐业中获得了大量的厚利,可惜利益的原因使他们内部开始分化,陕西盐商与山西盐商分道扬镳,最终陕西盐商到了四川独立发展,这也为陕西商帮的最终形成奠定了基础。

陕西商帮是一个综合性的商帮,他们对财富的追求与一般商帮相同:尽可能追逐厚利,如果不行,就退而求其次。陕西商帮以盐商最为著名,经营布业、茶业和皮货业也是陕西商帮盈利的重要途径。

(六)鲁商

山东商帮的致富之道显得单纯、直截了当。山东商帮重长途贩卖和坐地经商的经营之道,讲求信用的商品道德以及规范的商业行为。同时,山东商帮里面,主要是大官僚、大地主兼大商人,因此大部分是封建性的商人,这也决定了山东商人所走的道路及商业资本的流向是以末致富、以本守之的。

山东人经商,是好的地区的人要经商,不好的地区的人也要经商。一个省份的人,经商的动机和条件相差甚多,仿佛是中国十大商帮的综合缩影。这在中国是绝无仅有的。

(七)浙商

包括宁波商帮和龙游商帮。宁波商帮是中国商帮中的后起之秀。从它形成之时起,便显露出它的见识不凡和卓尔不群。宁波商帮,是一个盛行于国内和海外的商帮。宁波商人外出经商历史悠久,但大规模经商,并且结成商帮则为时较晚。鸦片战争后,尤其是民国时期,宁波商帮中新一代商业资本家脱颖而出,把商业与金融业紧密结合起来,从而使宁波商帮以新兴的近代商人群体的姿态跻身于全国著名商帮之列。他们所经营的银楼业、药材业、成衣业、海味业以及保险业,也是名闻遐迩。

宁波商帮形成的时间较晚,活动区域不断拓展,最终形成四出营生、商旅遍天下的局面。宁波商帮不仅善于开拓活动地域,还善于因时制宜地开拓经营项目。他们以传统行业经营安身立命,以支柱行业经营为依托,新兴行业经营为方向,而往往一家经营数业,互为补充,使自己的商业经营在全国商界中居于优势地位。

龙游商帮,是衢州府商人集团,其中以龙游县商人人数最多,经商手段最为高明,故冠以龙游商帮。龙游商帮虽地处偏僻,却有着开放的心态,投资上敢为天下先、海纳百川。明清时期,许多商人将经营商业所赚得的资金用来购买土地或者经营典当、借贷业,以求有稳定的收入。他们果断地投入于纸业、矿业的商品生产,或者直接参与商品生产,使商业资本转化为产业资本,给当时封建社会注入了带有雇佣关系的新生产关系。龙游商人还不排斥外地商帮对本乡的渗透,并且相处友善,吸收外地商人于己帮,推进了龙游商帮的发展。

(八)豫商

商人、商业、商品发源于河南商丘,中国第一位商人王亥就是河南商丘人,被称为华商始祖。商圣范蠡,河南南阳人。儒商鼻祖端木赐

（子贡），河南鹤壁市浚县人。商业理论家桑弘羊，今河南洛阳人。

武安商人也是以经营药材起家，武安商人被称之为"药鬼子"，他们成群结伙出关东，贩卖药材，完成一个从贫苦农民到富甲一方的药商的转变，但这些商人群体只是豫商表象的一部分，由于战争和交通方式的变革，原来的药商逐渐失去了自己优势，怀商和武安商人也开始整体幕落下去。

（九）苏商

洞庭商人，利用洞庭湖得天独厚的经商条件贩运起米粮和丝绸布匹。他们还不断更新观念，开拓经营新局面，向外部世界发展着。尤其是鸦片战争后，洞庭商人开辟了买办业、银行业、钱庄业等金融实体和丝绸、棉纱等实业。在新的历史背景下，从事着不同于以往的商业活动，由此，洞庭商帮产生了一批民族资本家，走上了由商业资本向工业资本发展的道路。

洞庭商人非常注意市场信息，时常预测行情，在经商过程中，洞庭商人会根据市场行情与商品交换的情况变化而变化自己的经营策略，不拘于成见，只要有利就行。

（十）赣商

江西商人绝大多数是因家境所迫而负贩经商的，小本经营、借贷起家成为他们的特点。他们的经商活动一般是以贩卖本地土特产品为起点，具有资本分散、小商小贾众多的特点。江西商人浓厚的传统观念、小农意识也影响到他们的资本投向，只求广度，不求深度。所以，尽管江西商人人数众多，涉及的行业甚广、经营灵活，但往往在竞争中容易丧失市场。江西商人讲究贾德，注重诚信是江西人质朴、做事认真的性格的一个外在反映，也是江西人头脑中中国传统儒家思想的自然流露。

尽管十大商帮曾在历史上风云一时，但由于他们的经营模式无法适应新形势的需要而注定要走向衰落。原因主要有：沦为封建政府的附庸；"以末致富，以本守之"的传统观念束缚了发展；墨守成规，思想保守；投资周期过长；等等。

二、贵在协同

接着上面的商帮介绍,进而分析各商帮的经营之道和文化导向,可以看出"协同"对于商帮的重要性。

(一)晋商文化

晋商有十大格言:一是以末起家,以本守之;二是勤俭为黄金本;三是宁可赔折腰,不让客吃亏;四是买卖不成仁义在;五是售货无诀窍,信誉第一条;六是经商之道:守信、讲义、取利;七是结交务存吃亏心,酬酢务存退让心,日用务存节俭心,操持务存含忍心。愿使人鄙我疾,勿使人防我诈也;八是人所弃我则取之,人所去我则就之,而公之业益饶。与人相对而争利,天下之所难也;九是屯得应时货,自有赚钱时;十是善心计,识重轻,能时底昂,以故饶裕人交,信义秋霜,能析利于毫毛,故人乐取其资斧。

以上十条格言,体现了晋商文化:重商立业的人生观,信义至上的价值观,勤俭守朴的生活作风,同舟共济的协作意识,创新图强的进取精神。山西商人的商帮群体精神在商业经营中的表现有三种形式:从朋合营利到合伙经营;按地区形成商帮;以联号制和股分制形成业缘群体组织。

(二)徽商文化

徽州十大格言:一是以义为利,利缘义取;二是财自道生;三是钱,泉也,泉有源方有流,狡诈生财者,自塞其源也,以义为利,不以利为利,自当广开财源;四是惟诚待人,人自怀服,任人御物,物终不亲;五是以长取人,不求完人。以诚待人,用人不疑。以利激人,重赏勇夫。以爱容人,饶人之过;六是宁奉法而折阅,不饰智以求赢;七是读书好,营商好,效好便好;创业难,守业难,知难不难;八是天下之事,莫不以勤而兴,以怠而废;九是士农工商,所业虽别,是皆本职,惰则职惰;十是财者难聚而易散,吾宗子弟当崇俭。

上述十大格言,体现了贾儒合一、长袖善舞的徽商文化和不畏艰难\百折不挠的进取精神、审时度势\出奇制胜的竞争精神、同舟共济/以众帮众的协和精神、不辞劳苦\虽富犹朴的勤俭精神。

（三）闽商文化

福建商帮十大格言：一是三分天注定,七分靠打拼,爱拼才会赢;二是行船走马三分命,东洋无洋过西洋;三是经商好,商中自有黄金屋,商中自有颜如玉;四是输人不输阵,输阵番薯面;五是争气不争财,三分本事七分胆;六是冤枉钱,水流田,血汗钱,万万年;七是穷无穷根,富无富种;八是世事让三分天宽地阔,心田存一点子种孙耕;九是不问时价,不是行家;十是经手三分利,无利不沾边。

格言体现了福建商帮以海为生、海上之王的海盗与商人的双重性格,体现了善观时变、顺势而为,敢冒风险、爱拼会赢,合群团结、豪爽义气,恋祖爱乡、回馈桑梓的闽商精神。

（四）粤商文化

广东商帮十大格言：一是要发财,动起来;二是非经商不能昌业;三是利之所在,足之所至;四是经商亦如吕尚之谋,孙吴用兵,商鞅用法,若智不足以权变,勇不足以决断,仁不能以取予,强不能有所守,终不足以学斯术;五是征贵贩贱,操奇致赢,力行则勤,择人任时,能发能收;六是风险越大,回报越高;七是借鸡可生蛋,借地可生财;八是变则通,通则存,存则强;九是把舵的不慌,乘船的稳当;十是打鱼看浪头,行船看风头,经商看行头。

格言体现了粤商文化:开放包容不排外;靠地生财,金山珠海。

（五）浙商文化

浙商代表宁波商帮格言：一是宁可做蚀（亏）,弗可做绝;二是信誉招千金;三是浇树浇根,交人交心;四是功名靠求,生意靠兜;五是三百六十行,行行勿落档;六是人叫人千声不语,货叫人点头即来;七是和气生财,生意会来;八是蛇有蛇路,蟹有蟹道;九是勤时财外财,用掉还会来;十是万贯家财勿算富,一分仁义值千金。

这体现了讲求速度、善于创新、独创"创富模式"的浙商文化和自强、坚韧、务实、开拓的浙商精神。

(六)秦商文化

陕西商帮十条格言:一是天上下雨地下滑,自己跌倒自己爬;二是习惯成性,切在幼时;三是学艺业,贵择师伴;四是太贱不卖,太贵不买,买者信不过不卖;五是老不出关(潼关),少不下川(四川);六是一生何时最幸福? 三十亩地一头牛,老婆娃娃热炕头;七是指亲戚,靠邻里,不如自家学勤勤;八是买要随时,卖毋固执;九是买卖莫错时光,得利就当脱手;十是货真价实好为商。

体现了陕西商人货通南北、利获东西的极其洒脱的商业文化和敢作敢为、敢于冒险、勇于搏奕的顽强作风。

(七)鲁商文化

山东商帮十条格言:一是做生意一不能亏良心,二不能对不起朋友;二是以义制利,以义胜利;三是动不违时,财不过用;四是财不可使尽,势不可露尽;五是先小人后君子,当面点钱不薄人;六是玩龙玩虎,不如玩土;七是七十二行,庄稼为王;八是漫天要价,摸地还钱;九是生财有大道,生之者众,食之者寡,为之者急,用之者舒,则财恒足矣;十是取与无伤廉惠,行藏自合中庸。

这体现了山东商人的大柔大刚、趋义避财的商业文化和童叟无欺、诚实守信的商业精神。

(八)衢商文化

龙游商帮十条格言:一是为商之道,仁信为本,商战取胜,理性至上;二是一招鲜,吃遍天;三是敢想敢干,敢为人先;四是财散则人聚,财聚则人散;取之而有道,用之而欢乐;五是思路决定出路,一切都是人为;六是多看则清,多听则明,多思则准,多干则成;七是不摸行情休开店;八是裁衣先量体,经商先摸底;九是常去同行看,生意不清淡;十是贵中看贱,贱中看贵。

这体现了龙游商人敢为天下先的精神、海纳百川的肚量和稳中求进、守本经营的经营之道。

(九)苏商文化

苏商代表洞庭商帮十大格言:一是徽帮人最狠,见了山上帮,还得忍一忍;二是审时度势,顺势而为,把握时机,见机行动;三是任时而知物,笼万货之情;四是十鸟在林,不如一鸟在手;五是薄利多销,有利就行;六是身无择行,口无二价;七是人无笑脸,休要开店;八是和言(颜)悦色,和气生财;九是有需求就有生意;十是脱货求财好说话,切莫开口就伤人。

这体现了洞庭商帮"变则通,通则存,存则发"的经营理念和审时度势、以变求存的拓业精神。

(十)赣商文化

江西商帮十大格言。一是物聚则散,天道然也,且物之聚,怨之丛也。苟不以善散,必有非理以散之者;二是修合虽无人见,存心自有天知;三是内言不出外言不入,周旋中规折旋中矩;四是吉安老表一把伞,走出家门当老板;五是守柜台未言先含笑,等顾客销货礼在前;六是做生意不可失去信用,为名誉宁可失去金钱;七是背绳求曲尽失法度,置商法不顾必蹈囹圄;八是东伙同心,黄土成金;九是季节商品一溜烟,抓头去尾留中间;十是大生意要常走,小生意要常守。

这体现了江西商帮资本分散、小商小贾、点多面广特点和注重诚信、质朴认真的商业品质。

从上述十大商帮的经营格言折射出来的商帮文化和经营精神,不难看出:互帮互助被各路商帮一致强调,契合富贵之道的"协同一致"是商帮文化的共同底色。我们研究包括商帮在内的各类组织,了解它们的协同机制以及其他相关情况,借以判断它的组织能力和影响力,思考和决定和哪样的机构合作,怎么合作。

第三节 机构自律

本节以百年老店为例。自律成就百年老店,不论中外,无关古今。

一、老店种种

(一)世界百年老店

在国际上最古老的公司已有 1300 多年历史。

西山温泉庆云馆。日本梨山县,始于公元 705 年。这家位于东京近邻山梨县的温泉旅店是吉尼斯世界纪录册上历史最悠久的旅店,这里的温泉是从唐朝一直到今天都在冒泡。这家酒店已经已在同一家族中传承了 52 代,而它成功的秘诀是一种代代相传的荣誉感——甚至一些雇员的职位在他的家庭里传了好几代,从父母传给儿女,再传给孙子。不变的是,这些员工的忠诚与殷勤,他们为自己和家庭赚取工资。他们投入自己的全部,十分具有服务精神,而这种精神源于保护温泉酒店的共同愿望。

Stiftskeller 餐厅。奥地利萨尔斯堡,始于公元 803 年。这家坐落于圣彼得堡修道院的餐厅或许是欧洲乃至全球经营时间最长的餐厅。早在公元 803 年,征服世界的查理曼大帝的一名追随者 Alcuin 就以文字记录了这家典雅的餐厅,而根据 AtlasObscura 网站的报道,"这家餐厅在过去 1200 年的历史中,曾接待了无数显赫的客人,包括红衣主教,国王,以及当代政要和明星,如美国前总统克林顿和好莱坞"爷爷级"巨星伊斯特伍德。

Sean 酒吧。爱尔兰阿斯隆市,始于公元 900 年。Sean's Bar 是爱尔兰甚至欧洲最古老的酒吧。一件趣事儿是:考古挖掘发现了几个世纪狂欢的酒杯和硬币。成功秘诀:地理位置,地理位置和地理位置,根据酒吧的官网描述:Sean 酒吧位于爱尔兰的绝对中心地区,在美丽的香农河与 EskerRiada 交界的河畔——由冰川形成的古老路线,使得几千年来游客可以安全通过沼泽地带。

维森(Weihenstephan)啤酒厂。德国弗赖辛,始于公元 1040 年。巴伐利亚 Weihenstephan 修道院制作啤酒的历史已经有近一千年,使其成为世界上最古老的酿酒厂。成功的秘诀:这家酿酒厂的啤酒绝顶好喝——在聚集了啤酒狂热爱好者的 BeerAdvocate 网站上,出自该厂的原酿啤酒的拥有高达 98% 的不可思议的人气指数。

法拉宾(Frapin)酿酒厂。法国塞贡扎克,始于公元 1270 年。拥有世界上最好的干邑,并且是现存最古老的酿酒厂之一——这家酿酒厂位于法国西部,Frapin 家族从酿酒厂开张起便使用这里的葡萄园,造就了高质量的烈酒。成功秘诀："不像其他的生产商,Frapin 不使用外来的的葡萄种植者,并且从种植葡萄藤开始,在生产的每一级层面上都使用最严格的质量把控标准。"《棕榈湾国际烈酒》如此评价道,"因此,Frapin 干邑,是卓越的典范。"

海岸搬运者协会。苏格兰阿伯丁郡,始于公元 1498 年。在过去的500 年中,如果你需要在苏格兰的阿伯丁郡搬运什么东西,你就会接触到 ShorePortersSociety（海岸搬运者协会）。这家 500 多年前的"顺风"早在哥伦布远洋之时,就任劳任怨地扮演者全球商贾搬运工的角色。英国媒体对这家公司的评价是:我真的还想再活 500 年。

Beretta 枪械公司。意大利加尔德奈,始于公元 1526 年。如果在过去的 500 年如果有人遭受枪击,发射子弹的该枪筒很可能就由 Beretta制造。当年,威尼斯的兵工厂需要 185 条火绳枪（一种绅士手枪）枪筒时,这家军火公司便应运而生。这家世界上最古老的枪支制造商坐落在含铁丰富的山中,已由创始家族经营了 400 多年了。

剑桥大学出版社。英国剑桥,始于公元 1534 年。CUP（剑桥大学出版社)是世界上历史最悠久的出版社,由这家威震四方的名牌大学经营。当年,英国国王亨利八世赋予了它特殊的出版自由,可以出版"任何书籍"。

Whitechapel 铸钟厂。英国伦敦,始于公元 1570 年。"在Whitechapel 铸钟厂的悠久历史里,遍历英国 27 位君王的统治,"这家公司称,"铸钟厂曾接待的皇室参观者有乔治五世和玛丽皇后,他们见证了威斯敏斯特教堂两座巨钟的铸造。"

Bushmills 威士忌。北爱尔兰安特里姆 始于 1608 年。号称是地球上最古老的威士忌酿造厂,这家公司称,这得益于国王詹姆士一世在1608 年 4 月 20 日给予 ThomasPhilip 公爵酿造蒸馏威士忌的特许权。

日本学者后藤俊夫研究发现:现有百年以上历史的长寿公司国家,日本最多,有 25321 家,其中超过 500 年历史的,有 168 家;第二位是美国,有 11735 家;第三位是德国,有 7632 家。超过 200 年历史的长寿公司,第一还是日本,有 3937 家,德国 1850 家,英国 467 家。后藤俊夫试图去寻找这些公司如此长寿的原因是什么,它们有什么"长寿基因"?他发现有六个要素:立足于长期视野的企业经营理念;"量力经营",重视持续成长;构筑和强化自身优势;长期重视保持与利益相关者的良好关系;确保企业自身的安全;让下一代有强烈的传承下去的意志。他认为支撑这六个"长寿基因"的,是日本文明或日本精神的三种核心价值观:共同体意识、文化相对主义、进取心。

(二)中华老字号

中华老字号(China Time-honored Brand)是指历史悠久,拥有世代传承的产品、技艺或服务,具有鲜明的中华民族传统文化背景和深厚的文化底蕴,取得社会广泛认同,形成良好信誉的品牌。老字号是数百年商业和手工业竞争中留下的极品,各自经历了艰苦奋斗的发家史而最终统领一行。现代经济的发展,使老字号显得有些失落,但它仍以自己的特色独树一帜。这些老字号是中华历史的一部分,在这里您经历的是传统,体现的是百年不变的服务。中华老字号有很多类型,如:

1.父业子承的家族式老字号。这种模式以封建社会特有的血缘关系为核心,具有最地道的中国特色。父业子承的家族式企业,一般都具有以下几个方面的特点:第一,企业的核心技术多半是保密性极强的"祖传秘方"一类,需要依靠血缘关系来加以维护。第二,企业的实权多半掌握在长子长孙的手中。家族式企业的特征之一便是只相信自己不相信别人,所以他们的核心技术都只传长子长孙,不传外人。谁掌握了核心技术,谁就掌握经济管理大权。第三,家族企业特有的矛盾往往十分突出。表现在企业内部的派系之争,远房与嫡亲之争等等。争斗的实质是权力之争,利益之争。而这种争斗,往往又会影响企业的成长与发展。第四,家族式企业模式的优点也十分突出。由于家训甚严,家风良好,往往会促使企业长盛不衰,这也是中国老字号的一大特色。最具有家族特色的企业是雷允上中药店。创办300多年以来,经营丸、散、膏、丹,信誉卓著,尤其是传统产品六神丸,用料考究,工艺细致,有药到病除的功效,因而能保持长盛不衰。几百年来,雷允上中药店在用人方面有严格的制度,这种用人制度是由企业模式决定的。根据全族合议,凡是雷氏子孙,在进入中药店担任负责人之前,都必须先从学徒做起,逐步做到精通业务。

2. 避免争权夺利坐享其成的股份式老字号。敬修堂是代表。它在企业模式方面,规定了子孙不能直接参与药店的经营。为了避免子孙辈们坐享其成,争权夺利,严格规定子孙不能直接参与药厂的经营。它实行了类似股份制的经营方式,只聘经理、司库各一人,从事药厂的经营管理。

3. 合伙式老字号。最著名的当数陈李济中药店。陈家、李家各出资50%,而利润也各占50%,就连店号也各占一半,这种合伙,既有它的优点,也有它的缺点。合伙经营的缺点在早期还不明显,在后期企业发展庞大时,很容易表现出来。不讲生财,不讲用财,也不去考虑聚财之道,企业成了无人管的弃儿,合伙制的弊端此时表现得淋漓尽致。

4. 混合式老字号。既有家族式的特点,又有合伙式的特点,还有点像股份式。这种老字号,在出资方面,一般是合伙式,但在经营权上,又类似股份式。因为较为少见,这里不举例说明。

5. 委托经营式老字号。它的委托性质并不类似于现代的"信托投资"模式,而是带有一种捐赠式的委托,委托人对于经营的利润并不在乎,收取利益也不是定期定额的。所以,这种模式也可以叫做馈赠注资,或者叫无偿援助。类似的企业还有东来顺、胡庆余堂等。

研究这些百年老店和中国老字号,发现他们都有一个共同优点,那就是靠自律走到今天。时空穿越,有着太多的挑战、诱惑和变数,不自律者早就淘汰。生存太难何况传承。

二、贵在自律

在中国,中小企业的平均寿命是2.5年,集团企业的平均寿命不过7到8年。中国最古老的企业是成立于1538年的六必居,之后是1663年的剪刀老字号张小泉,再加上陈李济、同仁堂药业以及王老吉三家企业,中国现存的超过150年历史的老店仅存5家。而在日本,1000年以上的企业有7家,500年以上的企业有32家,200年以上的企业有

3146 家,100 年以上的企业有 50000 家以上。

（一）金刚组的自律

株式会社金刚组,作为世界最古老的企业已经 1441 年了。金刚组是一间日本建筑公司,创办于公元 578 年,对照我们的历史年代表应该在南北朝的末期。

据金刚家族的《金刚氏系图》记载,578 年,日本用明天皇的圣德太子(574 年—622 年)从异国(此处的异国为当时的百济)邀请了金刚家族第一代建筑工匠金刚重光,以及早水、永路等其他寺庙楼宇建筑工匠共四人来到日本,率众在大阪于 593 年建成了四天王寺,以祈求保佑日本的国泰民安。

金刚组在往后历史中亦以建造佛寺为主,公元 607 年,金刚家族建造法隆寺,达到日本木造建筑的高峰。法隆寺与四天王寺是代表日本建筑的两大历史遗产,它们的构筑施工方法至今还脉脉相传地存活于金刚组里。

时代变迁、政治动荡、政策演变、天灾人祸、经济危机,金刚组的命运遭遇一次又一次波折,一次又一次挑战,一次又一次考验,最终都坚持下来了。长期以来,金刚组作为一个寺庙楼宇建筑的工匠团体,凭借其长期以来积累下来的技术和经验,在日本国内积极地进行着业务的拓展。

金刚组一直推崇的是他们的"职人技"和"匠的精神"。直到今天,金刚组仍在坚持用传统建造技术,大梁、立柱、雕花、楔子,全部用手工打磨。

金刚家族第 40 代堂主金刚正和曾说:"我们公司能生存这么久其实没有什么秘密。正如我常说的,坚持最最基本的业务对公司来说非常重要。"金刚正和认为,无论是经济繁荣还是衰退,专一于自己的核心业务永远是生存之道。

日本帝国资料库曾针对 4000 家老企业展开调查,邀请这些老企业用一个汉字来概括他们的"长寿秘诀",其中反馈回来最多的回答是"信"字,其次则是"诚"字。无论"诚""信",背后都需要强大的自律精神作支撑。

（二）自律的同仁堂

北京同仁堂是全国中药行业著名的老字号。创建于1669年（清康熙八年），自1723年开始供奉御药，历经八代皇帝188年。在300多年的风雨历程中，历代同仁堂人始终恪守"炮制虽繁必不敢省人工，品味虽贵必不敢减物力"的古训，树立"修合无人见，存心有天知"的自律意识，造就了制药过程中兢兢小心、精益求精的严细精神。其产品以"配方独特、选料上乘、工艺严格、疗效显著"而享誉海内外，产品行销40多个国家和地区。

从最初的同仁堂药室、同仁堂药店到北京同仁堂集团，经历了清王朝由强盛到衰弱、几次外敌入侵、军阀混战到新民主主义革命的历史沧桑，其所有制形式、企业性质、管理方式也都发生了根本性的变化，但同仁堂经历数代而不衰，在海内外信誉卓著，树起了一块金字招牌。

同仁堂历经沧桑，"金字招牌"长盛不衰，在于同仁堂人注重把崇高的精神、把中华民族的传统文化和美德，熔铸于企业的经营管理之中，并化为员工的言行，形成了具有中药行业特色的企业文化系统。的确，"质量"与"服务"是"同仁堂"金字招牌的两大支柱，坚持质量第一，严格自律、恪尽职守，是同仁堂长盛不衰的最根本原因。研究市场各类机构，看它契合富贵之道的自律能力以及其他管控能力和运作机制，作为与它们合作与否的依据。

第四节　家族互助

修身、齐家、治国平天下是中国人的追求。家，是中国人的港湾；家族是富贵场上的重要一环。"家族互助"是富贵之道上的一抹亮丽风景。家族成员间最能体现"相悦定律"：喜欢引起喜欢，帮助引起帮助。

一、家族种种

这里列举十大家族，通过他们的家训，来观察品味家族与众不同的基因，破解其穿越时空的密码。

（一）政治世家：美国肯尼迪家族教育子女十训

一是亲手制作孩子的育儿日记与读书记录,然后对此进行彻底检查;二是帮助孩子培养遵守时间的好习惯;三是父母要经常向孩子讲述他在事业上所发生的故事;四是吃饭时要形成一种自然和谐的讨论氛围;五是教授孩子"取得第一名成绩的人不会被人无视"的世界法则;六是当孩子遇到困难时,家长要站在孩子的角度上帮助他们解决问题;七是让孩子进入名牌大学进行学习,使之获得最好的人脉关系;八是让孩子明白,起初的笨拙与不适应,将会通过反复努力而变得熟能生巧的道理;九是告诉孩子要树立远大的目标,但切勿急躁,必须循序渐进才能取得成功的道理;十是父母与兄弟姐妹之间,要形成一种和睦相处、互相帮助的良好家庭氛围。

（二）瑞典首富：瓦伦堡家族教育子女十训

一是在海军服兵役,培养坚忍不拔的精神;二是通过在世界知名大学学习与在跨国企业里就职开阔眼界;三是构筑国际性人脉关系;四是遵守并重视世代相传的原则;五是取之于社会,用之于社会;六是每周日早晨与孩子们一起散步;七是弟弟接着穿哥哥穿过的衣服,从而养成俭朴的生活作风;八是做事不能鲁莽,避免锋芒毕露的行为;九是爷爷作为孙子的人生导师,传授智慧和经验（隔代教育）;十是如果想要成为继承人,必须首先具备一颗爱国心。

（三）名门世家：盖茨家族教育子女十训

一是如果留给孩子巨额资产,势必阻碍他成为创意性人才;二是父母帮助孩子开创人脉网络;三是保留缺点,结交志同道合的朋友;四是少时多读科幻小说（电影）;五是母亲的礼物可能会转换孩子的命运;六是通过阅读报纸拓宽视野;七是富家子弟也不可娇生惯养;八是机会来临时毫不犹豫地迎接挑战;九是经年累积的经验将成为日后创业基础;十是孩子们以言传身教的父母为学习榜样。

（四）犹太至尊：罗斯柴尔德家族教育子女十训。

一是重视兄弟间和睦与家族间团结的传统;二是不追求金钱,追求良好的人际关系;三是教育子女拥有正确的金钱观;四是信息就等于金钱,从小开始重视信息的重要性;五是世代相传收集情报信息的传统;六是警惕过于追求物质利益的思想倾向;七是坚持"不是儿子就不参与经营"的原则;八是不忘促使五兄弟和解的"五支弓箭"的教训;九是世代保持捐赠的慈善传统;十是犹太人之间互帮互助,共同发展事业。

(五)第一世家:中国孔子世家教育子女十训

一是虽然生活贫困,但绝不抱怨自己所生存的环境;二是即使生活在困境中,母亲依然倾注所有的热情教育子女;三是越是伟人,越要自我学习与自我感悟;四是失败也绝不气馁,用顽强的挑战精神武装自己;五是通过长途旅行考验和锻炼自己;六是凡是精明的人都可以成为自己的老师;七是结交与自己志同道合的人;八是不亲自教授子女,只监督和考察其学习情况;九是人性的弱点有时反而会成就一代伟人;十是培养勤学好问的学习习惯。

(六)学术世家:法国居里世家教育子女十训

一是即使不在学校里学习,也可能成为优秀的人才;二是实践夫妻平等的原则也是优秀的子女教育;三是在大自然中培育子女探求真理的心;四是父亲既是家庭教师,又是领导人;五是通过爷爷教育孙女,实现"隔代教育";六是即使夫妻二人都是上班族,也应该重视与孩子建立互相依赖的关系;七是母亲的"启蒙教育"至关重要;八是绝不为继承和发扬家族的荣誉而强迫子女成为科学家;九是让子女自觉培养自立意识;十是在探求学问中寻找互相有默契的配偶。

(七)科学世家:英国达尔文世家教育子女十训

一是父母作为子女的人生导师,一定要起到领导作用;二是时刻营造充满音乐的欢快的家庭气氛;三是通过旅行制造人生的转折点;四是无论是哪一方面,如果与子女的性格不适合,则不要强求;五是一旦发现子女具有学者的潜质,就要全力支持;六是如果反对的人占多数,就采用长期说服的方法;七是举行聚会,建立珍贵的人际关系;八是创建可以世代相传的家业或家学;九是制定每天的计划表,并努力完成;十是结交可以为子女开创崭新人生的良师益友。

（八）教育世家：印度泰戈尔世家教育子女十训

一是营造书香气息浓厚的家庭氛围；二是通过阅读，弥补在学校无法学到的知识；三是当孩子无法适应学校生活时，寻找积极的对策；四是通过聘请家庭教师培养孩子的多种才能；五是将钱包交给孩子，对他进行经济教育；六是消除对其他宗教的偏见；七是成为富翁后积极支持文化艺术；八是通过与子女一同漫游大自然，从而培养子女的想象力；九是制订周密的计划，使子女从旅行中学到更多的道理；十是引导子女从小接触音乐与美术。

（九）文学世家：俄罗斯托尔斯泰家族教育子女十训

一是让孩子每天通过写日记反省一天的行为；二是拟定彻底的计划表，并且付诸行动；三是使整个家族的成员都养成写日记的好习惯；四是从小开始大声地朗读课文；五是有意识地开发子女在音乐与美术方面的才能；六是发现孩子的才能后聘请家庭教师为其辅导；七是向当地的家庭教师学习外语；八是经常陪伴在年幼的孩子身边，并为他讲述童话故事；九是讲述家族的发展历史，让孩子对家族产生自豪感；十是努力帮助贫困的邻居。

（十）自由世家：英国拉塞尔家族教育子女的十训

一是过分严格和禁欲主义教育不可取；二是有效管理时间；三是不强求特种教育；四是世代相传自由进步精神；五是享受自由的同时，履行应尽的义务和责任；六是为吸引自己的目标倾注所有精力并不断进取；七是认为是真理，那么就不要计较得失；八是不可孤立自己，要在人群中寻找幸福；九是尽可能地养成写信的习惯；十是一流父母培育出一流子女。

这些家训五花八门，涉及到教育、创业、传承、价值观、行事准则等多个方面，其中共同之处在于它们都强调，家族成员间的互助精神，互助才是家族能团结一致向前看、求同存异、放眼未来、克服外部挑战和内部矛盾的关键法宝。如："吃饭时要形成一种自然和谐的讨论氛围""当孩子遇到困难时，家长要站在孩子的角度上帮助他们解决问题"、"父母与兄弟姐妹之间,要形成一种和睦相处、互相帮助的良好家庭氛围"、"遵守并重视世代相传的原则"、"弟弟接着穿哥哥穿过的衣服,从而养成俭朴的生活作风"、"爷爷作为孙子的人生导师,传授智慧和经验"、"父母帮助孩子开创人脉网络"、"孩子们以言传身教的父母为学习榜样"、"重视兄弟间和睦与家族间团结的传统"、"世代相传收集情报信息的传统"、"不忘促使五兄弟和解的'五支弓箭'的教训"、"犹太人之间互帮互助,共同发展事业"、"结交与自己志同道合的人"、"父亲既是家庭教师,又是领导人"、"通过爷爷教育孙女,实现'隔代教育'"、"母亲的'启蒙教育'至关重要"、"在探求学问中寻找互相有默契的配偶"、"时刻营造充满音乐的欢快的家庭气氛"、"创建可以世代相传的家业或家学"、"营造书香气息浓厚的家庭氛围"、"通过与子女一同漫游大自然,从而培养子女的想象力"、"使整个家族的成员都养成写日记的好习惯"、"讲述家族的发展历史,让孩子对家族产生自豪感"、"努力帮助贫困的邻居"……

传承百年的家族,无一不靠"互助精神",行稳致远、基业长青。而反观那些好景不长的家族,多半内斗不止、猜忌不断,堡垒往往从内部攻破,因为"管教再严的家庭也会发生意想不到的情形"(狄更斯)。也正映证了曾国藩的那句:"兄弟和,虽穷氓小户必兴;兄弟不和,虽世家宦族必败。"

二、贵在互助

列夫·托尔斯泰:"幸福的家庭都是相似的,不幸的家庭各有各的不幸。"家族力量源于基于亲情的紧密互助关系(体现社会性、经济性、自然性的统一)。强向心力和互助性是家族生存发展的基础。"共生效应"之下,来自于亲缘关系的情作为内在动力与来自于外界挑战带来的各种压力的共同作用,使得家族得以存在并传承开来。

(一)家族财管逻辑蕴含"互助精神"

中国建设银行与波士顿咨询公司联合发布的《中国私人银行报告2019》指出,截至2018年底,中国个人可投资金融资产总额147万亿元人民币,其中600万元人民币以上的167万人,而民营企业家仍是我国高净值客户群体的绝对中坚力量。这些海量规模的富有人群正以家族(家庭)为中轴,进行涵盖跨业务、跨市场、跨周期、跨地域、跨代际、跨风险的多重资产配置和业务组合安排,其复杂性、专业性、风险性今非昔比,远非其个人经验、智慧、精力所及。

人生不是一支短短的蜡烛,而是一只由我们暂时拿着的火炬;我们一要把它燃得十分光明灿烂,然后交给下一代的人们(萧伯纳)。家族财富管理因为要承载太多任务和使命,难度很大。一定要梳理清楚家族财富管理的内在逻辑,将方方面面的牵扯要素梳理明晰,做到心中有数,才有可能提出一套综合、有效、富有个性化和可操作的行动方案,认真落实,完成家族财富管理的任务,达成预期目标。简单来说,家族财富管理要兼顾到"三代、三环、三元、三的、三期、三型、三法、三焦、三维、三层"等内在逻辑关系。

一是"三代":一、二、三。

家族财管与一般个人财富管理有很大的不同,更强调跨越代际的视野和策略。难就难在代际跨越上。很多人自信能把握好自己,但不确定能否把握下一代,更不用说下二代、下三代了。家族财富想传承百年、基业长青,需要抵御太多诱惑、穿越太多变数,家族财富的成功传承是一件难事。创富难,守富更难,传富难上加难。一代难,二代不易,三代责任更大。成功的家族传承大抵相同,失败的案例则各有原由。我们要善于借助专业机构的专业优势,帮助我们分析家情,洞悉家风,了解家愿,揭其家短,防其家险,为其家族代际传承的顺利实施提供方便和支撑。

二是"三环":创、守、传。

家族财管有三大环节,分别是创富、守富和传富。"创富"指的是通过金融手段创造和增加财富数量和等级;"守富"着重是要保障已有的财富不受损耗和丢失;"传富"着重要将财富进行代际传承和转移。所以,创富着眼点在于量的扩张,守富和传富着力于财富位置和财富流动。创守传是家族财管的"铁三角",它们相辅相成、对立统一。"创富"靠能力,"守富"靠智慧,"传富"靠情怀。不同家族在不同阶段,对于创富、守富和传富的侧重点不同。我们要明确所处财富管理的具体阶段,接受侧重点不同的金融服务和非金融增值服务。

三是"三元":人、财、物。

家族财管有三大元素,包括人的元素、财的元素和物的元素。这里的"人"指家族成员,包括核心成员和其他成员;"财"指的是金融属性的财产,可以用来进行金融投资和管理的;"物"指的是金融资产以外的实物形态的其他财富。家族财管目前主要是围绕"财"即金融资产进行的。"物"的管理和传承,法税等方面受限甚多,只能逐步解决。"人"的因素正成为家族财管的主体,"财"和"物"都只是辅助。"以人为本",家族财管的成功最终是人的成功,反之亦然。要通过实际金融编排,做好统筹规划,助力于实现家族基业长青。

四是"三的":个、家、企。

家族财管有三大标的,分别是个人、家族和家族企业。核心个人是家族财管的出发点;家族成员需求管理和关系维护;家族企业是第三层关系,延伸到经营管理层和相关第三方。个人、家族、企业相互依存转化、相互影响冲突,家族财管要统筹考虑此三者的关系,平衡协调好各方面矛盾。

五是"三期":短、中、长。

家族财管有三种期限,包括短期、长期和中期。一般来说,对于投资,一年以内为短期、1~3年为中期、3年以上为长期。这种划分也不是绝对的。对于投资是如此,但对于代际传承就不同了,后面加个零也不为过的。可见,家族财富管理与个人财富管理有很大的不同,既要着眼家族基业长青,又要着眼当前应对。投资产品中久期要多种搭配、品种要动态组合、风险要分散对冲、进攻要与防守兼备。

六是"三型":委、自、半。

家族财管有三种型式,分别是全委、半委、自执。顾名思义,"全委"是指一种委托形式,账户所有人将交易委托给其他人(通常是交易商),受托人在交易时不需要事先征得账户所有人同意。"自执"在这里主要是指客户借助专业机构的投资平台和交易通道,在专业人员支持下自行下达投资指令和一系列操作行为,并为自已的行为承担全部责任。"半委"显然介于前两者之间,客户部分投资安排由专业机构代理,自己承担其中一部分工作,并为此承担相应责任。家族财富管理这三种形式各有利弊,因地制宜,方能事半功倍。

七是"三法":显、隐、半。

家族财管有三大方法,分别是显性方法、隐性方法、半显半隐方法。"显性方法"指的是以公开的方式,通过公正的机构和渠道,进行透明化操作的系列手段和方法;"隐性方法"则相反,指的是以私密的方式、非公开渠道进行的个性化安排;"半显半隐"则居中,是或明或暗、忽明忽暗,根据需要进行方式方法上的调节。不同方法要通过相应的资产形态来实施。例如:房地产等实物投资、存款与理财、股票等权益投资等,大都属于显性方式;保险、信托、贵金属、现金、收藏等则更有利于进行隐性操作;而遗嘱、股权等安排,则具有忽明忽暗、半显半隐的特征,开始时是隐性操作,到后来兑现时,才会浮出水面来。我们要根据特殊需求,选择相应方法。

八是"三维":责、权、利。

家族财管有三个维度,分别是责任、权力和利益。"责任"是基础,围绕家族财富管理方方面面的机构和个人都要按契约和规定履职尽责,分工合作才能继续,也才有可能行使各方权力、兑现各自利益。"权力"的保障机制、"利益"的动力机制和"责任"的约束机制结合一起,构成了十分稳定的关系链条。责、权、利要对等。受托机构与家族间的责、权、利关系是明确家族财管协议的第一步,至关重要。享受权利、规避责任,是家族财管矛盾的根源。破坏规则、逃避责任,是家族财管危机的开始。我们要重视家族责权利平衡关系,为家族财富管理的顺利实施奠定基础。

九是"三焦":法、理、情。

家族财管有三大焦点,分别是法、理和情。"法"指的是家族财管涉及的大小法律和各类法规;"理"指的是家族内部约法三章的事项和大小规矩;"情"着重指的是家族内部诸多亲情、爱情、族情等。"法"是家族财管的天线(高压线);"理"是家族成员、企业的行事准则和底线;"情"是家族财管的粘合剂,是家族财管的特殊性所在。守住底线、不触天线、用好感情线,是家族财管的不二法宝。

十是"三层":道、规、术。

家族财管有三层境界,分别是"道"的层面、"规"的层面和"术"的层面。当然,这种划分也是相对的。"道",在这里着重指家族财富管理的价值观念、基本取向、根本原则和实施战略等,属于家族文化和顶层设计层面上的东西,它的形成和稳定需要一个较长的过程,有的 10 多年、几十年,有的甚至靠几代人的实践打磨才能提炼而成。一旦形成,"道"就相对稳定,指引着家族财富管理的具体行为和活动。"规"在这里着重指的是家族财富管理的行动规划、行事风格、实施路径等。"术"在这里着重指家族财富管理的工具、方法、手段和举措。人们常说:"术"高一尺,"规"高一丈,"道"力无边;小富靠"术",中富靠"规",大富靠"道"。总体而言,在家族财富管理中,"道"重在统领,"术"重在实施,"规"介乎两者,承上启下。道—规—术,正向传导,三者统一,事半功倍。

以上这十大逻辑包含了丰富的"互助精神",是家族财富管理过程中需要格外强调的。必须正确理解,吃透精髓,通过契约、规划等方式,在管理、操作和长期维护中,融会贯通、执行到位,才能保证家族财富管理顺利进行,实现财管目标达成、保值增值、基业长青。有关家族传承示意图如下。

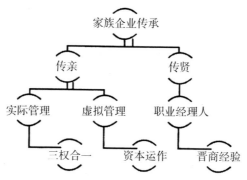

资料来源:王增武博士《家族财富管理》。

（二）家族财管工具内嵌"互助精神"

1．"家族信托"要内嵌"互助精神"。

家族信托是一种信托机构受个人或家族的委托，代为管理、处置家庭财产的财富管理方式，以实现富人的财富规划及传承目标。资产的所有权与收益权相分离，富人一旦把资产委托给信托公司打理，该资产的所有权就不再归他本人，但相应的收益依然根据他的意愿收取和分配。

在信托利益分配上可选择一次性分配、定期定量分配、临时分配、附带条件分配等不同的形式。很多情况下，亲属继承财产或夫妻瓜分财产，远非简单的法律问题。比如，企业家离婚或死亡后，如果只是在事后呆板地根据法律瓜分其原有股权，公司有可能发生动荡、陷入混乱。对财富传承问题的研究越深入，仅凭一纸遗嘱或一纸离婚协议书解决不了问题，富人必须及早邀请专业人士"布局"。因为境内外监管环境不同，对于境外资产采取设立独立信托计划的方式，目前的家族信托管理范围主要以境内资产为主。

家族信托（示意图如下）具有其它方式不可比拟的理财优势。如：保证财富分配隐私性；规避高额遗产税；紧缩家族企业股权；财富隔离与保护；利于激励和约束后代的行为。可以助力：子女婚姻保护；婚内风险防范；避免传承纠纷；退休养老关怀；子女关怀；家族企业传承；企业债务隔离；资产保值；公益慈善安排；等等。

家族信托的关键在于信托框架的设定，一定要坚持"一家一策"，针对家族的特殊情况和特殊需要，兼顾法、理、情，统筹人、财、物，平衡责、权、利，长短结合、刚柔并举，充分内嵌"互助精神"，化解各类矛盾，立足基业长青。

2．"家族基金"设计中体现"互助精神"。

家族基金（Family Foundation），是指资金主要来源于同一家族的多个成员的基金，不管以信托形式、离岸公司形式，还是以单一户头或银行账户形式存在，都可以统称为"家族基金"。随着中国经济的继续发展，随着中国现代慈善体制的进一步完善，企业家创办的家族基金会应该成为中国特色现代慈善的生力军之一。

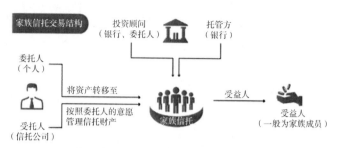

资料来源：王增武博士《家族财富管理》。

家族基金的投资方式主要有三种：一是直接投资模式：直接进行股票、股权私募、房地产和能源的投资。优势是可以直接控制。缺点是资产配置单一，风险集中。二是按照大学基金模式的全球，全资产配置的间接投资，即基金投资：大多数家族基金都采用这种方式。大学基金模式经过市场检验能够取得长期稳定的回报。三是混合模式，同时进行直接和间接投资，一般是资产规模较大的家族基金采用。优势是兼顾风险和回报；缺点是团队的成本很高。

家族基金会在财富传承方面所发挥的高度作用。一是设立品牌，提高企业社会责任形象和知名度，这就相当于"软性广告"，因此很多名人和公司都成立了基金会。二是对外交往、与政府间的关系，都会因基金会而建立联系或者获得更多的便利。通过基金会上的协作，让一些本来不大知名的企业家能够与国内外著名企业领袖建立交流的通道。三是税务角度，不管是个人还是企业，建立基金会，每年的大额捐赠，是可以享受抵税政策的。而且可以一举两得，减少税务的同时做善事。四是家族传承，基金会将财富固定下来，并专门用于公益慈善事业，形成了可持续的财富使用形式。事实证明，巨大的财富可以进行代际保持，其秘密不在于守财，而在于正确地使用财富，而家族基金会就是最佳的模式。例如美国的洛克菲勒这样拥有雄厚资本的家族，经历了6代人，依然长盛不衰。

家族基金会是基于整个家族层面的系统性工程，成败系于顶层设计。而顶层设计要关注的因素很多，有政治的、政策的、市场的、投资的、法律的、运行机制的等等。在统筹运作中最为重要的原则还是家族互助精神的保护和体现。只有充分照顾到家族企业和家族成员方方面面的需要和痛点，充分发挥各自的优势，调动大家的积极性，共同参与、互帮互助，才能真正发挥家族基金会的作用。

3."家族股权"设计中落实"互助精神"。

纵观许多家族企业的发展历程，多是家族主要成员一人控股或家族成员几人控股的状况，有的上市公司的母公司为一人有限责任公司，这样的股权安排无疑是让家族成员在上市公司的资产状况完全裸露在公众面前。家族企业上市后，企业便成为公开、透明的公众公司，受到严格的上市地法律监管，公司的运营管理均需严格有序，不能越界。如果公司股权架构安排不当，不仅给家族企业带来资产减损的风险，如果涉及诉讼，最终的判决会给上市公司的股权结构和财产带来变化和减损风险，涉诉本身也会给上市公司带来股票市场的波动。

上市家族企业股权架构（示意图如下）风险的应对方法：一是根据家族企业上市的不同时期、上市地点和企业、家族状况做好架构搭建和调整。二是调整或变现上市公司股权资产，做好海外资产配置，结合家族成员不同国籍身份安排，搭建企业全球组织架构，让家族资产中的股权形态多元化，留出未来发展空间。三是做好全球税务架构筹划，特别是家庭成员国籍身份变化前的统筹安排，避免因法律制度不同和信息不对称造成大量税收被征，或违反移民国家法律带来的刑事法律追究风险。四是搭建海内外信托架构，防范企业债务和家庭成员婚姻、身故给企业带来风险。五是运用大额保单防范家庭成员意外身故、子女无管理巨额财富能力、遗产税等造成的财富毁损风险。六是做好遗嘱、婚前、婚内协议的安排，以防范家族成员婚姻、家庭关系变化给企业带来的股权变化。七是建立家族基金，保证家族成员教育、医疗等不时之需，隔离企业经营给家族生活带来的影响。

以上是面对家族企业上市面临的风险的一些常规方法，实践中，每家企业的具体情况都有各自的特点，需要专业人员根据每家企业的具体情况作出诊断，为企业量身定做切合实际的解决方案。

家族企业上市已不再是简单满足上市的法律规定、达到上市目的这一个目标了,还需从家族企业传承角度充分考量企业的现在和未来的风险。在这个过程中,"互助精神"是必不可少、生死攸关的。

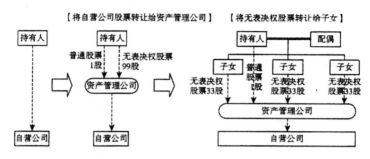

资料来源:王增武博士《家族财富管理》。

4."家族宪章"设计实施中嵌套"互助机制"。

《左传·昭公十六年》中有句话说:列邦立宪之大义始基。这反映中国古代政治和社会生活中,早有规则这样一种价值理念。另外,《尚书》、《春秋》中"盟""誓"二字不绝于书,春秋争霸时诸侯之盟也史不绝书,它们在一定程度上反映了古代社会的这种基于较高价值观体系而产生的权力约束。从一定意义上讲,家族宪法规定了家族的最基本问题,设计了家族成员之间的权利义务约束,确保了家族的基本治理结构和传承等一系列问题。家族宪章是企业发展的助推剂、家族融洽的粘合剂,其起草过程本身也是家族成员沟通交流、达成共识的过程,具有凝聚家族精神、统一家族意识的重要价值。

家族宪章规定了家族传承的最基本问题,是家族治理的基本法。至少要包括:一是家族历史。一个家族的文化形成,往往需要几代甚至数代人的共同奋斗和积淀,形成富有特色的家族文化、家族精神和家族历史,使之在整个社会群体中散发出独特的光辉。二是家族使命。一个家族的使命感越是强烈,那么家族成员对人生、生活的激情、热情和责任感就会越强烈。并且这种强烈的意识会驱使着家族成员为了家族和家族企业有一个辉煌的最终发展方向而为之付出努力,从而实现家族的责任与义务。三是家族宗旨。回答家族是谁、维系家族关系原则是什么、家族应该树立什么样的社会形象以区别于其他家族。四是家族成员。包括因血缘关系、拟血缘关系(如姻亲、过继、入赘等)及其他亲缘关系产生的身份关系。五是家族大会和家族理事会。提供了解决家族纠纷的平台,家族理事会则是实质上的权力机关,它的体系主要包括家族理事会的组织架构、家族事务和家族公益事业的决策机制、参与家族企业决策的决策机制、处理家族成员之间分歧的路径等。六是家族企业独立董事会。董事会直接向家族企业股东会负责,其职责是负责家族企业的战略发展及日常运营。董事会成员的组成和任职限制、任职回避等都要进行精细化设计,帮助家族企业明确家族企业中长期需要关注的战略目标等。七是对家族企业的标准管理。目标、流程、标准是家族标准管理的三要素。八是家族成员参与家族企业事务的程度。设置奖惩标准和晋升机制和家族成员在企业中的角色定位。九是家族企业股票的所有权。涉及到企业所有权、控制权、经营权及收益权的配置。十是家族企业继承。包括所有权继承和管理权继承。十一是家族理事会和企业董事会的协定。十二是家族成员的教育、发展、养老和健康。十三是泛家族关系的规范。泛家族化将家族中的伦理关系概化到家族以外,将泛家族组织成员家人化,将家族成员间的关系人伦化。十四是家族宪章的修订规则。十五是家族宪章的生效和解释权。

对于家族治理和传承,家族宪章意义非凡:有利于为家族财富、家族精神的传承指明方向;有利于促进家族治理;有利于规范家庭成员的行为;有利于实现财富传承。家家有本经,经经都难念。家族宪章看似简单,实则不易,处处显示着家族利益的调和、各成员间互助配合、存异求同的重要性。

5. "家族办公室"设计运作中包含"互助精神"。

位于金融产业链最顶端的家族办公室,被视为这个行业里最为神秘且复杂的一环:巨额财富、投资动向、隐秘传承。近69%的高净值家庭将在未来15年进行代际交替,因此这几年来,家族办公室的首要工作是制定财富传承计划。家族办公室经过百年发展现已成为处理家族事务和财富传承的"全能管家",其核心功能要靠其规范运作来保证,主要包括:其一,家族办公室通过规范整合家族事务处理团队、资产管理团队和财富传承团队资源,使各团队协同工作,更加高效地发挥专业能力。其二,为客户提供更加多层次、多元化的规范的资产配置投资服务。其三,提供给客户的规范化、个性化服务更加全面和深入。涵盖了其所衍生的家庭生活、人际关系各个方面。其四,扮演家族"守门人"角色,可以最大程度的保守家族秘密和个人隐私。其五,以传承家族精神、家族价值和家族荣誉为己任。其六,法律服务贯穿家族办公室所有活动领域。

家族办公室(示意图如下)是站在客户角度去考虑投资相关的一切事宜。从资产的多样性、产品标的具体选择、执行费率的降低、配置的动态再平衡、节税、不同股权项目的退出策略等等,都需要家族办公室站在客户角度,以服务家族客户长远利益角度出发去考虑权衡相关事务。作为私人银行业态的顶级存在,这考验家族办公室团队的专业能力、沟通能力。当前国内专业人士创建家族办公室服务机构,着重要在五个方面下功夫,统合为 MAPAS,这包括:Make a match(撮合交易)、Account management(专户管理)、Private equity(私募基金)、Allocation(配置代理)、Service(增值服务)。

不难理解,家族办公室在家族财富管理和基业传承中的专业功能和独特作用。而其作用的实现丝毫离不开家族"互助精神"的彰显和"互助机制"的发挥。

契合富贵之道的"互助精神",是帮助百年家族时空穿越、基业长青的秘密。

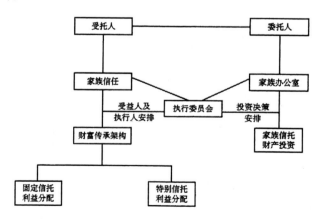

资料来源:王增武博士《家族财富管理》。

第五节 个人创造

从政府到组织,到机构,到家族,最后落到个人。个人的创造力是富贵场中最活跃的成分。茫茫人海,熙熙攘攘,只能分析"首富"这类典型,以期发掘个人创造在富贵提升中的基础功能。

一、首富种种

(一)2020 年胡润全球十大富豪

第一位是杰夫·贝佐斯(Jeff Bezos)。他创办了全球最大的网上书店 Amazon(亚马逊)。杰夫·贝索斯以 1400 亿美元财富位列《2020 胡润全球富豪榜》成为世界首富。

第二位是伯纳德·阿诺特(Bernard Arnault)。1949 年 3 月 5 日出生于法国,世界奢侈品教父、LVMH 集团缔造者、精品界的拿破仑。贝尔纳·阿尔诺以 1070 亿美元财富位列《2020 胡润全球富豪榜》第 2 位。

第三位是比尔·盖茨。1955 年 10 月 28 日出生于美国华盛顿州西雅图,企业家、软件工程师、慈善家、微软公司创始人。比尔·盖茨 1995 – 2007 年连续 13 年成为《福布斯》全球富翁榜首富,连续 20 年成为《福布斯》美国富翁榜首富。2020 年以 1060 亿美元财富位列《2020 胡润全球富豪榜》第 3 位。

第四位是沃伦·巴菲特。1930 年 8 月 30 日生于美国内布拉斯加州的奥马哈市,全球著名的投资商。从事股票、电子现货、基金行业。沃伦·巴菲特以 1020 亿美元财富位列《2020 胡润全球富豪榜》第 4 位。

第五位是马克·艾略特·扎克伯格。1984 年 05 月 14 日生于美国纽约州白原市。社交网站 Facebook(脸书)的创始人兼首席执行官。马克·扎克伯格以 840 亿美元财富位列《2020 胡润全球富豪榜》第 5 位。

第六位是阿曼西奥·奥特加。1936 年 3 月 28 日出生于西班牙西北部贫困的加利西亚地区,是西班牙服装公司 Inditex 的创始人。阿曼西奥·奥特加以 810 亿美元财富位列《2020 胡润全球富豪榜》第 6 位。

第七位是卡洛斯·斯利姆·埃卢。经常被称为卡洛斯·斯利姆,黎巴嫩裔墨西哥商人,出生于墨西哥城。他是墨西哥电信的最大股东,亦是墨西哥美洲电信的首席执行官,并持有墨西哥卡尔索集团,商业网络遍及世界各地。卡洛斯·斯利姆·埃卢家族以 720 亿美元财富位列《2020 胡润全球富豪榜》第 7 位。

第八位是谢尔盖·布林。全名谢尔盖·米克哈伊洛维奇·布林(Sergey Brin),是 Google 公司联合创始人之一,美国籍俄罗斯裔企业家。谢尔盖·布林以 680 亿美元财富位列《2020 胡润全球富豪榜》第 8 位。

第九位是拉里·佩奇。全名劳伦斯·爱德华·佩奇,是 Google 公司的创始人之一。拉里·佩奇以 670 亿美元财富位列《2020 胡润全球富豪榜》第 9 位。

第十位是穆克什·安巴尼。1957 年 4 月 19 日出生,印度信诚工业集团董事总经理。穆克什·安巴尼以 670 亿美元财富位列《2020 胡润全球富豪榜》第 9 位。

如果说,"人生不是享乐,而是一桩十分沉重的工作"(列夫·托尔斯泰),那拥有巨额财富的人生就背负更多的责任和压力。这些富人,尽管行业不同,年龄不同,财富基础不同,个人专业不同,性格不同,民族种族不同,语言不同,信仰不同,家族结构与周期不同,创业模式不同,风险偏好不同;但有一点是共同的,都具有无如伦比的创造力。他们正如"大雁法则"所示,勇立时代前沿,引领时代潮流,创造了新模式、新技术、新产业、新理念,开辟新的天地,创造多重价值。如:

1. 杰夫·贝佐斯(Jeff Bezos)。贝佐斯 3 岁时,对自己睡在婴儿床中十分恼火,拿着一把螺丝起子,要把婴儿床拆掉,好让它看起来更像一张床。这种个性对他今后的成功做了铺垫。16 岁时,他就能安装风车,使用弧焊机。到高中,贝佐斯成立"梦想"协会,开办暑期活动,开发学生的创新思维。

工作后,他就拒绝丰厚的待遇,踏上了创业之路。用 30 万美元的启动资金,在西雅图郊区租来的车库中,创建了全美第一家网络零售公司——Amazon.com(亚马逊公司)。

亚马逊是最便宜的书店之一,有高达 30 万种以上的书目可以进行购买折扣优惠。

还有它远远比传统书店更方便快捷的服务,更全的书目。

速度也同样表现在库存货物的更新上。亚马逊除了 200 册的畅销书种外,几乎不存在库存。

贝佐斯是互联网上货真价实的革新者。亚马逊拥有 3 万个"委托机构",这些"委托机构"在各自的网站上,为亚马逊推出的书籍进行推荐工作。

同时,贝佐斯还协助定义了一个以购物网站为中心的互联网社区。

"亚马逊"是网络上第一个电子商务品牌。5 年不到的时间,亚马逊以惊人的成长速度创造了一个网络神话。1999 年当选《时代》周刊年度人物,是美国《商业周刊》评选的"互联网时代最具影响力的 25 人"之一。

2.伯纳德。无论选择设计师,还是定位品牌,他都眼光独到。他打造 LV 的秘诀在于为 LV 创造历史,让 LV 尊贵的历史感融汇到现代的华贵生活,并成为一种源远流长的时尚,让人有拥有并且传承的愿望。

LVMH 的那些品牌不是阿诺特创造的,但是他比任何人都知道他们在世界范围的潜在价值,并且最擅长将它们的价值最大化。

阿诺特几乎拥有 LVMH 的全部股份,这间公司必然充满家族色彩。阿诺特多次在公共场合宣称,自己的目标是将 LVMH 保持在阿诺特家族的控制之下,他的儿子安东尼和女儿德尔菲娜同他儿时一样,从小为继承家族产业而接受教育,阿诺特向祖父对待他一样对待自己的孩子。

3.马克·艾略特·扎克伯格。美国社交网站 Facebook 的创办人,被人们冠以"第二盖茨"的美誉。马克·扎克伯格 2004 年 2 月,还在哈佛大学主修计算机和心理学的二年级学生扎克伯格突发奇想,要建立一个网站作为哈佛大学学生交流的平台。只用了大概一个星期的时间,扎克伯格就建立起了这个名为 Facebook 的网站。

网站刚一开通就大为轰动,几个星期内,哈佛一半以上的大学部学生都登记加入会员,主动提供他们最私密的个人数据,如姓名、住址、兴趣爱好和照片等。学生们利用这个免费平台掌握朋友的最新动态、和朋友聊天、搜寻新朋友。

很快,该网站就扩展到美国主要的大学校园,包括加拿大在内的整个北美地区的年轻人都对这个网站饶有兴趣,如今,在英国、澳大利亚等国的大学校园同样风靡。

首富们的财富令人惊叹,更令人惊叹的还是他们无与伦比的创造力!

(二)中国十大首富

第一位是马云。以 2701.1 亿元位居第一。代表作品:阿里巴巴。财富值:2701.1 亿元。在 2019 年中国富豪榜单中马云排名第 3 位。马云 1999 年创办阿里巴巴集团,获得 2008 年日本第十届企业家大奖,荣获 2009 年中国经济十年商业领袖奖和 2012 年 CCTV 中国经济年度人物,是这 10 年身价涨幅最大的富豪。

第二位是马化腾。代表作品:腾讯 QQ。财富值:2545.5 亿元。2013 年以 620 亿元人民币名列胡润百富榜第 3 位,以 622 亿元人民币名列福布斯中国富豪榜第 5 位。以 2545.5 亿元财富值位列 2019 福布斯中国 400 富豪榜第 2 名,他改变了中国 SNS 现状,于 1998 年创立腾讯公司,成立了腾讯慈善基金会。

第三位是许家印。代表作品:中国恒大集团。财富值:1958.6 亿元。以 1958.6 亿元财富值位列 2019 福布斯中国 400 富豪榜第 3 名,于 1996 年创立恒大集团。《2018 福布斯中国慈善榜》显示,许家印以 42.1 亿元人民币的现金捐赠总额名列榜单第一,同年 9 月,连续八届获得"中华慈善奖",并入选"世界最具影响力十大华商人物"。入选中央统战部、全国工商联"改革开放 40 年百名杰出民营企业家"。2019

福布斯中国慈善榜排名第 1 位。

第四位是孙飘扬家族。代表作品:恒瑞医药/翰森制药。财富值:
1824.3 亿元。2019 福布斯中国慈善榜发布,孙飘扬以 9,666 万元人民
币的现金捐赠总额排名第 50。

第五位是杨惠妍家族。代表作品:碧桂园。财富值:1689.9 亿元。
以 1689.9 亿元财富值位列 2019 福布斯中国 400 富豪榜第 5 名。2018
胡润女企业家榜排名第一位,37 岁杨惠妍以财富 1500 亿元第六次成
为中国女首富。胡润研究院发布《2019 胡润女企业家榜》,杨惠妍以
1750 亿元人民币财富排名第 1。

第六位是何享健家族。代表作品:美的集团。财富值:1640.4 亿
元。以 1640.4 亿元财富值位列 2019 福布斯中国 400 富豪榜第 6 名。
2009 清水湾胡润百富榜第 17 名。

第七位是黄峥。代表作品:拼多多。财富值:1499 亿元。2019 年
福布斯全球亿万富豪榜排名第 94 位。

第八位是丁磊。代表作品:163 邮箱、梦幻西游、大话西游。财富
值:1216.2 亿元。福布斯发布 2019 年度中国富豪榜,丁磊以 1216.2 亿
元身家排名第 8 位。2006 获第三届"中国软件行业杰出青年",2006
中国游戏产业最具影响力人物奖,2016 福布斯中国富豪榜排名第
五位。

第九位是秦英林家族。代表作品:牧原股份。财富值:1173.8 亿
元。2017 年全国脱贫攻坚奖奉献奖,2019 年福布斯全球亿万富豪榜排
名第 452 位,财富值 43 亿美元。

第十位是张一鸣。代表作品:今日头条、内涵段子、火山、抖音、问
答等。财富值:1145.5 亿元。以身家 1145.5 亿元排名中国十大首富
排行榜 2020 第 10 位,主要成就:创办北京字节跳动科技有限公司、获
得新浪科技 2014 年度风云榜年度新锐科技领袖。2019 年胡润百富榜
排名第 20 位,财富值 950 亿元人民币,《2019 胡润 80 后白手起家富豪
榜》,张一鸣以 950 亿元排名第 2。是 2019 年度中国经济新闻人物。

中国富豪也有着十分突出的创造精神。

如马化腾。马化腾在模仿间不经意打造了一个庞大的"QQ帝国"，为中国人创造了全新的沟通方式。互联网新锐马化腾，把一个SNS聊天工具打造成不可或缺的QQ，将腾讯变成了互联网商业帝国。他不只是建立一个成功的企业，并在中国独特的文化背景中，将独生子女家庭以及庞大的移动互联网的人口联系起来。他是中国最富有的人之一，但是也是最低调的富豪之一。他创造了中国最大的网络公司。

又如张一鸣，主产品有"今日头条"和内涵段子、火山小视频、抖音、悟空问答等。这位极具冒险精神的"技术宅"，迄今为止，他已经直接参与了五家公司的创业，其中有两家是自己创立的，还有一家是合伙人。张一鸣创办的今日头条没有编辑团队，不对内容进行人工干预，全靠算法学习进行个性化的机器推荐；也不进行内容的生产加工，只做内容分发渠道。今日头条的核心竞争力和优势就在于机器分发，基于大数据和算法进行个性化推荐，它不仅是一个新闻客户端，还是信息分发平台，是一家具有媒体属性的科技公司。张一鸣创造的商业模式连同他的创富速度，让人惊叹不已。

首富们都有一种坚持"窄路思维"的"舍易求难"的创造力。创造之路非常狭窄，几乎没有人，因为太难。但是恰恰因为难，坚持到最后的人，就会变成顶尖的高手。

二、贵在创造

这些富贵场上的英雄们，不仅创造了财富神话，同时也在精神、模式、业态、技术、文化等方面都有无如伦比的创造性和引领性。如：

（一）马云的"鸡汤

马云的金句对很多人来说都有启发意义，如："别人可以拷贝我的模式，不能拷贝我的苦难，不能拷贝我不断往前的激情"、"今天很残酷，明天更残酷，后天很美好，但绝大多数人都死在明天晚上"、"赚钱模式越多越说明你没有模式"、"有时候死扛下去总是会有机会的"、"性格和情商，主要还是由后天学习和塑造的"、"短暂的激情是不值钱的，只有持久的激情才是赚钱的"、"世界上最不可靠的就是关系"、"一个成功的创业者,三个因素,眼光、胸怀和实力"、"聪明是智慧者的天敌,傻瓜用嘴讲话,聪明的人用脑袋讲话,智慧的人用心讲话。所以永远记住,不要把自己当成最聪明的,最聪明的人相信总有别人比自己更聪明"、"一个一流的创意,三流的执行,我宁可喜欢一个一流的执行,三流的创意"……

马云的"鸡汤",对人们颇有启发。

(二)盖茨的"裸捐"

在 2010 年,微软创始人、世界首富比尔·盖茨和妻子梅林达·盖茨与投资大师沃伦巴菲特一起发起了"捐赠誓言"活动,他们承诺在其一生或死后将超过一半的财富捐赠给慈善机构。

比尔·盖茨和妻子梅林达·盖茨表示,其实他们在近 20 年来一直致力于实现这一承诺,他们设立的比尔和梅琳达盖茨基金会设立的宗旨就是要改善人类医疗保健条件,并减少全球贫困等等。

比尔·盖茨和妻子梅琳达·盖茨创建了世界上最大的私人慈善机构——比尔和梅林达盖茨慈善基金,该基金拥有 400 亿美元(约 2644亿元人民币)的资金。比尔·盖茨将其归结为两个原因:其一,因为这样做既有意义又有趣。比尔·盖茨表示,他在跟梅林达结婚前,已经谈到了关于在慈善事业上花费大量时间的问题。他们认为这是拥有巨额财富的人的基本责任。其二,做这项工作是因为这是他们的生活。比尔·盖茨的妻子梅琳达表示,过去 20 年中,慈善是他们夫妇婚姻的主要组成部分,也几乎是他们的孩子们的全部生活。迄今为止,他们的同名基金会的工作与他们是分不开的。比尔·盖茨还说,自从他捐出这么多钱以后,他的孩子们也许将来不会成为亿万富翁,但是,他们会深深地参与基金会,继续做慈善事业。

比尔·盖茨的"裸捐",给到人们的,除了震憾,还有力量,无穷的榜样力量!

(三)超人的"眼光"

李嘉诚超高的战略眼光始终是其商业生涯的闪光点,每一次的转型都很成功。总结其战略眼光的独到之处,有三个特征:一是明确的目

标和执著的追求;二是快速准确地把握机遇并不断地创新,上世纪60
-70年代香港房地产市场一片萧条景象,大家都争着往外低价抛售房
产,而李嘉诚经过仔细分析和判断,认为中国共产党不会武力收复香
港,以保留这个大陆的通商口岸。基于这样的判断,李嘉诚开始在香港
房地产市场抄底,大量收购闲置的房地产,后来的情形正如其所料。三
是敏感地预见机遇和可能面临的问题。1950年开始开办的塑料厂生
意惨淡,他痛定思痛之后,创新引进新产品,于是才有了后来的风靡香
港一时的塑料花产业。

古人云:不谋万世者,不足谋一时;不谋全局者,不足谋一域。思考
问题一定要有全局意识,一定要看到未来。然而大处着眼必须要与小
处着手配合,老子说,图难于其易,为大于其细。再大的事,都必须从小
处着手,这样才能避免空谈和眼高手低。

李嘉诚在生意上几乎没有失败过,这源于他具有非同寻常的眼光。

(四)胡雪岩的"政商"

红顶商人胡雪岩:500多后人中无一人经商,原因与其临终遗嘱
有关。

"白老虎可怕,白老虎可怕——"这是红顶商人胡雪岩弥留之际,反
复念叨的一句话。胡雪岩口中的"白老虎"就是"白花花的银子",这位从
账房伙计做起的巨商,曾是富可敌国的"胡大财阀"。他用30年成了中
国的首富,但最终破产却只用了三天。"第一个不要经商,第二个勿近官
宦,第三不要和李姓通婚。"这是胡雪岩留给胡氏子孙的遗言。胡雪岩后
世子孙500余人,其中直系后代有200余人。如此庞大的队伍里,竟几乎
无一人从商从政,而是基本"从文从教从自然科学"。

胡雪岩是普通出身的子弟,他放过牛、在账房打过杂。胡雪岩的第
一笔财富就是依靠官员王有龄赚取,而后,他更是依仗军机大臣左宗
棠,迅速积累财富发家。由权力而来的原罪财富,马上会被更大的权力
以正当的名义剥夺。最终,当左宗棠在与李鸿章政斗中败阵时,胡雪岩
自然地成了最大的牺牲品。

今天,中国商界普遍流传着"为商要学胡雪岩"的说法。但对于胡

雪岩的后人而言,他们却世代恪守着"不为商、不从政"的祖训。

胡雪岩成亦"政商",败亦"政商"。经验? 教训? 由人自取。

(五)巴菲特的午餐

前面述及,此处略。

(六)百姓财富"路线图"

财富管理也不单是首富们的专利,一般普通人也要借鉴他们的经验做好自己的财富管理工作。每一个金融投资人和财富管理者,一定要善于运用统筹思想、科学规划、系统绘制财富管理路线图。主要有十个重要环节。

其一,要坚持以"科学财富观"为财富管理的一个根本点。要努力培养"人财合一、以人为本""德财兼备、以德为先"为核心理念的科学财富观。要着力转变财富认知,重视知识的力量,让知识的获得和转化成为财富创增的锐利武器。要着力更新致富思路,加强对无形资产的积累。要培养实干精神、实业精神,让尊重劳动和尊重知识成为全社会的重要准则。要树立良好的财富心态,承担应有的财富责任。

其二,要抓牢攻守两线。财富管理过程中"攻"与"守"是辩证统一的一对矛盾。成熟的财富管理者在实际操作中,常常是"攻"中有"守","守"中有"攻";"攻"时念"守","守"时备"攻";以"攻"为"守",以"守"助"攻"。攻守相依、守攻转化才是行之有效的财管哲学。

其三,要平衡财管三期。三期之间有着相互联结、彼此传承的关系。积累期基础打牢,巩固期再接再厉,那么消耗期也就能从容不迫;反之,只会层层施压,让老年消耗期不堪重负,疲惫困窘。

其四,要统筹四大需求。财富管理需求有一个层层递进的过程,从财富创造到财富保护、财富利用,再到财富传承。人生需求与财富需求基本同步,且相互影响、相互渗透,要统筹好、处理好、协调好。

其五,要端正财富五观。兼顾宏观、中观和微观,实现宏观审势、中观评鉴、微观定位"三位一体"。兼顾近观与远观,立足当前,着眼长远。兼顾客观与主观,遵守客观规律,尊重个人主观因素,寻找有效交集。兼顾悲观与乐观预期,寻找适度平衡,避免在两个极点间疲于奔命。兼顾财富观、价值观、人生观,朝"三观合一"方向迈进。

其六,要细化六大策略。在财富规划和实施过程中,尽量做到简便易行、顺势适度、分合相宜、攻守有道、扬长避短、兼收并蓄。

其七,要遴选七类模式。一般而言,个人财富管理有七类模式,分别是:以存贷汇为主的"简配型"服务;以理财产品买卖为特色的"经纪型"服务;以专业咨询为特色的"顾问型"服务;以直面市场进行操作为特色的"交易型"服务;以个性化、订制式为卖点的"委代型"服务;以资本运作为特色的"投行类"服务;包括家族信托、家族基金、家族办公室在内的各类"家族型"服务;综合服务。投资者要依据自身实际,选择相应的银行财管服务模式。

其八,要处理八个组合。包括财务支出组合、资产配置组合、产品组合、策略组合、投资行业组合、投资区域组合、投资渠道组合、投资市场组合等,以确保收益获取与风险分散两不误。

其九,要防控九类风险。风险无处不在,财管过程就是风控过程。有业务不熟、违规违法引发的操作风险;有人为故意、内外勾结等引发的道德风险;有网络瘫痪、系统遇袭等导致的系统风险;有市场要素变化引发的市场风险;有投资标的方或相关方违约失信引致的信用风险;有合同契约签订运管中存在问题带来的法律风险;有杠杆投资、多元化运作不当致使流动性紧张引发的流动性风险;有投资者个体因素或投资行业的自然脆弱属性引发的自然风险;以及政治/政策环境突变带来的政治/政策性风险。这些风险如果控制不当,都有可能引发投资者个人声誉风险。财管风控是一个系统工程,投资者一定要加强学习,掌握相关专业知识,借助专业机构和专业人员的力量,在风险识别、预防、处置等环节多动脑筋,尽力将各类风险控制在有限范围内,将风险损失降到最低。

其十,统筹十对关系。统筹好集与散,做到集散结合;统筹好新与旧,做到喜新怀旧;统筹好虚与实,做到虚实相长;统筹好危与机,做到危中寻机;统筹好大与小,做到大小兼顾;统筹好远与近,做到远近同谋;统筹好简与繁,做到以简驭繁;统筹好里与外,做到里外相通;统筹好取与舍,做到取舍有度;统筹好攻与守,做到攻守相成。财富管理是一个充满矛盾、充满挑战的规划决策和投资操作过程,需要知识、经验和胆识,更需要智慧和定力,统筹好上述十对关系是投资人确保财富管理协调推进、事半功倍的重要法宝。

个人是富贵场上最基础、最活跃的元素。研究个人富贵因子,契合富贵之道的"创造力"是其中最重要的部分,除此以外,还有很多影响因子,如家庭因素、教育背景、专业职业、性格秉性等。这里不再赘述了。

运用"元角分"模型分析富贵相融情形。政府引领、组织推动、机构自律、家庭互助和个人创造五类主体,共同参与富贵经营,他们的表现张力支撑起了一个诺大的五边形。五面边内部面积越大,表明富贵生态环境越好;反之,则反是。

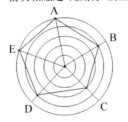

富贵相融之"元角分"模型

A: 政府引领
B: 组织协同
C: 机构自律
D: 家族互助
E: 个人创造

富贵相融逻辑关系,也是五行生克关系。

一方面,相生关系,体现在两个循环。一是正循环,政府-组织-机构-家族-个人,是促进上升的关系:"政府"促"组织","组织"促"机构","机构"促"家族","家族"促"个人"。二是逆循环,反过来。"个人"促"家族","家族"促"机构","机构"促"组织","组织"促"政府"。逆向也是一种循环关系。正反循环,互为促进,互为基础,构成了一个很好的循环体系。这个循环体系,是一个开放体系,能吸收外部能量,能自我适应,自我调整,自我强化,自我修复,可以不断与时俱进,自我提升。

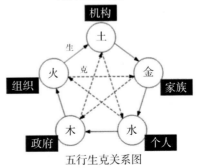

富贵相融逻辑关系

五行生克关系图

同时,富贵相融内部又是相互克制的关系。对照五行学说,简单说就是:"政府"克"机构",政府贤能不够,哪来好的机构?"机构"克"个人",机构活力不足,个人如何施展?"个人"克"组织",个人缺乏斗志,组织又能怎样?"组织"克"家族",组织涣散,家家遭殃;"家族"克"政府",家之不存,政府焉兴?

可见,富贵场上,五类主体都很重要,他们的作用缺一不可(参见以下"富贵五星图")。五类主体要克服"螃蟹效应"影响,避免纠缠内耗。

政府要运用行政力量,发挥引领作用,为富贵建设打基础、塑环境、建机制、给保障;组织要运用市场力量,发挥协同作用,帮助各单位在正确的富道与贵道上行走;机构要运用整合力量,坚持自律原则,让科学的富贵之道落地生根;家族要运用"宗族"力量,发挥互助作用,帮助家族成员遵守富贵之道,推动家业长青;个人要运用个体能量,发挥创造精神,从我做起,脚踏实地,创造财富,提升精神,让富贵之树开花结果,四溢芬芳……

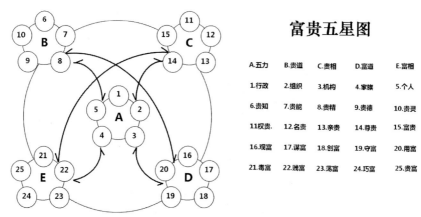

富贵五星图

A.五力	B.贵道	C.贵相	D.富道	E.富相
1.行政	2.组织	3.机构	4.家族	5.个人
6.贵知	7.贵能	8.贵精	9.贵德	10.贵灵
11.权贵	12.名贵	13.亲贵	14.尊贵	15.富贵
16.现富	17.谋富	18.创富	19.守富	20.用富
21.毒富	22.贱富	23.荡富	24.巧富	25.贵富

各主体都立足当前、着眼长远,立足自身、着眼他人(主体),协力同心,和衷共济,共建共享,共融共生。这样的富贵生态才会健康、有序,才会长青长绿、生机盎然。

富贵相融,从五大富贵主体(政府、组织、机构、家族、个人)在富贵场上的功能表现,进一步彰显富贵二者间辩证统一关系。两者统筹兼顾时就能生机勃勃、相生相荣;反之则衰相倍出、乏善可陈。

　　研究"富贵相融",旨在找到并强调要科学利用好"富贵相融"的"协同力",争取富贵提升过程中有利的平衡共生环境。

　　"富贵学"在论及此处时感喟:富贵之理,众学纷呈。相依相离,互通互融。平衡协同,循环渐进。富伴贵随,基业长青。

第十八章　富贵相熵

本章依据熵增理论，检视富论、贵论、富贵之论，着重是要分析富贵之道。

第一节　熵论

一、定义

熵（Entropy），最早在1865年由德国物理学家克劳修斯提出，用以度量一个系统"内在的混乱程度"。可以理解为，系统中的无效能量。它们散失到了宇宙中，它们不可逆，无法被再利用，且永远在增加。因此可以推出，恒星终将熄灭，生命终将消失，宇宙将变成一片死寂，沦为熵。这个状态，也被称为热寂。

什么是熵增定律？在一个孤立系统里，如果没有外力做功，其总混乱度（熵）会不断增大。这里面有三个词非常重要：孤立系统、无外力做功、总混乱度（熵）。那么什么是熵增定律呢？就是这种熵在不断增加的过程。但这是针对整个宇宙而言的，如果要针对地球，针对一个国家，针对一个企业，针对某一个人，则要加上两个限制条件——封闭系统＋无外力做功。任何一个系统，只要满足封闭系统，而且无外力维持，它就会趋于混乱和无序。生命也如此。

熵增定律被称为最让人沮丧的定律。它不仅预示了宇宙终将归于热寂，生命终将消失。而且，从小的方面来说：它左右着国家和企业的发展规律，让组织变得臃肿，缺乏效率和创新；它左右着个人的方方面面，让我们安于懒散、难以坚持、难以自律……

熵增的条件有两个：封闭系统＋无外力做功。只要打破这两个条件,我们就有可能实现熵减。

在事物运动中,熵和能规定着事物运动的状态。熵的对比规定着运动的方向,能规定了事物运动的能力(速率),两者合起来就是"速度"。一个物体,总是自然地由高熵环境趋向低熵环境——同时向环境释放能量。反之,它吸收能量(即外力推动它做功)而从低熵环境走向高熵环境。

二、启示

薛定谔在《生命是什么》中说:"人活着就是在对抗熵增定律,生命以负熵为生。"

因为事物总是向着熵增的方向发展,所以一切符合熵增的,都非常的容易和舒适,比如懒散、懈怠、随大流等。因为所有事物都在向着无规律、向着无序和混乱发展,如果你要变得自律,你就得逆着熵增做功,这个过程会非常痛苦。

生命本身就是不断自律即熵减的过程。减熵过程在重复做三件事:其一,努力保证能量的供给;其二,努力开放系统;其三,努力变得更加智能,更能适应环境、有利自身成长。

熵增定律告诉我们,任何一个生命系统,都必然是一个开放的系统,只有与周围不断进行能量交换,才能得以运转和延续。人的生命,如果加以封闭,在很短的时间内增熵就会达到最大值,生命就会瓦解。

熵增定律告诉我们,要远离平衡态。可以理解为,当熵逐渐增大,虽然系统会变得越来越混乱无序,但是这种结构却更稳定,这种稳定就是平衡态,你要远离这种平衡态,打破这种平衡态,让系统内部流动起来。

熵增定律告诉我们,要主动做功。不能等到生活脱离了你的掌控,才后知后觉的介入。要每天都保持清晰的思绪,主动投入时间和精力,去理清你的情绪,理清你每天所做之事,理清你想要的是什么。

熵增定律告诉我们,要拥抱智能化。整个生命的减熵史,就是一个不断变得智能的历史。减熵的终极方向是智能化,就是降低信息熵。

信息熵越大,不确定性就越大。智能化过程中,获取了更多信息,消除了更多不确定性,所以熵就趋于减少。

熵增定律告诉我们,要坚持做有复利效应的事。熵减也是遵从复利效应的,也许你此刻做了很多努力,看起来没有什么变化,学习,生活,能力都没有多少改变。但是请不要灰心,请继续保持熵减。生命本身就是熵减的过程,我们不断从外界摄入低熵能量,排出高熵能量,于是在体内形成负熵流,最终使我们得以活在这个熵增的环境,而你的熵减做的越多你的负熵流就越强,你就会越强。

繁华易逝,容颜会老。任正非说:"死亡终究会到来的,这是历史规律,但是我们的责任是应不断延长我们(企业)的生命。"开放、包容、变通就是年轻;封闭、狭隘、顽固就是衰老。只有当你处于一种开放的形式时,你才能接纳新的思维,才能学习新的价值。如同新陈代谢,生物体能不断进行自我更新,思维自我迭代,自我变革就是认知熵减。

人生犹如逆水行舟,不进则退。如同任正非所说:"熵减的过程是十分痛苦的! 但结果都是光明的!"

第二节　熵论富贵

熵论内涵十分丰富,本节试图将富贵之论放到熵论中进行简易剖析,以进一步探析富贵之道。分析将借助一张简易的"富贵之熵"图示进行。

一、富之熵论

下面是一张"富贵之熵"图。该图展示了富之熵增与熵减、贵之熵增与熵减以及富贵之道在其中的参与。该图内部还标示了,熵增与熵减与富/贵内部有序与无序的关系,熵增过程助推无序,熵减过程促进有序。

先分析熵增/熵减介入富能的基本过程,从中领略富熵与富商的辩证关系。

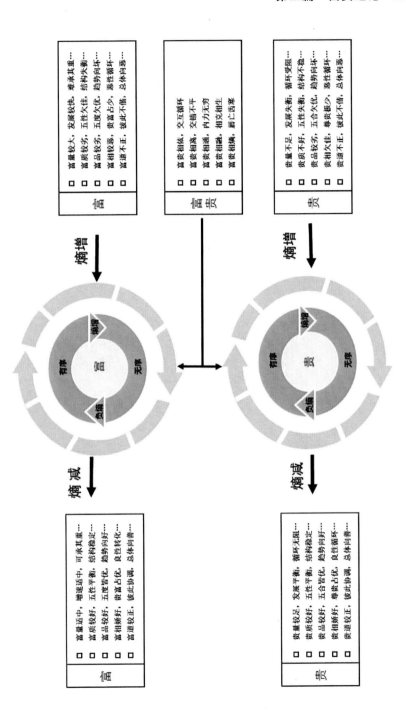

富
- □ 富量较大，发展较快，难承其重…
- □ 富质较劣，五性失衡，结构失衡…
- □ 富品较劣，五度欠佳，趋势向环…
- □ 富相较差，贵富占少，柔性循环…
- □ 富道不正，彼此向恶，总体向恶…

富贵
- □ 富贵相依，交互循环…
- □ 富贵相离，交错不平…
- □ 富贵相通，内力无穷…
- □ 富贵相融，相克相生…
- □ 富贵相悖，唇亡齿寒…

贵
- □ 贵量不足，发展失衡，循环受阻…
- □ 贵质不佳，五性失衡，结构不稳…
- □ 贵品较劣，五度欠佳，趋势向环…
- □ 贵相欠佳，尊贵较少，柔性循环…
- □ 贵道不正，彼此不信，总体向恶…

熵增　　　　　　　熵增

富　　有序　无序

贵　　有序　无序

熵减　　　　　　　熵减

富
- □ 富量适中，增速适中，可承其重…
- □ 富质较好，五性平衡，结构稳定…
- □ 富品较好，五度皆优，趋势向好…
- □ 富相矫奸，贵富占优，良性转化…
- □ 富道较正，彼此协调，总体向善…

贵
- □ 贵量较足，发展平衡，循环无阻…
- □ 贵质较好，五性平衡，结构稳定…
- □ 贵品较好，五合皆优，趋势向好…
- □ 贵相矫奸，尊贵占优，良性循环…
- □ 贵道较正，彼此协调，总体向善…

(一)熵增过程,富能无序增加,富商下降

依据第一篇"富论",我们观察一个人的富能,若发现:

其财富的规模和量能持续扩大,发展速度持续加快,日益超越其可承受范围。他的各经营因素都绷的很紧,经营日益吃力,内外部压力骤增……

其财富的结构不尽合理,失衡性日益突出,负面效应日益显现。对照"五性"(成长性、风险性、稳定性、盈利性、流动性)标准衡量,其总的分值偏低,并持续下降,尤其是稳定性、流动性、安全性下降明显,结构失衡带来的问题不断出现,甚或预警讯号灯亮起……

其财富总体品质下降,依"五度"尺度度量,财富长度、宽度、深度、速度、温度总体趋劣,内外部环境和发展趋势向坏……

其富相较恶,"毒富""贱富""荡富""巧富""贵富"五富中,"贵富"占少,趋势不好……

其富道不正,"观富""谋富""创富""守富""用富"五大富道,彼此不偕,总体向恶……

我们能基本判断,该富能内部无序增加,效率下降,从而富商(富之商值)处于下降过程。

(二)熵减过程,富能有序增加,富商上升

同样依据第一篇富论原理,我们观察一个人的富能,若发现:

其财富的规模和量能适度稳定,速度适中,均在可承受范围。他的各经营因素弹性较好,留有余地,内外部压力较小且可控……

其财富的结构较为合理,失衡性较小,负面效应较弱。对照"五性"(成长性、风险性、稳定性、盈利性、流动性)标准衡量,其总的分值较高,并稳中上升,尤其是稳定性、流动性、安全性控制较好,结构平衡的正效益不断涌现……

其财富总体品质稳中有升,依"五度"衡量,财富长度、宽度、深度、速度、温度总体趋优,内外部环境和发展趋势向好……

其富相娇好,"毒富""贱富""荡富""巧富""贵富"五富中,"贵富"占多,趋势向好……

其富道端正,"观富""谋富""创富""守富""用富"五大富道,彼此和偕,总体向善……

我们能基本判断,该富能内部有序性增加,效率上升,从而富商(富之商值)处于上升过程。

二、贵之熵论

（一）熵增过程,贵能无序增加,贵商下降

依据第二篇贵论原理,我们观察一个人的贵能,若发现:

其贵之能量不足,"聚知""聚能""聚精""聚德""聚灵"五个维度,总体发育不好,甚至有萎缩趋势,处于基础地位的知、能较弱,处于高位的精、德不正,苗头不好……

其贵之结构不尽合理,失衡性日益突出,负面效应日益显现。对照"五性"(成长性、风险性、稳定性、盈利性、流动性)标准衡量,其总的分值偏低,并持续下降,尤其是稳定性、流动性、安全性下降 明显,结构失衡带来的问题不断出现,甚或预警讯号灯亮起……

其贵之总体品质下降,依"五合"度量,"合法""合规""合理""合情""合众"总体趋劣,内外部环境和发展趋势向坏……

其贵相较恶,"权贵""亲贵""名贵""富贵""尊贵"等"五贵"中,"尊贵"占少,趋势不好……

其贵道不正,"聚知""聚能""聚精""聚德""聚灵"等五贵道,彼此不偕,总体向恶……

我们能基本判断,该贵能内部无序增加,效率下降,从而贵商(贵之商值)处于下降过程。

（二）熵减过程,贵能有序增加,贵商上升

依据第二篇贵论原理,我们观察一个人的贵能,若发现:

其贵之能量充足,"聚知""聚能""聚精""聚德""聚灵",五个维度总体发育较好,甚至还有丰满趋势,处于基础地位的知、能较为扎实,处于高位的精、德端正,长势较好……

其贵之结构比较合理,平衡性日益突出,正面效应日益显现。对照

"五性"(成长性、风险性、稳定性、盈利性、流动性)标准衡量,其总的分值偏高,并持续上升,尤其是稳定性、流动性、安全性上升明显,结构平衡带来的好处不断出现……

其贵之总体品质上升,依"五合"度量,"合法""合规""合理""合情""合众"总体趋优,内外部环境和发展趋势向善……

其贵相娇好,"权贵""亲贵""名贵""富贵""尊贵"等"五贵"中,"尊贵"占优,趋势向好……

其贵道端正,"聚知""聚能""聚精""聚德""聚灵"等五大贵道,彼此偕协,总体向善……

我们能基本判断,该贵能内部有序性增加,效率上升,从而贵商(贵之商值)处于上升过程。

三、富贵熵论

在讨论富/贵内部熵增/熵减过程中,有一个重要的因素就是富贵之道。它是一个重要的影响因子,参与到富/贵熵增与熵减过程中。前面分析的情形,是静态、简易的,加入富贵之道后,后者的丰富性和多变性,使得前者变得复杂多样、精彩纷呈。如:

富贵之道中的"富贵相依"原理,以富/贵内外部的两类循环,勾画了富/贵在熵增与熵减过程中的相互影响、相互促进、能量转化关系。

富贵之道中的"富贵相离"原理,以富贵相离"六四宫格"形式展示了不同富贵组合下,人们在追富求贵过程中的复杂路径和人性化、个性化、动态性情形。

富贵之道中的"富贵相通"原理,以跨学科原理渗透方式,显示富贵相通的理论渊源和神奇力量。纯理论探究也能证明:由富及贵、以贵驭富是科学之道、自然法则。

富贵之道中的"富贵相融",以政府、组织、机构、家族、个人五力协同的方式,提示富贵场上生态环境建设与维护的重要性,提示各类主体共建共生、共享共荣的生态法则。

富贵之道中的"富贵相熵"原理,正如本节上述讨论。

……

本篇小结：富贵族是一个标签符

到此，第三篇结束了。本篇为富贵之论。第一篇的结论是，富族是一个符号；第二篇的结论是，贵族是一个标签；第三篇以前两篇为基础，结论就叫着"富贵族是一个标签符"吧。

一、富贵族是一个标签符

首先，富贵族，是富与贵两者的高度集成。两者同时兼备，才算得上是富贵一族。显然，真正能做到的够格的人是不多的。毕竟，这是富贵两要素的交集。

其次，观察富贵一族，也是一个体系。这包括富贵能、富贵相、富贵道。其中富贵能是直接的本体部分，从面上分析为富贵相；往内里分析，就是富贵道了。三者间的关系也是辩证统一的。有什么样的富贵道，就会显现出什么样的富贵相，并进而以具体富贵能加以展示。

第三，富贵族是多重循环的产物。其一，富贵体内循环，富量、富质、富品三角关系也是一种循环关系。其二，富贵相内循环，富贵相多个维度间循环反复，自我强化。其三，富贵道内循环，富贵相依、富贵相离、富贵相通、富贵相融、富贵相熵，五个层面循环互促、对立统一。其四，富、贵、富贵三者间的外循环，三者循环过程就是熵减做功过程，通过耗散架构，以熵减运作，减少无序性，增强有序感，提升富贵效能。其五，富贵的能、相、道三者间的大循环，以道促相、以相促能。

下面这张"三星"图，以比喻的方式，借助太阳、地球、月亮这三星间的关系来说明富贵间的关系。太阳代表富贵能，地球代表贵能，月亮代表富能。三星均呈现"外相内道"规律。富贵能给贵能和富能尤其是贵能输送能量，贵能给富能输送能量，富能绕着贵能转，贵能带着富能一起绕着富贵能转，这情形与一天体"三星"一致。富贵间的关系（像月亮与地球）就是如此，相依相吸又相离相距，维系着动态平衡；而它们又都受益受制于富贵能（如太阳）的总的驱动和牵制。

对于地球和月亮而言,太阳就是能量来源,是最根本的生态环境。富贵也是如此,离不开由政府、组织、机构、家族、个人构建的共荣共生的环境。

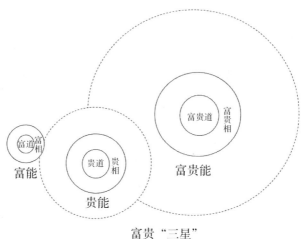

富贵"三星"

第四,富贵一族最能体现富贵之道。富贵相依、富贵相离、富贵相通、富贵相融、富贵相熵,这些客观规律和自然法则,相互交织,共同构成了富贵之道,为富贵一族的世俗经营提供了逻辑背书和架构支撑。

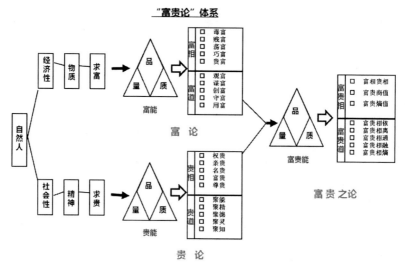

上面这张"富贵论"体系图似乎比较抽象,那就打个比方吧。下

面,我们搬个凳子,准备观赏京剧大师表演吧。只见表演艺术家从幕后走到台前,进入我们眼帘的,首先是他的模样,性别、高矮、胖瘦等等,类似于第一篇说到的"富量";再一细瞧,能分辨他的装束、头饰、道具等等,类似于前面说的"富质",两者结合起来,加上其他方面的感觉,大概能知晓他的"角色",生旦净末丑当中哪一角?类似于贴上某个"富品"标签。他在台前那么抬腿一走,举手投足间,扮相就出来了,类似于让我们看到了"富相";他一张嘴,开始唱了,基本的唱法、唱腔也就有了,类似"富道"得以展示了……

外行的人,看热闹,也只能到这儿了。而内行的人呢,是可以从其唱练坐打中,细细品味出大师的门派、唱功,他的创新点,他的精神、气韵,他的灵性修为,他的个性与价值取向等等,这就无底洞了,类似于体察和品味一个人的"贵能""贵相"和"贵道"了。

外行看热闹,内行看门道。京剧表演,再好的装扮和角色,如果没有内在的唱功与精气神以及艺术灵气托底,也是支撑不住并最终要崩塌的。富贵之道何尝不是如此,"富道"是表,"贵道"是里。相由道生,表由里定。内外相通,循环往复。这道理是相通的。

二、做好富贵规划

做富贵规划,就是要以《富贵论》为指导(如下图所示),通过系统规划,增强熵减,增加秩序性,减少紊乱和无序,提升机体活力和生命力。

(一)《富贵规划书》

《富贵规划书》如下图所示。《富贵规划书》依托《富贵论》框架,包括富论、贵论、富贵之论三大理论,内含七模块 19 个方面。个人可对照这 19 个方面,如实刻画自身现状,准确进行自我评价,科学制订奋斗目标,确立发展思路,制定行动计划。统合起来,富贵规划要完成"五步曲",即 5P(present-perspective-peal-plan-performance)。

《富贵规划书》制订完毕后,如实执行,一段时间(如一季或半年)后对照检视,进行后评估和细化完善、持续跟进。

富贵论模型

种	类	内容	现状	评价	目标	思路	计划
富论	富能	三角					
	富相	五度					
	富道	观富					
		谋富					
		创富					
		守富					
		用富					
贵论	贵能	三角					
	贵相	五合					
	贵道	聚知					
		聚能					
		聚精					
		聚德					
		聚灵					
富贵之论	富贵之道	相依					
		相离					
		相通					
		相融					
		相摘					

(二)经典案例

本书前面章节多个地方提到胡雪岩和曾国藩。在这里,还想借助这两位历史名人,通过总结对比他们二位的富贵人生,说明富贵之间令人着迷的关系,从而从另一个角度演示"富贵规划"体系的要点和内在逻辑。

很多人研究胡雪岩和曾国藩,因为他们一个"商圣",一个"官圣"。民间有谚:经商要学胡雪岩,当官宜学曾国藩。我热衷于将他俩放到一起研究,还因为他们身上有很多共同点:一是同时代。曾国藩(1811 - 1872),胡雪岩(1823 - 1885),胡雪岩比曾国藩早生 12 年、早走 13 年,他们的生存环境是相似甚至相同的。二是同地域。曾国藩生在湖南,长期活动在长江流域一带;胡雪岩生于安徽,年少时移居浙江,长年活动于江浙一带。两人可谓是:同饮长江水,同根又同源。三是同年龄。一个 61,一个 62,无论是大官还是大款,都活了 60 挂边。四是同精彩。两人的富贵人生都极其精彩,值得玩味。

一富一世界,一贵一乾坤。花开两朵,各表一枝。曾国藩先生,先谈曾老。

曾老年少勤奋苦读,取得功名,战功显赫,地位高达,有无数的致富机会和无数的取富条件。但他一直清醒地认识到富之水性,可载舟亦可覆舟。他一生都在自律,刻意控制财富骤增,坚决不取不义之才。"利可共不可独"是他的格言。控制"富量",是其远离是非、一生平安、造福子孙的前提。

从其财富结构上看,主要也是朝廷发的银子,工薪、补贴等等,很少不义之财,更少横财路财。财富"五性"良好,尤其是稳定性、安全性、流动性较好。结构决定功能,取之有道的财富自然免去了非议和灾祸。即便是功高盖主,也不越雷池半步,不取不义之才。真心难得。

从其"富品"看,财富"五度"合一,"长度""宽度""深度""速度""温度"五度总体良好。从曾国藩家书中可见,其劝告家人,要目光长远,对人对财,都要宽和。要疏财济人、乐善好施,要关怀弱势群体,体现温情和人性。

"富相"上,其财富当中,"毒富""贱富""荡富"罕见,那个年代兵荒马乱,能独善其身十分难得,巧取之富也极少,最多的是正当取得的报酬,财富当中贵性十足。这样的"富相",使其在那个年代十分耀眼,直至今日仍然传为佳谈,堪称楷模。

从"富道"上看,曾老一生仔细,善于观察,谋划缜密,致富稳重,守护严密,用富上又极其简朴,乐善好施。

从"贵量"上看,他一生努力,提升贵能,涵养贵气。

"贵质"上,他坚持"五性合一",平衡发展。

"贵品"上,他"五合"同步,一生致力"合法、合规、合理、合情、合众"。

"贵相"上,他"五贵"一体,"权贵""亲贵""名贵""富贵""尊贵"齐头并进,相辅相成。他一生高标准、严要求,勤勉努力做圣贤,不贪虚功,占领道德至高点,受人推崇、顶礼膜拜。

"贵道"上,"知""能""精""德""灵",五个字,字字下功夫,自省自勉,一生谨慎,砥砺拼搏,登峰造极。

从"富贵之道"来看,曾老当时的环境错综复杂、险象环生,但他洞悉富贵相依、相离之律,由富及贵、以贵驭富,良性循环,并在政府、组织、机构、家族与个人多类主体博弈的富贵场上,自尊自重,端正态度,以退为进。变不利为有利,化腐朽为神奇。既保全了自己,也成全了家人和后代,最终成全了对其高山仰止的我们以及未来子子孙孙。

……

曾国藩出生 12 年后,另一位主人公胡雪岩也诞生了。

胡雪岩没受过多少教育,底子薄弱,可套用"草根",以作标签。年青时就在杭州城摸爬滚打,虽没多少知识,但天生机灵,实践中获取了生存之道、处世之道和商业技能。从伙计开始谋生,一路顺利升腾。

从"富量"开始说起吧。胡雪岩生来贫穷,深刻感受到穷人的艰辛和受人欺凌,所以,他一直将挣钱、挣大钱作为头等大事,只要有机会,就可劲地挣钱,财富是多多益善。他一生都在挣钱,富可敌国,来者不拒,追财敛富,虽疲命以奔,却乐此不疲。他的一生,成于巨富、毁于豪财。

从其财富结构上看,主要也是各种生意获取的价差和超额利润,很多不义之财,更多横财路财。财富"五性"不好,尤其是稳定性、安全性、流动性不好。靠钱庄融资,放高利贷,通过开药店,挣来的流水再放钱庄再放高利贷;还有靠政商关系大做军火生意、与洋人豪赌等等。结构决定功能,取之无道的财富自然免不去了非议和灾祸。最终钱庄倒闭,药店易主,财富人生就此打住。

从其"富品"看,财富"五度"上,长、宽、深、速、温"五度"总体不好。投资上的短期行为、赌性十足,逢利就上,胆大包天。当然其后期也有良心发现,开设胡庆余堂,想做些有益于百姓的事情,也算是个慈善事业,体现出其关怀弱势群体的温情和人性的一面。但总体而言,其富品还是欠佳的。

从"富相"上,其财富当中,"毒富""贱富""荡富"占大头,那个年代兵荒马乱,独善其身者寡,但像他这样突出表现的也很少,算是做到极致了。"荡富""巧富"较多,不安之余,也做了一些慈善之举,胡庆余堂是他后期的杰作,经济效益让位于社会效益。也算是对其富相的一些补救和对冲。但总归其财富当中贵性不足。这为其后来的人生埋下了伏笔。

从"富道"上看,胡年少时读书少,"观富""谋富""创富""守富""用富",都以自己的理解进行,局限较多,很多地方是驾驭不了的。对于形势的判断有时是不清晰的,对市场和对手缺乏敬畏之心。守富上缺乏意识和手段,风险敞口太多太大,用人失察,义气用事,风险来临时也缺乏应急之策。用富上更是夸张,大兴土木、奢侈腐败,纸醉金迷,红颜祸水,无节无操。

从"贵量"上看,他一生努力致富,无意提升贵能、涵养贵气。晚年有意为之,但为时较晚,力有不逮。"知""能""精""德""灵",均有不足。尤其相较曾老,相距甚远。

"贵质"上,"五性"发展极不平衡,尤其是成长性与稳定性较弱。

"贵品"上,从"合法""合规""合理""合情""合众"等"五合'上看,合者少,不合者居多。无论是商业还是金融,大休是巧取者众、诚获者寡。

"贵相"上,他攀附权贵,以"权贵"促"亲贵"、以"亲贵"促"名贵"(红顶商人)、"富贵",并努力向"尊贵"靠进。游走政商,追逐名利,拉帮结派,网罗人脉。一生奔走,一世劳累,轭运不改,令人喟叹!

"贵道"上,胡没甚文化,这是先天不足,后来一直忙生意和应酬,也没机会进行系统的学习,更不用说进行知识体系构建了。实践操作中拥有一些实用技能,并且在获取技能驰骋商场过程中也磨炼了意志、蓄养了精神,但更高层次上的精神追求和道德情操,对于他而言,实在是苛求啊。所以,对于形势的判断,对于人生人性的极致理解,对于社会发展规律的洞悉,他都远不及同龄人曾国藩。两人在"贵相"与"贵道"上分道扬镳、相距甚远。

从"富贵之道"来看,胡当时的环境错综复杂、险象环生,他能活跃其中,纵横数十年,已是旷世枭雄。但他先天不足,不能洞悉富贵相依、相离之律,不懂由富及贵、以贵驭富之理,虽在政府、组织、机构、家族与个人博奕的富贵场上游刃有余,但由于贪得无厌、进退失据,终究逃不脱惨淡收场的命运。

......

曾胡二人富贵人生对比,更能看出富贵相离带来的人生差异。纵使环境相同、背景相似,但富贵相离产生的巨大离心力,在历经沧桑巨变、雨打风吹后,将两人推送到不同的人生站口。富贵相离,似一把剪刀,参与修剪每一份人生。我们要握紧剪刀,拿捏刀口,做好自己的"富贵规划",在"富贵循环"中努力成为命运的主宰("富贵循环图"如下所示)。

这张富贵循环图,简要展示了富贵间循环往复的作用机制。

左上方是关于"富"方面的情况,"富能"中,"富量""富质""富品"三者是一个自循环,从面上看展示出"富相",而"富相"五个层面也是动态循环的关系,底层决定因素在于"富道",而"富道"内部观、谋、创、

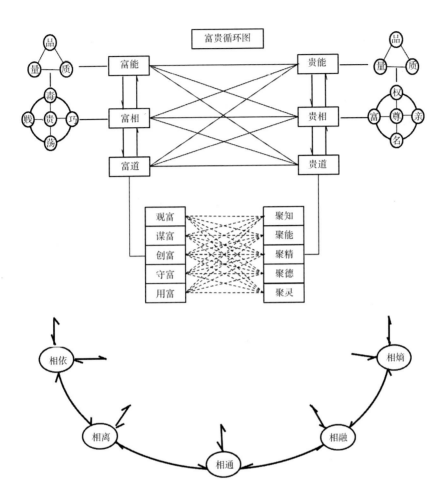

守、用,也是相互循环的关系。"富"的循环,近似于人体的"外科",人的四肢功能、面相、以及四肢协调机制。这是第一层面上的观察。

　　右上方是关于"贵"方面的情况。"贵能"中,"贵量""贵质""贵品"三者是一个自循环,从面上看展示出"贵相",而"贵相"五个层面也是动态循环的关系,底层决定因素在于"贵道",而"贵道"内部知、能、精、德、灵,也是相互循环的关系。"贵"的循环,近似于人体的"内科",人的组织器官功能、呈象以及器质性协调机制。这是第二层面上的观察。

　　正下方是关于富贵间关系的情况,也就是富贵之道,包括"富贵相依"的吸引力、"富贵相离"的离散力、"富贵相通"的原生力、"富贵相融"的协同力、"富贵相熵"的生命力。这"五力"相当重要,这是"贵道""富道"发生作用的软环境。软环境好,能助力"贵道",并进而影响"富道",朝着健康的好的方向循环发展;反之则反是。这就好比人体在"外科"与"内科"之间还有一个更重要的宝贝,是人体赖以存活的软环境,就是人们通常所说的血脉、经络、气血、新陈代谢等等生理机能。显然这是第三层次的东西。

所以,如果要分析一个人"富能"过小的原因,要从很多层面和维度来看。首先要看他的"富量"大不大,再看他的"富质"如何,"富品"怎样,再从面上总体判断其"富相"属于哪个层次,内里则要分析其"富道"五要素情况,看是哪一两个地方短板影响整个"富能"的发挥。进而,要分析"贵能",同样的逻辑,从"贵量""贵质"到"贵品",再从"贵相"到"贵道",层层剖析,找到"贵道"主要制约环节,知、能、精、德、灵,哪方面欠缺。最后再分析富贵之道,看吸引力、离心力、原生力、协同力、生命力,哪个力从根本上存在缺陷、影响上述各要素的发挥。这种层层分析与排查过程,很像医生给病人看病,有一个由外而内、由浅入深的探究过程。这当中,既要发挥西医长处,也要发挥中医优势,中西结合,才能全面系统地查找病因,对症下药。

富贵相熵,从熵增与熵减的对立统一中,更好地理解和洞悉到富贵二者间的辩证统一关系。以贵能的熵减,对冲富能的熵增,改变和修缮富贵人生路线图。

研究"富贵相熵",旨在找到并强调要科学利用好"富贵相熵"的"生命力",从源头上增加熵减、克制熵增,从而增加有序性,增强生命力。

探讨完富贵相依、相离、相通、相融、相熵的富贵之道后,我们再来重温本篇开始时研究的"富贵人生"(折线图与运行图),就能更直观地看出,富贵之道的五种力量从正反两个方面对"富贵人生"施加影响,从而改变"富贵人生"运行轨迹和最终走向。人生是一个圆,有的人走了一辈子也没有走出命运画出的圆圈,其实,圆上的每一个点都有一条腾飞的切线。所以,处于不同富贵生态的人生,其过程与结果都有很大的不同。我们每个人都生活在具体的生态环境里,在努力提升自我的同时,也要时刻关注富贵生态,要合理利用好有利因素、克服不利影响,让"富贵人生"事半功倍、从容幸福。

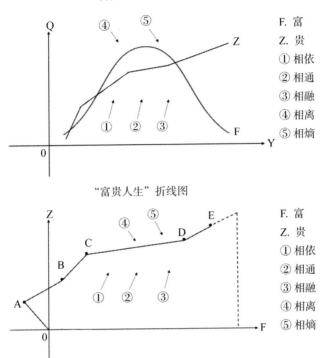

"富贵人生"运行图

"富贵人生"折线图

　　"富贵学"在论及此处时感喟到:富贵之道,浩如烟海。如琢如磨,博大精深。通南彻北,如古涵今。同辉日月,普照众生。

　　书到这里告一段落。最后以一首小诗与您共勉。感谢您的时间与厚爱。祝愿您:富贵无量,幸福有余! 谢谢!

《富贵颂》

富面四海三生幸,

贵迎八方五世福。

无往不利岁岁有,

量入为出年年余。

2020. 12. 28

参 考 文 献

马克思:《资本论》第一、二、三卷,人民出版社 1990 年版。

习近平:《习近平谈治国理政》一、二、三卷,外文出版社。

刘鹤:"坚持和完善社会主义经济制度",《人民日报》2019 年 11 月 22 日。

道纪居士主编《道德经》,海潮出版社 2016 年 2 月版。

道纪居士主编《孙子兵法》,海潮出版社 2016 年 2 月版。

蔡践主编《三十六计》,海潮出版社 2016 年 2 月版。

蔡践主编《传习录》,海潮出版社 2016 年 2 月版。

蔡践主编《论语》,海潮出版社 2016 年 2 月版。

中国银行业协会著:《私人银行理论理实务》,中国金融出版社 2017 年 4 月出版。

任德奇:"新常态下的银行业国际化",《中国金融》2015 年 02 期 。

陈元、黄益平主编:《中国金融四十人看四十年》,中信出版集团 2018 年 1 月出版。

刘珺:《金融论衡》,中国金融出版社 2012 年 11 月出版。

李扬等:《改革开放 40 年与中国金融发展》,《经济学动态》2018 年 11 期。

马云:《今天的经济没有大问题》。《名人传记(财富人物)》2015 年 11 期。

殷久勇:"不忘初心 理财为民",《金融时报》2020 年 5 月 20 日。

道纪居士主编:《大学》,海潮出版社 2016 年 9 月出版。

郭莽:"打造综合金融服务网络 全力服务粤港澳大湾区产业发展",《21 世纪经济报道》2019 年 12 月。

曾国藩著,雾满拦江点校:《曾国藩日记》,团结出版社 2012 年 4 月出版。

涂宏:"引导居民进行贵金属资产配置 分散金融风险",《同花顺财经》2019 年 12 月。

王卫明、刘文浩:《"罗辑思维"的社群经济新尝试",《传媒观察》2016 年 10 期。

殷剑锋:《在银行理财产品"收益门"的背后》《今日财富》2008 年 05 期

黄金老:《提高商业银行等金融机构的风险管理能力有助于人民币国际化》《《IMI 研究动态》2014 年合辑》2014 年 12 月。

王增武:《后金融危机时代的银行理财产品市场》《中国信用卡》2010 年 01 期

连平:《转型发展》,上海远东出版社 2016 年版。

绍宇:《预见未来》,上海人民出版社 2018 年版。

任俊杰、朱晓芸著《奥马哈之雾》,机械工业出版社 2019 年 7 月版。

唐海燕著《人本财富观》,人民出版社 2014 年 12 月版。

桂泽发著:《中国银行业财富管理之路》,华师大出版社 2012 年 12 月版。

桂泽发著:《中国银行业再造研究》,经济日报出版社 2011 年 11 版。

桂泽发:"智能投顾或将掀起银行再造第三次浪潮",《国际金融报》2017 年 9 期。

毛志辉著:《让金融回归本义》,中西书局 2019 年 7 月出版。

毛志辉著:《让学术回归大众》,中西书局 2019 年 1 月出版。

迈克尔·莫布森著,刘寅龙译:《颠覆传统投资智慧—魔鬼投资学》,南方出版传媒 2014 年 5 月出版。

赵丽生著:《晋商风云》高等教育出版社 2018 年 1 月出版。

阿瑟·黑利著,陆谷孙等译:《钱商》,南海出版社 2017 年 6 月出版。

中国民营经济研究会家庭企业委员会编著:《中国家族企业年轻一代状况报告》中信出版集团 2017 年 11 月出版。

陈志武著:《金融的逻辑》,国际文化出版社 2009 年 8 月出版。

李成武:《国学与领导智慧》,人民出版社 2011 年 1 月出版。

保罗·皮尔泽著,路卫军等译:《财富第五波》,中国社会科学出版社 2014 年 11 月出版。

道纪居士主编:《群书治要》,海潮出版社 2016 年 9 月出版。

梁启超著:《李鸿章传》,湖南人民出版社 2017 年 4 月出版。

马克卡尼:"构建适应新经济的新金融体系",《中国金融》2019 年 20 期。

刘立金、祝越:"黄金的'黄金时代'到来了吗",《中国金融》2019 年 20 期。

格雷厄姆·艾利森著,陈安定译:《注定一战》,上海人民出版社 2019 年 1 月出版。

桂泽发等著:《产业转移升级与银行支持策略》,上海远东出版社 2012

贾雷德戴蒙德著:《剧变》,中国出版集团 2020 年 1 月出版。

柏高原等:"自然人可以依法设立遗嘱信托",《家族企业》2020 年 7 期。

吕峰等:"家族修定不同发展阶段的关键任务",《家族企业》2020 年 7 期。

高皓;"家族企业的夫妻相争之殇",《家族企业》2020 年 7 期。

后腾俊夫:"疏忽大意是大的敌人",《家族企业》2020 年 5 期。

郑四方:"中国语境下的家族企业传承的三大注意",《家族企业》2020 年 5 期。

麦肯锡咨询公司:"后疫情时代银行业:开启全速数字化经营",《新金融》2020 年 5 期。

桂泽发等著:《"十二五"行业规划解读》,上海远东出版社 2013 年 2 月版。

桂泽发:"科学财富观的理论逻辑与培育路径",《甘肃金融》2019 年第 10 月期。

窦少杰:"新冠疫情下的日本百年老铺企业",《家族企业》2020 年

8 期。

　　彭倩:"家族办公室之家族治理职能",《家族企业》2020 年 8 期。

　　文婧:"全球投资者重新思考:后疫情时代的健康与财富",《家族企业》2020 年 8 期。

　　孔庆龙:"私人银行家族财富管理体系与维度",《银行家》2019 年 8 期。

　　吕峰:"成功传承需要的四个认可",《银行家》2020 年 9 期。

　　丽赞妮·托马斯:"公司的短期主义,勿要惊慌",《哈佛商业评论》2019 年 8 期。

　　桑凯尔·苏凯尔和沙利尼·古普塔:"公司信任危机",《哈佛商业评论》2019 年 12 期。

　　刘望舒:"我国农村金融深化对经济增长影响程度的实证研究"[J].《中外企业家》2015 年 07 期。

　　桂泽发:"家族财富管理内在逻辑的'十个三'",《银行家》2019 年第 9 期。

　　桂泽发:"辩证看待财富管理",《企业观察家》2017 年 10 期。

　　羌建新:"网络空间、互联网金融与金融稳定——基于金融发展和金融深化的视角"[J].《经济研究参考》2015 年 32 期。

　　李童:"中国金融深化的绩效评价及其改善路径研究"[J].《人文杂志》2016 年 2 期。

　　谢早春:"发展中国家金融深化的原因和效应探析"[J].《湖南社会科学》2004 年 6 期。

　　蔡燕辉:"激发财富管理市场新动力"[J].《经济》2020 年 9 期。

　　乔晗,贾舒喆,张思,卢涛:"商业模式二次创新和制度环境共演的过程与机制:基于支付宝发展历程的纵向案例研究"[J].《管理评论》2020 年 8 期。

　　徐晨阳:"存款利率市场化改革与企业资金配置效率——基于现金持有的视角"[J].《中国软科学》2020 年 8 期。

　　张强,孙宁,张璐,王建国,郝晓燕:"机会窗口驱动下的互联网创业企业合法化机制研究"[J].《科研管理》2020 年 8 期。

桂泽发:"运用统筹思想推进财富管理工作的十个关键环节",《中国银行业》2018 年 11 期。

徐爱华:"对规范银行卡收单业务外包管理的思考与建议——以湖南省为例"[J].《金融经济》2020 年 8 期。

谢诗涵,王梦然:"你扫码一瞬间发生了什么"[J].《意林》2020 年 16 期。

徐敬惠,李鹏:"商业保险在中国家庭资产配置中的结构特征及驱动因素研究"[J].《保险研究》2020 年 8 期。

查骏:"移动互联网时代下大型支付系统建设方案设计与研究"[J].《电脑编程技巧与维护 2020 年 8 期。

马凌:"试论商业银行信息安全系统管理体系的构建"[J].《电脑编程技巧与维护》2020 年 8 期。

马晓佳,吴莹莹:"大学生与其原生家庭金融行为的代际关系"[J].《大陆桥视野》2020 年 8 期。

樊纲治,王宏扬:"家庭人口结构与家庭商业人身保险需求——基于中国家庭金融调查(CHFS)数据的实证研究"[J].《金融研究》2015 年 7 期。

虞斌,王珊:"普惠金融视角下股票资产财富效应研究——基于江苏省城镇居民的实证分析"[J].《金融经济》2012 年 2 期。

陈斌开,李涛:"中国城镇居民家庭资产—负债现状与成因研究"[J].《经济研究》2011 年一季度。

张传勇:"住房投资、家庭资产配置与社会财富分配"[J].《学术月刊》2014 年 12 期。

荣明杰:"家庭资产对居民消费的影响研究"[J].《金融经济》.2015 年 14 期。

王治政,王跃,贾子超:"基于金融决策框架的家庭资产配置理论研究进展及关键问题"[J].《管理世界》2015 年 6 期。

蔡宗朝:"互联网＋金融"背景下家庭资产配置影响探究"[J].《金融经济》2017 年 8 期。

徐敬惠,李鹏:"商业保险在中国家庭资产配置中的结构特征及驱动因素研究"[J].《保险研究》2020 年 8 期。

吴天羽:"浅谈通货膨胀背景下防止家庭资产缩水的配置措施"[J].《中国民商》2018 年 12 期。

蔡燕辉:"激发财富管理市场新动力"[J].《经济》2020 年 9 期。

乔晗,贾舒喆,张思,卢涛:"商业模式二次创新和制度环境共演的过程与机制:基于支付宝发展历程的纵向案例研究"[J].《管理评论》2020 年 8 期。

徐晨阳:"存款利率市场化改革与企业资金配置效率——基于现金持有的视角"[J].《中国软科学》2020 年 8 期。

张强,孙宁,张璐,王建国,郝晓燕:"机会窗口驱动下的互联网创业企业合法化机制研究"[J].《科研管理》2020 年 8 期。

徐爱华:"对规范银行卡收单业务外包管理的思考与建议——以湖南省为例"[J].《金融经济》.2020 年 8 期。

谢诗涵,王梦然:"你扫码一瞬间发生了什么"[J].《意林》2020 年 16 期。

徐敬惠,李鹏:"商业保险在中国家庭资产配置中的结构特征及驱动因素研究[J].《保险研究》2020 年 8 期。

查骏:"移动互联网时代下大型支付系统建设方案设计与研究"[J].《电脑编程技巧与维护》2020 年 8 期。

马凌:"试论商业银行信息安全系统管理体系的构建"[J].《电脑编程技巧与维护》2020 年 8 期。

马晓佳,吴莹莹:"大学生与其原生家庭金融行为的代际关系"[J].《大陆桥视野》2020 年 8 期。

李同扉:"非银行金融机构的发展与管理"[J].《科技经济导刊》2018 年 3 期。

王路:"隐性不良贷款风险不容忽视"[J].《金融博览》2018 年 5 期。

康俊丽:"会计视角下银行业金融机构绿色资产业绩评价可行性研究"[J].《金融经济》2019 年 22 期。

丁楠,李红玉,陈颖:"农村金融机构竞争对农民收入的影响"[J].

《科技与经济》2019 年 6 期。

刘佳:"钱世"金"生——古往今来的'金融机构'"[J].《奇妙博物馆》2019 年 11 期。

辛宝江:"浅析新型农村金融机构可持续发展"[J].《中外企业家》2020 年 6 期。

孙蕊:"关于金融机构社区活动策划的几点思考"[J].《外企业家》2020 年 6 期。

冀婧:"农村小型金融机构的信贷风险控制体系的建构策略"[J].《经济研究参考》2014 年 18 期。

"一行三会一局 规范金融机构同业业务"[J].《中国金融家》2014 年 6 期。

周宏达:"同业新规堵邪门开正道"[J].《中国金融家》2014 年 6 期。

张杰石:《中信证券财富管理业务研究》[D].2012 年版。

周晓强:"培育财富管理市场 助推西部金融中心建设"[N].《金融时报》2013 年 10 月。

连建辉,孙焕民著:《走近私人银行》[M].《社会科学文献出版社》2006 年版。

周琰:"私人银行研究综述——基于国内和国际视角"[J].《学术评论》2018 年 4 期。

薛因,葛晓宇:"我国私人银行业务发展现状及对策分析"[J].《吕梁教育学院学报》2018 年 4 期。

董静:"《中国私人银行 2019》报告显示 财富管理需求发生结构性变化"[J].《中国金融家》2019 年 5 期。

闫楠:"私人银行高净值客户金融服务探究"[J].《金融经济》2014 年 20 期。

昝立永,孟杰:"中国私人银行 10 年再生长 私人自由投资不再遥远"[J].《英才》2015 年 8 期。

卢颖,姚海鑫:"我国商业银行私人银行资产管理服务供需分析——以招商银行私人银行为例"[J].《沈阳师范大学学报(社会科学版)》2015 年 4 期。

李占秋:"招商银行发展私人银行的对策与建议"[J].《新经济》2015 年 32 期。

马珊珊:"私人银行业革新"[J].《新理财》2015 年 10 期。

陈松威:"台湾私人银行监管经验"[J].《银行家》.2014 年 10 期。

林左鸣,闫妍:"论法定财富标志的缺位与重建"[J].《广义虚拟经济研究》2012 年 2 期。

殷剑峰:"结构金融:一种新的金融范式"[J].《国际金融》2006 年 10 期。

范博宏:《关键世代》[M].东方出版社,2012 年版。

李扬等著:《新中国金融 60 年》[M].中国财政经济出版社,2009 年版。

陶荣航,欧阳静淼:"国内外开放银行实践范式及监管建议"[J].《中国国情国力》2020 年 9 期。

"习近平在亚洲基础设施投资银行第五届理事会年会视频会议开幕式上致辞"[J].《世界知识》2020 年 16 期。

"习近平在亚洲基础设施投资银行第五届理事会年会视频会议开幕式上的致辞"[J].《中华人民共和国国务院公报》2020 年 22 期。

陈晓根:"亚投行总部正式迁入北京亚洲金融大厦新址办公"[J].《金融博览》2020 年 8 期。

辛乔利:"消费信贷的由来:信用卡(上)"[J].《金融博览》2020 年 8 期。

黄效东:"消费信贷对公共保障有何替代作用"[J].《金融博览》2020 年 8 期。

黄宗智:"中国的新综合性视野和远瞻性愿景:'一带一路'倡议与亚投行"[J].《学术月刊.2020 年 7 期。

陈祥:"再见了现金:新冠疫情下日本拥抱'移动支付'的动向"[J].《世界知识》2020 年 14 期。

周琰:"私人银行研究综述——基于国内和国际视角"[J].《学术评论》2018 年 4 期。

薛囡,葛晓宇:"我国私人银行业务发展现状及对策分析"[J].《吕梁教育学院学报》2018 年 4 期。

闫楠:"私人银行高净值客户金融服务探究"[J].《金融经济》2014 年 20 期。

陈松威:"私人银行标签之结构化财富管理"[J].《未来与发展》2015 年 3 期。

昝立永,孟杰:"中国私人银行 10 年再生长 私人自由投资不再遥远"[J].《英才》2015 年 8 期。

卢颖,姚海鑫:"我国商业银行私人银行资产管理服务供需分析——以招商银行私人银行为例"[J].《阳师范大学学报(社会科学版)》2015 年 4 期。

李占秋:"招商银行发展私人银行的对策与建议"[J].《新经济》2015 年 32 期。

马珊珊:"私人银行业革新"[J].《新理财》2015 年 10 期。

Zhang Yuan:Poverty Reduction Effects of China Aid and Investment to Developing Countries, <

Liu Souying:Rural Land Rights in China:Evolution and Case Studies, < China Econimist >2020. 3

Wang Yu: Digital Economy , Financial Inclusion and Inclusive Growth, < China Econimist >2020. 5

Dimitris N Chorafas. Structured financial products. Wealth Management . 2006

Michael Pompian. Behavioral Finance and Wealth Management How to Build Optimal Portfolios That Account for Investor Biases. 2012

附录

《富贵吟》

词：林辉发
曲：王富政

1=D 4/4 ♩=72

5	5 6 5	-	²3	2 3 1	-	⁶i	6 i 2	²⁵6	5·³3

熙　熙攘攘　　利　来利往　　富　贵论道　源远　流长
富　贵之理　　众　学纷呈　　相　依相离　互通　互融

To Coda ⊕

³5	3⁵6 5 5	²3	2 3 1	-	¹2 1 6 3 2 1	²1	1 - -

富　从贵来　相　由道生　　贵阴富阳和谐　为上
平　衡协同　循　环渐进　　富伴贵随幸福　永恒

(1 6 1 2 3 5 2 | 1 - - -) 5 5 6 5 - ²3 2 3 1

观　富之道　　贵　在明势

1 6 1 2 ²6 5·³3 - 5 3⁵6 5 ²3 2 3 1

渊　谋远虑　毕生　规算　　创　富之要　以　简驭繁

| 2 1 6 3 2 2 1 2 | 1 - - - ‖: i 1 6 i - 6 5 3⁵5 - |

谨守慎用适度尚　法　　　勤　学苦练　增　知扩能

6 6 5 3 2 3 3³5 3 3 - - 5 6 2 2 1 2 - 3 2 6 1 -

锲而不舍乐道躬　耕　　啊　聚　精汇德　修身　养性

⊕Coda

2 1 2 3 5 3 2 3 1 - - ‖: i 1 6 i - 5 5 6 5 -

意念灵悟超凡觉　醒　　**D.S** 富　贵之道　　浩　如烟海

6 6 5 3 2 3 3³5 3 - - 5 6 2 2 3 2 - 3 2 6 1 -

如琢如磨博大精　深　　啊　通　南彻北　如古　涵今

1.｜　　　　　　　　**2.**
2 1 2 3 5 3 2 6 1 - - - :‖ 1 - - 5 6 2 2 3 2

同辉日月普照众　生　　生深　啊　通　南彻北

3 2 6 1 - 2 1 2 3 5 3 2 6 **rit.** 1 - - - 1 - ‖

如古　涵今　同辉日月普照众　生

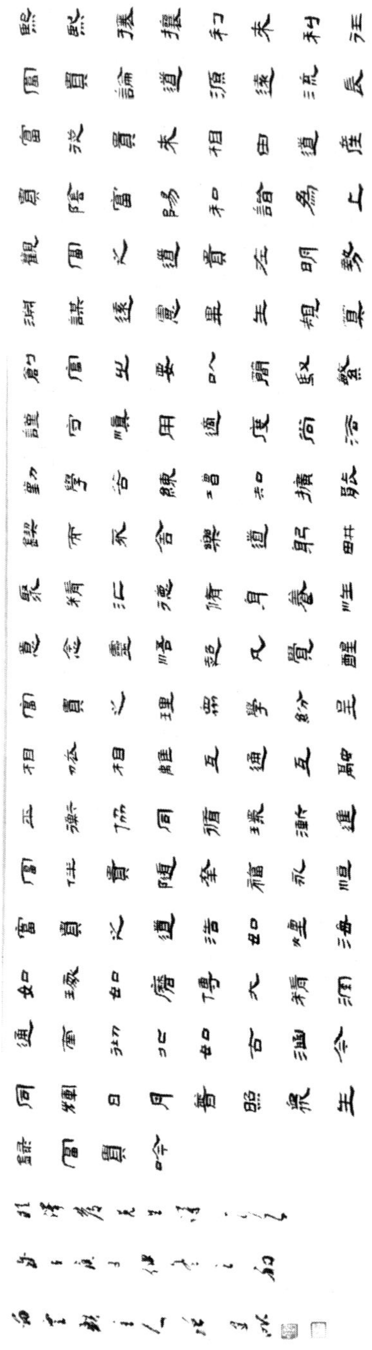

富贵论道　道阻且长　长驱必至

后　记

新时代,新责任。在社会转型过程中,富贵论道要适应新跨越,拥抱新变化,把握新规律,诠释新课题,不辱新使命。

走进新时代

金融进入新时代。资管规模迅速上升,越过百万亿元大关;科技融合紧密,大数据、云计算、人工智能、区块链,互联互通持续升级;创新持续进行,业务模式、金融产品、业务流程、销售渠道迭代频频;监管日益强化,强监管、深穿透、严要求不断加码;开放循序渐进,向民营资本、非金融行业、外资和互联网开放金融大门;……

走进新时代,富贵论道、谋布新篇。以《富贵论》框架体系,面对金融新时代新形势,有助于更好抓住机遇、迎接挑战。

适应新跨越

财富管理经历新跨越。一是代际跨越:一代重经验、重感性、信自己;二代重知识、重理性、信机构。人财交接,规模之大,史无前例。二是痛点跨越:从创富到守富,从稳富到移富,从增富到传富。重心逐步转移,需求日益旺盛。三是渠道跨越:从人工、自助、网络到移动和智能渠道,日新月异,白驹过隙。四是界域跨越:从银行业务到非银行金融业务和非金融业务,从地区到全国到全球。隔行不再隔山,远亲也成近邻。五是型式跨越:从批发到订制,从指令到委托,从人工到智能,新业务层出不穷。六是市场跨越:从信贷市场到相互融合的多元化市场,分散了风险,平滑了周期。多元市场,无缝衔接。七是周期跨越:从活期到无期,中间无穷分期。经济韧性增强,美林时钟失聪。八是文化跨越:从厌恶风险的信贷文化、经营风险的投资文化到管理风险的财管文化。多重文化交织,各领风骚,相得益彰。九是风险跨越:从操作风险、道德风险、市场风险、信用风险、法律风险、系统风险、政策风险,到政治风险、声誉风险,环环相扣,交叉传染,险象环生。十是监管跨越:跨机构、跨功能、跨产品、跨风险。"道"高一迟,"魔"高一丈。监管从严、从速、从重……

适应新跨越,富贵论道、别开生面。以《富贵论》框架体系,应对金融新跨越新发展,有助于增添更多信心、打开更广思路。

拥抱新变化

当前,内外部环境发生了不少变化。我们要关注这些变化,认真分析变量背后的运行逻辑,评估它们对于投资带来的影响,进而重新优化我们的富贵之道。

要关注"外生变量"。一是外围冲突。美欧变局、亚太动荡、伊核危机、印巴冲突、疫情扩散等等,会影响到人们的海外投资,也会间接影响到境内市场波动。这个变量对于市场的影响不容小视。二是外贸争端。中美贸易战最为突出,成为悬在 A 股头上的达摩克利斯之剑。三是外资力量。MSCI 多次扩容,一批股票和基金受益,这将成为 A 股市场发展趋势的一个新的观察点;同时对外开放力度空前,也将会影响到我们的资产配置决策。四是外向直投。对外直接投资在"一带一路"的带动下逐渐回暖并将在未来发挥越来越大的作用。五是外汇"破7"。人民币汇率在 11 年间一直保持在"7"以内,这次破"7"可能会对未来产生一定的影响,需要我们在微观上进行更多的考虑和观察。

要关注"内生变量"。一是宏观政策重构。过去几年,我们一直保持着稳健的宏观政策;现在政策取向是"六稳""六保",开始采取积极、主动、相对宽松的调控政策,应对经济下行压力,缓解不确定因素的冲击。二是监管重构。金融监管是前所未有的严格,以"资管新规"为首的系列监管新规,对从业机构和人员都有明确的规范和约束,将会在未来相当长时间里对财富管理业务生发影响。三是需求重构。目前,国内高净值人群财富管理进入三个"密集期",分别是:由一代向二代进行财富接力棒的移交密集期;财富由实体资本向金融资本进行形态置换的密集期:财管重心从过去创增财富慢慢转移到财富转传的密集期。这三个"密集期"几乎同步,同频共振,机会与挑战并存。四是机构重构。前些年各类机构跑马圈地、各显神通、万马奔腾,经过市场震荡和检阅,都要找回初心、回归本原。五是市场重构。这些年市场对投资者的教育在深化,投资者队伍发生分化,一些人退出,一些人选择坚守;机构对散户也有一定的挤出效应,市场比重和作用发挥日益显现;一些新业态、新机制、新主体逐步加入(如科创板),投资市场环境不断改善和优化。

关注变量,优化配置。是时候我们要强调调整和优化我们的资产配置和投资策略了。这包括:第一,长期化。强调长线投资、价值投资的重要性。第二,智能化。要借助于大数据、智能投顾和专业机构系统资源优势,为财富管理提供便利和支撑。第三,组合化。坚持分散配置、组合投资,规避风险、提高收益。第四,家族化。要以家族(庭)为中轴,综合、全面、动态地进行财富规划,对个人、家族成员、家族企业等进行全方位考量,这有难度,但大势所趋,潜力海量。第五,合规化。依法合规,守住底线,控制风险,实现财富保值增值愿望。

拥抱新变化,富贵论道、满志酬躇。以《富贵论》框架体系,直面新变化新挑战,有助于危中寻机、以变应变。

把握新规律

要把握财管周期性与政策性规律。财富具有强周期性,我们可以顺应经济周期安排好资产配置;但在国际国内形势复杂多变的情势之下,宏观政策调控日益频繁、强度日益加大,政策对于经济走势和周期的干预与影响日益显著。财富管理要认清经济发展阶段,顺应政策指向,顺势借力,事半功倍。

要把握财管客观性与主观性规律。财管要尊重客观现实,按规律办事;同时又要注重人的主观能动性,因人而异,积极进取,力争最佳回报。

要把握财管行业性与区域性规律。每个行业都有其运行规律,需"一行一策";每个地区都其独特个性,需"一地一略"。行业为纵,地区为横,纵横交织,财富管理才能有好的定位和落实。

要把握财管必然性与偶然性规律。一份耕耘一份收获,一份投入一份回报,这是财管必然性的体现;但同时,财富又具有突出的偶然性,种瓜偏得豆、种豆却得瓜,有时天降馅饼,有时飞来横殃。我们要辨识哪些是是偶遇巧合,哪些是前因后果。既不要一根筋、守珠待兔,也不要缺乏想像、扼杀浪漫情怀。

要把握财管转移性与传承性规律。财富的价值还在于既能应对眼前苟且,又能观照诗和远方。财富管理,既能突破地域界限,将财富从此地搬至彼岸;又能时空穿越,使富贵代际传染,一浪高过一浪。

把握新规律,富贵论道、自强不息。以《富贵论》框架体系,理解新规律、遵循新规则,有助于依规行事、事半功倍。

诠释新命题

经济加快发展,社会加速转型,我们面临很多新的命题。如:

关于慈善。好心办事,有时也难,因为体制机制? 或许还有深层次原因值得研究、探访?

关于贵族。是基于血统、身份? 还是修养、担当? 是基于能力、作为? 还是精神张力、道德模范?

关于仇富和贫富分化。仇官仇富是社会疤痫,两极分化是稳定之敌。如何鼓舞效率又兼顾公平,为和谐发展支起蔚蓝天空?

关于扶贫。物质扶持易做,精神提升难行。扶贫必扶志,富贵兼修,方得始终。

关于"裸捐"。该是怎样的力量驱使,支撑起此番无私无畏与壮志豪情?

关于智能财富。为克服人性而生，又因限制人性而囿。智能助力财富，但不能无视生而求贵的人之初心。

关于疫情挑战。人生价值与财富价值孰轻孰重？人性与物性在较量中再平衡，财富管理必须重新审视这个前提。人生观、价值观、财富观要再作思量，重新拾起"以人为本""德财兼备"的富贵精神。

……

诠释新命题，富贵论道、迎难而上。以《富贵论》框架体系，迎接新课题新疑虑，有助于思路清晰、从容应答。

牢记新使命

在技术加速进步、经济加速发展和社会加速转型过程中，越来越多的人们越来越强烈地感受到生活中真真切切的认知悖论，难以释怀。如：

社会在发展，麻烦没减少；技术在提升，安全在减少；收获在增加，满足在减少；寿命在增加，健康在减少；交流在增加，信任在减少；合作在增加，斗争没减少；物质在增加，快乐在减少；选择在增加，危机没减少；效率在增加，质量在减少；财气在增加，贵气在减少；……

一言以蔽之：财富在增加，幸福在减少。出路何在？！

笔者以为，人们的幸福感也是一个组合、一个体系，包括安全感、获得感、存在感、悦纳感、成就感等。如果我们从《富贵论》框架体系出发，按照富论、贵论、富贵之论这三论、十二原理的具体方法，全面思考我们面临的各类问题，找出症结、对症下药，系统整理应对之策，守拙深耕、持之以恒，就能逐步化解问题于无形。只要以富贵之道为指导，坚持熵减做功，梳堵减耗，拨乱反正，持续提高富商、贵商和富贵商，人们的幸福感也就会喷薄而出、长流不息。

牢记新使命，富贵论道、初心不忘。以《富贵论》框架体系，应对新要求新责任，有助于自我加压、奋力担当。

富贵之道，如浩瀚江海、万里星空，对其探索永无止境。笔者水平有限，很多领域都还在学习当中，远未达到"见山是山，见山不是山"的境界。有些思考和看法也只是一知半解、浅尝辄止，甚至一些地方牵强附会、自圆其说，粗鄙与谬误自是难免。但丑媳妇见公婆，拙作抛砖引玉，恳请专家、老师、读者朋友批评指正。谢谢！

本书写作过程中参考了很多作者的著作、文章和各类材料，有些在"参考文献"中标注了；有些由于写作匆忙，疏忽和遗漏自是难免。在此，一并表示由衷的谢意和敬意！不周之处，敬请谅解！

本书的写作，得到了很多领导和朋友的鼓励、指导和支持。原中央宣传部常务副部长龚心瀚先生为拙作题写书名。上海大学终身教授、中国社会学会顾问邓伟志先生，中国道教协会会长、世界宗教和平会议主席、全国政协常委任法融先生，福建省社科院原院长、博导严正教授，对我的写作予以指导，并在百忙中为拙作撰写序言。这对于我是莫大的鼓舞和鞭策！此外，上海外经贸大学校长、博导汪荣明教授，上海静安区原科委主任胡开建先生，胡润百富董事长胡润先生，德裕世家创始人张咏先生，苏宁银行董事长黄金老博士，上海金融与发展实验室理事长、博导殷剑锋教授，兴业信托总裁薛瑞峰博士，中国社科院金融所王增武博士，上海前所未有集团董事长尹涛先生，第一财经导演顾戟先生，都对本书的撰写提出了宝贵的意见和建议，在此一并深表谢意！

本书的写作得到了家人的理解和鼓励。亲人的默默付出和坚定支持，是我前进动力和坚强后盾。此书只是富贵之道研究的开始，未来我将一如继往坚持下去。生命不息，探索不止。我将以实际行动，以更大的热情、更多的成果回馈社会，回报家人和朋友。欢迎朋友们批评指点（QQ：1621230511；微信公号：富贵学）。谢谢大家！

桂泽发
2020 年底　上海桂园

中共中央宣传部原常务副部长龚心瀚同志关心指导本书写作并为本书题名。

上海大学终身教授、中国社会学会顾问邓伟志教授为本书作序，并提出修改意见。

第七届全国道教学会会长、全国政协常委任法融先生为本书作序并题词。

作者的博士生导师、原福建社科院长严正教授为本书作序。

作者向英国前首相梅杰先生请教有关贵族精神与富贵之道。

作者在第二届中国私人银行与财富管理研讨会上作主旨演讲。

2012 年底，作者挂任甘肃庆阳市常委副市长，向群众宣讲金融扶贫政策。

2013 年初，作者调研甘肃省风电建设项目，对接金融支持方案。

2013 年底，作者代表市政府慰问困难家庭，帮扶脱贫脱困。

2014 年中，作者参加丝绸之路国际大会，交流经验。

2014 年 9 月，作者出席捐助的希望小学开学典礼。

2014 年 7 月，作者调研甘肃省庆阳市环县养殖合作社，推动农业合作金融创新发展。

2018 年，作者赴英国汇丰银行学习考察，期间参观国际本初子午线纪念馆。